이 책에
쏟아진
찬사

팀 하포드의 책은 나올 때마다 마땅히 찬사받아야 할 가치가 있다.
● 맬컴 글래드웰

빠져들 만큼 재미있다. 하포드는 어려운 전문용어와 어지러운 도표 없이도
쉽게 이야기를 풀어나간다. 이러한 재능이야말로 또 하나의 발명이다.
● 〈월스트리트 저널〉

사실에서 출발하여 역사 속으로 걸어 들어가는 미니 다큐멘터리가 무척 마음에 든다.
사회경제학을 주제로 한 스토리텔링의 기준이다.
● 〈파이낸셜 타임스〉

《괴짜경제학》에 대한 영국의 대답으로서 이 책은 처음부터 끝까지 놀라움을 선사한다.
내가 알지 못했던 그리고 알고 있다고 생각했지만 실제로는 이해하지 못했던
혁신에 관한 이야기들로 넘쳐난다.
● 〈타임스〉

매력으로 가득한 책. 경제학 이야기를 풀어내는 놀라운 능력.
● 〈뉴욕 타임스〉

흥미진진한 이야기로 가득하다. 묘한 매력의 소유자인 하포드는
이번 책에서 인류의 창조성이 낳은 주요한 결과물을 탁월한 시선으로 소개하고 있다.
● 《선데이 타임스》

흥미진진한 이야기는 우리를 빠져들게 만든다. 생기와 유머가 넘치는 문체와
경계를 넘나드는 왕성한 호기심은 독자의 시선을 잡아끈다.
● 《커커스 리뷰》

대단히 흥미롭다. 하포드는 각각의 발명이 낳은 의도하지 않은 결과를 포착해내는
뛰어난 재능을 가졌다. 기발함이 돋보이는 책이다.
● 〈토론토 스타〉

사랑스러운 책이다. 짤막한 이야기가 모여 큰 그림을 그리면서도,
각각은 그 자체로 재미와 가치를 담고 있다.

● 코리 독토로, '보잉보잉'

하포드는 발명의 기원에서 그 현대적 의미에 이르기까지 빠른 속도로
이야기를 풀어나가면서도 세부적인 정보를 놓치지 않는다.
그리고 발명이 개인의 삶을 통찰력이 번득이는 하나의 이야기로 엮어나간다.
예를 들어 알레산드로 볼타에서 엘론 머스크에 이르는 이야기를 다섯 페이지 안에서
펼쳐 보인다. 경제학자이자 뛰어난 이야기꾼임을 증명해주는 대목이다.

● '800-CEO-READ'

맬컴 글래드웰에 대해 영국이 내놓은 대답이다.
하포드가 들려주는 풍성한 이야기 속에서 지금까지 제대로 주목받지 못했던 발명들이
비로소 모습을 드러내기 시작한다.

● 〈비즈니스 스탠더드〉

역사와 전기 그리고 경제학 이론에 기반을 둔 하포드의 신작은 우리에게
많은 즐거움과 함께 '귀를 기울이게' 만드는 깨달음의 순간을 가져다준다.
그리고 좋아하는 구절을 소리 내어 읽게 만든다.

● 〈셀프 어웨어니스〉

놀랍게도 간결하고, 분명하고, 독창적인 사고.

● 〈데일리 텔레그래프〉

간결한 스토리텔링의 실질적 기준이다. 명쾌한 시선으로 주변을 살핀다.
에피소드 하나하나가 모두 대단하다.

● 《모노클 아츠 리뷰》

팀 하포드의
**경제학
팟캐스트**

팀 하포드의
경제학
팟캐스트

박세연 옮김

Fifty Things
That Made
The Modern
Economy

**현대 경제를
만든
50가지
생각들**

세종
서적

CONTENTS

Fifty Things That Made The Modern Economy

쟁기

1

재앙이 터졌다고 상상해보자.

갑자기 인류의 문명이 사라졌다. 복잡하게 얽히고설킨 세상이 끝났다. 이유는 따지지 말자. 다만 돼지 인플루엔자나 핵전쟁, 혹은 살인 로봇이나 좀비의 출현쯤으로 해두자. 당신은 몇 안 되는 행운의 생존자 중 하나다. 전화는 없다. 전화 걸 사람도 없다. 인터넷은 물론 전기도 연료도 없다.[1]

지금으로부터 40년 전, 과학 역사가 제임스 버크James Burke는 BBC 프로그램 〈커넥션스Connections〉에서 바로 이러한 종말 시나리오를 제시했다. 그는 이렇게 질문을 던졌다. 종말의 폐허 속에서 현대 문명의 도움을 하나도 받을 수 없다면, 여러분은 어디서 다시 시작할 것인가? 생존을 위해 그리고 문명의 불씨를 살리기 위해 뭐가 필요할까?

버크는 간단하면서도 혁신적인 발명품인 쟁기를 답으로 내놓았다.[2] 인류 문명이 쟁기 발명으로부터 시작되었다는 점에서, 그의 대답은 타당해 보인다. 쟁기가 있었기에 오늘날 경제는 가능했다. 또한 지금 우리가 살아가면서 경험하는 모든 즐거움과 고통 역시 쟁기에서 시작되었다. 현대 문명은 맛있고 풍성한 음식, 쉽고 간편한 인터넷 검색, 깨끗한 식수, 신나는 컴퓨터게임의 축복과 더불어 환경오염과 교활한 사기, 지루하고 고된 일자리 혹은 그런 일자리마저 사라진 저주를 우리에게 선사하고 있다.

1만 2천 년 전 인류는 대부분 유목 생활을 했다. 인간은 세계 곳곳에서 수렵과 채집으로 살아갔다. 그리고 지구가 빙하기를 지나면서 세상은 덥고 건조해졌다. 인간이 수렵과 채집 활동을 했던 언덕과 평야에서 수많은 동식물이 종적을 감추었다. 어떤 동물들은 물을 찾아 강과 계곡으로 떠났고, 인간도 뒤를 따랐다.[3] 이러한 흐름은 다양한 지역과 시기에 걸쳐 이루어졌다. 유라시아 서부는 7,000년 전에, 인도와 중국에서는 1만 년 전에 그리고 중앙아메리카와 안데스 지역에서는 8,000년 전에 이루어졌다. 그리고 전 세계 모든 지역에 걸쳐 나타났다.[4]

비옥하지만 한정된 강 유역에 인간이 정착하면서, 식량을 구하는 방식이 바뀌었다. 수렵과 채집으로 얻을 수 있는 식량이 줄어든 반면, 가까운 곳에서 작물을 재배하고 수확하기 시작했다. 이를 위해서는 개간 작업이 반드시 필요했다. 더 많은 영양분을 토양에 공급하고, 더 많은 수분을 뙤약볕이 침투하지 못하는 깊은 곳으로 스며들도록 해야 했다. 인류는 개간 작업을 위해 처음에 날카로운 막대기를 사용했다. 그리고 조만간 소 두 마리에 쟁기를 매달아 땅을 파기 시작했다. 이 방법은 대단히 효과적이었다.

그 뒤로 농업은 본격적으로 발달했다. 농업은 이제 사라져가는 유목민들의 절박한 생존 대안이 아니라, 풍요를 일구는 원천이 되었다. 농업 시스템은 2,000년 전 로마제국 그리고 900년 전 중국 송나라 시절에 전반적으로 완성되었다. 이후 농부들은 수렵과 채집 시절보다 대여섯 배 더 많은 식량을 생산해냈다.[5]

이렇게 한번 생각해보자. 전체 인구에서 5분의 1만 농사를 지으면 사회 구성원 모두를 먹여 살릴 수 있는 충분한 식량을 생산할 수 있다. 그렇다면 나머지 5분의 4는 무슨 일을 해야 할까? 그들은 빵을 굽고, 벽돌을 만들고, 나무를 베고, 집을 짓고, 광석을 캐고, 철을 녹이고, 길을 닦는 일, 다시 말해 도시와 문명을 건설하는 전문적인 일에 몰두할 수 있다.[6]

그런데 여기에 한 가지 아이러니한 사실이 있다. 식량이 풍부해질수록 경쟁은 더 치열해진다. 대다수의 인구가 간신히 생존하는 수준으로 살아갈 때는 힘 있는 사람일지라도 많은 것을 차지하지 못한다. 모든 농부에게서 수확량 모두를 빼앗아버리면, 다음번에는 하나도 거두어들이지 못할 것이다. 하지만 생존을 넘어설 만큼 잉여 생산물이 있을 때는 권력자가 더 많이 착취할 수 있다. 잉여 생산물은 그렇게 지배자와 피지배자, 주인과 노예 사이에서 수렵 채집 시절에는 찾아볼 수 없었던 부의 불평등을 유발했다. 그리고 왕과 군대, 관료와 성직자 계급이 등장하면서 체계적인 방식으로 더 많은 식량을 앗아갔다. 초기 농업 사회의 불평등은 심각한 수준이었다. 로마제국의 불평등은 생물학적 한계에 달했던 것으로 보인다. 힘 있는 자가 사회적 자원 대부분을 차지했고, 나머지는 간신히 굶어죽지 않을 정도였다.[7]

그러나 쟁기는 문명의 기틀을 창조하고, 그에 따른 풍요와 불평등을 가

1 쟁기

져오는 것 이외의 역할도 했다. 다양한 형태의 쟁기는 다양한 형태의 문명으로 이어졌다.

초창기 단순한 형태의 보습 쟁기는 중동 지역을 중심으로 수천 년 동안 널리 사용되었고, 이후 지중해 지역으로 전파되었다. 쟁기는 건조하고 자갈 많은 토양을 개간하기 위한 최고의 도구였다. 다음으로 2,000년 전 중국 그리고 이보다 훨씬 이후에 유럽에서 발토판 쟁기Mouldboard Plough라고 하는 아주 다른 형태의 쟁기가 등장했다. 발토판 쟁기를 사용하면 흙을 길고 두꺼운 덩어리 형태로 자르고 뒤집을 수 있다.[8] 이 과정에서 토양 속 수분이 증발하므로 건조한 토양에서는 적합하지 않지만, 유럽 북부의 비옥하고 습한 점토질 환경에서는 배수를 개선하고, 깊게 뿌리내린 잡초를 잘라 퇴비로 바꿔주는 놀라운 능력을 발휘했다.

유럽 농부들은 발토판 쟁기 덕분에 축복받은 비옥한 땅을 손쉽게 개간했다. 북부 사람들은 오랫동안 척박한 토양 때문에 힘들게 살았지만, 발토판 쟁기의 개발로 이들 지역의 농업 생산성이 크게 증가했다. 새로운 쟁기의 등장으로 약 1,000년 전부터 풍요가 시작되었고, 유럽 북부 지역을 중심으로 여러 도시가 번영했다. 또한 발토판 쟁기는 사회 제반 환경이 완전히 다른 지중해 인근 도시에서도 유행했다. 건조한 땅에 적합한 기존 쟁기는 두 마리 가축에 매달아 사각형 형태의 논밭에서 격자 모양으로 이동하는 데 유리했다. 이러한 작업은 농부 혼자서도 얼마든지 가능했다. 쟁기와 황소 그리고 땅만 있으면 혼자서도 먹고살 수 있었다. 반면 습한 점토질 토양에 적합한 발토판 쟁기를 끌기 위해서는 황소나 말 여덟 마리가 필요했다. 하지만 농부 한 사람이 그렇게 많은 가축을 보유하기란 쉬운 일이 아니었다. 발토판 쟁기는 여러 명이 한두 걸음 간격으로 떨어져 협력

할 때 최고의 성능을 발휘한다. 그래서 발토판 쟁기 이후로 농업의 양상은 협동의 형태로 변모했다. 농부들은 쟁기와 가축을 공유하고 서로 돈독한 관계를 유지했다. 그리고 마을에 모여 공동체 생활을 했다. 결국 유럽 북부에서 시작된 발토판 쟁기 기술은 장원 제도의 탄생으로 이어졌다.[9]

쟁기는 가정생활도 바꾸어놓았다. 무거운 농기구인 쟁기는 일반적으로 남성의 몫이었다. 쌀과 밀을 수확하기 위해서는 콩이나 열매보다 더 많은 힘이 필요했고, 그래서 여성은 점차 집 안에서 음식을 준비하는 일을 전담하게 되었다. 시리아에서 발견된 9,000년 전 여성의 유해를 살펴보면, 무릎과 발에서 관절염을 앓았던 흔적을 확인할 수 있다. 이는 무릎을 꿇은 자세로 곡물의 껍질을 벗기거나 가루로 빻는 일을 했음을 말해준다.[10] 그리고 수렵 채집을 위해 갓난아기를 데리고 다니는 모습이 사라지면서 여성의 임신 주기는 더욱 짧아졌다.[11]

쟁기의 등장으로 수렵 채집 활동이 농업으로 바뀌면서, 성의 정치학에도 변화가 생겼다. 토지를 소유한 남성은 이를 자녀에게 물려줄 수 있다. 그래서 남성은 자녀가 정말로 자신의 후손이 맞는지 관심을 기울인다. 자신이 밭에서 일을 할 때, 아내는 온종일 집 안에 있다. 그런데 아내가 정말로 집안일에만 신경 쓰는 것일까? 한 가지 흥미로운 사변적인 주장은 쟁기의 발명으로 여성의 성생활에 대한 남성의 감시가 더욱 심화되었다고 말한다. 그러나 쟁기의 발명으로 시작된 이러한 현상은 서서히 약해졌다.[12]

쟁기는 수확량 증가 말고도 많은 일을 했다. 삶의 모든 것을 바꾸어놓았다. 어떤 이는 쟁기의 발명이 과연 인류에게 도움이 되었는지 묻는다. 이것은 쟁기의 생산성에 관한 질문이 아니라(실제로 엄청난 성과를 보였다),

문명의 틀을 형성하면서 동시에 여성에 대한 착취와 폭군의 등장을 초래했다는 사실에 대한 지적이다. 고고학자들은 연구를 통해 초창기 농부들의 건강 상태가 수렵과 채집으로 먹고살았던 바로 위 선조들보다 훨씬 좋지 않았다는 사실을 보여주었다. 이들이 쌀과 곡물을 주식으로 삼으면서 비타민과 철분, 단백질 결핍 현상이 나타났다. 또 1만 년 전 문명 전반이 수렵 채집에서 농경 체제로 넘어가면서, 남성과 여성의 평균 신장이 15센티미터 정도 줄었다. 게다가 기생충과 다양한 질병을 비롯하여 유아들의 영양 결핍이 뚜렷하게 증가했다. 《총, 균, 쇠Guns, Germs and Steel》를 쓴 재레드 다이아몬드Jared Diamond는 농업의 시작을 '인류 역사상 최악의 실수'로 정의했다.

그런데 농업은 어떻게 그리 빠른 속도로 확산되었을까? 우리는 이미 그 답을 알고 있다. 농사를 시작하면서 생산성이 높아지고, 인구가 증가했으며, 건축가, 성직자, 장인, 군인 등 분업화가 이루어졌기 때문이다. 왜소한 몸집의 군인도 수렵 채집으로 먹고사는 유목민들보다 훨씬 강했다. 물론 그동안에도 소수의 유목민 부족은 열매와 동물을 주식으로 삼아 풍부한 영양을 섭취했다. 칼라하리 사막의 한 부시먼족은 왜 이웃 부족처럼 쟁기를 들고 농사를 짓지 않느냐는 질문을 받았을 때, 이렇게 대답했다.

"몽공고 열매가 지천에 깔렸는데 왜 농사를 짓는단 말이오?"13

우리는 문명화의 끝에서 살아남은 소수의 생존자로서 여기에 있다. 우리는 쟁기를 다시 개발하고, 그 모든 과정을 또 한 번 시작할 것인가? 아니면 주어진 몽공고 열매에 기뻐할 것인가?

들어가며

칼라하리 사막에 사는 부시먼족은 쟁기를 들고 힘들게 일하고 싶어 하지 않았다. 그래도 오늘날 그들은 짭짤한 수익을 올릴 수 있는 기회를 발견했다. 가령 몽공고 열매를 냉압착해서 만든 100밀리리터 오일 한 병을 스파 브랜드인 '시어테라 오가닉스 Shea Terra Organics' 사이트(evitamins.com)에서 25.38파운드에 팔고 있다.[1] 내가 보증하건대, 몽공고 오일은 모발을 관리하는 데 탁월한 효과가 있다.

몽공고 오일은 전 세계 경제 중심지에서 유통되는 10억 가지 서로 다른 제품 및 서비스 중 하나다.[2] 이러한 제품과 서비스를 유통하는 글로벌 경제 시스템은 대단히 방대하고 복잡하다. 이 시스템은 전 세계 75억 인구의 대부분을 연결한다. 그리고 수억 명에게 믿기 힘든 사치를 선사하면서,

또 다른 수억 명은 소외시킨다. 또한 지구 생태계에 막대한 피해를 입히면서, 2008년 금융 붕괴가 상기시켜주었듯 혼란의 소용돌이에 주기적으로 빠져든다. 그 시스템 안에서 무슨 일이 벌어지는지 정확히 아는 사람은 없다.

우리 모두가 의존하며 살아가는 그 놀라운 시스템을 이해하기 위해, 어디서 시작하면 좋을까?

수많은 제품 중 하나인 이 책을 살펴보자(오디오북이나 태블릿으로 이 책을 읽고 있다면 종이 책의 느낌을 떠올려보자). 종이 표면을 손가락으로 훑어보자. 놀랍지 아니한가? 종이는 한 권으로 쉽게 엮을 수 있을 정도로 부드럽다. 특별한 장치가 없는데도 우리는 쉽게 페이지를 넘긴다. 동시에 종이는 얇으면서도 강하다. 게다가 이 책보다 수명이 훨씬 더 짧은 다양한 용도로 쓰인다. 포장지로도 적합하고, 하루가 지나면 쓰레기가 되는 신문의 재료로 쓰기에도 충분히 싸다. 무언가를 닦는 용도로 써도 아깝지 않다.

사용 후 쓰레기통으로 직행하는 종이는 그럼에도 놀라운 물건이다. 사실, 쉽게 쓰고 버릴 수 있기 때문에 놀라운 것이다. 그리고 책이라고 하는 물리적 실체 안에는 종이보다 더 많은 것이 들어 있다.

책 뒷면을 보자. 바코드가 보인다. 바코드는 컴퓨터가 인식하도록 숫자를 표기하는 한 가지 방식이다. 이 책의 바코드는 지구상에 존재하는 다른 모든 종류의 책에 찍힌 바코드와 다르다. 또한 바코드는 코카콜라와 표백제 그리고 우산과 휴대용 하드디스크를 구분해준다. 바코드는 결제를 편리하게 만들어주는 일 이외에 다양한 기능을 한다. 제품이 유통되는 통로를 바꿈으로써 세계경제를 바꾼다. 그럼에도 우리는 바코드를 특별히 중요한 것으로 여기지 않는다.

책 표지를 넘기면 저작권에 대한 소개가 나온다. 이 문구는, 비록 이 책 자체는 여러분의 소유지만 책 안에 들어 있는 콘텐츠는 '저자'의 것이라는 사실을 말해준다. 이 말은 무슨 뜻일까? 그것은 메타발명meta-invention, 다시 말해 발명에 대한 발명을 의미하는 것으로, 흔히 '지적재산권'이라 부른다. 지적재산권은 발생한 수익이 누구의 몫인지를 정의하는 기준이다.

그러나 이보다 더 근본적인 발명이 있다. 그것은 바로 글쓰기 그 자체다. 생각과 기억 그리고 이야기를 기록하는 능력은 문명 전체의 기반을 이룬다. 그러나 여기서 우리는 글쓰기라는 기술이 원래 경제적인 목적으로, 즉 복잡해지는 경제 상황에서 협력하고 계획을 수립하기 위해 개발되었다는 사실을 살펴볼 것이다.

우리는 이러한 발명을 통해서 인간의 창조성에 관한 이야기뿐만 아니라, 글로벌 유통망, 어디에나 존재하는 정보, 돈과 아이디어 그리고 눈앞에서 휴지가 사라지게 만드는 현대적인 정화 시스템 등 우리를 둘러싸고 있지만 눈에 보이지 않는 다양한 시스템에 관한 이야기를 살펴볼 것이다.

이 책에서 나는 종이와 바코드, 지적재산권, 글쓰기를 포함한 50가지 발명을 하나씩 살펴봄으로써, 오늘날 세계경제가 움직이는 흥미로운 방식을 자세히 들여다보고자 한다. 그리고 이를 위해 한 걸음 다가서거나 물러설 때 예기치 못하게 마주하게 되는 진실을 다루어보고자 한다. 그 과정에서 우리는 몇몇 신선한 질문에 대한 해답을 발견하게 될 것이다.

예를 들자면 이런 것들이다.

- 엘튼 존Elton John과 종이가 사라진 미래의 사무실 사이에 무슨 관련이 있을까?
- 일본이 40년 동안 금지했던 미국의 발명품은 무엇일까? 그리고 그러한 금지 조치가 일본 여성의 고용 상황에 어떤 영향을 미쳤을까?
- 1803년 런던 경찰은 왜 살인자를 두 번 처형해야 한다고 생각했을까? 그리고 오늘날 휴대용 전자제품과는 어떤 관계가 있을까?
- 영국 화폐개혁은 어떻게 국회의사당 화재로 이어졌을까?
- 1976년 출시되었을 무렵에는 관심을 받지 못했지만, 이후 노벨 경제학상을 받은 폴 새뮤얼슨Paul Samuelson이 와인과 알파벳, 바퀴와 더불어 칭송했던 발명품은 무엇일까?
- 미 연방준비제도이사회 의장 재닛 옐런Janet Yellen과 원나라 시조 쿠빌라이 칸Khubilai khan 사이에 무슨 공통점이 있을까?

50가지 발명들 중 일부는 쟁기처럼 단순한 반면, 시계처럼 정교한 것도 있다. 그리고 어떤 것은 손으로 만질 수 있는 반면, 유한책임회사처럼 추상적인 개념도 있다. 또한 아이폰과 같은 몇몇 발명은 엄청난 수익을 창출한 반면, 디젤 엔진처럼 발명 초기에 상업적인 실패를 맞이한 것도 있다. 그럼에도 이들 발명 모두 우리가 살아가는 세상이 어떻게 돌아가는지 잘 보여준다. 그리고 평범해 보이는 발명 속에 숨은 일상적인 기적을 보여준다. 또한 어떤 발명은 거대하고, 비인간적이고, 경제적인 차원에서 끔찍한 이야기를 들려주는 반면, 다른 발명은 인간의 창조성과 비극적 운명에 대해 말해준다.

이 책을 쓴 목적은 상업적 성과를 기준으로 중요한 발명 50가지를 선정하는 게 아니다. 주요 발명품의 순위를 매기는 작업은 아마도 책 한 권을 쓰기에 충분한 주제는 아닐 것이다. 그래서 이 책에는 누구라도 최고의 발명으로 꼽을 대표적인 것들이 상당수 누락되어 있다. 그러한 것들로 인쇄기, 방적기, 증기기관, 비행기, 컴퓨터 등이 있다.

그렇다면 이처럼 중요한 발명을 제외한 이유는 무엇일까? 그것은 더 많은 이야기를 담고 있는 발명들을 소개하기 위해서다. 가령 '살인광선'이 그렇다. 살인광선을 개발하기 위한 도전은 애초 목적과는 달리 항공기 안전에 크게 기여한 레이저의 등장으로 결실을 맺었다. 혹은 요하네스 구텐베르크Johannes Gutenberg가 인쇄기를 발명하기 직전에 독일에 들어온 발명품이 있다. 이것이 없었다면 인쇄 기술은 기술적으로 구현되지 못했을 것이며, 상업적 차원에서도 성공을 거두지 못했을 것이다. (그것이 뭘까? 정답은 종이.)

물론 컴퓨터 발명의 중요성을 폄하하고픈 의도는 없다. 그러나 컴퓨터의 가치를 제대로 이해하기 위해서, 우리는 먼저 오늘날 컴퓨터를 다양한 용도로 활용할 수 있게끔 만든 일련의 발명을 살펴볼 필요가 있다. 가령 그레이스 호퍼Grace Hopper가 만든 '컴파일러'가 그렇다. 컴파일러 덕분에 인간은 컴퓨터와 훨씬 수월하게 의사소통을 하게 되었다. 다음으로 공개 키 암호화 기술 덕분에 전자상거래는 보다 안전해졌고, 구글 검색 알고리즘이 등장하면서 월드와이드웹 세상은 한층 스마트해졌다.

이 책을 쓰기 위해 조사 작업을 하는 동안, 나는 특정한 주제가 반복해서 등장한다는 사실을 깨달았다. 가령 쟁기를 생각해보자. 쟁기는 새로운 아이디어가 어떻게 경제 균형을 허물어뜨리면서 승자와 패자를 양산했는지, 경제 변화가 성 평등과 같은 일상적인 문제에 어떤 영향을 미쳤는지 그리고 어떻게 지적재산권이나 화학비료와 같은 추가적인 발명의 문을 열어놓았는지 말해준다.

그래서 나는 발명에 관한 이야기 중간중간에 잠시 숨을 고르며 이와 같은 공통 주제를 소개하고 있다. 그리고 끝부분에서는 발명으로부터 얻은 교훈을 정리하면서, 오늘날 우리가 발명을 바라보는 시선에 대해 이렇게 질문을 던진다. 어떻게 새로운 아이디어를 자극할 수 있을까? 새로운 아이디어의 영향을 어떻게 평가해야 할까? 그리고 어떻게 선견지명을 발휘하여 긍정적인 영향은 강화하고 부정적인 영향은 최소화할 수 있을까?

발명을 바라보는 가장 단순한 시선은 특정 문제에 대한 해답으로 생각하는 것이다. 가령 인간은 암을 치료하기 위해, 혹은 휴가지에 더 빨리 도착하기 위해 발명을 했다. 동시에 발명은 즐거움과 함께 엄청난 부를 안겨다준다. 물론 우리 사회가 발명에 주목하는 이유는 누군가 어디서 겪고 있을 문제에 대한 해결책을 제시하기 때문이다. 가령 쟁기가 널리 퍼진 까닭은 농부가 더 적은 노동으로 더 많이 수확할 수 있도록 해주었기 때문이다.

그러나 발명이 단지 문제에 대한 해결책에 불과하다는 생각의 함정에 빠져서는 곤란하다. 발명은 해결책 그 이상이다. 발명은 예측 불가능한 방식으로 우리의 삶을 바꾼다. 그리고 누군가에게 해결책을 제시하면서, 동시에 다른 누군가에게 새로운 문제를 안겨다준다.

50가지 발명이 세상을 바꿀 수 있었던 것은 단지 더 많은 물건을 더 싸게 만들도록 해주었기 때문만은 아니다. 각각의 발명은 복잡하게 얽힌 경제 그물망 안에 존재한다. 이들 발명은 때로 기존 관계를 더욱 복잡하게 만들기도 하고 때로는 단절시키기도 한다. 그리고 때로는 완전히 새로운 패턴을 짜기도 한다.

Fifty Things That Made The Modern Economy

I

승자와 패자

Fifty Things
That Made
The Modern
Economy

신기술의 가치를 이해하지 못하는 고집불통 멍청이를 부르는 말이 있다. 그것은 '러다이트Luddite'라는 것이다. 전문용어를 남발하는 경제학자들은 종종 '러다이트 오류'라는 말을 사용한다. 이는 기술 발전이 대량 실업을 초래할 것이라는 막연한 두려움을 뜻한다. 러다이트는 원래 200년 전 영국에서 기술 발전이 시작될 무렵 이를 저지하고자 했던 방직 근로자를 일컫는 말이다.

알베르트 아인슈타인Albert Einstein, 벤저민 프랭클린Benjamin Franklin, 스티브 잡스Steve Jobs의 전기를 쓴 작가 월터 아이작슨Walter Isaacson은 이렇게 말한다.

"당시 어떤 이들은 기술이 실업 사태를 촉발할 것이라 믿었다. 하지만 그들은 틀렸다. 산업혁명으로 영국은 더 부유한 나라가 되었고, 방직과 의류 등 다양한 분야에 걸쳐 고용 규모가 늘어났다."[1]

실제로 그랬다. 하지만 러다이트를 그저 시대의 바보로 치부하는 것은 공정한 평가가 아니다. 러다이트 노동자들은 기계가 사회 전체를 비참하게 만들 것이라는 막연한 두려움에 기계를 파괴했던 것은 아니다. 그들은 기계가 '자신의 삶을' 비참하게 만들 것이라 걱정했다. 러다이트운동에 참여했던 이들은 기계의 출현으로 기술의 가치가 떨어질 것이라는 사실을 정확하게 이해한 숙련 노동자들이었다. 그들은 기술의 의미를 정확하게 이해했고, 그들의 두려움 역시 정당했다.[2]

러다이트운동은 예외적인 사회현상이 아니다. 신기술은 언제나 새로운 승자와 패자를 양산한다. 개선된 쥐덫의 발명은 기존 쥐덫 생산자에게 나쁜 소식이다. 또 쥐들에게도 좋은 소식일 수 없다.

게임 자체를 뒤집는 기술 발전의 여정은 직선적이지 않다. 러다이트 노동자들은 기계에게 일자리를 빼앗길까 봐 걱정하지 않았다. 그들이 우려했던 것은 기계의 등장으로 아무런 기술 없는 일반 근로자들에게 그들의 일자리를 빼앗기는 상황이었다.[3]

신기술이 등장할 때, 중요한 질문은 누가 승자가 되고 누가 패자가 될 것인가다. 그리고 그 대답은 매번 우리를 깜짝 놀라게 만든다.

축음기

2

세상에서 가장 돈을 많이 번 솔로 가수는 누구일까? 2015년 《포브스 *Forbes*》가 발표한 결과에 따르면, 엘튼 존이 그 영광의 자리를 차지했다. 엘튼 존은 1억 달러를 벌었다고 한다. 아일랜드 록 그룹 U2는 그보다 두 배를 벌었지만, 그들은 네 명이다. 엘튼 존은 단 한 명이다.[1]

215년 전에 똑같은 질문을 던졌더라면 그 대답은 단연 엘리자베스 빌링턴Elizabeth Billington이었을 것이다. 혹자는 빌링턴이 역사상 가장 위대한 영국 소프라노 가수라고 말한다. 영국 왕립미술원 초대 관장인 조슈아 레이놀즈Joshua Reynolds가 그린 빌링턴의 초상화는 널리 알려져 있다. 그림 속에서 빌링턴은 손에 음악 책을 들고 서서 천사들의 합창 소리에 귀를 기울이고 있고, 헤어핀으로 고정된 그녀의 곱슬머리는 바람에 자유롭게 흩날리고 있다. 그러나 요제프 하이든Joseph Haydn은 오히려 천사가 빌링턴의 노래에 귀를 기울이는 게 맞다면서, 이 그림의 구성이 공정하지 않다고 했다.[2]

빌링턴은 무대 밖에서도 화제의 중심이었다. 그녀의 악의적인 전기는 하루 만에 몽땅 팔렸다. 이 책에는 나중에 조지 4세George Ⅳ가 될 왕세자를 포함해서 그녀가 유명한 연인들과 주고받은 사적인 편지가 담겨 있다. 그녀의 명성을 더욱 고상하게 높여준 일화도 있다. 빌링턴이 이탈리아 공연 여행 중에 6주 동안이나 아팠다가 나았을 때, 베네치아 오페라하우스는 이를 축하하기 위해 사흘 내내 불을 밝혔다고 한다.[3]

빌링턴의 엄청난 인기(오명과 함께) 때문에 팬들은 공연을 보기 위해 치열한 경쟁을 벌여야 했다. 당시 런던에서 두 곳의 주요 오페라하우스를 운영했던 코번트 가든Covent Garden과 드루어리 레인Drury Lane은 빌링턴이 공연장을 오가며 편안하게 노래를 부를 수 있도록 최선을 다했다. 1801년 시즌에 빌링턴은 1만 파운드가 넘는 돈을 받았다. 당시로서 이는 놀라운 금액이었다. 오늘날 기준으로 68만 7천 파운드, 혹은 백만 달러 정도다. 하지만 엘튼 존의 기록과 비교할 때 1퍼센트에 불과하다.

우리는 이 차이를 어떻게 설명할 수 있을까? 엘튼 존의 가치가 빌링턴보다 100배나 더 높은 이유는 뭘까?

빌링턴이 세상을 떠나고 60년의 세월이 흘러, 위대한 경제학자 앨프리드 마셜Alfred Marshall은 전신電信 기술이 미칠 사회적 영향을 연구했다. 당시 전신 네트워크는 미국과 영국, 인도, 오스트레일리아를 연결했다. 마셜의 주장에 따르면, 이러한 첨단 커뮤니케이션 기술 덕분에 "앞서가는 인물들은 역사상 그 어느 때보다 건설적이고 잠재적인 재능을 광범위한 분야와 지역에서 발휘할 수 있었다".4 세계적인 기업가는 더 빠르게 그리고 더 방대하게 그들의 부를 확장했다. 그리고 이러한 기업가와 인지도가 낮은 기업가들 사이의 격차는 더 크게 벌어졌다.

그런데 마셜은 이러한 현상이 모든 분야에서 나타난 것은 아니라고 지적한다. 그는 그 대표적인 사례로 공연 예술을 거론했다. 마셜은 이렇게 이유를 밝혔다.

"가수의 목소리가 전달되는 범위는 지극히 제한적이었기 때문이다."

이로 인해 최고의 가수라 해도 벌어들일 수 있는 수익의 규모는 제한적일 수밖에 없었다.

앨프리드 마셜이 이 글을 쓰고 2년이 흐른 1877년의 크리스마스이브에 토머스 에디슨Thomas Edison은 축음기로 특허를 받았다. 에디슨의 축음기는 인간의 목소리를 기록하고 재생하는 최초의 장치였다.

그러나 처음에는 누구도 이 기술을 어디에다 써먹어야 할지 알지 못했다. 그보다 앞서 프랑스 출판업자 에두아르레옹 스콧 드 마르탱빌Édouard-Léon Scott de Martinville은 포노오토그래프Phonoautograph라는 장치를 개발했다. 이는 사람의 목소리를 시각적 형태로 보여주는 장비로, 지진계와 닮았다. 하지만 마르탱빌은 시각적 기록을 다시 소리로 전환하는 시도는 하지 않았다.5

신기술의 쓰임새는 조만간 분명하게 드러났다. 그것은 세계적인 가수의 노래를 녹음해서 판매하는 비즈니스였다. 초창기 음반 생산은 타자기로 문서를 작성하는 방식과 비슷했다. 가수가 노래를 부를 때마다 서너 개의 축음기로 녹음을 했다. 1890년대 미국에서는 흑인 가수 조지 W. 존슨

George W. Johnson의 음반에 대한 수요가 폭발했다. 이를 충족시키기 위해서 존슨은 목이 쉴 때까지 매일매일 노래를 불러야 했다. 그러나 하루에 50번 노래해도 만들 수 있는 레코드는 200장에 불과했다.[6] 이후 발명가 에밀레 베를리너Emile Berliner가 에디슨의 원통 형태가 아니라 디스크 형태로 음반을 제작하면서 대량생산의 길이 열렸다. 그 이후로 라디오와 영화가 탄생했다. 덕분에 찰리 채플린Charlie Chaplin 같은 배우는 마셜이 설명했던 최고의 기업가처럼 재빨리 글로벌 시장으로 진출할 수 있었다.[7]

신기술은 찰리 채플린이나 엘튼 존 같은 세계적인 스타에게 더 높은 명성과 더 많은 돈을 선사했다. 하지만 그 아래 단계의 가수나 배우들에게는 재앙이었다. 엘리자베스 빌링턴 시대에는 많은 이류 가수들도 라이브 공연으로 먹고살 수 있었다. 어쨌든 빌링턴이 모든 무대에 동시에 설 수는 없기 때문이다. 하지만 세계적인 가수의 노래를 집에서 들을 수 있다면, 왜 굳이 이류 가수의 공연을 찾아가 돈을 내고 본단 말인가?

에디슨의 축음기는 공연 산업이 승자독식으로 나아가는 문을 열어주었다. 이후로 최고 가수의 수익은 빌링턴의 단계에서 엘튼 존의 단계로 크게 치솟았다. 반면 실력이 그보다 조금 떨어지는 가수들은 이제 먹고살 걱정을 해야만 했다. 두 집단 간의 수익 격차는 크게 벌어졌다. 경제학자 셔윈 로젠Sherwin Rosen은 1981년에 이러한 현상을 '슈퍼스타 경제'라 불렀다. 그는 만약 1801년에 축음기가 있었다면 빌링턴이 얼마나 많은 돈을 벌어들였을지 상상해보라고 말한다.[8]

기술혁신은 다른 분야에서도 슈퍼스타 경제를 창조했다. 예를 들어 오늘날 축구 선수에게 위성 TV는 음악가에게 축음기, 혹은 19세기 산업가에게 전신과 같은 존재다. 불과 몇십 년 전만 해도 오직 경기장을 가득 메운 팬들만이 최고의 선수가 경기하는 모습을 지켜볼 수 있었다. 그러나 이제는 세계 곳곳에서 수억 명의 팬들이 그들의 움직임 하나하나를 지켜본다. 이것은 축구 중계 덕분이다. 그리고 더 중요한 사실은 TV 방송국 수가 크게 늘어났다는 것이다. 방송국 수가 세계적인 축구팀보다 더 많아지면서, 이들은 중계권을 얻기 위해 치열한 전쟁을 벌이고 있다.

축구 시장이 커지면서 최고 선수와 일반 선수 사이의 소득 격차도 커졌다. 1980년대만 해도 영국 최고 축구 선수의 연봉은 3부 리그, 혹은 50위권 팀에서 뛰는 선수보다 두 배 정도 높았다. 그러나 최근 프리미어리그 선수들의 평균 연봉은 그 아래 리그보다 25배나 더 높다.[9]

기술 변화는 누가 무엇을 차지할지를 근본적으로 바꿔놓는다. 갑작스럽게 일어나기 때문에 그리고 기술 차이에 비해 수입의 차이는 엄청나게 크기 때문에 변화는 극단적인 것처럼 느껴진다. 이러한 상황에서 대응도 여의치 않다. 세법 개정이나 기업끼리의 담합 또는 정부 특혜로 인해 경제적 불평등이 발생했다면, 적어도 누가 적인지 분명히 알 수 있다. 그러나 신문사 기자들의 생계를 보호하기 위해 구글과 페이스북을 폐쇄하라고 주장할 수는 없다.

20세기 전반에 등장한 획기적인 음향 기술인 카세트와 CD, DVD는 축음기가 구축한 경제 모형을 그대로 이어받았다. 그러나 20세기가 저물 무렵 MP3 파일과 고속 인터넷이 등장하면서 상황은 달라졌다. 이제 사람들은 좋아하는 음악을 듣기 위해 플라스틱 디스크를 20달러나 주고 사지 않는다. 온라인 세상에서 얼마든지 쉽게 음원을 구할 수 있다. 2002년 데이비드 보위David Bowie는 동료 음악가들에게 앞으로 완전히 다른 미래를 경험하게 될 것이라고 경고했다.

"음악 그 자체는 이제 물이나 전기처럼 될 것이다. 앞으로 최대한 많은 공연 여행을 준비해야 할 것이다. 그게 우리에게 남겨진 유일한 대안이기 때문이다."[10]

보위의 지적은 옳았다. 과거 아티스트들은 앨범을 팔기 위해 콘서트를 열었지만, 요즘 아티스트들은 콘서트 티켓을 팔기 위해 앨범을 낸다. 그렇다고 해서 우리 사회가 빌링턴의 시대로 돌아간 것은 아니다. 인기 있는 뮤지션들은 앰프와 대형 공연장, 세계 공연 여행 그리고 후원 계약을 통해 거대한 청중 집단으로부터 엄청난 수익을 올린다. 불평등은 여전히 뚜렷이 남아 있다. 상위 1퍼센트 아티스트는 나머지 95퍼센트를 모두 합친 것보다 더 많은 돈을 콘서트로 벌어들인다.[11] 축음기 시대는 지나갔지만, 승자와 패자를 결정짓는 기술혁신은 여전히 위력을 발휘하고 있는 셈이다.

철조망

3

전해지는 이야기에 따르면, 1876년 말에 존 원 게이츠John Warne Gates라는 젊은이가 텍사스 샌안토니오 중부 군사 지역에서 철사로 우리를 만들었다고 한다. 그는 텍사스에서 가장 거칠고 힘센 황소를 자신이 만든 우리에 집어넣었다. 하지만 그 소들이 사실은 온순한 가축이었다는 주장도 있다. 또 실화가 아니라는 의혹도 있다. 그러나 이 이야기에 대한 진위 논란은 잠시 접어두도록 하자.[1]

나중에 '백만 달러 내기꾼Bet-A-Million 게이츠'라는 별명을 얻은 그 젊은이는 힘센 황소가 철사로 엮은, 부실해 보이는 우리를 뚫을 수 있을지를 놓고 구경꾼들과 내기를 벌였다.

그러나 멕시코 카우보이 출신의 한 동료가 불에 달군 시뻘건 인장을 양손에 들고 스페인어로 욕설을 외치며 소몰이를 했을 때에도 우리는 꿈쩍없었다. 사실 백만 달러 내기꾼 게이츠의 관심은 이번 내기판이 아니었다. 그는 더 중요한 게임을 기다리고 있었다. 바로 자신이 개발한 새로운 울타리를 만들어 파는 비즈니스였다. 게이츠는 사업을 시작했고, 머지않아 주문이 폭주하기 시작했다.

당시 광고들은 이 울타리를 일리노이주 드칼브 카운티 출신의 농부 조지프 글리든Joseph Glidden이 특허를 받은 가시철사의 '가장 위대한 시대적 발견'이라고 선전했다. 반면 게이츠는 자신의 발명품을 좀 더 시적으로 '공기보다 가볍고, 위스키보다 강하고, 모래보다 값싼' 것이라 소개했다.² 오늘날 우리는 그의 발명품을 철조망이라 부른다.

철조망을 '가장 위대한 시대적 발견'이라고 부르는 것은 과장일지 모른다. 당시 그 광고를 만든 사람이 조만간 알렉산더 그레이엄 벨Alexander Graham Bell이 전화를 발명할 것이라는 사실을 몰랐다고 해도 말이다. 하지만 철조망은 오늘날 우리가 혁신적인 발명으로 추켜세우는 전화보다 미국 서부 지역에 더 큰 영향을 미쳤다.

글리든은 비록 처음으로 철조망을 개발한 사람은 아니었지만, 그가 특허를 낸 철조망은 최고였다. 그의 철조망은 대단히 현대적인 형태로, 오늘날 우리가 농장에서 볼 수 있는 것과 똑같다. 철조망의 모양은 두 가닥의 부드러운 철사 줄이 서로 꼬여 있고, 그 위에 날카로운 가시가 감겨 있다.³ 농장주들은 그 발명품을 즉각적으로 받아들였다.

이들이 적극적으로 철조망을 도입한 데에는 그만한 이유가 있었다. 그로부터 몇 년 전인 1862년에 링컨 대통령은 홈스테드법Homestead Act을 발표했다. 이 법은 여성과 해방된 노예까지 포함하는 모든 시민을 대상으로, 미국 서부 지역의 미개발 토지를 한 구역당 160에이커(약 20만 평)씩 무상으로 할당하는 것을 규정하고 있었다. 토지의 소유권을 인정받기 위해서는 일정한 크기 이상의 집을 짓고 5년 동안 땅을 개간해야 했다. 홈스테드법을 실시한 목적은 서부 지역 땅을 신속히 개척하고 많은 미국인들의 삶을 개선하여, 국가의 미래에 관심이 높은 자유롭고 성실한 토지 소유주를 양산하기 위함이었다.[4]

매우 간단명료한 방법처럼 들린다. 그러나 당시 미국의 서부 지역은 거친 풀들만 무성한 광활한 미지의 영토였다. 그곳은 정착민이 아니라 유목민에게 적당한 영토였다. 아메리카 원주민은 거기서 오랜 세월을 살았다. 그리고 유럽 정복자들이 아메리카 대륙에 발을 딛고 서쪽으로 행군하는 동안, 카우보이들은 끝없이 펼쳐진 평원에서 가축을 몰며 자유로운 삶을 누렸다.

그래서 정착민들은 무엇보다 울타리를 원했다. 마구잡이로 돌아다니는 가축들이 애써 가꾼 작물을 짓밟지 않도록 막아야 했다. 그런데 울타리를 세우기 위해서는 많은 양의 목재가 필요했지만, '아메리카의 사막'[5]이라 불리던 서부 지역에는 나무가 부족했다. 대안으로 가시덤불을 심어보았지만 자라는 속도가 느리고 게다가 쉽게 부러졌다. 철사를 엮어 만든 담장도 별 쓸모없었다. 가축들은 쉽게 뚫고 지나갔다.

이들 정착민에게 튼튼한 울타리가 없다는 것은 매우 안타까운 일이었다. 이에 1870년 미국 농무부는 조사를 벌였고, 서부 개척 사업을 완수하려면 실용적인 울타리를 개발해야 한다는 결론이 났다.[6] 그 무렵 미국 서부 지역은 여러 가지 아이디어들로 들썩이고 있었다. 혁신적인 울타리 기술에 대한 잠재적인 아이디어가 세상 그 어느 곳보다 많이 쏟아져 나왔다.[7] 그렇다면 이러한 상황에서 가장 주목을 받은 아이디어는 무엇이었을까? 다름 아닌 철조망이었다.

철조망은 홈스테드법이 하지 못했던 변화를 일구어냈다. 철조망이 등장하기 전까지 서부는 그저 끝없이 펼쳐진 초원에 불과했고, 경작 가능한 토양이라기보다 바다와 다를 바 없는 공간이었다. 개인이 소유한 토지는 드물었다. 소유 자체가 현실적으로 불가능했기 때문이다.

철조망은 정착민의 최대 고민을 해결해주면서 널리 퍼져나갔다. 그러나 동시에 심각한 갈등을 유발했다. 갈등의 이유는 어렵지 않게 짐작할 수 있다. 서부에 정착한 백인들이 철조망을 둘러 소유권을 주장했던 영토는 또한 여러 아메리카 원주민 부족의 땅이기도 했다. 홈스테드법이 나오고 25년이 흘러 도스법Dawes Act이 등장했다. 도스법의 골자는 특정 토지를 원주민 가구에 할당하고, 나머지 모두를 백인 가구에 나누어주는 것이었다. 철조망에 관한 책을 썼던 올리비에 라작Olivier Razac은 도스법이 정착민 집단을 위해 토지 규제를 자유롭게 풀어주었고, 동시에 "인디언 사회의 기반을 허물어뜨리는 과정에 일조했다"고 지적했다. 인디언 부족들은 백인들의 철조망을 가리켜 '악마의 밧줄'이라 불렀다.

당시 카우보이들은 가축을 방목하며 살았다. 그들은 초원이 모두에게 개방된 자산이라 믿었다. 그래서 철조망도 당연히 못마땅하게 여겼다. 그들이 관리하는 가축이 철조망에 찔려 상처를 입거나 감염되었다. 또 눈보라가 몰아칠 때면 가축을 몰고 남으로 이동해야 했지만, 철조망이 그들의 길을 가로막았다. 이로 인해 가축 수천 마리가 한꺼번에 죽는 일도 있었다.

카우보이들 중 일부는 철조망을 받아들여 개인 목장을 짓기도 했다. 그러나 이들의 울타리는 드문 경우를 제외하고 대부분 불법이었다. 즉, 공공의 영토를 사적으로 편취한 것이었다.

철조망이 서부 지역을 휩쓸면서 분쟁은 점차 심해졌다.[8] 급기야 블루 데블스Blue Devils나 자벨리나스Javelinas 등 복면을 쓴 무리들이 나타나 '철조망 자르기 전쟁'을 벌였다. 그들은 농장의 철조망을 끊었고, 복구하면 살해하겠다는 협박까지 남겼다. 총격 사건이 이어졌고 사망자가 속출했다. 결국 미국 정부가 단속에 나서면서 혼란은 수그러들었다. 결국 철조망은 살아남았고, 새로운 승자와 패자가 탄생했다.

1883년에 한 카우보이는 이렇게 신세를 한탄했다.

"조랑말이 뛰어놀고 네 살배기 소가 시장에 내다 팔 정도로 무럭무럭 자라야 할 곳에서 양파와 아일랜드 토마토가 자라고 있다고 생각하면 울화통이 터진다."[9]

그러나 카우보이들이 이렇게 격분했다면, 아메리카 원주민들은 훨씬 더 심하게 고통을 겪었을 것이다.

서부 미개척지에서 벌어진 이러한 분쟁은 사실 오랜 철학적 논쟁을 반영하고 있었다. 미국 건국의 아버지들에게 강한 영향을 미친 영국의 17세기 철학자 존 로크John Locke는 어떻게 개인이 합법적으로 토지를 소유할 수 있는지를 놓고 많은 고민을 했다. 옛날에는 누구도 토지를 소유하지 못했다. 땅은 자연과 신의 선물이었다. 그러나 로크가 살던 세상에서 왕과 지주는 땅을 소유했다. 자연의 선물이 어떻게 사적 소유의 대상이 될 수 있단 말인가? 폭력 집단이 힘으로 차지했기 때문일까? 만일 그랬다면, 모든 문명은 폭력에 기반을 두고 있는 셈이다. 로크와 그의 부유한 후원자들은 이를 인정할 수 없었다.

로크는 모든 개인은 자신의 노동을 소유할 수 있다고 생각했다. 그리고 개인의 노동을 자연이 선물한 토지와 결합할 때, 가령 자신의 힘으로 밭을 개간할 때, 개인은 비로소 토지를 소유할 수 있다. 다시 말해, 토지를 일군 사람이 이를 소유할 수 있다고 생각했다.

로크는 단지 이론에만 머물지 않았다. 실제로 그는 유럽의 아메리카 식민지화를 둘러싼 논쟁에 적극 참여했다. 로크 전문가인 정치학자 바버라 아네일Barbara Arneil은 이렇게 언급했다.

"로크에게 '인류는 어떻게 사유재산을 개발했을까?'라는 질문은 곧 '누가 미국 땅을 소유할 권리를 갖는가?'를 의미했다."[10]

로크는 자신의 논리를 뒷받침하기 위해 지금까지 누구도 아메리카 대륙을 소유하지 않았다고 주장해야 했다. 다시 말해, 토착 원주민들은 땅을 '개간'하지 않았으므로 그들에게는 소유권이 없다는 뜻이다.

물론 유럽의 모든 철학자가 이런 논리를 받아들인 것은 아니었다. 18세기 프랑스 철학자 장자크 루소Jean-Jacques Rousseau는 토지의 사적 소유 자체를 인정하지 않았다. 루소는 《인간 불평등 기원론Discourse on Inequality》에서 이렇게 말했다.

"울타리를 세운 최초의 인간은 '이 땅은 내 것이다'라고 선언하면 사람들이 인정한다는 사실을 발견했다."

그는 그 인간이 바로 '실질적으로 시민사회를 구축한 인물'이라고 말했다. 루소의 그 말은 긍정적인 의미가 아니었다. 하지만 그의 의도와는 상관없이, 현대 경제는 사유재산을 기반으로, 즉 개인이나 법인이 자산을 소유할 수 있다는 법률적 사실을 기반으로 형성되었다. 그리고 소유를 위해 노동을 투자하고 이를 개선하려는 동기를 부여한다는 차원에서, 미국 중

서부의 땅이든 인도 콜카타의 아파트든 또는 미키마우스에 대한 지적재산권이든 모든 사유재산은 좋은 것이라는 믿음을 기반으로 삼는다. 이러한 믿음은 강력한 힘을 발휘했다. 개인의 노동으로 토지를 개간하지 않았기 때문에 아메리카 원주민에게 토지의 소유권이 없다고 주장했던 사상가들은 이러한 믿음을 적극적으로 받아들였다.

그러나 법률적 권리는 추상적 개념이다. 소유로부터 실질적인 이익을 얻기 위해서는 소유 대상을 통제할 수 있어야 한다.* 자신의 영토를 통제할 수 있다는 차원에서, 철조망은 지금도 세계적으로 사용되고 있다. 그리고 개념적인 소유권을 실질적인 소유권으로 보장받기 위한 싸움은 여러 경제 분야에서 점점 더 치열하게 전개되고 있다.

예를 들어 음악가는 자신이 만든 음악에 대한 저작권을 갖는다. 그러나 데이비드 보위가 경고했던 것처럼, 이러한 권리는 파일 공유 소프트웨어 앞에서 무력하다.

물리적인 철조망으로 사유지를 선포했던 것처럼, 노래에 대한 권리를 지키기 위해 가상적인 철조망이 등장했다. 그리고 이를 파괴하려는 시도도 끊이지 않았다. 디지털 경제의 '철조망 자르기 전쟁'은 서부 시대만큼 치열하게 벌어졌다. 지금도 디지털 권리를 주장하는 사회운동가들은 디즈니, 넷플릭스, 구글과 같은 대기업들에 맞서 싸우고 있으며, 해커들은 디지털 철조망의 수명을 단축시키고 있다.[11] 모든 경제 시스템에서 벌어지는 소유

---

* 철조망이 개발되기 전에 미국 서부 정착민들은 토지에 대한 법률적 권리는 갖고 있었지만, 실질적인 통제권을 행사하지 못했다. 이 책 뒷부분에서 우리는 이와는 반대되는 사례를 살펴볼 것이다. 즉, 개인이 집과 농장에 대해 실질적인 통제권을 행사하지만 법률적 권리는 없는 상황을 다뤄볼 것이다.

권을 둘러싼 싸움에는 아주 다양한 이해관계가 얽혀 있다.

　백만 달러 내기꾼 게이츠와 조지프 글리든을 비롯하여 철조망으로 성
공한 이들은 갑부가 되었다. 글리든이 철조망 특허권을 받았던 해에 철조
망 생산량은 50킬로미터 정도에 불과했다. 그러나 그로부터 6년이 흐른
1880년에 드칼브에 위치한 공장은 42만 3천 킬로미터에 달하는 철조망을
생산했다. 이는 지구를 열 바퀴 감고도 남을 길이다.[12]

판매자 피드백

4

상하이에 있는 한 운전자가 온라인 게시판에 들어가서 승차를 원하는 척하는 사람을 물색한다. 그러고는 곧 적당한 상대를 발견한다. 그 운전자는 그를 태워서 공항에 태워주는 척 정보를 입력한다. 하지만 두 사람은 사실 만나지도 않았다. 운전자는 다시 게시판으로 돌아가 그 사람에게 돈을 보낸다. 둘이 합의한 수수료는 약 1.6달러다.

운전자는 자신이 직접 다른 사람 행세를 할 수도 있다. 이를 위해 그는 오픈 마켓 타오바오Taobao에서 온라인으로 해킹된 스마트폰을 산다. 그리고 이를 이용해 가짜 아이디를 여러 개 만든다. 그러면 그 스스로 다른 사람이 되어 자신이 제공하는 서비스를 이용할 수 있다.[1]

그런데 그 운전자는 대체 왜 이런 짓을 하는 것일까? 이는 자신의 차로 다른 사람을 태워주면 누군가가 돈을 주기 때문이다. 실제로 중국을 비롯한 다양한 지역에서 투자자들은 수십억 달러의 손실을 감수하고서 사용자들이 자동차 공유 서비스를 이용하도록 돈을 지불하고 있다. 물론 그들은 이를 악용하려는 사용자를 차단하고자 한다. 그런데 그들은 왜 자동차 공유 서비스를 이용하는 사람들에게 굳이 보조금까지 지급하는 것일까? 그들은 그것이 기발한 아이디어라고 확신하기 때문이다.

　이 모든 상황은 말도 안 되는 것처럼 보인다. 그러나 여기에 관련된 모두는 합리적으로 자신의 이익을 추구한다. 우리가 이 상황을 이해하기 위해서는 먼저 '대중기반 자본주의', '공동구매', '공유경제', '신뢰경제' 등 다양한 전문 용어의 의미를 알아야 한다.

　기본적인 발상은 이렇다. 나는 지금 차를 몰고 상하이 도심에서 공항으로 가려고 한다. 방향이 맞는 사람이 있다면 합승이 가능하다. 그런데 한 블록 떨어진 곳에 살고 있는 당신도 지금 공항으로 가야 한다. 그렇다면 내가 대중교통보다 적은 요금을 받고 당신을 태워주면 어떨까? 당신에게는 이익이다. 그리고 나 역시 마찬가지다.

　하지만 이러한 거래가 쉽게 이루어지지 않는 데에는 두 가지 중요한 이유가 있다. 첫 번째이자 가장 중요한 이유는 나와 당신 모두 서로의 존재를 알 수 없기 때문이다. 불과 얼마 전까지만 해도 공항까지 차를 얻어 타고 싶다는 의사를 알릴 수 있는 유일한 방법은 교차로 부근에서 '공항'이라고 적힌 팻말을 들고 서 있는 것뿐이었다. 그러나 비행기가 마냥 기다려주지는 않을 터이니, 이는 결코 실용적인 아이디어가 아니다.

　더 힘든 경우도 있다. 집에서 글을 쓰고 있는데 강아지가 목줄을 입에 물고 와서 산책을 나가자고 졸라댄다. 그런데 마감이 코앞이라 산책할 여유가 없다. 그런데 이웃집에 사는 당신은 산책도 좋아하고 시간도 많다. 나는 산책을 시켜주는 대가로 돈을 지불할 의사가 있고, 당신은 좋아하는 일을 하면서 돈도 벌고 싶어 한다. 그런데 여기서 나는 당신의 존재를 어떻게 발견할 수 있을까? 쉽지 않을 것이다. 적어도 태스크래빗TaskRabbit이나 로버Rover 같은 온라인 사이트가 없다면 말이다.

이처럼 상보적인 일시적 욕구를 가진 사람들을 연결시켜주는 서비스는 인터넷이 경제를 변화시키는 다양한 방식 중 하나다. 기존의 시장은 일부 영역에서 효율적으로 작동하지만, 재화와 서비스의 형태가 애매모호하고 시기적으로 급박한 경우에는 효율성이 크게 떨어진다.

마크 프레이저Mark Fraser 사례에 대해 생각해보자. 때는 1995년, 프레이저는 수많은 프레젠테이션을 했다. 그리고 그가 **가장** 원한 것은 레이저 포인터였다. 물론 새롭고 멋진 포인터 장비가 나와 있었지만 그로서는 범접하기 힘들 정도로 비쌌다. 그런데 프레이저는 전자제품 전문가였다. 고장난 레이저 포인터를 구할 수 있다면 얼마든지 고쳐 쓸 수 있을 실력자였다.[2] 하지만 고장 난 레이저 포인터를 어디서 찾을 수 있을까? 지금이라면 그 대답은 명백하다. 타오바오나 이베이Ebay 또는 이와 비슷한 온라인 시장을 뒤지면 된다. 그러나 당시는 갓 태어난 이베이가 유일한 기회였다. 결국 프레이저는 고장 난 레이저 포인터를 구할 수 있었고, 이것은 이베이 최초의 거래였다.

프레이저는 위험을 감수해야 했다. 판매자가 어떤 사람인지 알 수 없었다. 그는 다만 판매자가 자신이 지불한 14.83달러를 들고 사라지지 않기를 바랄 뿐이었다. 이보다 위험이 더 높은 거래도 있다. 이러한 위험은 바로 내가 당신을 상하이 공항으로 태워주기를 주저하는 두 번째 이유다. 당신은 지금 '공항'이라고 적힌 종이를 들고 교차로에 서 있다. 하지만 나는 당신을 모른다. 어쩌면 나를 공격할 수도 있고 내 차를 빼앗을지도 모른다. 당신도 나의 선의를 의심할 수 있다. 가령 연쇄 살인범은 아닐지 걱정이 될 것이다.

이러한 우려는 당연하다. 몇십 년 전만 해도 히치하이킹은 흔한 일이었다. 하지만 엽기적인 살인 사건이 잇달아 일어나면서, 히치하이커는 점차 사라졌다.[3]

신뢰는 시장에서 대단히 중요하다. 너무도 중요해서 우리는 종종 이를 인식조차 하지 못한다. 마치 물고기가 물의 존재를 느끼지 못하는 것과 같다. 선진국 경제에서 신뢰를 뒷받침하는 다양한 장치가 있다. 가령 브랜드나 환불 보장 약속 그리고 쉽게 찾을 수 있는 판매자와의 반복적인 거래는 우리가 상대를 더 쉽게 신뢰하도록 도움을 준다.

하지만 새로운 공유경제에서는 이런 장치를 찾아보기 힘들다. 그렇다면 우리는 왜 모르는 사람의 차에 타는가? 왜 모르는 판매자에게서 레이저 포인터를 사는가? 1997년에 이베이는 이러한 질문에 대답을 내놓았다. 그것은 바로 판매자 피드백Seller Feedback이라는 것이었다. 초대 이베이 고객 서비스 책임자를 지낸 짐 그리피스Jim Griffith는 이렇게 설명했다.

"지금까지 누구도 이런 것을 보지 못했을 겁니다."

거래 쌍방이 거래 후 서로를 평가하는 아이디어는 이제 보편적인 시스템으로 자리 잡았다. 우리는 온라인으로 물건을 사고 나서 판매자를 평가한다. 그리고 판매자도 우리를 평가한다. 가령 우버Uber를 통해 차량 공유 서비스를 이용하고 나서 운전자를 평가한다. 그리고 마찬가지로 운전자도 우리를 평가한다. 또한 에어비앤비Airbnb를 통해 숙박을 하고 나서 집주인을 평가한다. 물론 집주인도 손님을 평가한다. 애널리스트 레이철 보츠먼Rachel Botsman은 우리가 이들 웹사이트에 걸쳐 구축한 '평판 자산reputation capital'이 기존의 신용평가 점수보다 더 중요하게 될 날이 올 것으로 내다본다. 물론 이러한 피드백 시스템도 완벽하지는 않다. 그럼에도 사람들이 본능적인 경계심을 극복하고 상대를 신뢰하도록 도움을 주는 중요하고 근본적인 기능을 수행한다.

우리는 긍정적인 평가를 받은 상대를 쉽게 신뢰하게 된다. 짐 그리피스는 판매자 피드백의 기능에 대해 이렇게 말한다.

"그게 없었다면 '이베이'가 이렇게 성장하지는 못했을 겁니다."[4]

이베이가 시도했던 온라인 연결 플랫폼은 여전히 남아 있다. 그러나 이는 어떤 측면에서 히치하이킹과 본질적으로 다르지 않다. 즉, 경제 전반을 바꾼 주류 활동이라기보다 위험이 여전히 높은 지엽적 활동에 불과하다.

오늘날 우버와 에어비앤비, 이베이, 태스크래빗 등은 실질적인 가치를 창출한다. 이들 서비스는 여분의 방이나 여유 시간, 혹은 차량의 남는 자리처럼 그냥 두면 사라질 가치를 활용하도록 만들어준다. 이들 서비스에 대한 수요가 증가할수록 도시 전체의 유연성은 높아질 것이다. 나 역시 중요한 행사로 주변 지역의 숙박료가 갑자기 높아질 때, 방 하나를 내놓기도 한다.

하지만 여기에도 패자는 있다. '협력', '공유', '신뢰' 등 그 모든 따스한 표현을 동원하면서도, 이 경제 모형은 이웃끼리 웃으며 전동 공구를 빌리는 훈훈한 이야기로만 끝나지 않는다. 순식간에 치열한 자본주의로 바뀔 수 있다. 가령 숙박 및 운송업체는 에어비앤비나 우버와 경쟁을 벌여야 한다는 사실에 몸서리친다. 그렇다면 현재 상황은 기존 업체가 새로운 경쟁자를 억압하는 것인가? 아니면 새로운 플랫폼이 기존의 규제를 무시하는 것인가? 그렇다면 기존 업체의 불만은 정당한 것인가?

많은 정부가 근로시간과 근로 환경 또는 최저임금과 관련된 법률로 노동자를 보호한다. 그리고 우버와 같은 플랫폼에서 활동하는 많은 사람들은 여유 자산을 현금화하려는 것이 아니다. 그들은 정규직 울타리 밖에서 먹고살기 위해 일한다. 하지만 그렇게 해야 하는 이유가 어쩌면 이러한 플랫폼 때문에 노동시장에서 쫓겨났기 때문일지 모른다.

소비자를 보호하는 법률도 있다. 가령 차별금지법이 대표적인 사례다. 호텔은 동성 커플이라고 해서 거부할 수 없다. 반면 에어비앤비 집주인은 신청자의 피드백 점수나 사진을 보고 얼마든지 거절할 수 있다. 에어비앤비는 사용자들 간에 연결을 확장함으로써 신뢰 시스템을 구축한다. 다시 말해, 사용자들에게 그들이 어떤 사람과 마주하고 있는지 선명한 그림을 보여준다. 이러한 플랫폼은 사용자들이 의식적이든 아니든 개인적 편견에 따라 행동하도록 부추긴다. 실제로 소수민족에 해당하는 사용자들이 많은 불편을 겪는 것으로 드러나고 있다.[5] 온라인 연결 플랫폼에 대한 규제는 여전히 전 세계 입법가들을 당황하게 만드는 과제로 남아 있다.

그래도 이러한 비즈니스는 미래 잠재성이라는 측면에서 중요하다. 특히 아직까지 차를 소유하는 문화가 정착되지 않은 신흥 시장의 경우는 더 그렇다. 게다가 이 비즈니스는 네트워크 효과를 뚜렷하게 드러낸다. 더 많은 사용자가 플랫폼을 이용할수록, 더 많은 신규 회원이 몰려든다. 그래서 우버를 비롯하여 중국의 디디추싱滴滴出行, 동남아시아의 그랩Grab, 인도의 올라Ola와 같은 경쟁 업체들은 실적에 따라 보조금을 지급하거나 신규 회원에게 쿠폰을 지급하는 등 투자에 열을 올리고 있다 이들이 추구하는 목표는 시장의 일등이 되는 것이다.

일부 사용자는 이러한 혜택을 고의적으로 악용한다. 앞서 언급한 수법이 기억나는가? 그들은 온라인 게시판에서 가짜 손님을 찾거나, 온라인 시장에서 해킹된 스마트폰을 구입한다. 서로 이해관계가 맞는 사람들은 이들 플랫폼을 통해 쉽게 상대를 발견한다.

구글 검색

5

"아빠, 죽으면 어떻게 돼요?"

"글쎄, 그건 아무도 모르지."

"구글에게 물어보면 되잖아요?"

요즘 아이들은 구글이 **모든 것**을 알고 있다고 믿는다. 그리고 그렇게 자라날 것이다.

"아빠, 달은 지구에서 얼마나 멀리 떨어져 있어요?", "세상에서 제일 큰 물고기는 뭐에요?", "제트팩(Jetpack: 엔진을 부착한 장비를 가방처럼 등에 메고 비행할 수 있는 장비_옮긴이)이 정말로 있어요?" 이 모든 질문에 대한 대답은 터치스크린 몇 번 두드리는 것만으로 쉽게 알 수 있다. 도서관에서

《브리태니커 백과사전 *Encyclopaedia Britannica*》이나 《기네스북 *Guinness Book of Records*》을 뒤적일 필요도 없다. 그런데 구글이 나오기 전에 부모들은 어떻게 제트팩과 같은 첨단 기술을 알았을까? 분명 쉽지는 않았을 것이다.

구글은 아마 사후의 삶이 어떤 것인지 알 만큼 똑똑하지는 않을 것이다. 영국 랭커스터 대학교 연구에 따르면, '구글'이라는 단어는 사람들의 대화 속에서 '똑똑한', 혹은 '죽음'보다 더 자주 등장한다고 한다.[1] 스탠퍼드 대학교에서 학생 프로젝트로 시작했던 구글은 20년 만에 현대사회의 보편적인 문화로 자리 잡았다.

여러분은 아마도 구글 이전의 검색엔진이 얼마나 형편없었는지 기억할 것이다. 예를 들어, 1998년 무렵 대표적인 검색엔진 라이코스 Lycos에 '자동차'라는 단어를 입력하면, 그 결과는 포르노 웹사이트 링크로 가득 찼다.[2] 이유가 무엇이었을까? 바로 포르노 웹사이트 운영자들이 '자동차'처럼 사람들이 자주 입력하는 검색어를 작은 글씨로, 혹은 흰색 바탕에 흰색 글씨로 숨겨놓았기 때문이다. 라이코스 알고리즘은 이들 사이트에서 '자동차'라는 용어가 자주 등장한다는 사실을 확인하고는 그 페이지가 '자동차'에 관한 흥미로운 정보를 담고 있다고 결론을 내린 것이다. 돌이켜보건대, 당시의 알고리즘은 지극히 단순한 초보적인 기술에 불과했다.

래리 페이지 Larry Page와 세르게이 브린 Sergey Brin 두 사람이 처음부터 효율적인 검색 알고리즘 개발에 관심을 쏟았던 것은 아니다.[3] 두 사람이 스탠퍼드 대학교에서 실행했던 프로젝트는 학술적 동기로 출발했다. 학계에 발표하는 논문의 경우, 인용 횟수가 논문의 신뢰도를 결정한다. 많은 학자들이 특정 논문을 인용할수록 그 논문의 신뢰도는 높아진다. 인터넷 초창기 시절에 페이지와 브린은 사람들이 특정 웹페이지에 접속할 때, 해당 페이지가 어떤 다른 페이지에 링크되어 있는지 알지 못한다는 사실을 발견했다. 웹상에서 링크는 논문에서 인용과 같다. 그렇기 때문에 특정 웹페이지가 얼마나 많은 링크로 연결되어 있는지 확인할 수 있다면, 모든 주제와 관련하여 웹페이지의 신뢰도를 평가할 수 있다.

이를 위해 페이지와 브린은 인터넷 전체를 통째로 다운로드 받아야 했다. 그러나 이 작업은 심각한 문제를 일으켰다. 스탠퍼드 대역폭의 절반 가까이를 잡아먹었기 때문이다. 화난 웹마스터들은 구글 검색 프로그램 때문에 서버가 마비되었다고 대학 측에 불만을 제기했다. 또 한 온라인 미술 박물관은 스탠퍼드가 그들의 콘텐츠를 훔쳐가고 있으며, 이에 대해 법적 대응을 하겠다고 으름장을 놓았다. 그러나 이후 페이지와 브린이 개선된 알고리즘을 내놓으면서, 그들의 작업이 새롭고 획기적인 웹 검색 방식에 대한 연구라는 사실이 드러났다. 간단하게 설명하자면, 작은 글씨로 '자동차 자동차 자동차'라는 문구를 잔뜩 삽입해놓은 포르노 웹사이트는 실제로 자동차에 대한 논의가 이루어지는 다른 웹사이트들과 링크로 연결되어 있지 않다. 그렇기 때문에 구글 검색창에 '자동차'를 입력하면, 그 알고리즘은 웹페이지의 링크 네트워크를 분석해서 포르노 웹사이트를 검색 결과에서 제외한다.

페이지와 브린은 이렇게 개발한 놀라운 알고리즘을 내세워 투자자를 끌어모았고, 구글은 그렇게 학생 프로젝트에서 기업으로 변신했다. 오늘날 구글은 세계적인 기업으로 성장했고, 매년 수백억 달러의 수익을 올린다.[4] 하지만 두 사람은 창업 후 몇 년 동안 보상에 대한 구체적 전망이 없는 상황에서 엄청난 돈을 쏟아부어야 했다. 물론 그건 구글만의 일은 아니었다. 당시는 '닷컴 붐'이 일던 시대였다. 손실을 기록하는 IT 기업 주식이 언젠가 실현 가능한 비즈니스 모델을 찾아낼 것이라는 기대 하나로 말도 안 되는 가격으로 거래되곤 했다.[5]

그리고 2001년, 구글은 마침내 비즈니스 모델을 발견했다. 그것은 클릭당 지불 방식pay-per-click 광고 시스템이었다. 여기서 광고주는 인터넷 사용자가 특정 검색어를 통해 그들의 웹사이트에 접속할 때 광고비를 지불한다. 그리고 구글은 그들의 '유기적' 검색 결과 페이지의 측면에 최고 입찰자의 광고를 게시한다. 광고주 입장에서 이러한 시스템의 매력은 분명하다. 광고에 관심을 보인 사용자가 접근할 때에만 비용을 지불하면 되었기 때문이다. (가령 모르몬교는 '죽으면 어떻게 될까'라는 검색어로 그들 사이트를 접속한 사용자 수를 기준으로 구글에게 광고비를 지불한다.) 이러한 시스템은 신문 광고보다 훨씬 효율적이다. 신문 독자층이 기업의 목표 소비자층과 일치한다고 해도, 독자들 대부분은 기업의 광고에 관심을 기울이지 않기 때문이다. 당연하게도 신문사의 광고 수입은 점차 줄어들었다.[6]

기존 언론사들이 새로운 비즈니스 모델을 발굴하려는 노력은 분명하게도 구글의 경제적 영향으로부터 시작되었다. 또한 구글의 검색 기술은 다양한 방식으로 가치를 창출한다. 얼마 전 글로벌 컨설팅 기업 매킨지의 컨설턴트들은 구글이 창출한 가치의 목록을 작성했다.[7]

우선 시간 절약이 있다. 다양한 조사 결과는 구글 검색이 도서관에서 정보를 찾는 것보다 세 배 더 빠르다는 사실을 보여준다. 사실 구글 검색은 도서관에 도착하기 전에 끝난다. 마찬가지로 기업 정보에 대한 온라인 검색은 전화번호부와 같은 주소록 검색보다 세 배 정도 빠르다. 매킨지사는 이와 같은 생산성 향상으로 수천억 달러를 벌었다.

다음으로 가격 투명성Price Transparency이 있다. 경제학 용어인 가격 투명성이란 매장에 가서 사려는 제품을 스마트폰으로 검색해서 다른 곳보다 싼지 확인하고, 그 정보를 가지고 가격 흥정을 할 수 있는 가능성을 뜻한다. 매장 입장에서는 짜증나겠지만 소비자에게는 아주 유용한 기능이다.

다음으로 '롱테일Long Tail' 효과가 있다. 오프라인 매장에서 진열대는 한정된 자산이다. 반면 온라인 매장은 오프라인 매장보다 훨씬 더 많은 제품을 진열할 수 있다. 그러나 실질적으로 가능하려면 소비자가 자신이 원하는 물건을 쉽게 찾도록 도움을 주는 검색 엔진이 있어야만 한다. 이러한 검색 엔진이 갖춰져 있을 때, 온라인 소비자는 근처 매장에서 살 수 있는 제품과 유사한 것에 만족하는 것이 아니라, 그들이 원하는 특정 제품을 구매할 수 있다. 또 기업은 새로운 제품군을 창출하겠다는 희망을 품고 틈새시장을 공략할 수 있다.

이는 소비자와 기업 모두에게 좋은 소식이다. 하지만 문제가 있다.

그중 하나는 광고다. 일반적으로 광고는 사람들이 예상하는 방식으로 움직인다. 구글 검색창에 '크래프트 비어'를 입력하면 관련 광고가 뜬다. 그러나 이러한 광고를 이용해 곤경에 처한 이들을 이용해 먹으려는 업체도 많다. 가령 '인근 열쇠업체'라고 검색하면 저렴한 가격으로 잠긴 문을 열어주겠다고 말하는 그럴 듯한 광고가 상단에 뜬다. 하지만 이들은 대개 집에 도착해서는 예상치 못한 문제가 더 있다며 광고에 나온 액수보다 높은 가격을 요구한다.[8] 또한 택시 뒷좌석에 지갑을 놓고 내리거나, 항공권 예약을 급히 수정해야 하는 사람들 역시 비슷한 곤란을 겪는다. 사람들은 다급할 때 구글 검색이 예상치 못한 결과로 이어질 것이라 의심하지 못한다. 이러한 이들을 이용하려는 악덕 업체들 중 일부는 노골적으로 사기를 친다. 그 밖에 많은 업체들 역시 법을 어기지 않는 선에서 교묘하게 악용

한다. 그러나 구글은 이러한 문제를 해결하기 위해 아직 적극적인 움직임을 보여주지 않는다.[9]

더 심각한 문제는 구글이 전 세계 검색 시장을 장악하고 있다는 사실이다. 전 세계 검색의 90퍼센트 정도가 구글을 통해 이루어진다. 그래서 많은 기업들은 구글의 유기적 검색 결과에 목을 맨다.[10] 구글은 검색 결과의 순서를 결정하는 알고리즘을 계속해서 수정한다. 그들은 노출에 관한 전반적인 기준은 밝히고 있지만, 노출 순서를 결정하는 정확한 방식은 투명하게 공개하지 않는다. 사실 공개해서도 안 될 것이다. 구글이 더 많은 기준을 공개할수록 더 많은 사기꾼이 이를 이용해 먹을 것이기 때문이다. 앞서 언급했던 자동차와 포르노 사이트의 문제를 떠올리면 이해가 쉬울 것이다.

구글의 이러한 절대 권력에 불만을 품은 기업이나 전략 컨설턴트는 온라인 세상에서 쉽게 발견할 수 있다(물론 구글 검색을 통해서). 구글은 그들이 인정하지 않는 전략을 선택한 기업을 소외시킨다. 한 블로거는 이렇게 불만을 토로했다.

"구글은 판사이자 배심원이자 사형 집행인이다. …… 우리가 정확하게 알지 못하고 추측밖에 할 수 없는 법을 어겼다는 이유로 처벌한다."[11]

구글의 알고리즘을 만족시키는 방법을 알아내는 일은 변덕이 심하고 속마음을 알 수 없는 전지전능한 신을 달래는 것과 같다.

여러분은 어쩌면 그게 별 문제 아니라고 생각할지 모른다. 검색 페이지에서 소외당한 기업에게는 안된 일이지만, 어쨌든 사용자에게 편리하다면 그것으로 충분한 것 아니냐고 반문할지 모른다. 더 나아가 구글 검색에 심각한 문제가 있다면, 또 다른 두 명의 스탠퍼드 학생이 더 나은 알고리즘을 내놓을 것이라 낙관할 수 있다. 그런데 정말로 그럴까? 아마도 아닐 것이다. 1990년대 말 검색 시장은 치열한 경쟁 분야였다. 그러나 지금은 뚜렷한 독점 시장으로 굳어져버렸다. 다시 말해, 새로운 검색엔진이 진입하기에는 극단적으로 힘든 시장이 되어버린 것이다.

왜 이렇게 되었을까? 검색 엔진의 효율성을 개선할 수 있는 한 가지 방법은 동일 검색어를 입력한 사용자가 최종적으로 어떤 링크를 검색했는지 그리고 그 전에 무엇을 검색했는지를 분석하는 것이다.[12] 그리고 구글은 그와 관련된 데이터를 누구보다 더 많이 확보하고 있다. 이 말은 곧 구글이 미래 세대가 검색할 정보마저도 장악하고 있다는 뜻이다.

여권

6

　"런던에서 크리스털팰리스로, 혹은 맨체스터에서 스톡포트로 여행할 때 여권이나 경찰의 허락이 필요하다면 영국인들은 어땠을까? 우리 영국인은 이러한 특권에 대해 신께 감사를 드려야 할 것이다."[1]

　이는 19세기 중반 영국의 출판업자 존 개즈비John Gadsby가 유럽 대륙을 여행하면서 했던 말이다. 당시는, 해외 여행을 해본 사람이라면 익숙하게 알고 있을 현대적인 여권 시스템이 등장하기 전이었다. 해외여행을 하려면 먼저 공항에서 길게 줄을 선다. 그리고 제복을 입은 출입국 심사관에게 표준화된 여권을 제시한다. 그는 얼굴을 흘끗 보고는, 젊고 날씬한 사진 속 인물이 나와 동일 인물인지(아마도 헤어스타일을 바꿔서겠지?) 확인한다. 심사관이 여행에 관해 몇 가지 질문을 던지는 동안, 컴퓨터는 내 이름을 테러리스트 명단과 대조한다.

그러나 역사적으로 여권은 지금처럼 보편적으로 그리고 반복적으로 활용되지 않았다. 여권은 본질적으로 이를 소지한 사람이 문제없이 국경을 통과하도록 보호하라는 권력자의 지시였다. 보호의 개념으로서 여권의 기원은 성경 시대로 거슬러 올라간다.[2] 여기서 보호는 권리가 아니라 특혜다. 개즈비와 같은 영국 신사가 영국해협을 건너 자유롭게 여행할 수 있었던 것은 해당 정부 기관 인사와 개인적인 친분이 있었기 때문이다.[3]

개즈비는 유럽 대륙을 여행하면서 관료주의가 강한 국가일수록 사회적, 경제적 통제 수단으로서 여권 시스템에 의지한다는 사실을 발견했다. 100년 전만 해도 프랑스 국민은 해외를 나갈 때는 물론, 도시를 벗어날 때에도 여권을 소지해야 했다. 오늘날 선진국은 전문 인력이 아닌 이민자의 유입을 차단하고 있으며, 여러 지자체 역시 여권을 통해 전문 인력의 유출을 막고 있다.[4]

19세기에 철도와 증기선이 등장하면서 사람들은 더욱 빠르고 값싸게 여행을 할 수 있게 되었다. 이러한 상황에서 여권은 거추장스러운 시스템이었다. 프랑스 황제 나폴레옹 3세Napoleon Ⅲ는 개즈비와 마찬가지로 영국 정부의 유연한 접근 방식을 높게 평가했다. 황제는 여권이 '억압적인 발명품이며…… 평화로운 세상에서는 하등 쓸모없는 장애물일 뿐'이라고 폄하했다. 그리고 1860년에 결국 여권을 폐지했다.[5] 이러한 움직임을 드러낸 국가는 프랑스만이 아니었다. 많은 정부가 공식적으로 여권 제도를 폐지하거나, 법적으로 강요하지 않았다. 적어도 평화 시기에는 그랬다.[6] 1890년대에 사람들은 여권 없이 자유롭게 미국을 드나들었다. 백인이라면 더 간편했을 것이다.[7] 남미 국가들 중 일부는 국민들 모두 여권 없이 여행할 수 있도록 헌법으로 규정하기까지 했다.[8] 중국과 일본 정부는 자국 내 외국인들이 여권 없이 자유롭게 돌아다닐 수 있도록 허용했다.[9]

20세기로 접어들 무렵 출입국 과정에서 여권을 요구하는 국가는 거의 없었다. 여권이 조만간 완전히 사라질 것이라는 전망도 나왔다.[10]

그랬다면 오늘날 세상은 어떤 모습일까?

2015년 9월 새벽, 압둘라 쿠르디Abdullah Kurdi는 아내와 두 아들과 함께 고무보트를 타고 터키 보드룸 해변을 출발했다.[11] 그들은 에게해를 4킬로미터 가로질러 그리스 코스섬에 도착하려고 했다. 그러나 거센 풍랑으로 보트가 뒤집히고 말았고, 압둘라는 가까스로 보트를 잡고 살았지만 아내와 아이들은 모두 익사하고 말았다.

터키 해안으로 떠밀려온 세 살배기 막내 알란Alan의 시체는 한 터키 기자의 카메라에 담겼다. 알란의 사진은 그해 여름 유럽 사회를 뒤흔든 이민자 위기의 상징이 되었다.

쿠르디 가족이 가고자 했던 곳은 사실 그리스가 아니었다. 압둘라는 자신의 누이 티마가 미용사로 일하는 밴쿠버에서 새 삶을 시작하고 싶었다. 물론 고무보트를 타고 코스로 가는 것보다 캐나다까지 더 쉽게 여행할 수 있는 방법이 있었다. 게다가 압둘라는 충분한 돈도 있었다. 밀수업자에게 지불한 4,000유로면 가족 모두를 위한 항공권을 살 수 있었다.[12] 충분히 가능한 일이었다. 적어도 가족에게 적법한 여권만 있었다면 말이다.

시리아 정부는 쿠르드족의 시민권을 인정하지 않았기 때문에, 쿠르드족 사람들은 여권을 발급받을 수 없었다.[13] 게다가 시리아에서 발급한 여권이 있다고 해도 캐나다로 가는 비행기에 탑승할 수는 없었을 것이다. 물

론 스웨덴이나 슬로바키아 또는 싱가포르나 사모아에서 발행한 여권이라면 아무 문제 없었을 것이다.[14]

오늘날 우리는 여권 발행국의 이름이 어디로 여행하고, 어디서 일할 수 있는지를 적어도 법률적 차원에서 결정한다는 사실을 당연한 듯 받아들인다. 그러나 그렇게 된 것은 역사적으로 최근의 일이다. 또 다른 시각에서 바라볼 때, 이는 이상한 현상이다. 일반적으로 말해서, 이는 여권 발급 여부가 우리가 어디서 태어났는지 그리고 우리의 부모가 어떤 사람인지에 달려 있다는 말이다. (물론 25만 달러만 있으면 서인도제도의 섬나라 세인트키츠네비스에서 여권을 살 수 있기는 하지만.)[15]

우리는 국가와 사회가 삶에서 우연적인 요소를 배제해주기를 원한다. 가령 성별, 나이, 성적 취향, 피부색 등 개인이 바꿀 수 없는 특성으로 기업이 근로자를 차별하지 못하도록 막아주기를 바란다. 하지만 시민권에 있어서만큼은 우리는 출생의 우연성으로부터 벗어날 수 없다. 그리고 여권은 다양한 국적의 사람이 다양한 기회에 접근할 수 있도록 보장하는 주요한 도구다.

여권의 색깔이 아니라 그 내용에 따라 사람을 판단한다는 주장에는 이견이 없다. 베를린장벽이 무너지고 30년이 지나기 전에 이민자에 대한 통제가 새롭게 시작되고 있다. 도널드 트럼프Donald Trump는 미국과 멕시코 사이에 국경을 세우겠다고 공약했다. 유럽연합 내에서 비자 없이 자유롭게 돌아다닐 수 있도록 보장하는 협약인 솅겐존Schengen zone은 이민자 위기가 고조되는 가운데 힘을 잃고 있다. 그리고 유럽의 각국 정부는 피난민과 '경제적 이민자'를 구분하고 있다. 그들은 학대를 피해 도망친 것이 아니라, 더 나은 일자리와 더 나은 삶을 위해 떠나온 경제적 이민자들까

055

9 권뮤

지 허용해서는 안 된다고 생각한다.[16] 이민자 규제를 철폐해야 한다는 주장은 이제 정치적 차원에서 지지를 잃고 있다.

반면 경제적 접근 방식은 다른 이야기를 들려준다. 이론적으로 생산에 필요한 요인을 수요에 따라 탄력적으로 통제할 수 있을 때, 성과는 향상된다. 그리고 이민은 승자와 패자를 모두 양산하지만, 연구 결과는 그래도 승자가 더 많다는 사실을 말해준다. 한 조사에 따르면, 선진국 인구 여섯 명 중 다섯은 이민자 유입으로 더 잘살게 되었다.[17]

그런데 왜 세계적인 추세는 국경 폐쇄로 나아가고 있는가? 그것은 현실적, 문화적 차원에서 이민을 효과적으로 통제할 수 없기 때문이다. 다시 말해, 거대한 이민 행렬을 수용할 만큼 공공 서비스가 빠르게 개선되지 않고, 종교적 체계를 조율하기도 힘들기 때문이다. 그리고 손실은 이득보다 더욱 뚜렷하게 드러나는 경향이 있다. 가령 미국 내 멕시코 이민자 집단에 대해 생각해보자. 그들은 미국인 근로자보다 더 적은 임금을 받고도 기꺼이 일을 하고자 한다. 그러나 이로 인해 미국인 전체가 누리는 경제적 혜택은 너무 광범위하고 미미해서 눈으로 확인하기 힘들다. 반면 미국인 근로자가 일자리를 빼앗겼다는 소식은 즉각 비통한 여론을 자극한다. 물론 이민자 유입으로 피해를 당한 근로자를 위해 세금과 공적 자금으로 보조금을 지원하는 정책도 가능하다. 하지만 오늘날 미국 사회는 그렇게 돌아가지 않는다.

국경을 넘는 이민보다는 국경 안에서 이루어지는 이주가 더 쉽게 설득력을 얻는다. 영국 일부 지역에 많은 영향을 미친 1980년대 경제 침체기에 노동부 장관 노먼 테빗Norman Tebbit은 실업자는 '자전거를 타고' 일자리를 찾아 떠나야 한다고 주장했다(혹은 그런 의미로 받아들여졌다).[18] 모든 근로자가 자전거를 타고 떠나서 일자리를 구할 수 있다면, 전 세계적으로 경제 성과는 얼마나 높아질까? 몇몇 경제학자는 두 배로 성장할 것이라는 답변을 내놓았다.[19]

이러한 접근 방식은 여권이 20세기 초에 모두 사라졌다면 세상은 지금보다 훨씬 더 부유해졌을 것이라는 이야기를 들려준다. 그러나 여권이 사라지지 않았던 한 가지 분명한 이유가 있다. 그것은 바로 제1차 세계대전 때문이었다.

제1차 세계대전이 터지면서 편리한 여행보다 국가 안보가 더 중요해졌고, 이러한 상황에서 각국 정부는 여행을 엄격하게 규제하기 시작했다. 그리고 전쟁이 끝나고 나서도 이러한 규제를 철폐하지 않았다. 1920년에 출범한 국제연맹은 '여권과 세관 그리고 여행허가증에 관한 국제회의'를 열었고, 그 결과물이 바로 우리가 알고 있는 새로운 형태의 여권이다. 1921년에 국제연맹은 세로 15.5센티미터에 가로 10.5센티미터, 32쪽, 두꺼운 표지와 사진으로 여권의 기본적인 형태를 정의했다.[20] 이 형태는 지금까지 거의 변하지 않았다.

옛날의 존 개즈비처럼, 오늘날에는 적법한 여권을 소지한 사람만이 그 축복에 감사할 수 있을 것이다.

로봇
7

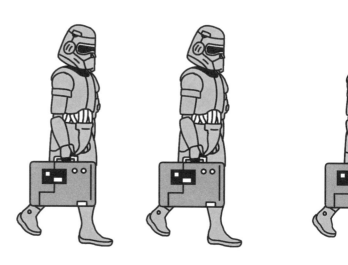

사무실 복사기처럼 생긴 로봇이 윙 소리를 내며 창고 안을 이리저리 돌아
다닌다. 시저 리프트Scissor Lift 방식의 두 팔이 오르내리면서 다음 업무를
준비한다. 양손에는 카메라가 달렸다. 왼팔로 종이 상자를 선반에 내려놓
으면서, 동시에 오른팔로 병을 잡는다.[1]

이 로봇은 새로 개발된 다른 로봇처럼 일본에서 개발되었다. 히타치 코
퍼레이션Hitachi Corporation은 2015년에 이 로봇을 공개하면서 2020년 이전
에 상용화를 시작하겠다는 당찬 포부를 밝혔다.[2] 이 로봇은 병을 쥐는 것
과 같은 간단한 동작을 인간처럼 빠르고 자연스럽게 수행한다.

언젠가는 이러한 로봇이 창고 노동자를 완전히 대체할 것이다. 지금은 인간과 기계가 협력하여 창고 업무를 처리하고 있다. 아마존 물류 센터에서는 짐꾼 로봇 키바Kiva가 분주하게 돌아다닌다. 키바는 선반에서 물건을 집는 것이 아니라, 인간 근로자가 쉽게 물건을 집을 수 있도록 선반 자체를 사람에게 운반해준다.³ (키바 로봇은 창고 바닥에 그려진 바코드를 따라 선반을 싣고 이동한다_옮긴이) 창고 근로자들이 통로를 돌아다니며 허비했던 시간을 아껴줌으로써 키바는 아마존의 업무 효율성을 네 배나 높였다.⁴

공장에서도 로봇과 인간이 함께 일한다. 많은 공장이 이미 수십 년 전부터 로봇 기술을 활용해왔다. 가장 첫 사례는 1961년 제너럴모터스GM가 도입한 유니메이트Unimate로, 작은 탱크처럼 생긴 이 로봇은 주로 용접과 같은 작업을 맡았다.⁵ 그러나 최근까지도 로봇의 역할은 부분적으로는 인간 근로자의 부상을 방지하기 위해서 그리고 로봇이 일하는 엄격하게 통제된 환경에 인간이 개입함으로써 혼란을 초래하는 문제를 방지하기 위해서 인간 근로자들로부터 철저히 격리되었다. 하지만 최근 개발된 일부 로봇은 이러한 구분을 더 이상 필요로 하지 않는다. 가령 벡스터Baxter라는 이름의 멋진 로봇의 경우를 보자. 벡스터는 인간 근로자와의 충돌을 알아서 피한다. 그리고 설령 충돌했다 해도 넘어질 위험이 없다. 벡스터는 또 스크린에 그려진 눈으로 자신이 어디로 이동할 것인지 인간 근로자에게 미리 알려준다. 손에 쥐고 있던 도구를 빼앗으면, 벡스터는 즉각 작동을 멈춘다. 지금까지 산업용 로봇은 전문가의 사전 프로그래밍 작업이 필요했다. 그러나 벡스터는 인간 근로자의 움직임을 보고 스스로 학습한다.⁶

전 세계적으로 로봇 수는 크게 늘어나고 있다. 산업용 로봇 시장은 매년 13퍼센트씩 증가하며, 로봇 '출산율'은 5년마다 두 배로 높아지고 있다.⁷ 기업들은 이미 오래전부터 생산 라인을 임금이 싼 신흥 시장으로 '내

보냈다'. 그러나 이제 다시 '들여오고' 있다. 이 과정에서 로봇이 중요한 역할을 한다.[8] 오늘날 로봇은 점점 더 다양한 일을 한다. 상추를 따고,[9] 바텐더 일을 하고,[10] 병원에서 짐을 실어 나른다.[11] 그러나 한번 생각해보자. 로봇은 여전히 인간의 기대만큼 많은 일을 하지는 못한다. 유니메이트가 등장하고 1년이 지난 1962년에 미국 만화 〈젯슨 가족The Jetsons〉(한국어판 방영 제목은 '우주가족' 젯슨_옮긴이)에는 로봇 가정부 '로지'가 등장했다. 만화 속 로지는 집안일을 모두 맡아서 처리했다. 그런데 절반의 세기가 흐른 지금, 로지는 대체 어디 있는가? 최근 놀라운 기술 발전이 있었는데도 로지가 조만간 모습을 드러낼 일은 없을 듯하다.[12]

기술 발전은 로봇의 하드웨어에서 일어나고 있다. 센서 성능이 향상되면서 가격은 떨어지고 있다. 인간에 비유하자면, 로봇의 시력과 손가락 감도, 혹은 균형 감각이 진화하고 있는 것이다.[13] 기술 발전은 또한 소프트웨어에서도 일어나고 있다. 마찬가지로 인간에 비유하자면, 로봇의 두뇌가 발전하고 있다. 로봇 기술의 발전은 시간문제이기도 하다. 인공지능은 초창기에 좌절을 맞이했던 또 하나의 분야다. 일반적으로 인공지능의 기원이라고 하면, 다트머스 칼리지에서 '언어를 사용하고, 추상과 개념을 이해하고, 인간의 일을 처리하는 기계'를 개발하려는 선구자적 열정을 갖고 있던 과학자들의 여름 워크숍이 열렸던 1956년으로 거슬러 올라간다. 그 모임에 참석했던 과학자들은 인간의 지능을 가진 기계가 앞으로 20년 안에 나올 것이라고 장담했다. 하지만 지금도 여전히 많은 전문가들이 20년 안에 등장할 것이라 예측하고 있다.

미래학자 닉 보스트롬Nick Bostrom은 이러한 전망에 회의적이다. 그는 과학자들이 말한 20년을 '급격한 변화를 예언하는 사람들이 좋아하는 기간'

이라고 지적했다. 20년이라는 시간에 대해 보스트롬은, 예측 기간이 이보다 더 짧을 때 사람들은 지금쯤 혁신이 시작되어야 한다고 생각하며, 이보다 더 길 때는 사람들이 별로 관심을 기울이지 않기 때문이라고 설명했다. 보스트롬은 이렇게 덧붙인다.

"일반적으로 20년은 예언자들의 남아 있는 경력의 시간이다. 적어도 그 시간 동안에는 과감한 예측으로 평판을 잃어버릴 위험은 없는 셈이다."[14]

최근 몇 년 사이 인공지능 발전이 가속화되고 있다. 정확하게 말해서, 엄격한 의미의 인공지능 기술이 발전하고 있다. 가령 바둑을 두고, 스팸 메일을 걸러내고, 페이스북에서 얼굴을 인식하는 등 특정한 과제를 수행하는 **좁은 인공지능**Narrow AI의 알고리즘이 선을 보였다. 프로세서 속도가 빨라지고 데이터베이스가 방대해지는 가운데, 알고리즘은 그 개발자도 정확하게 이해하지 못하는 형태로 스스로 학습할 수 있게 되었다.

보스트롬을 비롯한 많은 학자는 자율학습 능력을 바탕으로 인간처럼 다양한 상황에 스스로 대처할 줄 아는 **범용인공지능**Artificial General Intelligence이 등장할 때 무슨 일이 벌어지게 될지 우려한다. 로봇은 슈퍼지능으로 발전할 것인가? 인간은 과연 로봇을 통제할 수 있을 것인가? 물론 이러한 물음은 지금 당장 해결해야 할 사안은 아니다. 범용인공지능의 탄생 역시 20년의 세월이 걸릴 것으로 예상되기 때문이다.

그러나 엄격한 의미의 인공지능은 이미 경제를 변화시키고 있다. 몇 년 사이에 다양한 알고리즘이 회계나 고객 서비스와 같은 일반적인 사무직 업무로 그 영역을 넓히고 있다. 지금까지 인간만이 할 수 있다고 여겨졌던 많은 일자리가 위험에 처했다. 퀴즈 프로그램 〈제퍼디Jeopardy〉에 출연해 인간 챔피언을 꺾어서 유명해진 IBM의 인공지능 왓슨Watson은 이미 폐암

진단에서 인간 의사를 앞섰다. 그리고 법률 소프트웨어는 어떤 논거로 승소할 것인지 예측하는 능력에서 노련한 변호사와 어깨를 겨룬다. 로봇 자문가는 경영자에게 투자 조언을 들려준다. 그리고 금융시장이나 스포츠 등 다양한 분야에서 새로운 보고서를 끊임없이 내놓고 있다. 그래도 내게는 다행스럽게도, 경제학 책을 쓰는 로봇은 아직까지 나오지 않았다.[15]

일부 경제학자는 로봇과 인공지능이 미묘한 경제 흐름을 보여준다고 말한다. 에릭 브리뇰프슨Erik Brynjolfsson과 앤드루 맥아피Andrew McAfee는 일자리와 생산성 사이에 '뚜렷한 분리' 현상이 나타난다고 지적한다. 여기서 생산성이란 경제가 얼마나 효율적으로 노동이나 자본과 같은 자원을 투입하여 유용한 결과물을 만들어내는지를 판단하는 객관적 기준을 뜻한다. 알다시피 역사적으로 생산성 향상은 곧 일자리 증가와 임금 상승을 의미했다. 그러나 브리뇰프슨과 맥아피는 이제 미국 사회에서는 이러한 인과관계가 더 이상 나타나지 않는다고 주장한다. 21세기 이후로 미국 사회의 생산성은 향상되었지만, 일자리와 임금의 증가 속도는 이를 따라잡지 못한다. 또 다른 경제학자들은 현대사회가 이미 '구조적 장기 침체'로 접어든 것이라고 전망한다. 이 단계에서는 경제 활성화의 원동력인 수요가 충분치 않고, 금리는 0, 혹은 그 아래로 떨어진다.[16]

기술이 일자리를 파괴하거나 질을 떨어뜨릴 수 있다는 우려는 비단 오늘날의 걱정거리만은 아니다. 200년 전에도 러다이트 노동자들은 기계를 파괴하려 했다. 그러나 앞서 살펴본 것처럼 '러다이트'라는 말은 이후 조롱의 표현이 되었다. 기술은 파괴한 일자리를 대체할 새로운 일자리를 항상 선물했기 때문이다. 그리고 새롭게 등장한 일자리는 이전보다 더 좋아졌다. 적어도 평균적으로는 그랬다. 물론 근로자 개인에게 그리고 사회 전체에게 항상 긍정적인 영향만 미친 것은 아니다. 한 가지 사례로, 현금인 출기의 의심스러운 장점 중 하나는 위험한 금융 상품을 교차 판매할 수 있는 시간적 여유를 은행원들에게 주었다는 것이다. 지금도 우리 주변에서 벌어지고 있는 많은 일들이 논란의 대상이 되고 있다. 그리고 인간에게 남겨진 일자리가 과거의 일자리보다 더 열악하다는 지적을 쉽게 부인하기 어렵다. 이렇게 된 이유는 기술이 행동보다 사고에서 더 많은 진보를 일구어내기 때문이다. 로봇의 두뇌는 그 물리적 구조보다 더 빠르게 개선되고 있다.《로봇의 부상 Rise of the Robots》을 쓴 마틴 포드Martin Ford는 오늘날 로봇이 비행기를 조종하고 월스트리트에서 주식을 사고팔지만, 화장실 청소는 아직도 못한다는 사실을 지적한다.[17]

　이러한 점에서 미래를 예측하고자 한다면, 가정부 로봇 로지가 아니라 창고에서 일하고 있는 제니퍼 유닛Jennifer Unit과 같은 로봇을 들여다보아야 할 것이다. 제니퍼 유닛은 일종의 헤드셋 장비로, 인간 근로자에게 세부적인 업무 지침을 전달하는 기능을 한다. 가령 선반에서 똑같은 물건 열아홉 개를 집어야 할 때, 제니퍼 유닛은 근로자에게 다섯 개, 다섯 개, 다섯 개 그리고 네 개를 집으라고 명령을 내린다. 이러한 방식은 한 번에 "열아홉 개를 집으시오"라고 명령하는 방식보다 실수를 크게 줄일 수 있다.[18] 정말로 로봇이 사고 능력에서 인간을 앞선다면 그리고 인간이 선반에서 물건을 집는 것처럼 행동 능력에서 로봇을 앞선다면, 로봇의 두뇌가 인간의 몸을 통제하도록 조합하는 방식이 타당하지 않겠는가? 물론 이러한 접근 방식은 인간의 입장에서 만족스러운 직업 선택으로 이어지지는 않겠지만, 그 논리는 쉽게 부정할 수 없을 듯하다.

복지국가

8

여성 정치인들은 남성이 지배하는 세상에서 성공하기 위해 자신의 여성성을 의식적으로 이용한다는 비난을 종종 받는다. 미국의 첫 여성 장관 프랜시스 퍼킨스Frances Perkins도 그런 비난을 받았지만, 그녀의 방식은 남달랐다. 퍼킨스는 남성들에게 어머니를 떠올리게 했다. 수수한 옷차림에 삼각 모자를 썼고, 남성들을 효과적으로 설득하기 위해 자신의 행동 방식을 신중하게 수정했다.[1]

퍼킨스의 이러한 생각들은 아마도 모성이나 적어도 부모 같은 태도로 설명될 수 있을 것이다. 어떤 부모라도 위험에서 자녀를 지키려고 하며, 퍼킨스는 정부가 시민을 위해서도 똑같은 일을 해야 한다고 믿었다. 1933년 퍼킨스는 프랭클린 D. 루스벨트Franklin D. Roosevelt 행정부에서 노동부 장관으로 발탁되었다. 그 무렵 미국 사회는 대공황으로 몸살을 앓았다. 세 명 중 한 사람이 직장을 잃었고, 임금 또한 크게 떨어졌다. 이러한 상황에서 퍼킨스는 나중에 뉴딜 정책으로 알려진 개혁 정책을 추진했다. 여기에는 최저임금, 실업 급여, 노인 연금 프로그램이 포함되었다.[2]

역사가들은 퍼킨스가 복지국가 개념을 처음으로 발명했다고 평가하지는 않을 것이다. 사실 복지국가의 발명가는 그보다 반세기 앞선 독일의 재상 오토 폰 비스마르크Otto von Bismarck였다. 그렇지만 서구 세상 전반에 걸쳐 현대적인 형태의 복지국가가 등장한 것은 퍼킨스의 시대에 들어서였다. 복지국가의 구체적인 형태는 지역마다, 기준마다, 시대마다 다르게 나타난다. 어떤 혜택을 받기 위해서 수혜자는 국가가 운영하는 보험 프로그램에 돈을 납부해야 한다. 반면 다른 혜택은 거주나 시민권에 따른 당연한 권리로서 주어진다. 또한 소득과 상관없이 보편적으로 주어지기도 하며, 소득 기준에 따라 주어지기도 한다. 후자의 혜택을 받으려면, 수혜자는 자신이 기준을 충족시킨다는 사실을 입증해야 한다.

그럼에도 모든 형태의 복지국가를 관통하는 공통점이 하나 있다. 그것은 국민이 길거리에서 굶어 죽지 않도록 보호할 궁극적 책임이 가족이나 자선단체 또는 보험 회사가 아니라 정부에게 있다는 믿음이다.

하지만 이러한 믿음에는 문제가 따르기 마련이다. 과잉보호는 오히려 사회에 피해를 입힌다. 부모는 양육에 균형이 필요하다는 사실을 본능적으로 이해한다. 위험으로부터 보호하되 응석받이로 키워서는 안 된다. 의존이 아니라 독립심을 키워야 한다. 과잉보호가 아이의 성장을 가로막는다면, 지나치게 관대한 정부 역시 사회 발전에 방해가 되지 않겠는가?

이러한 우려는 일리가 있다. 두 자녀를 둔 이혼한 여성을 가정해보자. 그 여성은 주거와 교육, 실업 등 다양한 복지 혜택을 받을 수 있다. 그렇다면 최저임금을 받으면서 돈을 버느니 그냥 정부 지원금을 받는 게 낫지 않을까? 2013년에는 적어도 유럽의 아홉 개 나라에서 이러한 일이 실제로 가능했다. 물론 그 여성이 일을 하면서 동시에 복지 혜택을 누릴 수 있다면 더 좋을 것이다. 하지만 오스트리아나 크로아티아 혹은 덴마크의 경우, 최고 세율은 100퍼센트에 육박한다. 다시 말해, 파트타임으로 일을 해서 추가 소득을 올릴 경우, 그만큼의 돈을 세금으로 고스란히 납부해야 한다. 그 밖에 많은 나라들이 저소득층에 적용하는 최고 세율 역시 50퍼센트를 훌쩍 넘어선다. 이는 저소득층의 근로 의지를 꺾는 주요한 원인으로 작용한다.[3] 이와 같은 '복지 함정'은 일반적인 상식과 거리가 멀다.

그러나 복지국가는 동시에 경제 생산성을 **개선하는** 역할도 한다. 가령 해고를 당했을 때 실업 급여를 받을 수 있다면 원하지 않은 직장을 서둘러 구하지 않아도 된다. 실업 급여 제도는 개인의 능력을 발휘할 수 있는 적절한 일자리를 찾을 수 있도록 근로자에게 시간 여유를 허락한다. 그리고 기업가는 파산해도 얼마든지 다시 일어설 수 있다고 확신할 때, 다시 말해 사업에 실패해도 자녀를 학교에 보낼 수 있고 아플 때 치료 받을 수 있다고 안심할 때, 훨씬 적극적으로 위험을 감수한다. 일반적으로 고등 교육을 마친 신체 건강한 근로자의 생산성은 높다. 이러한 점에서 복지 혜택은 우리가 예상치 못한 방식으로 도움을 준다. 예를 들어 남아프리카공화국 소녀들은 그들의 할머니가 연금을 지급받기 시작할 때 더 건강하게 성장한다.[4]

그렇다면 복지국가는 경제성장에 기여하는가 아니면 방해가 되는가?

쉬운 질문은 아니다. 경제 시스템 안에는 수많은 변수가 있고, 각각의 변수는 다양한 방식으로 성장에 영향을 미치기 때문이다. 하지만 많은 증거는 상쇄 효과를 보여준다. 즉, 긍정적인 영향과 부정적인 영향이 균형을 이룬다는 뜻이다.[5] 복지국가는 파이 자체를 더 크게 하거나 더 작게 만들지 않는다. 다만 개인에게 주어지는 조각의 크기에 영향을 미칠 뿐이다.[6] 다시 말해, 경제적 불평등을 해소하는 역할을 한다.

적어도 예전에는 그랬다. 하지만 최근 20년간의 데이터는 복지국가가 예전만큼 효율적으로 작동하지는 못했음을 말해준다.[7] 1980년대와 1990년대를 거치면서 여러 국가에서 뚜렷하게 나타난 경제 불평등은 앞으로 더 심화될 것으로 보인다.[8] 또 변화의 속도가 더욱 빨라지면서 복지국가들은 여러 다양한 문제를 드러내고 있다.

이러한 문제는 인구 통계적으로 드러난다. 가령 은퇴 후의 삶이 점차 길어지는 추세다. 또한 문제는 사회적으로도 나타난다. 복지 정책은 여성 대부분이 남성 가장에 의존했던 그리고 대부분의 일자리가 정규직이고 정년이 보장되었던 시대에 시작되었다.[9] 영국의 경우, 2008년 이후 새롭게 등장한 일자리 중 절반 이상은 자영업 분야에서 나타났다. 업무 중 사고를 당한 경우에 근로자는 '병가 수당'을 받지만 자영업자는 그렇지 않다.[10]

그리고 세계화도 문제의 한 가지 요인으로 작용했다. 복지국가는 기업이 오늘날처럼 다국적기업의 형태가 아니라, 지역적으로 강하게 뿌리를 내렸던 시절에 시작되었다. 당시 기업들은 규제와 세금에서 더 유리한 지역으로 쉽게 이동할 수 없었다. 노동력 이동 또한 문제를 심화시켰다. 복지 예산이 필요한 이민 정책에 비판적인 언론들은 영국이 유럽연합 탈퇴라는 '브렉시트Brexit'로 나아가도록 등을 떠밀었다.[11]

우리는 지금 복지국가의 여러 문제점을 어떻게 해결할 것인지 그리고 그게 과연 가능한 것인지 고민하고 있지만, 그럼에도 복지국가가 현대 경제의 기반이 될 수 있었던 것은 급진적인 요구의 목소리를 누그러뜨리는 역할을 했기 때문이라는 점을 잊어서는 안 된다.

퍼킨스의 시선에서 비스마르크는 사회 개혁가가 아니었다. 그의 동기는 다분히 소극적이었다. 비스마르크는 여론이 카를 마르크스Karl Marx와 프리드리히 엥겔스Friedrich Engels가 주창한 혁명 사상으로 흘러갈까 봐 걱정했다.[12] 그리고 이를 저지하기 위해 대중의 불만을 잠재울 만큼 충분히 관대한 복지 정책을 내놓았다. 이는 전형적인 정치적 전술이었다. 로마 황제 트라야누스Trajanus가 시민들에게 무료로 곡식을 나누어주었을 때, 시인 유베날리스Juvenalis가 사람들을 '빵과 서커스'로 매수하려는 의도라며 투덜거린 일화는 유명하다. 우리는 이탈리아에서 등장한 복지국가에 대해서도 똑같은 이야기를 할 수 있다. 1930년대 모습을 드러낸 그 복지국가는 파시스트 무솔리니Mussolini가 사회주의 정적들의 대중 선전을 무력화하기 위해 제시한 대안이었다.[13]

미국 사회에서 뉴딜 정책은 우파만큼이나 많은 좌파 인사들로부터 비난을 받았다. 루이지애나주의 포퓰리스트 주지사 휴이 롱Huey Long은 퍼킨스가 뉴딜 정책을 충분히 강력하게 밀어붙이지 못했다고 비판했다. 롱은 대선에 출마해서 "재산을 공유하라"라는 슬로건을 내걸었고, 부자들의 재산을 몰수하겠다는 공약까지 내놓았다. 그러나 총격으로 사망하면서 롱의 정책은 시험대에 오르지 못했다. 21세기를 살아가는 우리에게 이러한 정치적 사건은 아주 먼 옛날이야기로 느껴질 것이다. 하지만 최근 새로운 형태의 포퓰리즘 정치가 서구 세상의 많은 지역에서 다시 고개를 내

밀고 있다.

이러한 현상은 어쩌면 당연한 일일지 모른다. 앞서 살펴보았듯이 기술 변화는 언제나 승자와 패자를 양산하고, 불만을 품은 패자는 정치로 눈을 돌린다. 오늘날 다양한 산업에서 디지털 기술은 과거의 축음기와 같은 역할을 한다. 즉, 최고 0.1퍼센트와 나머지의 격차를 심화시킨다. 많은 프리랜서들이 온라인 검색과 판매자 피드백 덕분에 새로운 시장에 접근하고 있다. 그런데 그들은 정말로 프리랜서일까? 오늘날 치열한 논쟁을 자극하는 한 가지 주제는 우버 운전사, 혹은 태스크래빗에서 일자리를 구하는 사람도 근로자로 바라보아야 한다는 주장이다. 많은 복지국가에서 근로자는 복지 혜택에 접근할 수 있는 지위를 의미하기 때문이다.

복지국가는 세계적으로 일어나고 있는 대규모 이민 사태와 갈등을 빚는다. 정부가 사회 극빈층을 보살펴야 한다고 주장하는 이들도 이민자들에게는 종종 다른 감정을 드러낸다. 복지와 여권이라고 하는 두 가지 중요한 국가 시스템은 종종 충돌한다. 우리 사회는 국경 통제와 조화를 이루는 방향으로 복지 시스템을 구축해야 하지만, 현실적인 상황은 그렇지 않다.

모든 경제학자가 이 문제에 대해 우려를 제기하는 것은 아니다. 그러나 적극적으로 우려를 표명하는 학자들은 토머스 모어Thomas More의 1516년 작품 《유토피아Utopia》로 거슬러 올라가는 복지 개념인 보편적 기본 소득에 주목한다.[14] 아직까지 기본 소득이라는 개념은 현실적인 대안이라기보다 유토피아 세상에나 어울릴 법한 이상적인 아이디어로 보인다. 그렇다면 모두가 아무런 조건 없이 기본적인 소비를 할 수 있을 정도의 현금을 정기적으로 지급받는 세상은 상상 속에서나 가능한 일일까?

몇몇 객관적인 증거는 그렇지 않다고 말한다. 실제로 1970년대 캐나다

소도시 도핀에서는 기본 소득에 대한 실험이 있었다. 도핀의 주민 수천 명은 몇 년 동안 지방 정부로부터 매월 일정 금액의 현금을 지급받았다. 그 결과는 대단히 흥미로웠다. 우선 학교를 그만두는 청소년의 수가 줄었다. 그리고 정신질환으로 병원을 찾는 환자의 수도 줄었다. 그러나 소득이 증가했다고 일을 그만둔 사례는 거의 없었다.[15] 이러한 효과가 다른 지역에서도 똑같이 나타날 것인지 검증하기 위한 시도가 지금도 계속 이어지고 있다.[16]

물론 이러한 실험에는 많은 돈이 든다. 가령 미국의 모든 성인에게 매년 1만 2천 달러의 현금을 지급한다고 해보자. 그러려면 전체 연방 예산의 70퍼센트가 필요하다.[17] 이러한 점에서 기본 소득의 현실적 가능성은 높지 않다. 하지만 때로 급진적인 정책이 신속하게 실행에 옮겨지는 경우도 있다. 예를 들어 1920년대 미국에서는 단 한 주도 노인 연금을 실시하지 않았다. 하지만 1935년 퍼킨스는 이를 연방 차원에서 실행에 옮겼다.[18]

II

삶의 방식을 바꾸는 혁신

Fifty Things
That Made
The Modern
Economy

예전에 받아보던 신문 속에는 주말이면 어김없이《이노베이션스 *Innovations*》
카탈로그가 들어 있었다. 매끈한 표지의 우편 주문 홍보 책자인《이노베이
션스》에는 '브레스 얼러트 Breath Alert' 브랜드의 입 냄새 감지기나 숨겨진 지
퍼로 간편하게 매는 넥타이처럼 기발한 상품이 소개되어 있었다.[1] 나중에
페이스북이 이러한 제품을 광고하기 시작하면서 이노베이션스는 자연스
레 사라졌다. 그 책자 안에서 정작 쓸 만한 물건은 찾을 수 없었지만, 그래
도 다양한 아이디어 제품을 살펴보는 일은 꽤 흥미로웠다. 거기에 실린 제
품은 비교적 저렴했다. 일상 용품보다 더 싸고 손쉽게 구매할 수 있었다.
《이노베이션스》가 단지 지퍼 넥타이보다 매력적인 이유는 자명하다. 그 책
자는 혁신이라고 하는 것을 상자, 그것도 예쁜 선물 상자에 담아 우리에게
보여주었다. 혁신이 단지 신기한 신제품을 의미하는 것이라면, 사람들은
혁신을 어렵고 힘든 것으로 보지 않을 것이다. 다양한 제품 광고가 새로운
아이디어로 소비자를 유혹한다 해도, 내게 필요 없는 물건은 사지 않으면
그만이다.

하지만 앞서 살펴본 것처럼 혁신은 《이노베이션스》 책자처럼 흥미롭고 산뜻한 모습으로 우리를 찾아오지 않는다. 예를 들면 쟁기는 농업을 위해 발명된 도구지만, 그게 이야기의 전부는 아니다. 농부 개인이 이를 받아들이든 아니든 간에, 쟁기는 궁극적으로 새로운 삶의 방식이 도래했음을 알리는 신호탄이었다. 최근에 등장한 다양한 혁신 또한 이러한 기능을 한다. 수많은 혁신은 하나로 뭉쳐 우리가 먹고, 놀고, 양육하고, 살고 그리고 섹스 파트너를 고르는 방식을 바꾼다. 이러한 사회적 변화는 경제적 변화와 밀접하게 얽혀 있다. 이러한 변화는 특히 누가 이익을 독차지하고, 누가 하나도 얻지 못하는지를 결정한다.

현실 속 혁신은 번듯한 홍보 책자의 모습으로 우리를 찾아오지 않는다. 혁신은 개인의 선택과 무관하게 우리가 살아가는 세상을 바꾼다.

분유

9

대포 소리가 들렸다. 어디서 나는 소리일까? 해적의 소행일지도 모른다. 당시 영국 동인도회사의 전함 베나레스Benares호는 인도네시아 술라웨시의 마카사르에 정박해 있었다. 사령관은 소리가 들린 곳을 향해 출항 명령을 내렸다.

마카사르에서 수백 킬로미터 떨어진 또 다른 인도네시아 섬 자바의 요그야카르타 지역에 주둔해 있던 군인들도 똑같은 소리를 들었다. 그 사령관은 인근 마을이 공격을 당했다고 판단을 내리고 병력을 서둘러 이동시켰다. 하지만 그들은 대포를 발견하지 못했다. 주민들 역시 그게 무슨 소리인지 궁금해했다. 사흘 뒤, 베나레스호 역시 해적선을 발견하지 못했다.

그들이 들었던 것은 탐보라 화산이 폭발하는 소리였다. 탐보라 화산은 요그야카르타로부터 1,000킬로미터 정도 떨어져 있었기에 폭발 규모가 어느 정도인지 가늠하기 쉽지 않았다. 분화구에서 유독가스와 용암 혼합물이 허리케인 속도로 경사면을 타고 흘러내렸고, 이미 수천 명이 목숨을 잃었다. 탐보라 화산의 높이는 폭발 후 1,200미터나 낮아졌다.[1]

그해는 1815년이었다. 시커먼 화산재 구름이 서서히 북반구를 뒤덮기 시작했다. 유럽에서 1816년은 '태양이 사라진 해'였다. 작물은 말라 죽었고, 굶주린 이들은 들쥐와 고양이를 잡고 풀을 뜯었다.[2] 화산 폭발은 독일의 다름슈타트에 살던 열세 살 소년에게 강한 인상을 남겼다. 유스투스 폰 리비히Justus von Liebig는 어릴 적 아버지 가게에서 물감을 섞고, 칠하고, 광을 내면서 시간을 보냈다.[3] 그는 자라서 화학자가 되었고, 당대의 뛰어난 석학의 반열에 올랐다. 리비히는 사람들의 배고픔을 달래주고 싶은 마음에 비료에 대한 연구를 하기 시작했다. 이후 지방, 단백질, 탄수화물을 기준으로 식품을 분석함으로써 영양학 분야를 새롭게 개척했다.[4] 또한 쇠고기 추출물을 개발했다.[5]

리비히의 발명품은 또 있다. 그것은 바로 분유였다. 리비히가 1865년에 내놓은 '수용성 유아 식품Soluble Food for Babies'은 우유와 밀, 맥아, 탄산수소칼륨으로 제조한 분말 형태의 식품이었다. 또한 엄격한 과학적 연구를 통해 개발된, 모유를 대체할 최초의 음식이었다.[6]

리비히도 잘 알고 있었던 것처럼, 모든 아기가 모유를 먹을 수 있는 것은 아니었다. 엄마가 없는 아기도 있다. 현대 의학이 발달하기 전까지 출산 과정에서 사망하는 산모는 100명 중 한 명이었다.[7] 오늘날 가난한 나라의 상황도 이와 비슷하다.[8] 또 모유가 잘 나오지 않는 산모도 있다. 이

에 관한 정확한 통계 자료는 나와 있지 않지만, 스무 명 중 한 명으로 꽤 높은 수준이다.[9]

분유가 개발되기 전에 이러한 아기들의 상황은 어땠을까? 부유한 가정이라면 유모를 고용할 수 있었다. 당시 유모는 여성들 사이에서 꽤 인기 있는 직업이었으며, 리비히가 발명한 분유의 첫 피해자였다.[10] 염소나 당나귀 젖을 활용하는 부모도 있었다. 그러나 대부분의 경우 빵과 옥수수 죽으로 만든 '빵죽'을 용기에 담아 아기에게 먹였다. 아기용 그릇들은 대부분 설거지가 쉽지 않았고, 따라서 박테리아가 번식할 위험이 높았다.[11] 당연하게도 유아 사망률은 높았다. 1800년대 초, 모유를 먹지 못한 아기 세 명 중 한 명은 첫돌을 넘기지 못했다.[12]

리비히 분유는 호경기를 맞이해 시장에서 큰 인기를 끌었다. 그리고 세균에 대한 경각심이 높아지면서 고무젖꼭지도 등장했다. 분유는 쉽게 모유를 먹일 수 없는 산모들 사이에서 빠른 속도로 퍼져나갔다. 리비히가 개발한 수용성 유아 식품은 예전에 부유층에게만 허락되었던 라이프스타일을 민주화하는 역할을 했다.

분유의 발명은 현대적인 근로 방식을 구축하는 데 한몫을 했다. 직장으로 돌아가기를 원하는 아니면 돌아가야만 하는 어머니들에게 분유는 신의 선물이었다. 당시에도 여성들은 출산으로 인한 경력 단절을 걱정했다. 최근에 경제학자들은 시카고 대학교 MBA를 졸업해서 기업 컨설팅과 금융 분야에 취직한 남성과 여성의 고용 실태를 조사했다. 여성 졸업생들의 초기 경력은 남성 동료와 크게 다르지 않았다. 그러나 시간이 흐르면서 연봉 격차는 뚜렷하게 나타났다. 이런 격차가 벌어지는 결정적인 순간은 언제일까? 당연히 출산이었다. 출산으로 휴직한 여성 근로자는 이후 경제적인 보상에서 불이익을 받았다. 그런데 이 조사에서 드러난 한 가지 모순된 사실은 출산을 더 원한 쪽은 여성이 아니라 남성이었다는 것이다. 남성은 자녀를 갖더라도 기존의 근로 패턴을 바꿀 필요가 없기 때문이다.[13]

출산으로 여성이 남성보다 더 오랜 기간 직장을 떠나 있어야 하는 데에는 생물학적, 문화적 이유가 동시에 작용한다. 무엇보다 여성들만이 자궁을 가지고 있다는 사실에는 변함이 없다.* 그러나 직장 문화는 얼마든지 바꿀 수 있다. 최근 많은 국가들이 스칸디나비아 지역의 선례를 따라 남성 근로자에게도 육아휴직을 법률로 보장하는 추세다.[14] 페이스북의 마크 주커버그Mark Zuckerberg와 같은 경영자들 역시 남성들이 육아휴직 혜택을 누리도록 적극 장려한다.[15] 이러한 상황에서 분유는 엄마가 직장에 있는 동안 아빠가 육아를 맡도록 도움을 준다. 물론 착유기를 사용하는 방법도 있다. 그러나 많은 엄마들이 분유가 더 간편하다고 생각한다. 한 연구 결과는 엄마의 휴직 기간이 짧을수록 모유 수유를 유지하기가 더 힘들다는 사실을 말해준다.[16] 그건 아마도 당연한 사실일 것이다.

그런데 한 가지 문제가 있다. 그건 분유가 아이 건강에 그리 좋지만은 않다는 사실이다.

어쩌면 그건 어쩔 수 없는 일이다. 모유는 수많은 세대를 거치면서 아기에게 최적화된 형태로 진화했다. 그러나 분유는 그렇지 않다. 실제로 분유를 먹고 자란 아이들이 더 자주 질병에 걸린다. 이런 문제는 의료비 증가로 이어지며, 또 부모들의 휴직으로 이어진다. 이는 또 유아 사망률로도

---

* 엄밀히 말해 의학적으로 반대의 경우가 불가능한 것은 아니지만, 현실적인 선택권으로 보기는 힘들다.

이어지는데, 특히 안전한 식수원을 확보하기 힘든 가난한 나라에서는 더욱 그렇다. 한 가지 신뢰할 만한 연구 결과는 모유 수유의 비중을 높이는 방식으로 매년 80만 명의 아이를 살릴 수 있다는 사실을 말해준다.[17] 생명을 구하기 위해 분유를 개발한 리비히의 입장에서는 충격적인 소식이 아닐 수 없다.

분유에는 애매모호한 또 다른 경제적 비용도 따른다. 연구 결과에 따르면, 모유를 먹고 성장한 아이들의 IQ가 좀 더 높다고 한다. 다른 요인이 영향을 미치지 않도록 실험 환경을 최대한 통제했을 때, 그 결과는 3점 정도의 차이로 나타났다. 그런데 아이들 세대 전체의 IQ를 그 정도로 높일 때, 우리 사회에 어떤 이익이 있을까? 의학 저널 《더 랜싯The Lancet》에 실린 기사에 따르면, 연간 3천 억 달러(약 330조)의 효과를 거둘 수 있다고 한다.[18] 이는 전 세계 분유 시장 규모의 몇 배에 달하는 금액이다.[19]

결과적으로, 오늘날 많은 국가가 모유 수유를 장려한다. 하지만 모유 수유를 통해 단기적인 이익을 확인하기는 힘들다. 반면에 분유는 꽤 수익성 높은 비즈니스다. 최근에 여러분은 무엇을 더 많이 접하는가? 모유 수유에 관한 정부 발표인가, 아니면 분유 기업의 광고인가?

분유 광고는 항상 논란의 중심에 있다. 그 이유는 분유가 담배나 술만큼 중독성이 강하기 때문만은 아니다. 산모가 일단 모유 수유를 중단하면 모유는 더 이상 나오지 않는다. 이를 되돌릴 방법은 없다. 리비히 자신도 자신이 개발한 분유가 모유보다 더 낫다고 주장하지는 않았다. 다만 영양학적으로 모유와 최대한 가깝게 만들기 위해 노력했다고 밝혔다. 그러나 이후로 비양심적인 기업들이 리비히의 분유를 모방하기 시작했다. 1890년대 광고는 분유가 아기를 위한 최고의 식품이라고 주장했다. 그러나 소아과 의사들은 분유를 먹고 자란 아이들 사이에서 괴혈병과 구루병의 발병 비율이 높다는 사실을 발견했다.[20]

분유를 둘러싼 논란은 1974년에 절정에 달했다. 국제기구 '빈곤과의 전쟁War on Want'은 스위스 기업 네슬레가 아프리카 지역에서 분유를 판매한 방식을 조사해 "유아 살인마The Baby Killer"라는 제목으로 보고서를 발표했다. 1981년에는 '모유 대체식품 판매에 관한 국제협약International Code of Marketing Breast-Milk Substitutes'이 나왔다. 그러나 이 협약에는 강제 규약이 없고, 또 많은 국가의 인정을 받지도 못했다.[21] 또한 2008년 중국에서는 분유에서 산업용 화학 약품이 검출되는 사건이 일어났다. 이로 인해 30만 명에 달하는 아이들이 병에 걸렸고, 일부는 사망했다.[22]

분유 말고 더 나은 대안은 없을까? 엄마와 아빠가 동일하게 육아휴직을 사용하고, 불편한 착유기 대신에 다른 방식으로 모유를 먹일 수 있다면 어떨까? 합리적 대안을 마련하기 위해 시장의 힘을 활용한다면, 우리는 보다 적극적으로 새로운 방안을 찾을 수 있다. 가령 미국 유타주의 '암브로시아 랩스Ambrosia Labs'라는 기업 사례를 보자. 이 기업은 캄보디아에 있는 여성으로부터 모유를 특급 배송으로 받아서, 품질 검사를 마친 후 미국 엄마들에게 판매하는 사업을 한다. 현재 그 가격은 1리터에 100달러 이상으로 상당히 비싸다.[23] 하지만 향후 거래 규모가 커지면서 가격은 내려갈 것이다. 다음으로 정부는 모유 시장 활성화를 위해 분유세 도입을 고려할 수도 있을 것이다. 리비히의 분유는 유모라는 직업의 종말을 알리는 신호탄이었다. 하지만 오늘날 글로벌 모유 시장이 그 직업의 부활을 알리고 있다.

냉동식품

10

평범한 11월의 화요일이었다. 마흔네 살의 메리는 미국 북동부 지역에 살고 있으며, 대학을 졸업했고, 가정은 넉넉한 편이었다. 소득 기준으로 보자면 미국 가구의 상위 25퍼센트에 속했다. 그녀의 직업은 무엇일까? 변호사? 교사? 아니면 경영 컨설턴트?

아니다. 메리는 집에서 한 시간 동안 바느질을 하고, 두 시간 동안 청소와 설거지를 하고 그리고 두 시간 넘게 장을 보고 요리를 한다. 메리는 특별한 경우가 아니다. 그때는 1965년이었기 때문이다. 당시 미국의 기혼 여성은 아무리 좋은 대학을 나와도 하루 중 많은 시간을 가족을 돌보며 지내야 했다. '상을 차린다'는 표현은 단지 은유가 아니었다. 주부는 말 그대

로 매일 상을 차려야 했고, 이를 위해 많은 시간이 필요했다.[1]

우리는 메리가 살았던 시대에 대해 그리고 다른 많은 시대에 대해 잘 알고 있다. 그것은 시간 활용에 대해 전 세계적으로 이루어진 많은 연구 결과 덕분이다. 이들 결과는 다양한 시대의 사람들이 어떠한 형태로 시간을 활용했는지 말해준다. 그리고 미국을 비롯한 많은 나라에서 고등교육을 받은 여성들이 시간을 활용하는 형태가 반세기 동안 얼마나 크게 바뀌었는지 보여준다. 오늘날 미국 여성은 하루에 45분 정도 요리와 청소를 한다. 하루 15분을 투자하는 남성에 비해 여전히 긴 시간이지만, 그럼에도 메리의 네 시간과는 분명한 대조를 이룬다.

이와 같은 변화는 식사를 준비하는 방식이 크게 달라졌기 때문이다. 이런 변화를 보여주는 가장 대표적인 사례는 1954년에 등장한 'TV 디너 dinner', 이른바 즉석 냉동식품이다. 우주선에서나 먹을 법한 알루미늄 용기에 담긴 그리고 고기든 채소든 똑같은 시간만 데우면 먹을 수 있는 스완슨Swanson사의 '냉동 터키 요리'는 원래 베티 크로닌Betty Cronin이라는 세균학자의 발명품이었다. 크로닌이 일했던 식품 가공업체 스완슨은 미군에 식량을 납품하는 계약이 끝난 뒤 새로운 사업을 모색하고 있었다. 야심찬 젊은 커리어 우먼인 크로닌은 스스로 이상적인 목표 소비자층의 일원이었다. 즉, 가족을 위해서 요리하면서 동시에 경력 개발도 소홀히 할 수 없는 여성이었다. 그러나 그녀는 유혹에 저항했다. 1989년 한 인터뷰에서는 크로닌은 이렇게 밝혔다.

"우리 집에서 한 번도 냉동식품을 먹어본 적이 없습니다. 가족을 위해 하루 종일 일했죠. 그걸로 충분했습니다."[2]

하지만 여성들은 식품 가공 방식의 변화가 가져다준 혜택을 누리기 위해 알루미늄 포일 형태의 냉동식품을 적극적으로 받아들이지는 않았다. 오늘날 가정에는 냉장고와 전자레인지 그리고 방부제를 첨가한 다양한 식품이 있다. 식품은 아마도 가내수공업으로 생산된 최후의 품목일 것이다. 다시 말해, 많은 식품이 지금도 여전히 가정에서 생산되고 있다. 그러나 여기에도 조금씩 아웃소싱 현상이 나타나고 있다. 점차 많은 사람들이 레스토랑이나 테이크아웃, 샌드위치 가게나 즉석식품을 찾고 있다. 식품 산업에서 나타난 이러한 변화는 오늘날 경제에 중대한 영향을 미쳤다.

가장 뚜렷한 현상은 식품에 대한 지출 변화다. 미국 가구는 패스트푸드, 레스토랑, 샌드위치, 스낵 등 점점 더 많은 돈을 집 밖에서 쓰고 있다. 1960년대만 해도 전체 식품 소비에서 외식이 차지하는 비중은 4분의 1에 불과했다.[3] 그러나 비중은 조금씩 증가했고, 2015년에는 역사상 처음으로 외식 지출이 식료품 소비를 넘어섰다.[4] 어쩌면 미국이 예외적인 경우라 생각할지 모른다. 하지만 영국은 그보다 10년 앞서 변곡점을 지났다.[5]

요리에 들어가는 시간과 수고를 덜어주는 다양한 가공식품이 출시되었다. 냉동 피자나 베티 크로넌의 즉석식품은 집에서 간편하게 먹을 수 있었다. 또한 약간 수고를 들여야 하는 형태도 있었다. 가령 잘게 썬 샐러드, 미트볼, 구워 먹을 수 있도록 소스를 듬뿍 바른 케밥 스틱, 잘게 썬 치즈, 파스타 소스, 티백, 허브와 양파로 손질한 닭 등이 그렇다. 먹기 좋은 크기로 썰어놓은 식빵도 나왔다. 나이 든 사람들은 이러한 신제품을 이상한 눈으로 쳐다보았지만, 사실 나만 해도 직접 닭을 손질한 적은 한 번도 없다. 내 자녀들은 아마도 샐러드조차 직접 썰 일이 없을 것이다. 이러한 제품들 모두 시간을 절약해준다. 그것도 아주 많이.

물론 냉동식품이 혁신의 출발점은 아니었다. 그 기원은 더 거슬러 올라간다. 19세기에는 밀을 집에서 직접 빻거나 제분소로 가져가는 대신 미리 빻아놓은 밀가루를 선택할 수 있었다. 1810년에는 프랑스 발명가 니콜라스 아페르Nicholas Appert가 밀봉과 열처리 기술로 식품을 오래 보존하는 기술을 가지고 특허를 받았다. 또 1856년에는 연유가 특허권을 인정받았다. H. J. 하인즈Heinz는 1880년대부터 조리된 마카로니 제품을 팔았다.[6]

하지만 이 같은 혁신이 처음부터 여성들이 음식 준비를 하는 시간을 줄여준 것은 아니었다. 거시경제학자 발레리 래미Valerie Ramey가 1920년대와 1960년대에 걸쳐 미국 가구의 시간 활용 형태를 조사했을 때, 놀라운 결과를 발견했다. 래미는 농부와 결혼한 교육받지 못한 여성이든, 아니면 도시 지역의 전문가와 결혼한 교육받은 여성이든 간에 이들이 집안일로 보내는 시간은 거의 비슷하다는 놀라운 사실을 확인했다. 그리고 그 시간은 50년 동안 거의 변함이 없었다. 집안일에 소요되는 시간에 실질적인 변화가 나타난 것은 식품 산업화가 시작된 1960년대부터였다.[7]

그런데 여성해방의 진정한 혁신은 냉동 피자가 아니라 세탁기 발명이 아닐까? 실제로 많은 사람들이 그렇게 인정한다. 냉동식품은 사실 집에서 만든 건강한 음식이 개선된 것이 아니다. 반면 세탁기는 위생적이고 효율적인 방식으로 힘든 집안일을 덜어주었다. 정육면체 모양의 로봇 가정부인 세탁기는 실질적인 도움을 주었다. 이러한 세탁기를 어떻게 진정한 혁신으로 인정하지 않을 수 있겠는가?

세탁기의 등장은 혁명적인 사건이었다. 그럼에도 여성의 삶을 크게 바꾸지는 못했다. 다만 옷에서 악취를 제거하는 데에는 크게 기여했다. 연구 결과는 세탁기 발명으로 여성의 노동시간이 크게 줄지는 않았다는 사실을 분명히 보여준다. 그 이유는 세탁기가 등장하기 전에 가정에서는 그렇게 자주 빨래를 하지 않았기 때문이다. 몇 벌의 옷을 세탁하기 위해 하루 종일 빨래를 해야 했던 시절에 사람들은 주로 칼라와 소매를 교체할 수 있는 셔츠를 입거나, 짙은 색상의 옷으로 얼룩을 숨겼다. 그러나 이러한 방식으로 빨래는 건너뛸 수 있어도 식사를 건너뛸 수는 없다. 식사 준비에 두세 시간이 필요하다면, 누군가는 그만큼의 시간을 반드시 투자해야 한다. 이러한 점에서 즉석식품은 세탁기와 달리 여성의 노동시간을 실질적으로 줄여주었다. 악취는 참을 수 있어도 굶주림은 참을 수 없기 때문이다.[8]

그러나 즉석식품이 상업화되면서 현대사회는 심각한 부작용을 맞이하기도 했다. 1970년대부터 21세기 초에 이르기까지 새로운 즉석식품이 개발되면서 선진국의 비만율은 크게 증가했다. 경제학자들은 결코 우연이 아니라고 말한다. 오늘날 고칼로리 음식을 섭취하는 데 들어가는 비용은 경제적인 측면에서는 물론 시간적 측면에서도 크게 줄어들었다.[9]

감자의 경우를 생각해보자. 감자는 오랫동안 미국인의 주식이었다. 제2차 세계대전 이전에 미국인들은 주로 감자를 굽고, 으깨고, 삶아서 먹었다. 이를 위해서 먼저 껍질을 벗기고, 썰고, 살짝 데친 후 구워야 했다. 프렌치프라이를 만들려면 얇게 썰어서 충분히 튀겨야 했다. 어떤 방식이든 시간이 많이 든다.

그리고 프렌치프라이나 감자칩이 대표적인 감자 조리 방식이 되었다. 프렌치프라이의 경우, 공장에서 대량으로 껍질을 벗기고, 썰고, 튀긴 후 냉동한다. 그리고 패스트푸드 매장에서 다시 튀기거나, 집에서 전자레인지에 넣고 돌린다. 1977년에서 1995년 사이에 미국의 감자 소비량은 3분의 1가량 늘어났고, 이는 전적으로 프라이 방식이 증가했기 때문이다.

더욱 간단한 방식으로, 튀긴 감자에 소금이나 향신료를 뿌리고 포장하면 수주일 동안 진열이 가능하다. 그러나 이러한 편리에는 비용이 따른다. 1970년대에서 1990년대 사이에 미국 성인의 칼로리 섭취량은 10퍼센트 정도 증가했다. 이는 일반적인 식사량이 증가했기 때문은 아니었다. 전적으로 스낵의 비중이 늘었기 때문이다. 여기서 스낵은 일반적으로 가공된 즉석식품을 뜻한다.

하지만 심리학이나 일반 상식은 당연한 현상이라고 말한다. 행동과학자들의 실험 결과는 정규 식사인지 아닌지에 따라 사람들의 음식 선택이 크게 달라진다는 사실을 보여준다. 즉, 사람들은 정기적인 식사에서는 영양가를 따지지만, 충동적으로 먹는 간식일 경우에는 영양에 별 신경을 쓰지 않는다.

냉동식품이 상징하는 식품 산업화 현상은 두 가지 측면에서 우리 사회에 중대한 영향을 미쳤다. 우선 여성들을 집안일에서 해방시켜 사회생활을 계속할 수 있도록 만들어주었다. 다음으로 높은 칼로리를 쉽게 섭취하도록 함으로써 허리둘레를 크게 증가시켰다. 다른 많은 발명의 경우와 마찬가지로, 냉동식품의 남은 과제는 그 혜택을 최대한 누리면서 부작용을 최소화하는 일이다.

피임약
11

분유는 엄마의 역할에 그리고 냉동식품은 주부의 역할에 큰 영향을 미쳤다. 하지만 피임약은 두 가지 모두를 비롯하여 다양한 측면에 지대한 영향을 미쳤다. 피임약은 사회적으로 중대한 변화를 촉발했다. 적어도 마거릿 생어Margaret Sanger에게는 큰 의미를 지닌 발명품이었다. 산아제한운동가로 활동했던 생어는 과학자들에게 피임약 개발을 적극적으로 요청했다. 생어는 성적, 사회적 해방을 통해 여성이 남성과 동등하게 설 수 있기를 바랐다.

피임약의 혁신은 사회적 측면에 국한되지 않는다. 피임약은 경제적인 혁명을 촉발했다. 이는 아마도 지난 20세기의 가장 중요한 경제적 변화였을 것이다.

그렇게 말할 수 있는 이유를 이해하기 위해, 먼저 피임약이 여성에게 무엇을 가져다주었는지 생각해보자.

가장 먼저, 피임약은 다른 방법에 비해 가장 효과적인 피임 도구다. 역사적으로 연인들은 원치 않은 임신을 피하기 위해 갖가지 방법을 동원했다. 고대 이집트인은 악어 똥을 사용했고 아리스토텔레스Aristoteles는 삼나무 오일을 권장했다. 심지어 카사노바Casanova는 레몬을 반으로 잘라 자궁 입구를 막는 방법을 썼다.[1] 하지만 가장 효과적이라 알려진 현대적인 피임 기구인 콘돔조차 실패율이 꽤 높다. 사람들이 콘돔 사용법을 정확하게 따르지 않기 때문이다. 이로 인해 콘돔이 찢어지거나 벗겨지는 사고가 종종 일어난다. 1년을 기준으로, 건강한 성생활을 즐기면서 콘돔을 피임 방법으로 선택한 여성들 100명 가운데 무려 열여덟 명이 임신을 했다. 이는 그리 놀라운 숫자가 아니다. 피임용 스펀지의 실패율 역시 비슷한 수준이다. 또 피임용 격막(자궁 경부를 막아 정자의 진입을 차단하는 피임 도구. 일명 '자궁 경부 캡'이라고 부르며 다이아프람, 페서리 등 여러 종류가 있다_옮긴이)도 크게 다르지 않다.[2]

그러나 피임약의 실패율은 6퍼센트 정도다. 즉, 콘돔보다 세 배 더 안전하다는 말이다. 실제로 이 수치는 일반적인 상황을 가정한 것이며, 지시에 따라 정확하게 복용한다면 실패율은 그보다 20분의 1로 줄어든다. 피임약을 지시에 따라 복용할 책임은 부주의한 남성이 아니라 여성에게 있다.

여성은 피임약을 통해 다른 통제권을 확보하게 된다. 콘돔을 사용하려면 파트너의 동의를 구해야 한다. 그리고 피임용 격막이나 스펀지는 아주 불편하다. 반면 피임약은 깔끔하고 안전하다. 그래서 여성들은 다른 방법보다 피임약을 선호한다. 피임약은 1960년에 처음으로 미국에서 승인을 얻었고, 출시되자마자 큰 인기를 끌었다. 출시 후 5년 만에 피임을 원하는 기혼 여성의 절반가량이 피임약을 복용했다.

그러나 실질적인 혁명은 **미혼** 여성이 피임약을 복용하면서 일어났다. 이렇게 되기까지는 시간이 좀 걸렸다. 피임약을 승인한 지 10년의 세월이 흐른 1970년 무렵에 미국의 여러 주정부들이 차례로 젊은 미혼 여성에 대한 피임약 판매를 허용하기 시작했다. 대학은 가족계획센터를 개설했고 여학생들은 여기서 피임약을 구할 수 있었다. 1970년대 중반에 이르러 피임약은 18~19세 미국 여성이 가장 선호하는 피임 방식으로 자리 잡았다.[3]

그 무렵은 또 경제 혁명이 시작된 때였다. 1970년대로 들어서면서 미국 여성들은 법학, 의학, 치의학, 경영학 석사 과정MBA 등 이전까지만 해도 남성이 지배했던 전문 분야에 도전하기 시작했다. 1970년을 기준으로 의학 분야에서 학위를 받은 졸업생 중 남성의 비중은 90퍼센트가 넘었다. 법학과 MBA는 95퍼센트, 치의학은 99퍼센트였다. 그러나 1970년대 초반에 피임약이 등장하면서 많은 여성 인재들이 이러한 분야에 도전했다. 이후 이들 분야에서 여성 비중이 크게 높아졌고, 1980년에는 3분의 1에 이르렀다. 짧은 기간에 이루어진 급격한 변화였다.

이러한 흐름은 단지 더 많은 여성이 대학에 진학했기 때문만은 아니었다. 이는 대학 진학을 결심한 여성 중 더 많은 비중이 전문 분야를 선택했기 때문이었다. 의학과 법학 분야에 진학한 여학생 비중이 크게 늘었고, 당연하게도 얼마 지나지 않아 이들 분야에서 많은 여성 전문가들이 배출되었다.

그런데 이것이 피임약과 무슨 상관이 있을까?

답은 바로 피임약의 등장으로 여성이 임신에 대한 통제권을 확보하면서 자신의 경력에 과감하게 투자하기 시작했다는 것이다. 당시 의사나 변호사 자격증을 따려면 5년이 넘는 시간이 필요했다. 피임약이 나오기 전 임신이 중대한 변수로 남아 있을 때, 전문 분야에 오랜 시간과 많은 돈을 투자하는 것은 여성으로서 합리적인 선택이 될 수 없었다. 막대한 투자의 결실을 확인하려면, 적어도 서른 살이 될 때까지 출산을 미루어야 했다. 그동안 임신을 할 경우, 공부를 포기하거나 뒤로 미루어야 했다. 이러한 상황에서 성적으로 건강한 여성이 의사나 변호사를 꿈꾸는 것은 지진이 잦은 지역에 공장을 세우는 것과 같았다. 한 번의 불운으로 값비싼 투자가 수포로 돌아갈 위험이 언제나 존재했다.

물론 전문가의 길을 밟는 동안 금욕적인 생활을 선택할 수도 있다. 그러나 여성들 대부분 이를 선호하지 않는다. 섹스는 단지 쾌락을 추구하는 활동이 아니다. 미래의 남편감을 고르기 위한 노력이기도 하다. 피임약이 출시되기 전에 여성은 일찍 결혼했다. 반면 전문가의 길을 선택한 여성은 오랫동안 금욕 생활을 유지해야 했고, 30대가 되어서야 남편감을 찾아야 했다. 그러나 그때는 이미 훌륭한 후보자들이 모두 사라진 뒤였다.

피임약은 이러한 상황을 완전히 바꾸어놓았다. 피임약을 복용하는 미혼 여성은 성생활을 정상적으로 유지하면서도 원치 않은 임신의 위험을 예방할 수 있었다. 그리고 이로 인해 결혼의 양상이 바뀌기 시작했다. 여성들은 점차 결혼을 뒤로 미루었다. 서두를 이유가 뭐란 말인가? 피임약을 사용하지 않는 여성들도 마찬가지로 여유를 갖게 되었다. 임신 연령 또한 자연스럽게 늦추어졌고, 여성은 자신의 선택에 따라 아이를 가졌다. 덕분에 전문적인 경력을 추구할 시간석 여유를 얻었다.

1970년대 미국에서는 피임약 말고도 다양한 변화가 여성의 삶을 바꾸었다. 비슷한 시기에 낙태 합법화가 이루어지고, 성차별금지법과 페미니즘 운동이 모습을 드러냈으며, 기업은 베트남전 징병에 따른 노동력 공백을 메우기 위해 여성 인력에 주목했다.

하버드 대학교의 경제학자 클라우디아 골딘Claudia Goldin과 로런스 카츠 Lawrence Katz는 과학적인 통계 방식을 통해 여성이 결혼과 출산을 연기하고, 자신의 경력에 더 많은 투자를 하는 변화의 과정에 피임약이 결정적인 역할을 했다는 사실을 보여주었다. 그 밖의 다른 요인들은 변화의 시점을 정확하게 설명해주지 못한다. 미국의 주별로 피임약에 대한 젊은 여성의 접근성을 추적했을 때, 두 경제학자는 피임약에 대한 접근성이 높아지면서 전문직 분야에서 여성의 입학률이 크게 증가했으며, 그만큼 여성의 임금도 높아졌다는 사실을 확인했다.[4]

몇 년 전 경제학자 아밀리아 밀러Amalia Miller는 다양한 통계 분석을 통해 20대 여성이 임신을 1년 연기할 때마다 평생 소득이 10퍼센트씩 증가한다는 사실을 보여주었다. 이는 아이를 갖기 전에 학업을 마치고 직업을 갖는 것이 여성에게 개인적으로 얼마나 큰 이익인지를 객관적으로 보여주는 연구 결과다.[5] 물론 1970년대의 젊은 여성은 밀러의 논문을 굳이 읽어볼 필요도 없었다. 그들은 본능적으로 알았다. 이처럼 피임약이 상용화되면서 예전에 상상하지 못했던 많은 여성이 전문 직종을 선택했다.

그러나 대서양 건너편에서는 정반대 상황이 벌어지고 있었다. 기술 분야의 선진국인 일본은 1999년에서야 피임약을 승인했다. 일본 여성은 피임약을 사용하기 위해 미국 여성보다 39년이나 더 오래 기다려야 했다. 반면 발기부전 치료제 비아그라가 미국에서 승인을 받았을 때, 일본 정부는 단 몇 달 만에 그 뒤를 따랐다.[6] 일본 사회의 성불평등은 다른 선진국에 비해 열악한 상황이며, 일본 여성은 여전히 직장 내에서 많은 불이익을 받고 있다.[7] 비록 여기서 자세한 사항을 밝힐 수는 없지만, 미국의 사례는 피임약과 성 평등의 밀접한 관계를 분명히 보여준다. 피임약 승인이 두 세대 늦어진 만큼 일본은 많은 경제적 피해를 감수해야 할 것이다. 이 작은 피임약은 그렇게 오늘날 세계경제를 바꾸어놓고 있다.

비디오게임

12

1962년 초, 어느 매사추세츠 공과대학교MIT 학생이 로웰 인근에 있는 고향 마을로 가는 중이었다. 구름 한 점 없이 맑고 서늘한 밤, 피터 샘슨Peter Samson은 열차에서 내려 밤하늘을 가로지르는 유성을 바라보았다. 그러나 샘슨은 그 멋진 광경에 감탄한 것이 아니라, 당시에는 세상에 없던 컨트롤러를 본능적으로 움켜쥐면서 우주선이 어디로 사라졌는지 두리번거렸다. 물론 샘슨은 어릴 적에 진짜 밤하늘의 별을 보며 자랐다. 그러나 지금 그가 떠올린 것은 '스페이스워Spacewar'라는 게임의 밤하늘이었다.[1]

샘슨이 떠올렸던 가상의 밤하늘은 조만간 시작될 요란한 디지털의 꿈, 즉 팩맨을 조종하고 테트리스 블록을 회전하고, 좀처럼 찾기 힘든 포켓몬

푸린을 잡는 사회적 열광의 전조였다. 오늘날 우리는 반사적으로 스마트폰을 들여다보며 페이스북을 확인한다. 이러한 컴퓨터 기술은 오늘날 인간의 파블로프적인 조건반사를 자극하고 잠을 설치게 만들지만, 1962년만 해도 샘슨과 그의 몇몇 해커 동료들 외에는 상상조차 힘든 것이었다. 그들은 세계 최초의 컴퓨터게임인 스페이스워의 마니아였다. 스페이스워의 등장은 사회적 유행과 거대한 게임 산업의 문을 열어주었고, 지금 우리가 생각하는 것보다 훨씬 더 중대한 영향을 사회에 미쳤다.

스페이스워가 등장하기 전에 컴퓨터는 위압적인 존재였다. 특별하게 제작된 공간에 거대한 회색 캐비닛 모양으로 들어서 있던 컴퓨터는 전문적인 훈련을 받은 사람에게만 접근이 허용되었다.[2] 당시 엄청난 몸값을 자랑했던 컴퓨터는 은행이나 대기업 혹은 군대에서나 찾아볼 수 있었다. 그리고 정장을 차려입은 사람들에게나 어울리는 물건이었다.[3]

그러던 1960년대 초, MIT는 새로운 컴퓨터를 일반적인 환경에 설치하기 시작했다. 즉, 컴퓨터를 위해 특별히 마련한 공간이 아니라 연구실 안에 다른 장비와 함께 놔두었다. 학생들은 컴퓨터 주변을 자유롭게 돌아다녔다. 그 무렵 '해커'라는 용어가 처음으로 나왔다. 해커의 의미는 원래 보안 시스템을 침투하는 악의적인 기술자라는 오늘날 대중매체 속 이미지가 아니라, 새로운 실험을 하고 간편한 방법을 찾아내고 이상한 현상을 보여주는 엔지니어라는 뜻이었다. 해커 문화가 등장하면서 MIT는 PDP-1이라는 새로운 형태의 컴퓨터를 들여놓았다. 이는 크기가 작았고(대형 냉장고 정도) 조작이 비교적 간편했다. 그럼에도 성능도 강력했다. 더 놀라운 사실은 프린터가 아니라 고해상도 브라운관을 통해서, 즉 비디오 화면으로 의사소통이 가능하다는 점이었다.

스티브 슬러그 러셀Stev Slug Russell이라는 젊은 연구원은 PDP-1이 들어 왔다는 소식을 들었을 때, 동료와 함께 컴퓨터의 성능을 가장 잘 보여줄 수 있는 방법을 구상하기 시작했다. 그들은 많은 공상과학소설을 읽었다. 그리고 영화 〈스타워즈Star Wars〉가 나오기 20년 전에 멋진 할리우드 시나 리오를 꿈꾸었다. 당시 SF 영화는 시기상조였고, 그래서 그들이 대안으로 선택한 것이 바로 스페이스워였다. 스페이스워는 두 대의 우주선이 광자 어뢰를 발사해서 서로를 공격하는 비디오게임이었다.

게임 화면에는 몇 개의 픽셀로 이루어진 우주선이 등장한다. 각 우주선 은 전진과 회전이 가능하며, 어뢰도 발사할 수 있다. 이후 많은 연구원들 이 합류해서 스페이스워를 더 부드럽고 빠르게 개선하고, 만유인력이 작 용하는 행성을 추가했다. 합판과 전기식 버튼, 베이클라이트 합성수지로 만든 전용 컨트롤러도 나왔다.

한 프로그래머는 스페이스워 배경 화면이 좀 더 화려하면 좋겠다고 생 각했다. 그리고 '초호화 천문관'이라는 이름의 보조 프로그램을 추가했다. 덕분에 스페이스워 화면은 적도 지역에서 바라보는 것처럼 다양한 밝기의 별이 빛나는 생생한 밤하늘을 펼쳐 보여주었다. 그 보조 프로그램을 개발 한 영광의 주인공은 다름 아닌 스페이스워에 온통 마음을 빼앗긴 바람에 로웰의 밤하늘을 게임 화면으로 착각했던 피터 샘슨이었다.[4]

한 가지 측면에서 스페이스워는 뚜렷한 경제적 유산을 남겼다. 컴퓨터 를 여러 대 설치할 만큼 그리고 가정에도 놓아둘 만큼 가격이 떨어지면서 게임 산업이 꽃을 피웠다. 초창기 히트작인 '애스터로이즈Asteroids'는 우주 선이 무중력 상태에서 나아가고 회전하는 스페이스워 기술을 그대로 물 려받았다. 오늘날 컴퓨터게임 산업은 매출 규모에서 영화 산업과 경쟁을 벌인다.[5] 또한 문화적 차원에서도 존재감을 드러낸다. 레고사의 '마인크래프트Minecraft' 세트는 스타워즈와 마블 세트와 더불어 치열한 인기 경쟁을 벌이는 중이다.

그러나 게임은 시장 규모를 떠나서 몇 가지 측면에서 경제에 중대한 영향을 미친다. 첫째, 가상 세계가 실제 일자리를 창출한다. 이러한 주장을 한 초기 인물들 중에는 경제학자 에드워드 카스트로노바Edward Castronova가 있다.[6] 2001년 그는 온라인 롤플레잉 게임 '에버퀘스트Everquest'에 등장하는 '노라스'라는 온라인 세상의 일인당 GNP를 계산해보았다. 노라스의 인구는 그리 많지 않다. 약 6만 명의 사용자가 동시에 접속할 수 있는 크기다. 게임 사용자는 일반적인 과제를 수행하면서 캐릭터를 꾸미기 위한 포인트를 쌓는다. 그러나 마음이 급한 일부 사용자는 그러한 방법을 택하지 않았다. 그들은 이베이와 같은 사이트에서 다른 사용자에게 돈을 지불하고는 가상 세계의 화폐를 사들였다. 이 말은 노라스에서 일을 함으로써 현실 세상에서 돈을 벌 수 있다는 뜻이다.

카스트로노바의 계산에 따르면, 가상 세계에서 단순노동으로 시간당 3.5달러를 벌 수 있다. 이는 캘리포니아에서 푼돈에 불과하지만, 케냐 나이로비에서는 그렇지 않다. 머지않아 중국과 인도를 비롯한 세계 곳곳에 '가상 노동착취 공장'이 실제로 등장했다. 여기서 10대 노동자들은 게임 속 지루한 노동을 도맡아 했다. 그리고 그렇게 쌓은 포인트를 손쉽게 아이템을 구하려는 돈 많은 사용자에게 팔았다. 이러한 일은 지금도 일어나고 있다. 어떤 게이머는 일본 경매 사이트를 통해 가상 세계의 캐릭터를 판매하는 것만으로 한 달에 수만 달러를 번다.[7]

그러나 대부분의 사람들에게 가상 세계는 돈을 버는 공간이 아니라 시간을 쓰는 곳이다. 그들은 다른 사용자와 협력하고, 기술을 익히고, 가상의 파티를 벌인다. 카스트로노바가 노라스 세상에 관한 글을 쓰는 동안에도, 한국의 150만 게이머는 '리니지Lineage'라고 하는 가상 세상에 흠뻑 빠져 있다.[8] 이후로 페이스북용 소셜 게임 '팜빌Farmville'이 등장하면서, 게임과 소셜 네트워크의 경계가 허물어졌다. 곧 '앵그리버드Angry Birds'와 '캔디크러시사가Candy Crush Saga' 같은 모바일 게임이 등장했고, 이어서 '포켓몬고Pokemon Go' 같은 증강현실 게임이 선을 보였다. 2011년에 게임 분석가 제인 맥고니걸Jane McGonigal은 전 세계적으로 5억 명 이상이 하루에 두 시간가량 컴퓨터게임으로 시간을 보내는 것으로 추산했다. 그 규모가 10억 또는 20억이 될 날도 머지않았다.[9]

그리고 이러한 현상은 우리에게 두 번째 경제적인 영향도 미친다. 사람들은 과연 지루한 노동에서 벗어나 가상 세계의 즐거움을 만끽하기 위해 얼마나 돈을 지불할 것인가?

10년 전, 나는 카스트로노바가 워싱턴 D.C.에서 과학자와 정책 전문가들로 이루어진 청중 앞에서 연설하는 것을 들었다. 그는 이렇게 말했다.

"여러분은 이미 현실 세계에서 성공했습니다. 하지만 모두가 성공할 수 있는 것은 아니지요. 스타벅스 종업원과 우주선 선장 가운데 하나를 고를 수 있다면, 가상 세계의 사령관을 택하는 것이 정말로 미친 짓일까요?"

카스트로노바의 이 말은 중요한 의미를 담고 있었다. 2016년 네 명의 경제학자가 미국 노동시장에 관한 충격적인 연구 결과를 발표했다. 미국 경제는 뚜렷한 성장세를 보였고, 실업률은 낮았다. 그럼에도 신체 건강한 많은 젊은이들이 파트타임으로 일하거나, 아니면 놀고 있었다. 더 놀라운 사실은 많은 연구 결과가 실업이 인생을 비참하게 만든다는 사실을 보여주고 있음에도, 이들 젊은이의 행복감은 오히려 더 높아지고 있다는 것이다. 경제학자들이 발표한 연구 논문 속의 젊은이들은 집에서 부모에게 용돈을 받아 살면서 비디오게임을 즐겼다. 그들은 스타벅스 종업원을 선택하지 않았다. 그들에게는 우주선 선장이 훨씬 더 매력적인 대안이었던 것이다.[10]

시장조사

13

20세기 초 미국 자동차 산업은 호황을 누렸다. 자동차는 만들자마자 팔렸다. 하지만 1914년부터 상황이 바뀌었다. 특히 고급 모델에서 소비자와 영업소는 까다로운 취향을 드러냈다. 한 평론가는 이렇게 말했다.

"자동차업체의 생각대로 판매하던 시대는 지났다. 이제는 소비자가 원하는 대로 만들어야 한다."[1]

그 평론가는 찰스 쿨리지 팔린Charles Coolidge Parlin이라는 인물로, 나중에 세계 최초의 시장조사 전문가로 명성을 떨쳤다. 팔린은 시장조사market research라는 용어를 처음으로 사용한 인물이기도 하다. 한 세기 후 시장조사는 거대한 분야로 성장했고, 미국에서만 50만 명 이상이 시장조사 분야

에서 일한다.[2]

팔린은 미국 자동차 시장의 흐름을 파악하는 임무를 맡았다. 그는 수만 킬로미터를 돌아다니며 수백 명의 자동차 딜러를 만났다. 그리고 몇 달 후, 겸손하게도 "2,500개의 서류, 차트, 지도, 통계, 도표 등"이라고 제목을 붙인 보고서를 자신의 고용주에게 제출했다.

그렇다면 어떤 기업이 팔린에게 이러한 임무를 맡겼을까? 혁신적인 조립 라인으로 경쟁 우위를 확보한 포드였을까?

아니다. 포드는 소비자 취향에 별 관심이 없었다. 그건 당연한 일이었다. 헨리 포드Henry Ford는 이렇게 빈정거린 것으로 유명하다.

"누구나 자신이 원하는 색상의 모델 T를 고를 수 있다. 단 검정색이기만 하다면."[3]

당시 어떤 자동차 기업도 시장조사를 위해 전문가를 고용하지 않았다. 팔린은 사실 잡지사 직원이었다.[4] 커티스 출판사는 당시 《새터데이 이브닝 포스트Saturday Evening Post》, 《레이디스 홈 저널The Ladies' Home Journal》, 컨트리 젠틀맨The Country Gentleman》 등 많은 구독자를 확보한 다양한 잡지를 출간하고 있었다. 그리고 회사 매출은 주로 광고에 의존했다. 출판사 설립자인 사이러스 커티스Cyrus Curtis는 광고의 영향력이 높다고 알려지면 더 많은 지면을 판매할 수 있을 것이라고 기대했다. 그리고 시장조사를 통해 영향력을 높일 수 있을 것으로 보았다. 1911년 커티스는 자신의 아이디어를 구체적으로 실현하기 위해 새로운 부서를 설립했다.

그 부서의 첫 번째 책임자는 찰스 쿨리지 팔린이었다. 그 자리는 위스콘신의 고등학교 교장 출신인 39세의 팔린이 탐낼 만한 대상은 아니었다. 사실 세계 최초의 시장조사 전문가는 팔린이 아닌 누구라도 선호할 만한 직위는 아니었다. 팔린은 먼저 농기계 시장을 조사하기 위해 판매점을 돌아다녔다. 당시 커티스의 다른 직원들도 팔린의 업무가 그리 중요한 일이라고 생각하지는 않았다. 그는 "자동차 판매 촉진: 판매업체를 위한 지침"이라는 제목의 소책자를 냈지만, 자신의 가치를 입증하기 위해서는 또 다른 시도가 필요했다. 그는 '산업 전반을 위한 건설적인 기여'를 원했다. 또한 엄청난 돈을 광고에 쓰는 자동차 기업들이 '앞으로도 계속해서 광고에 투자를 해야 한다'고 주장할 수 있는 근거를 얻고자 했다.[5]

시장조사라고 하는 발명품은 '생산자 중심' 접근 방식에서 '소비자 중심' 방식으로의 전환을 의미했다. 다시 말해, 제품을 먼저 만들어놓고 소비자에게 팔 궁리를 하는 것이 아니라, 사람들이 무엇을 필요로 하는지 조사해서 이를 토대로 제품을 생산하는 새로운 접근 방식의 출발점이었다.

"단 검정색이기만 하다면"이라는 헨리 포드의 말은 생산자 중심 접근 방식을 극명하게 보여준다. 1914년부터 1926년까지 포드의 생산 라인에는 오로지 검은색 모델 T만 존재했다. 한 가지 색상 모델은 생산 라인을 보다 단순하게 만들어주었다. 게다가 검은색 도장은 경제성과 내구성 측면에서 우월했다.[6] 이제 포드에게 남은 과제는 소비자가 정말로 원하는 것이 검정색 모델 T라고 설득하는 일이었다. 실제로 포드는 설득의 천재였다.

오늘날 생산 라인의 편의성에 따라 제품을 만들어 파는 기업은 찾아보기 힘들다. 오늘날 시장조사를 이루는 설문과 포커스 그룹(특정한 제품 영역에 대해 소수의 소비자들로 하여금 심층적으로 토론하도록 유도하여 시장의 수요를 충족시키는 제품의 아이디어를 구상하고 대안을 모색하도록 하는 조사 기법_옮긴이) 그리고 베타테스트 기법(하드웨어나 소프트웨어를 공식적으로 발표하기 전에 실시하는 제품 검사 작업_옮긴이)은 어떤 제품이 팔릴 것인지 결정하는 과정에 실질적인 도움을 준다. 만약 메탈 컬러에 줄무늬 디자인이 잘 팔릴 것이라는 결과가 나왔다면, 자동차 기업은 그렇게 만들 것이다.

이후 많은 기업이 팔린의 시도를 따라 했다. 자동차 시장에 대한 팔린의 보고서가 나오고 얼마 지나지 않은 1910년 말, 많은 기업들이 앞다투어 시장조사 부서를 만들었다. 이후 10년간 미국의 광고 시장은 두 배 가까이 성장했다.[7] 시장조사 기법은 보다 과학적인 형태로 발전했다. 1930년에는 조지 갤럽George Gallup이 처음으로 여론조사를 실시했고, 1941년에는 사회학자 로버트 K. 머턴Robert K. Merton이 최초로 포커스 그룹을 실행에 옮겼다. 머턴은 나중에 포커스 그룹으로 특허를 출연하여 로열티 수입을 올리고자 했다.[8]

하지만 소비자 취향을 체계적으로 **조사**하는 일은 전체 이야기의 일부에 불과했다. 나중에 마케터들은 소비자 취향을 체계적으로 **바꿀** 수 있다는 사실을 깨달았다. 머턴은 광고에서 계속해서 써먹을 수 있는 성공을 거둔 멋진 인물을 의미하는 새로운 용어를 개발했다. 그것은 바로 '롤 모델'이었다.[9]

광고의 핵심은 단순한 정보 제공이 아니라 새로운 욕구를 창출하는 일이다.[10] 지그문트 프로이트Sigmund Freud의 조카 에드워드 버네이스Edward Bernays는 홍보와 선전 분야를 새롭게 개척한 것으로 유명하다. 그는 기업 고객에게 놀라운 성과를 입증해 보였다. 예를 들어 1929년 아메리칸 타바코 컴퍼니American Tobacco Company로부터 의뢰를 받았을 때, 버네이스는 여성이 공공장소에서 담배를 피우는 행위야말로 여성해방을 상징하는 것이라고 여성 소비자를 설득했다. 그는 담배를 '자유의 횃불'이라 불렀다.

오늘날 대중의 기호를 파악해서 이를 조작하려는 노력이 시장 구석구석에서 나타나고 있다. 물론 입소문 효과에 의존하는 마케터라면 시장에서 소동을 일으키는 것은 과학보다는 기술에 가까운 것이라고 생각할 것이다. 하지만 최근 더욱 방대한 데이터에 대한 접근 가능성이 높아지면서, 소비자 심리학은 더 깊숙이 파고 들어가고 있다. 포드는 검정색 하나로 자동차를 출시했지만, 유명하게도 구글은 아주 조금씩 다른 마흔한 가지 파란색을 가지고 클릭률 Click Through Rate (노출된 광고 중에서 실제 클릭을 하여 링크된 사이트로 이동한 횟수 비율. '광고 연결률'이라고 하며 클릭률로 광고의 효율성을 측정한다_옮긴이)을 분석하는 실험까지 했다.[11]

우리는 소비자 심리를 조사하고 이용하는 기업의 광범위하고 세부적인 노력을 우려해야 할까? 진화심리학자 조프리 밀러Geoffrey Miller는 다소 낙관적인 견해를 피력했다.

"과감한 연인들처럼, 오늘날 마케팅 지향적 기업들은 우리가 미처 알지 못했던 욕구를 발견하게 도와주고, 또 우리가 상상하지 못한 방식으로 그 욕구를 충족시켜준다."

어쩌면 그의 판단이 옳을지 모른다.[12]

밀러는 공작이 화려한 깃털을 펼쳐 상대를 유혹하는 것처럼 인간은 소비를 통해 자신을 과시하려는 경향이 있다고 말한다. 이러한 생각은 경제학자이자 사회학자인 소스타인 베블런Thorstein Veblen의 이론을 다시 돌아보게 만든다. 1899년 베블런은 '과시적 소비conspicuous consumption'라는 개념을 처음으로 만들어냈다.

팔린도 베블런의 이론을 알고 있었다. 그는 소비에 함축된 상징적 가치를 이해했다. 그는 판매점을 대상으로 한 지침서에서 이렇게 썼다.

"멋진 자동차는 운전자의 취향과 세련됨을 드러내는 움직이는 상징이다. …… 반면 고물 자동차는 노쇠한 말과 같이 운전자가 돈이 없거나 자존심 낮은 사람이라는 사실을 말해준다."

다시 말해, 비즈니스 파트너나 남편감으로 신뢰할 만한 대상이 아니라는 뜻이다.

오늘날 소비는 단지 부를 과시하는 것보다 더 복잡하다. 가령 환경을 중요하게 생각한다는 이미지를 전달하려는 사람은 프리우스Prius를 선택한다. 안전을 중요시한다면 볼보Volvo를 선택한다. 이러한 각각의 선택은 다른 사람들에게 특정한 메시지를 전달한다. 그 이유는 자동차 기업들이 소비자 욕구를 파악하고 이에 대응하기 위해, 아니면 새로운 욕구를 창출하기 위해 수십 년 동안 치밀하게 연구를 해왔기 때문이다.

지금과는 달리 1914년도의 광고는 어이없을 만큼 단순했다. 모델 T의 광고 문구는 이랬다.

"더 좋은 자동차니까, 사세요."[13]

당시로서는 완벽한 광고 문구가 아니었을까? 그러나 그 시절은 그리 오래가지 못했다. 결론적으로 말해서, 찰스 쿨리지 팔린은 우리를 아주 다른 세상으로 안내한 과도기적 인물이었다.

에어컨
14

인간이 날씨를 통제할 수 있다면, 가령 버튼 하나로 따뜻하거나 서늘하게, 혹은 습하거나 건조하게 만들 수 있다면, 가뭄이나 홍수, 무더위, 빙판길로 인한 피해는 없을 것이다. 사막은 푸르게 변할 것이다. 작물 피해도 없을 것이다. 더 이상 기후변화를 걱정하지 않아도 될 것이다. 실제로 기후변화에 대한 위협은 날씨를 해킹한다는 황당한 아이디어를 촉발하고 있다. 예를 들어 황산을 대기권 상층부에 살포하여 온도를 낮춘다거나, 생석회를 해양에 뿌려 이산화탄소를 흡수함으로써 온실효과를 완화하는 방안이 제기되었다.[1] 또 다른 과학자는 비를 내리는 주술사의 꿈을 실현하기 위한 연구를 추진 중이다. 요오드화은으로 구름 씨앗을 생성하거나,

전하를 띤 입자를 대기에 살포하는 방법을 고려하고 있다.[2]

그러나 똑똑한 인류는 아직까지도 날씨 통제라는 이상향의 근처에도 다가서질 못했다. 적어도 **실외** 기후만큼은 그렇다. 에어컨 발명으로 인간은 **실내** 기후를 어느 정도 통제할 수 있게 되었다. 그러나 이는 그리 대단한 일이 아니다. 게다가 예상치 못한 심각한 부작용이 나타나고 있다.

선조들이 불을 다루게 된 이후로, 인류는 추울 때 더 따뜻하게 지낼 수 있게 되었다. 그러나 더울 때 주변을 시원하게 만드는 것은 더 까다로운 과제였다. 괴짜 로마 황제 엘라가발루스Elagabalus는 10대 시절에 노예를 산으로 보내 눈을 가져오게 했다. 그리고 그 눈을 정원에 쌓아 바람이 불면 찬 공기가 집 안으로 들어오게끔 했다.[3]

물론 이것은 현실적인 해결책이 아니었다. 적어도 19세기에 보스턴의 기업가 프레더릭 튜더Frederic Tudor가 이와 비슷한 방법으로 엄청난 돈을 벌기까지는 그랬다. 1806년 겨울, 튜더는 뉴잉글랜드의 꽁꽁 언 호수에서 얼음을 채빙했다. 그리고 톱밥을 단열재로 채워 넣어 싣고 와서는 여름에 팔았다. 얼음 운반은 19세기에 걸쳐 꽤 수익성 높은 사업이었다. 미국의 더운 지방 사람들 역시 뉴잉글랜드 얼음에 중독되었다. 뉴잉글랜드 겨울이 충분히 춥지 않을 때면 곳곳에서 '얼음 기근' 현상이 벌어졌다.[4]

지금 우리가 아는 에어컨 기술은 1902년에 처음 등장했다. 그러나 처음에 이 기술은 인간의 안락함과는 무관했다. 그 무렵 뉴욕의 새킷 앤 빌헬름 인쇄소Sackett & Wilhelms Lithography and Printing Company는 컬러 인쇄 과정에서 습도 변화로 애를 먹었다. 컬러 인쇄를 위해서는 CMYK(청록, 빨강, 노랑, 검정)로 네 번 인쇄를 해야 하는데, 도중에 습도가 변하면 종이가 미세하게 팽창하거나 수축한다. 1밀리미터만 오차가 발생해도 결과물은 엉망이 된다.

결국 그 인쇄소는 난방 기업인 버팔로 포지Buffalo Forge에 습도를 통제하는 시스템 개발을 의뢰했다. 그리고 그 업무는 갓 대학을 졸업한 윌리스 캐리어Willis Carrier라는 젊은 직원이 맡게 되었다. 캐리어는 주급으로 10달러를 받았다. 이는 오늘날 최저임금에 못 미치는 수준이다. 그럼에도 그는 자신에게 주어진 임무를 완수했다. 압축한 암모니아로 냉각된 코일에 공기를 통과시키면 습도를 55퍼센트로 유지할 수 있다는 사실을 발견했다.

인쇄소는 기뻐했다. 버팔로 포지는 습도 문제로 골머리를 앓고 있던 업체를 대상으로 캐리어의 발명품을 즉각 판매하기 시작했다. 그들의 고객으로는 섬유업체와 제분소 그리고 과도한 습도로 면도날이 부식되는 문제로 어려움을 겪던 질레트가 있었다. 그러나 초기 고객들은 그 장비를 근로 환경을 개선하기 위해 활용하는 데에는 관심이 없었다. 사실 온도 관리는 습도 관리로부터 비롯된 부산물이었다. 하지만 캐리어는 거기서 기회를 보았다. 1906년에 그는 이미 극장과 같은 공공시설물 내부의 '안락한' 환경을 위해 자신의 기술을 활용할 방안을 구상하고 있었다.[5]

캐리어는 목표 시장을 정확하게 선택했다. 일반적으로 극장은 여름이면 문을 닫았다. 찌는 듯한 무더위에 공연을 보고 싶어 하는 사람은 없었다. 그 이유는 쉽게 짐작할 수 있다. 창문도 없는 좁은 공간에 관객들이 가득 들어차 있고, 게다가 무대 조명까지 열기를 더했다. 한동안은 뉴잉글랜드 얼음이 인기를 끌었다. 1880년 여름에 뉴욕 매디슨스퀘어 극장은 하루에 4톤의 얼음을 소비했다. 그 극장은 얼음 뒤에서 관객석을 향해 직경이 2미터가 넘는 대형 선풍기를 틀었다. 하지만 근본적인 해결책이 되지는 못했다. 공기는 서늘해지면서 동시에 눅눅해졌다. 게다가 뉴잉글랜드 호수의

오염이 점점 심각해졌다. 더러운 얼음이 녹으면서 객석에 퀴퀴한 냄새가 풍겼다.[6]

캐리어는 자신이 발명한 냉각 시스템에 '웨더메이커Weathermaker'라는 이름을 붙였다. 웨더메이커는 뉴잉글랜드 얼음보다 월등히 현실적인 대안이었다. 1920년대 극장 산업이 급성장하면서, 사람들은 바로 이곳에서 난생 처음 에어컨을 경험하게 되었다. 극장들은 새롭게 등장한 유성 영화만큼 에어컨 시스템을 중요한 마케팅 포인트로 삼았다. 여름 극장가를 장악하는 지속적이고 수익성 높은 할리우드 블록버스터 영화의 전통은 바로 캐리어 에어컨의 등장과 함께 시작되었다. 쇼핑몰 산업의 부상도 마찬가지였다.

에어컨은 편리함 이상의 가치를 선사했다. 가령 컴퓨터는 온도나 습도가 지나치게 높을 때 잦은 고장을 일으킨다. 그러므로 인터넷을 뒷받침하는 서버팜server farm(일련의 컴퓨터 서버와 운영 시설을 한 곳에 모아놓은 곳_옮긴이)을 가동하기 위해서는 에어컨 시스템이 필수다. 또 공기 질을 철저하게 관리하지 못하면 실리콘칩 생산도 불가능하다.

에어컨은 혁명적인 기술이었다. 이는 인간이 살아가는 지역과 주거 방식에 근본적인 영향을 미쳤다. 또 건축 양식에도 많은 변화를 몰고 왔다. 일반적으로 더운 지방에서는 벽을 두껍게 하고, 천장을 높이고, 발코니와 정원을 만들고, 직사광선이 들지 않는 방향으로 창을 낸다. 미국 남부를 중심으로 유행했던 '독트롯Dogtrot' 방식의 주택은 건물 중간에 통로를 뚫어 바람이 드나들게 했다. 반면 통유리 재질로 마감한 고층빌딩은 현실적으로 가능한 선택이 아니었다. 건물 상층부의 온도가 엄청나게 올라가기 때문이다. 그러나 에어컨이 등장하면서 과거의 제약이 사라졌고, 새로운 설계 방식이 가능해졌다.

에어컨은 또 인구 구성에도 영향을 미쳤다. 에어컨이 없던 시절에 휴스턴이나 피닉스, 애틀랜타는 물론 두바이나 싱가포르와 같은 뜨거운 도시는 발전을 기대하기 힘들었다. 그러나 20세기 후반에 들어서면서 주택은 미국 전역으로 확산되었고, 특히 플로리다와 캘리포니아를 잇는 따뜻한 남부 지역을 뜻하는 '선벨트sun belt'의 인구 비중이 28퍼센트에서 40퍼센트로 증가했다.[7] 그리고 은퇴자들이 북부에서 남부로 이동하면서 지역의 정치적 성향도 크게 달라졌다. 스티븐 존슨Steven Johnson은 2014년에 쓴 자신의 책에서 에어컨이 로널드 레이건Ronald Reagan 대통령을 당선시켰다고 주장했다.[8]

레이건은 1980년에 대통령이 되었다. 당시 미국 인구는 전 세계의 5퍼센트에 불과했지만, 세상에 존재하는 에어컨의 절반 이상을 사용했다.[9] 이후 신흥국들의 추격이 시작되었다. 중국은 조만간 에어컨 소비량에서 글로벌 리더가 될 것으로 보인다.[10] 최근 10년 동안 중국의 도심 지역에서 에어컨을 설치한 가구 비중은 10분의 1 미만에서 3분의 2 이상으로 급성장했다.[11] 그리고 인도와 브라질 또는 인도네시아와 같은 나라에서도 에어컨 시장은 두 자리 수 증가세를 보인다.[12] 그 밖에 많은 지역이 성장 잠재력을 드러낸다. 오늘날 마닐라에서 킨샤사에 이르는 세계적인 대도시들 서른 곳 중 열한 곳이 열대 지역에 속한다.[13]

에어컨의 확산은 다양한 측면에서 긍정적인 소식이다. 무엇보다 무덥고 습기 많은 여름날이 훨씬 편안해졌다. 에어컨은 극심한 더위로 인한 사망률을 낮추는 역할을 한다.[14] 그리고 열기가 재소자들에게 극심한 스트레스가 되는 교도소에서 에어컨은 싸움의 빈도를 줄인다.[15] 학교의 경우, 실내 온도가 20도 초반을 넘어설 때 수학 점수가 떨어지기 시간한다.[16] 또한 에어컨은 사무직 생산성도 높여준다. 오래전 연구 결과에 따르면, 에어컨은 미국 정부 기관에서 일하는 타이피스트의 업무 효율성을 24퍼센트나 높여주었다.[17]

이후로 경제학자들은 생산성과 기온 사이의 관계를 입증해 보였다. 예일 대학교의 윌리엄 노드하우스William Nordhaus는 위도와 경도를 기준으로 세계 여러 나라를 구분하고, 각 구역에 따라 기온과 생산성 그리고 인구수가 어떻게 차이 나는지를 기록했다. 그 결과, 평균기온이 높을수록 생산성이 떨어진다는 사실을 발견했다.[18] 또한 콜롬비아 대학교의 조프리 힐Geoffrey Heal과 하버드 대학교의 박지성은 평균기온이 높은 해는 더운 나라의 생산성에 부정적인 영향을 그리고 추운 나라에 긍정적인 영향을 미친다는 사실을 확인했다. 데이터를 분석하는 과정에서, 두 연구원은 인간의 생산성이 18~22도 범위에서 최고를 기록한다는 사실도 발견했다.[19]

하지만 에어컨에는 불편한 진실이 숨어 있다. 에어컨의 원리는 내부의 더운 공기를 외부로 내보내는 것이다. 애리조나에 있는 피닉스 대학교의 연구 결과는 에어컨이 도심의 야간 온도를 2도가량 높인다는 사실을 보여준다.[20] 그러면 사람들은 에어컨을 더욱 강하게 돌리고, 이는 다시 바깥 공기의 온도를 높이는 악순환으로 이어진다. 그리고 지하철 객실의 에어컨 가동은 결국 역사 내부의 온도를 높인다. 다음으로, 에어컨을 가동하기 위해 우리가 사용하는 전기는 대부분 석탄이나 가스를 태워서 만든다. 또 에어컨 냉매제가 유출될 경우, 강력한 온실가스로 변한다.[21]

우리는 에어컨 기술이 향후 친환경적으로 발전하기를 기대한다. 그리고 실제로 그렇게 바뀌고 있다. 그러나 수요 증가는 기술의 발전 속도를 앞지른다. 낙관론자들이 말하는 효율성 개선이 사실이라고 해도, 2050년까지 에너지 소비량은 여덟 배 가까이 증가할 것으로 보인다.[22] 이는 기후변화에 대한 우려를 증폭시킨다.

그렇다면 외부 기온까지 통제할 수 있는 발명이 필요할 것인가? 아마도 그럴 것이다. 그러나 획기적이면서 단순하고 직접적인 기술인 에어컨은 이미 우리가 예상치 못한 심각한 부작용을 낳고 있다. 당연하게도 외부 기온을 통제하는 기술은 이보다 더 복잡하고 어려울 것이다. 그렇다면 그 부작용은? 상상조차 힘들다.

"아니요, 그냥 좀 보는 거예요."

매장에서 점원이 다가올 때 사람들은 종종 이렇게 말한다. 그러면 끈질기게 구매를 강요하는 점원의 시선에서 좀 자유로워질 수 있다.

런던에 있는 한 매장에서 이 말을 들었을 때, 해리 고든 셀프리지Harry Gordon Selfridge는 깊은 인상을 받았다.

1888년에 이 멋쟁이 미국인은 빈과 베를린, 파리의 유명한 봉마르셰 그리고 맨체스터와 런던에 이르는 유럽의 대형 백화점을 두루 돌았다. 셀프리지는 그 여정에서 자신이 몸담고 있던 시카고의 마셜필드Marshall Field 백화점에 적용할 새로운 아이디어를 얻고자 했다. 당시 마셜필드 백화점은 "소비자는 항상 옳다"라는 슬로건을 내세웠다. 그러나 영국은 그런 분위기가 아니었다.

그리고 20년의 세월이 흘러 셀프리지는 런던으로 다시 돌아와 옥스퍼드스트리트에 자신의 이름을 딴 백화점을 열었다. 지금은 세계적인 쇼핑 중심지가 된 옥스퍼드스트리트는 당시만 해도 유행에 뒤떨어진 곳이었다. 그래도 셀프리지 백화점은 새롭게 들어선 지하철 역사와 가까운 곳에 있었다. 당시 셀프리지 백화점은 시장에 파장을 몰고 왔다.[1] 그 이유는, 부분적으로는 엄청난 매장 규모 덕이었다. 매장 면적이 2만 4천 제곱미터(약 7,300평)에 달했다. 당시 판유리 쇼윈도는 오랫동안 번화가 매장의 상징이었지만,[2] 셀프리지는 세상에서 가장 거대한 유리판으로 매장을 장식했다. 그리고 그 뒤에 화려한 제품을 전시했다.

하지만 셀프리지 백화점의 가장 두드러진 특징은 규모가 아니라 손님을 대하는 태도였다. 그는 런던 소비자에게 완전히 새로운 쇼핑 경험을 선사했다. 셀프리지는 이런 방식을 19세기 말 미국의 백화점에서 가져왔다.

셀프리지 백화점은 '그냥 좀 보는 거예요'라는 말을 환영했다. 시카고 시절에 셀프리지는 이미 매장에서 물건을 따로 숨겨놓는 판매 관행을 없애버렸다. 당시 매장들은 캐비닛이나 유리 상자 또는 사다리 없이는 접근할 수 없는 꼭대기 선반에 제품을 모셔놓고는 고객이 요청하면 보여주었다. 그러나 셀프리지는 오늘날 우리가 당연하게 생각하는 개방적인 방식으로 제품을 진열했다. 손님은 직원의 도움 없이도 자유롭게 제품을 구경하고 만져볼 수 있게 되었다. 백화점 개장에 맞추어 신문에 실은 전면 광고에서 셀프리지는 '쇼핑의 즐거움'을 '관광의 즐거움'에 비유했다.

쇼핑은 오랫동안 사회적 과시와 밀접한 관련이 있었다. 고급 면직물 의류를 판매하고 전등과 거울로 화려한 멋을 낸 유럽 대도시의 옛날 쇼핑 거리는 상류층 인사들이 구경을 하고, 동시에 스스로를 드러내는 공간이었다.[3] 그러나 셀프리지는 그러한 과시욕과 배타성을 인정하지 않았다. 그는 "출입 카드는 필요 없습니다"라는 광고 문구로 '모든 영국 소비자'를 환영한다는 메시지를 분명히 전했다. 오늘날 경영 컨설턴트들은 흔히 '피라미드 아래'에 거대한 부가 숨어 있다고 말한다. 그러나 셀프리지는 그들보다 한참을 앞섰다. 그는 시카고 매장에서 '할인 코너'를 열어 노동 계층의 관심을 끌었다.[4]

셀프리지는 아마도 우리가 지금 알고 있는 쇼핑의 형태에 누구보다 많이 기여한 인물일 것이다. 그러나 그의 아이디어는 미완성에 그쳤다. 이 대목에서 우리는 또 다른 개척자로 아일랜드 이민자 출신인 알렉산더 터니 스튜어트Alexander Turney Stewart를 꼽을 수 있다. 스튜어트는 매장에서 손님을 귀찮게 하지 않는다는, 당시로서는 생소한 아이디어를 뉴요커에게 처음 소개한 인물이다. 스튜어트는 자신의 이러한 새로운 매장 정책을 '자유로운 입장'이라 불렀다.

A. T. 스튜어트 앤 컴퍼니A. T. Stewart and Company.는 지금은 보편화된 '창고 정리' 행사를 처음으로 실시한 업체다. 매장은 정기적인 창고 정리 행사를 열어 오래된 재고를 할인된 가격에 판매함으로써 신제품 진열에 필요한 공간을 확보한다. 또한 스튜어트는 조건 없는 환불을 약속했다. 환불을 요청한 소비자에게 곧바로 현금으로 지불하거나 혹은 결제를 즉각 취소해주었다. 당시만 하더라도 소비자가 환불을 받으려면 길게는 1년을 기다려야 했다.

스튜어트가 자신의 매장에 적용한 또 하나의 아이디어는 모든 사람이

홍정을 좋아하지는 않다는 생각이었다. 일부 소비자는 분명한 정찰제를 선호한다. 스튜어트는 최대한 유통 마진을 낮추는 방식으로 '정찰제'를 실시했다. 그는 이렇게 설명했다.

"최대한 저렴한 가격으로 제품을 내놓고 있습니다. 개별 제품에 대한 이윤이 낮다고 해도, 판매량을 늘림으로써 높은 수익을 얻을 수 있습니다."

이러한 아이디어는 최초는 아니었지만, 그래도 명백하게 급진적인 발상이었다. 스튜어트가 처음으로 고용한 영업사원은 최대한 높은 가격으로 고객의 돈을 뜯어내는 자신의 노련한 기술을 활용해서는 안 된다는 말에 깜짝 놀랐다. 그는 얼마 후 직장을 그만두면서 그 젊은 아일랜드 사장에게 한 달 안에 망할 것이라는 저주를 남겼다. 그러나 그로부터 50년의 세월이 흘러 세상을 떠날 무렵에 스튜어트는 뉴욕의 최고 갑부가 되어 있었다.

이후로 대형 백화점은 유통의 중추가 되었다. 스튜어트는 자신이 운영하는 매장인 마블 팰리스Marble Palace에서 이렇게 말했다.

"백만 달러짜리 물건도 마음껏 구경할 수 있습니다. 누구도 여러분의 감상과 고민을 방해하지 않을 것입니다."[5]

백화점은 쇼핑을 새로운 차원으로 끌어올렸다. 그런 일은 말 그대로 일어났다. 부다페스트에 있는 코빈스Corvin's 백화점은 쇼핑객을 '끌어올리기' 위해 엘리베이터를 설치했다. 이는 곧 지역 명물이 되었고, 급기야 코빈스는 엘리베이터 탑승에 요금을 받기 시작했다. 런던의 해로즈Harrods 백화점이 설치한 에스컬레이터는 한 시간에 4,000명의 손님을 끌어올렸다.[6]

사람들은 백화점에서 요람에서 무덤의 묘비까지 모든 걸 살 수 있었다. 해로즈 백화점은 심지어 영구차, 관, 장례지도사 등 장례 절차에 관한 완벽한 서비스를 제공하기까지 했다. 미술관, 흡연실, 카페, 공연장이 백화점 안에 들어섰다. 이러한 방식은 널리 유행했고 많은 매장이 건물 주변에 갤러리를 지었다. 역사가 프랭크 트렌트먼Frank Trentmann의 표현대로 '토털 쇼핑total shopping' 시대가 개막되었다.[7]

그러나 도심 지역 백화점의 영광은 머지않아 조금씩 시들기 시작했다. 자동차 산업이 성장하면서 부동산 가격이 상대적으로 낮은 도심 외곽에 쇼핑몰이 등장했다. 물론 많은 영국인은 여전히 해로즈와 셀프리지를 찾았지만, 더 많은 이들이 옥스퍼드에서 북쪽으로 그리 멀지 않은 곳에 위치한 그리고 특히 고급 브랜드를 할인된 가격으로 판매하는 아울렛 매장인 비체스터 빌리지Bicester Village로 발걸음을 돌렸다.

그럼에도 쇼핑 문화 자체는 스튜어트와 셀프리지와 같은 개척자들이 시장을 완전히 바꿔놓은 이후로 크게 달라지지 않았다. 이러한 변화가 여성이 사회적, 경제적 힘을 얻기 시작할 무렵과 맞물려 일어났다는 사실은 절대 우연이 아니다.

여성이 쇼핑에 열광한다는 생각은 진부한 고정관념일지 모른다. 그래도 객관적인 데이터는 그러한 고정관념이 완전히 근거 없는 주장은 아니라는 사실을 말해준다. 시간 활용에 관한 연구 결과에 따르면, 여성은 실제로 남성보다 쇼핑에 더 많은 시간을 투자한다.[8] 또 다른 연구는 취향의 문제를 지적한다. 일반적으로 남성은 주차와 결제가 수월한 매장을 선호하며, 자신이 원하는 제품을 사고 나면 즉시 그곳을 떠난다. 반면 여성은 매장 직원의 친절도와 같이 쇼핑에서 경험적 측면을 더 중요시한다.[9]

셀프리지는 아마도 이러한 연구 결과에 놀라지 않았을 것이다. 다른 매장과는 달리, 셀프리지는 여성 고객에게서 새로운 비즈니스 기회를 보았고, 그들이 정말로 무엇을 원하는지 파악했다. 셀프리지의 드러나지 않은 혁신 중 하나는 다름 아닌 여성 화장실이다. 오늘날 우리에게는 이상하게 들리겠지만, 당시 런던의 매장들은 화장실에 대한 여성의 요구에 신경 쓰지 않았다. 여성 고객들은 남성과 달리 쇼핑몰에 하루 종일 머물고 싶어 하지만, 더러운 화장실 때문에 애를 먹었다. 여성 고객들은 화장실을 가야 할 때면 주로 유명 호텔에 차를 마시러 들어갔다.

셀프리지의 전기를 집필한 린디 우드헤드Lindy Woodhead는 그 스스로 '여성해방에 기여했노라 당당하게 말할 수 있을 것'이라고 평가했다.[10] 유통업체 대표로서 과분한 칭찬이 아닐 수 없다. 하지만 사회 발전은 때로 예상치 못한 곳에서 시작된다. 셀프리지는 스스로 사회 개혁가임을 자처했다. 그는 시카고 매장에 탁아소를 설치하면서 이렇게 이유를 밝혔다.

"자유로운 외출을 원하는 여성들을 위해 제가 나섰습니다. 그들은 우리 매장에서 꿈을 실현했습니다."

III

새로운 시스템의 발명

Fifty Things
That Made
The Modern
Economy

1946년 말 20개국 이상에서 온 엔지니어들이 런던에 모였다. 당시 런던은 컨퍼런스를 열기에 좋은 장소도, 좋은 시기도 아니었다. 스위스 엔지니어 빌리 퀴르트Willy Kuert는 그때를 이렇게 떠올렸다.

"호텔은 좋았지만, 전반적으로 부족한 게 많았습니다."

그러나 그는 불평하지 않았다. 음식의 양은 적었지만 질은 훌륭했기 때문이다.[1] 퀴르트와 그의 동료들에게는 한 가지 계획이 있었다. 그것은 국제 기준을 마련하는 새로운 기구를 설립하는 일이었다. 전쟁의 폐허 속에서도 인치를 고집하는 진영과 센티미터를 사용하는 진영 사이에 긴장감이 흐르고 있었다. 퀴르트는 이렇게 말했다.

"그러한 문제는 인급하지 않았습니다. 어쨌든 너불어 살아가야 하니까요."

그래도 컨퍼런스 분위기는 좋았다. 참가자들은 호의적이었고, 무언가 새로운 대안을 찾고자 했다. 그리고 결국 합의안을 도출하는 데 성공했다. 그것은 바로 국제표준화기구International Organization for Standardization, 즉 ISO의 출범이었다.

ISO는 표준을 제정하는 일을 한다. 볼트와 너트, 파이프, 볼베어링, 선박용 컨테이너, 태양열 전지판에 대한 표준을 만든다. 그리고 그 표준 중 일부는 대단히 민감한 사안이며(유지 가능한 개발에 관한 기준), 다른 일부는 최첨단 기술에 대한 것이다(수소 충전소에 관한 기준). 그러나 처음에 ISO가 착수한 대상은 그리 거창한 것이 아니었다. 그들은 영국 정부가 나사산screw thread의 국제 규격을 받아들이도록 설득했으며, 이는 지금도 ISO의 주목할 만한 성과로 기억된다. 그러나 아쉽게도 ISO는 표준을 마련하는 여러 기구를 표준화하는 데는 실패했다. 그 대신 ISO는 국제전기기술위원회International Electrotechnical Commission나 국제전기통신연합International Telecommunication Union 등 많은 관련 기구와 협력하는 모양새를 취하고 있다. 여러분은 아마도 너트와 볼트 규격을 굳이 국제 표준으로 규정할 필요가 있는지 의아해할 것이다. 그러나 너트와 볼트가 표준화되지 않을 경우 심각한 사태가 벌어질 것이다. 누구나 이해할 수 있는 식품 라벨에서 열쇠를 돌려 시동을 거는 자동차, 서로 통화가 가능한 휴대전화, 소켓과 꼭 들어맞는 전원 플러그에 이르기까지 오늘날 우리 경제는 표준화를 기반으로 돌아간다. 표준화된 볼베어링의 중요성을 찬양하는 사람은 없지만, 우리 경제는 은유적으로, 혹은 말 그대로 이러한 볼베어링 덕분에 부드럽게 돌아간다.

많은 주요한 발명은 광범위한 시스템 속에서 가치를 발현한다. 그 시스템은 휴대전화처럼 순수한 기술적 표준일 수 있다. 또한 다분히 인간적인 표준도 있다. 예를 들어 지폐는 내재적 가치가 없다. 지폐는 구성원 모두가 지불 수단으로 인정할 때에만 가치가 있다. 그리고 엘리베이터는 고층 건물을 짓는 강화 콘크리트, 실내 온도를 유지하는 에어컨 시스템, 많은 사람을 밀집된 비즈니스 구역으로 실어 나르는 대중교통과 같은 다양한 기술과 결합할 때, 비로소 그 진가를 발휘한다.

다음으로 인류 역사상 중요한 한 가지 발명으로, 시스템 전체가 이를 중심으로 결합되었을 때 비로소 잠재력이 완전히 실현되는 형태에 주목해보자.

부닷컴Boo.com, 웹밴WebVan, 이토이스eToys에 투자했던 사람들에게 닷컴 시장의 붕괴는 충격이었다. 이들 IT 기업은 월드와이드웹이 앞으로 모든 것을 바꾸어놓으리라는 전망을 내세워 엄청난 돈을 끌어모았다. 그러나 2000년 봄, 주식시장은 폭락했다.

몇몇 경제학자는 IT 산업의 이러한 전망에 대해 오래전부터 회의적인 반응을 보였다. 아직 인터넷이 모습을 드러내지 않았던 1987년에도 많은 기업이 스프레드시트나 데이터베이스 기술을 업무적으로 활용했다. 하지만 이러한 시도는 실질적인 성과로 이어지지 못했다. 경제 발전을 연구하는 대표적인 학자인 로버트 솔로Robert Solow는 이렇게 빈정거렸다.

"컴퓨터 시대의 존재는 어디서나 확인할 수 있다. 다만 생산성 통계 자료만 빼고."[1]

혁신이 경제에 미친 전반적인 영향력을 평가하기란 쉽지 않다. 그래도 가장 현실적인 기준으로 '총요소생산성Total Factor Productivity(TFP)'을 꼽을 수 있다. 총요소생산성 지수가 증가했다는 말은 경제가 기계 설비나 노동 혹은 교육과 같은 투자에 비해 더 많은 결과물을 만들어냈다는 뜻이다. 솔로가 활동했던 1980년대에 총요소생산성 지수는 아주 느린 속도로 증가했다. 대공황 시절보다 더 느렸다. 기술은 발전했지만 생산성은 답보 상태에 머물렀다. 경제학자들은 이러한 현상을 '생산성 역설productivity paradox'[2]이라 불렀다. 그 원인은 무엇일까?

해답을 찾기 위해 100년의 시간을 거슬러 올라가보자. 당시 또 다른 혁신인 전기의 활약상은 실망스러웠다. 일부 기업은 전기 발전기와 모터를 생산 현장에 도입했다. 하지만 생산성 향상은 확인하기 힘들었다.

물론 전기의 잠재력은 뚜렷했다. 1870년대 말 토머스 에디슨과 조지프 스완Joseph Swan은 각각 전구를 발명했다. 1880년대 초 에디슨은 맨해튼 펄스트리트와 런던 홀본 지역에 전기 발전소를 지었다. 이후 상황은 급변했다. 1년 후 에디슨은 전기를 상품으로 팔기 시작했고, 다시 1년 후 전기 모터가 처음으로 기계 가동에 활용되었다. 그러나 1900년만 해도 미국 내 공장에서 전기모터를 기계의 원동력으로 활용한 경우는 5퍼센트가 되지 않았다. 공장들 대부분 증기기관 시대에 머물러 있었다.[3]

증기기관을 원동력으로 사용하는 공장의 규모는 어마어마했다. 거대한 단일 증기기관이 공장에서 필요로 하는 모든 에너지를 공급했다. 증기 엔진이 강철로 만든 중심 구동축을 돌리고, 이 축이 생산 라인 전반을 가동한다. 이러한 증기 시스템은 때로 공장 건물을 벗어나 또 다른 생산 시설로 연결되었다. 벨트와 기어로 연결된 보조축은 망치, 펀치, 프레스, 베틀을 가동했다. 벨트는 때로 에너지를 수직으로 전환해서 천장의 구멍을 통해 2층, 3층으로 힘을 전달했다. 고가의 '벨트 타워'는 불길이 구멍을 통해 확산되는 것을 예방하기 위해 빈틈을 최대한 줄이는 방식으로 설계되었다. 그리고 수천 대의 윤활 장치가 공장 구석구석에 기름칠을 했다.

증기기관은 좀처럼 멈추는 법이 없다. 공장에 있는 단 하나의 기계를 가동해도 증기기관에 석탄을 공급해야 한다. 기어가 돌아가고 구동축이 회전하고 벨트가 작동하기 시작하면 기름과 먼지가 날렸다. 근로자의 소매나 신발 끈이 끼어서 기계 안으로 끌려 들어갈 위험은 항상 존재했다.

몇몇 공장주는 증기기관을 전기모터로 교체함으로써 공장 인근의 전기 발전소로부터 깨끗하고 현대적인 에너지를 공급받는 실험에 도전했다. 그러나 조만간 엄청난 투자가 실질적인 비용 절감으로 이어지지 않는다는 사실에 좌절했다. 그 밖에 많은 공장주는 오랫동안 사용해왔던 증기기관을 함부로 처분하고 싶어 하지 않았다. 오히려 그들은 더 많은 증기기관을 설치하는 방법을 택했다. 1910년 무렵에 공장주들은 기존의 증기기관 시스템과 새로운 전기에너지 시스템 사이에서 갈등했고, 대부분이 시대에 뒤떨어진 증기기관을 선택했다. 그 이유는 무엇일까?

그것은 전기 시스템을 가동하기 위해서는 생산 라인 전부를 바꿔야 하기 때문이다. 물론 전기모터를 증기기관과 동일한 방식으로 사용할 수 있다. 기존 시스템에서 증기기관을 들어내고 전기모터를 집어넣으면 된다. 하지만 전기모터로 공장을 가동하기 위해서는 실질적으로 더 많은 요소를 고려해야 한다.

전기 시스템은 에너지를 요구하는 지점과 시점에 정확하게 힘을 전달한다. 기존의 증기기관 시스템과 달리 크기가 작은 전기모터는 효율성이 대단히 높다. 공장은 소규모 전기모터를 여러 대 설치해서, 생산 라인마다 독립적인 방식으로 기계를 돌릴 수 있다. 여기서 기계를 가동하는 에너지는 거대한 단일 구동축이 아니라 전선을 통해 전달된다.

증기기관 시스템의 경우, 거대한 강철 구동축을 지탱하려면 생산 라인을 아주 튼튼하게 설계해야 했다. 반면 전기 시스템은 비교적 가벼운 형태로 설계가 가능하다. 그리고 증기 시스템은 구동축을 중심으로 설계가 이루어진 반면, 전기 시스템은 생산 라인을 중심으로 설계가 가능했다. 덕분에 공장 면적을 쉽게 확장할 수 있고, 또한 부속 건물이나 창문을 설치함으로써 채광과 공기 질을 개선할 수 있다. 게다가 기존 증기기관 시스템은 가동 속도가 고정된 반면, 새로운 전기 시스템은 관리자가 속도를 조절할 수 있다.

전기 시스템이 등장한 이후로 공장은 보다 깨끗하고 안전한 공간이 되었다. 그리고 필요할 때만 기계를 가동함으로써 업무 효율성이 높아졌다.

그러나 (정말로 중요하게) 단지 증기기관을 전기모터로 대체하는 것만으로 이러한 혜택을 누릴 수는 없었다. 대신 공장의 설계 방식과 생산 라인 등 제반 시설을 바꾸어야 했다. 게다가 새로운 시스템에서 근로자는 더 많은 자율성과 유연성을 누릴 수 있기 때문에, 공장주는 인력을 채용하고, 훈련하고, 보수를 지급하는 방식도 모두 바꿔야 했다.

이러한 이유로 공장주들은 망설였다. 기존 시설을 버리는 것도 힘든 선택이었다. 그들은 신기술의 혜택을 누리기 위해 기존의 모든 것을 바꾸는 것이 무엇을 의미하는지 이해하고자 노력했다.

어쨌든 변화는 시작되었다. 전환은 피할 수 없는 흐름이었다. 전기료가 떨어지고 시스템의 신뢰도가 높아진 것 역시 변화에 박차를 가했다.

하지만 예상치 못한 요인이 미국 제조업의 움직임에 영향을 미쳤다. 그중 하나는 앞서 살펴보았듯 1910년대 말에서 1920년대에 거쳐 새롭게 부활한 여권 시스템이었다. 당시 미국 정부는 전쟁으로 폐허가 된 유럽 지역에서 건너온 이민자를 막기 위해 일련의 법률을 제정했고, 이로 인해 근로자의 평균임금이 크게 치솟았다. 기업은 인력 채용에서 양보다는 질에 주목했다. 무엇보다 전기 시스템이 근로자에게 선사한 자율성을 최대한 활용하려면 숙련된 기술자가 필요했다. 이러한 점에서 여권 시스템의 부활은 전기 발전기 확산에 크게 기여했다.

많은 공장주가 전기모터를 자체적으로 개발하면서, 제조업 분야에서 새로운 접근 방식이 확산되었다. 미국 제조업 생산성은 1920년대에 전무후무한 성장을 보였다. 여러분은 아마도 그 이유를 신기술의 등장 때문이라고 짐작할 것이다. 그러나 아니다. 경제역사가 폴 데이비드 Paul David는 공장주들이 반세기 전에 나왔던 기술을 받아들이면서 본격적인 변화가 시작되었다고 말한다.[4] 그들은 드디어 시스템 전체를 바꾸기로 결심했다. 공장 설계와 물류 시스템 그리고 고용 정책까지도 전기 시스템에 적합한 방식으로 전면 수정했다. 전기가 발명된 이후로 50년의 세월이 걸렸다.

이러한 사실은 우리가 솔로의 회의주의를 새로운 시각으로 바라보게 한다. 최초의 컴퓨터 프로그램이 등장하고 반세기가 지난 2000년까지 컴퓨터의 생산성은 조금밖에 높아지지 않았다. 두 경제학자 에릭 브리놀프슨과 로린 히트 Lorin Hitt의 연구 결과에 따르면, 많은 기업이 컴퓨터 기술에 대한 투자로 거의 혹은 전혀 이익을 얻지 못했던 반면, 다른 일부는 엄청난 수익을 창출했다. 그 차이를 어떻게 설명할 수 있을까? 왜 어떤 기업은 컴퓨터 기술로 많은 도움을 얻었던 반면, 다른 기업은 그렇지 못했을까? 그건 당시의 수수께끼였다.

브리뇰프슨과 히트 두 사람은 수수께끼에 대한 대답을 내놓았다. 그것은 기업이 새로운 컴퓨터 시스템을 도입하면서 그 잠재력을 실현하기 위해 비즈니스 전체를 개편할 강한 의지를 갖고 있었는가였다. 그 의지는 곧 탈중심화, 아웃소싱, 유연한 공급망 그리고 광범위한 소비자 선택권을 의미했다. 다시 말해, 옛날에 공장이 증기기관 시스템을 그대로 유지하면서 전기모터만 추가할 수 없었던 것처럼, 오늘날 기업도 기존 시스템을 유지하면서 고성능의 컴퓨터만 추가하는 방식으로 실질적인 성과 향상을 볼 수 없었던 것이다. 그들은 다른 접근 방식을 택해야 했다. 즉, 기업의 시스템 전부를 바꿔야 했다.[5]

웹 세상은 컴퓨터보다 더 나중에 시작되었다. 그리고 10년이 되기 전에 닷컴 시장이 붕괴했다. 전기 발전기가 오늘날 웹 정도의 나이를 먹었을 때, 공장주들은 증기기관을 고집했다. 실질적인 변화의 조짐은 요원했다. 혁명적인 기술은 모든 것을 바꾼다. 그래서 우리는 이를 혁명이라 부른다. 그리고 혁명이 모든 것을 바꿀 때까지 오랜 세월과 상상력, 용기 그리고 때로 고된 인내가 필요하다.

컨테이너

17

글로벌 경제의 가장 분명한 특징은 바로 '글로벌'하다는 점이다. 오늘날 우리는 중국산 장난감, 칠레의 구리, 방글라데시 티셔츠, 뉴질랜드 와인, 에티오피아 커피, 스페인의 토마토를 소비한다. 좋든 아니든, 세계화는 오늘날 경제의 핵심이다.

세계화의 존재와 위력은 통계 자료에서도 드러난다. 1960년대 초 전 세계 국내총생산GDP의 30퍼센트에 불과했던 무역은 이제 50퍼센트를 차지한다.[1] 물론 모두가 세계화에 만족하는 것은 아니다. 세계화는 아마도 대중의 우려와 만장일치에 가까운 경제학자들의 기대가 가장 첨예하게 대립하는 주제일 것이다. 그리고 그 갈등은 더욱 심화되고 있다.

무역에 대한 보편적인 관점은 세계화를 하나의 정책으로 정형화해서 바라본다. 아니면 TRIPS(특허권·의장권·상표권·저작권 등 소위 지적재산권에 대한 최초의 다자간 규범), TTIP(범대서양 무역 투자 동반자 협정), TFP(총요소 생산성) 등 약자로 상징되는 다양한 무역협정이 구현하는 하나의 이념이라고 생각한다. 하지만 자유무역협정이 세계화를 이끄는 최대 원동력은 아니다. 그보다 우리는 12미터 길이에 2.4미터 폭 그리고 2.6미터 높이의 주름식 강철 박스 형태의 발명품, 즉 선박 컨테이너를 주된 원동력으로 꼽아야 할 것이다.[2]

선박 컨테이너의 중요성을 이해하기 위해, 그것이 개발되기 전에 일반적인 무역 거래가 어떻게 이루어졌는지 살펴보자. 1954년 화물선 S. S. 워리어Warrior호는 뉴욕 브루클린에서 독일 브레머하펜으로 짐을 실어 날았다. 5,000톤에 이르는 화물은 식품에서 가정용 제품, 편지, 자동차에 이르기까지 총 1,156건으로, 접수된 품목만도 19만 4,582가지에 달했다. 부두 창고에서 모든 품목의 출입을 일일이 기록하는 작업은 그야말로 악몽이었다.[3]

하지만 그보다 더 힘든 과제는 화물을 배에 싣는 일이었다. 우선 항만 노동자들이 올리브 통과 비누 상자와 같은 갖가지 품목을 부두에 있는 목재 팔레트에 쌓는다. 그러면 기중기가 팔레트를 들어 올려 화물선 갑판으로 옮긴다. 다시 더 많은 항만 노동자들이 몰려들어 각 품목을 강철 고리로 끌어서 칸막이 형태에 들어맞도록 배치한다. 적재 화물이 높은 파도에도 흐트러지지 않게 하기 위해서는 노련한 기술이 필요하다. 선적 과정에 크레인과 지게차도 동원되지만, 체중보다 무거운 설탕 자루에서부터 소형차 정도의 무게가 나가는 쇳덩이에 이르기까지, 물건을 최종적으로 나르는 것은 사람의 몫이었다.

화물 선적은 제조업이나 건설업보다 더 위험했다. 대형 항구에서는 몇 주에 한 번씩 사망 사고가 발생했다. 1950년 뉴욕 항구에서는 매일 평균 대여섯 건의 심각한 사고가 일어났다. 그나마 뉴욕 항구는 안전한 곳에 속했다.

브레머하펜으로 가는 워리어호의 운항 기록을 분석한 연구원들은 선박에 화물을 싣고 내리는 데 열흘이 소요되었다는 사실을 확인했다. 이는 워리어호가 대서양을 가로지르는 시간과 맞먹는 시간이다. 당시 운송비는 오늘날 통화 기준으로 환산할 때 톤당 420달러 정도였다. 또한 항구에 도착해 화물을 분류하고 배송하기까지 전체 일정은 평균 석 달이 걸렸다.[4]

60년 전 국제 수송은 비싸고 위험하고 엄청난 시간이 걸리는 일이었다. 물론 대안은 있었다. 그것은 모든 화물을 표준화된 거대한 상자에 집어넣고, 그 상자를 배에 싣고 이동하는 방식이다.

하지만 그런 상자를 만드는 일부터 쉽지 않았다. 사실 이러한 아이디어는 컨테이너가 개발되기 수십 년 전부터 이미 다양한 형태로 시도되었다. 그러나 이를 구현하기 위해서는 먼저 사회적 장애물을 제거해야 했다. 당시 운송업체와 선박업체, 항구 모두 상자의 기준과 관련하여 이견을 보였다. 일부는 대형 컨테이너를 선호했다. 반면 파인애플 통조림과 같은 무거운 물건을 전문으로 취급하거나 좁은 산악 길을 트럭으로 운반해야 하는 업체는 더 가볍고 짧은 규격을 주장했다.[5]

다음으로 강력한 항만 노동자 조합의 저항이 있었다. 이들 조합은 컨테이너 도입에 결사적으로 반대했다. 여러분은 아마도 이들이 컨테이너 도입을 적극 환영했으리라 짐작할 것이다. 화물을 더 안전하게 싣고 내릴 수 있기 때문이다. 하지만 이 말은 곧 더 적은 인력으로 기존 업무를 처리할 수 있다는 뜻이기도 하다.

복지부동의 미국 규제 기관 역시 현재 상태를 고집했다. 당시 미국의 국제 운송 시장에서는 선박업체와 운송업체에 부과하는 요금을 결정하는 여러 규제 기관이 폐쇄적인 연합을 형성하고 있었다. 그런데 왜 이들 규제 기관은 관련 업체들이 시장 논리에 따라 요금을 지불하도록 허용하지 않았을까? 그리고 왜 선박업체와 운송업체가 합병을 통해 통합 서비스를 제공하도록 허용하지 않았을까? 그건 규제 기관 관료들이 자신의 일자리를 지키고 싶어 했기 때문이다. 컨테이너라는 혁신적인 아이디어는 자칫 그들의 역할을 빼앗아갈 위험이 있었다.

이처럼 복잡한 상황을 처음으로 타개하고자 했던 인물은 현대적인 선적 컨테이너 시스템의 선구자로 불리는 미국인 맬컴 매클린Malcom McLean(원래는 Malcolm이었으나 나중에 전통적인 스코틀랜드 철자 Malcom으로 바꿈)이었다. 그러나 매클린이 처음부터 선적 시스템에 대해 잘 알고 있었던 것은 아니다. 원래 화물업체를 운영했던 매클린은 트럭 운송 시스템과 비용 절감과 관련하여 지식이 풍부했다. 이에 관한 매클린의 일화는 유명하다. 트럭 운전사 시절에 그는 너무 가난해 다리를 건널 요금조차 없었다. 그래서 통행소에 자신의 렌치를 맡기고 다리를 건넜고, 나중에 화물을 넘겨주고 받은 돈으로 물건을 되찾았다. 이후 큰 조직을 이끌게 되었을 때에도 매클린은 직원들에게 장거리 전화는 3분 이내로 줄이도록 지시했다.[6]

하지만 매클린의 전기를 통해 선박 컨테이너의 역사를 자세하게 들려준 마크 레빈슨Marc Levinson은 그러한 일화들과는 달리 매클린은 사실 대단히 야심차고 용감한 인물이었다고 주장했다. 매클린은 평상형 트럭에 들어맞는 선박 컨테이너에 주목했다. 물론 그 아이디어를 처음으로 떠올린 인물은 아니었지만, 매클린은 정치적 수완과 담대함에서 남달랐다. 그리고 이는 글로벌 운송 시스템에 혁신을 몰고 오기 위해 필요한 핵심 자질이었다.

레빈슨이 그를 '전례 없는 금융적, 법률적 역량'이라고 칭송했던 것처럼, 매클린은 운송업체와 화물업체에 강력한 영향력을 갖고 있었다.[7] 그리고 이후 선박과 트럭 모두에 호환 가능한 컨테이너를 도입하면서 그의 영향력은 더욱 강력해졌다. 매클린은 자신의 기업가적 역량을 바탕으로 변화를 추구했다. 가령 1956년에 항만 노동자들이 파업을 벌이면서 동부 해안 지역 항구를 봉쇄하겠다고 협박했을 때, 매클린은 오히려 이를 새로운 컨테이너 규격에 맞게 기존 선박들을 개조할 절호의 기회로 보았다. 그는 새로운 투자를 위해 부채를 마다하지 않았다. 그러나 1959년에는 빚으로 확장한 사업이 위기를 맞이했고, 매클린이 파산 지경에 이르렀다는 소문까지 돌았다. 하지만 그는 이를 이겨내고 변화를 일구어냈다.•

매클린은 또한 똑똑한 정치 수완가였다. 1950년대에 뉴욕 항만 당국이 관할 범위를 확장하고자 했을 때, 매클린은 항구에서 뉴저지 쪽 부지가 제대로 활용되지 못하고 있으며, 특수 제작된 컨테이너 선적 시설을 설치하기 위한 최적의 장소가 바로 뉴저지라고 제안했다. 이로 인해 매클린은 항만 당국의 정치적, 금융적 지원과 함께 뉴욕에 중요한 거점을 확보하게 되었다.[8]

• 그의 도전은 실패를 맞이했다. 일흔두 살이 되던 1986년, 매클린의 거대한 비즈니스 제국은 파산에 이르렀다. 매클린은 연비가 뛰어난 선박에 집중적으로 투자했지만, 곧 석유 가격이 급락하면서 수익성이 떨어지고 말았다. 이후 5년이 흘러 매클린은 다시 비즈니스 세상으로 돌아왔다. 그는 사업가로서 자신의 사명을 사랑했다.

그래도 가장 놀라운 성과는 1960년대 말 매클린이 컨테이너에 대한 아이디어를 세계에서 가장 강력한 고객, 즉 미군에게 팔았던 사건일 것이다. 당시 군사 장비를 베트남으로 수송하는 힘든 과제에 직면했던 미군은 매클린의 컨테이너 선박에 주목했다. 컨테이너는 통합 물류 시스템 속에서 진가를 발휘한다. 그리고 미군은 그러한 통합 물류 시스템을 온전하게 갖춘 대표적인 조직이다. 이에 더하여, 매클린은 베트남에서 돌아오는 길에 자신의 텅 빈 컨테이너에 당시 경제적으로 급성장하던 일본으로부터 화물을 실어올 수 있다는 사실을 깨달았다. 이후 대서양을 오가는 무역 거래의 시대가 열렸다.

오늘날 항구에서는 열심히 일하는 1950년대식 항만 노동자의 모습을 찾아보기 어렵다. 일반적인 컨테이너 선박은 워리어호의 스무 배에 가까운 화물을 나를 수 있다. 그리고 화물을 모두 내려놓기까지 며칠이 아니라 몇 시간이면 충분하다. 1,000톤에 육박하는 거대한 크레인은 최대 30톤으로 컨테이너를 묶어서 항만에 대기 중인 화물차로 옮긴다. 공학 기술이 자랑하는 이 웅장한 춤사위는 모두 컴퓨터로 통제된다. 컴퓨터 시스템은 또한 컨테이너 화물이 글로벌 물류 시스템을 통해 이동할 때마다 위치를 추적한다. 가령 냉동 시설을 갖춘 컨테이너는 전기 공급 장치와 온도 관리 모니터가 설치된 칸에 놓인다. 그리고 무거운 컨테이너는 선체 바닥에 자리 잡아 선박의 무게중심을 낮추는 역할을 한다. 화물을 싣고 내리는 과정의 순서와 일정은 배의 균형을 유지하도록 철저하게 조율된다. 또한 크레인이 컨테이너를 대기 중인 화물 트럭에 내려놓고 나면, 또 다른 컨테이너를 들어 올려 다시 선박으로 돌아온다. 즉, 선박 화물칸은 비면서 동시에 채워진다.

하지만 모든 나라가 혁신적인 컨테이너 시스템 혜택을 누리는 것은 아니다. 가난한 국가의 항구는 아직도 1950년대 뉴욕의 풍경에 머물러 있다.[9] 특히 아프리카의 사하라 사막 이남 지역은 열악한 제반 시설 때문에 세계경제로부터 소외되어 있다. 현대적인 컨테이너 시스템을 갖추지 못한 아프리카 지역은 오늘날 비즈니스를 운영하기에 불편한 땅이 되어버렸다.

하지만 점점 더 많은 지역에서 선적 작업이 안전하고 신속하고 경제적인 방식으로 이루어지고 있다. 그리고 비용 역시 1954년에 대서양 너머에 있는 지역으로 1톤의 화물을 선적한 화주가 워리어호에 지불했던 420달러보다 훨씬 낮아졌다. 이제 그 비용은 톤당 50달러가 안 된다.[10] 그 결과, 제조업체가 공장을 굳이 소비자와 그리고 공급업체와 가까운 곳에 두어야 할 필요성이 사라졌다. 더 중요한 것은 노동력, 정부 규제, 세금, 임금과 관련하여 생산 효율성을 최대로 높여줄 지역을 발굴하는 일이다. 덕분에 중국 근로자는 새로운 기회를 맞이하는 반면, 선진국 근로자는 일자리를 잃을 위협을 느끼고 있다. 또한 각국 정부는 비즈니스 투자 유치를 위해 다른 정부와 치열한 경쟁을 벌인다. 어떠한 측면에서 가장 큰 혜택은 소비자가 누리고 있다. 오늘날 우리는 장난감에서 휴대전화, 의류 등 광범위한 제품을 대단히 낮은 가격으로 살 수 있게 되었다. 이 모든 혜택은 한 가지 시스템에서 비롯되었다. 그것은 다름 아닌 맬컴 매클린이 오래전에 개발하고 추진했던 컨테이너 시스템이다.

세상은 넓다. 그럼에도 국제무역을 연구하는 경제학자들은 운송비를 종종 0으로 가정한다. 그러면 수학이 훨씬 간단해지기 때문이다. 실제로 이러한 가정은 선적 컨테이너 시스템 덕분에 현실에 근접하고 있다.

바코드

18

이 이야기는 여러분께 두 가지 방식으로 들려줄까 한다.

먼저, 전통적으로 발명의 순간에 등장하는 번득이는 섬광에 관한 이야기로 시작하자. 1948년 필라델피아 드렉셀 연구소Drexel Institute의 대학원생인 조지프 우드랜드Joseph Woodland는 지역의 한 소매업체가 겪고 있던 어려움에 대해 생각하고 있었다. 문제는 이런 것이었다.

'거래 내역을 기록하는 단순한 작업을 자동화함으로써 매장의 결제 속도를 높일 수 있을까?'[1]

우드랜드는 똑똑한 젊은이였다. 전쟁 기간에 맨해튼 프로젝트Manhattan Project(제2차 세계대전 당시 미국 정부가 추진한 원자폭탄 개발 계획_옮긴이)에 참여하기도 했다. 다른 한편으로, 우드랜드는 학부 시절에 엘리베이터 음악(수동적으로 듣기 위해 의도된 음악. 낮은 볼륨으로 재생되고 쇼핑몰, 엘리베이터, 식료품점 등의 배경음악으로 쓰이는 것을 통칭한다_옮긴이) 시스템을 개발하기도 했다. 그는 그 시스템을 상업적으로 출시하려 했지만, 조직 폭력배가 엘리베이터 음악 시장을 장악하고 있다는 아버지의 만류에 결국 포기해야 했다.

우드랜드는 드렉셀 연구소에서 연구를 계속했다. 다음 연구 대상은 거래 시스템이었다. 당시 조부모를 만나기 위해 마이애미를 찾았던 우드랜드는 해변에 앉아 손가락으로 모래 위에 원을 그리며 몽상에 빠져 있었다. 그런데 모래에 그려진 원형의 줄무늬를 보는 순간 기발한 아이디어가 떠올랐다. 점과 선을 이용해 메지시를 전하는 모스 부호처럼, 가는 선과 두꺼운 선을 가지고 정보를 암호화할 수 있다는 생각이 들었다. 기계가 읽을 수 있는 얼룩말 무늬의 원형 표식에 품목 및 가격에 관한 정보를 암호로 담을 수 있을 것 같았다.[2]

우드랜드의 아이디어는 충분히 구체적이었지만, 당시 기술 수준으로는 많은 비용이 들었다. 이후 컴퓨터 기술이 발전하고 레이저가 개발되면서 우드랜드의 아이디어는 현실적인 기술이 되었다. 이후 우드랜드의 줄무늬 스캔 시스템은 독자적인 연구로 이어졌고, 오랜 시간에 걸쳐 수차례 개선되었다. 1950년대에는 데이비드 콜린스David Collins라는 엔지니어가 선로 옆의 스캐너를 가지고 자동으로 읽을 수 있도록 철도 차량에 얇고 굵은 선을 그려 넣었다. 이후 1970년대 초 IBM의 엔지니어 조지 로러George Laurer는 우드랜드의 원형보다 직사각형이 보다 효율적이라고 확신했고, 레이저와 컴퓨터를 함께 사용하는 시스템을 개발했다. 그의 시스템 처리 속도는 대단히 빨라서, 라벨이 붙은 빈백beabag 쿠션을 스캐너 시스템에 던져 넣기만 해도 즉각 인식이 되었다. 마침내 우드랜드의 모래 위 낙서가 기술적인 현실로 실현된 것이다.[3]

다음으로 두 번째 방식의 이야기로 넘어가보자. 이 이야기 역시 마찬가지로 중요하지만, 다소 지루할 수 있다.

1969년 9월, 미국 식료품생산자협회Grocery Manufacturers of America(GMA) 소속 행정시스템위원회 위원들과 미국 식품유통협회National Association of Food Chains(NAFC) 대표들 사이에 회의가 열렸다. 그들이 만난 장소는 신시내티에 있는 카로셀인이라는 모텔로, 중요한 회의를 열기에 그리 좋은 곳은 아니었다. 회의의 목적은 무엇이었을까? 그것은 생산자 코드와 관련하여 GMA의 생산업체와 NAFC의 유통업체 간에 상호 합의가 가능한지를 타진해보는 것이었다.

우선 GMA 측은 열한 자리 코드를 주장했다. 그들은 이미 사용하고 있던 다양한 라벨링 형태를 그 안에 모두 담고자 했다. 반면 NAFC는 좀 더 간단한 일곱 자리 코드를 원했다. 그들은 결제 과정에서 보다 단순하고 경제적인 시스템으로 정보를 읽어 들이고자 했다. GMA와 NAFC는 합의점을 찾지 못했고, 결국 회의는 아무런 성과 없이 끝났다. 이후로 많은 위원회, 분과위원회, 임시위원회가 오랜 논의를 이어나갔고, 결국 미국 식료품 산업은 통일상품코드Universal Product Code(UPC)라는 합의안을 마련했다.[4]

1974년 6월 오하이오주 트로이에 위치한 마시Marsh 슈퍼마켓 카운터에서 서른한 살의 매장 직원 샤론 뷰캐넌Sharon Buchanan이 리글리Wrigley 사에서 나온 주시프루트 다섯 개들이 껌 열 팩을 레이저 스캐너를 가지고 자동으로 인식하여 67센트의 가격을 시스템에 입력했을 때, 두 이야기는 동일한 결론에 이르렀다. 그 껌은 실제로 판매되었다. 최초의 바코드 거래가 이루어진 셈이다.[5]

사람들은 흔히 바코드를 비용 절감을 위한 단순한 기술이라고 생각한다. 대형 할인 마트는 바코드 시스템을 통해 업무를 효율적으로 처리하고, 덕분에 소비자는 더 낮은 가격으로 제품을 구매할 수 있다. 그러나 컨테이너 시스템과 마찬가지로, 바코드 역시 통합 시스템 안에서 그 진가를 발휘한다. 또 바코드는 비용 절감 이상의 역할을 한다. 그리고 어떤 이에게 문제의 해결책을 제시하는 반면, 다른 이들에게 골칫거리를 안겨다준다.

바로 이 대목에서 두 번째 이야기가 중요하다. 바코드는 식료품 산업에서 힘의 균형을 바꾸어놓았다. 그래서 여러 위원회의 수많은 회의가 필요했던 것이다. 그리고 회의 참석자가 위원회 기술 전문가들이 아니라 그들의 상사의 상사, 즉 최고 경영자로 바뀌었을 때, 미국의 식품 산업은 합의에 도달할 수 있었다. 그만큼 바코드는 식품 업계의 중대한 사안이었다.

그러나 또 하나의 중요한 과제가 남았으니, 그것은 대부분이 합의된 바코드를 받아들이지 않은 상황에서 개별 업체가 이러한 시스템을 도입하도록 설득하는 작업이었다. 일단 스캐너 설치에 많은 돈이 든다. 그리고 바코드를 인쇄하기 위해 기존 포장지를 수정하는 작업에도 적지 않은 비용이 든다. 일례로, 밀러Miller는 1908년에 만든 맥주병 라벨을 아직까지 사용한다.[6] 유통업체는 생산업체들이 그들 제품에 바코드를 모두 인쇄할 때까지 스캐너를 설치하지 않으려 했다. 마찬가지로 생산업체는 유통업체들이 스캐너 장비를 전면 도입할 때까지 바코드 인쇄를 미루려 했다.

그러나 시간이 흐르면서 바코드는 특정 유통업체에게 유리하다는 사실이 분명하게 드러났다. 가족이 운영하는 소규모 편의점의 경우, 바코드 스캐너는 사소한 문제에 대한 값비싼 해결책이었다. 반면 대형 할인 마트는 스캐너에 들어가는 비용을 다양한 품목으로 분산할 수 있었다. 카운터에 길게 늘어선 줄을 줄이는 것만으로도 그들에게 큰 의미가 있었다. 또 재고 추적에도 많은 도움이 되었다. 사람의 손으로 일일이 결제를 할 경우, 비양심적인 카운터 직원이 고객에게 받은 돈을 매출로 기록하지 않고 자신의 호주머니로 집어넣을 위험이 있었다. 그러나 바코드와 스캐너 시스템에서 이러한 부정은 즉각 드러나게 된다. 미국에서 인플레이션이 치솟던 1970년대에 대형 슈퍼마켓은 바코드 시스템을 활용함으로써 개별 제품에 일일이 가격표를 붙이는 기존 방식 대신에, 매대 선반에 가격표를 붙이는 방식으로 보다 수월하게 가격을 즉각적으로 수정할 수 있었다.

유통 시장에 바코드가 확산된 1970년대와 1980년대에 대형 유통업체들이 크게 성장한 것은 우연이 아니다. 이들 유통업체는 스캐너 시스템을 통해 소비자 데이터베이스를 확보하고, 이를 바탕으로 멤버십 프로그램을 실시했다. 그리고 재고 추적을 자동화함으로써 정확한 시간에 배송을 하고, 다양한 품목에 대한 관리 비용을 절감했다. 덕분에 할인 매장은 꽃이나 의류, 전자제품 등 취급 품목의 범위를 더욱 넓혀갔다. 다각화되고 복잡한 대규모 물류 시스템은 바코드가 있었기에 가능했다.[7]

이러한 흐름은 1988년 월마트가 식품 사업에 뛰어들면서 정점을 찍었다. 오늘날 월마트는 미국 최대 식료품 체인이자 전 세계적으로 가장 거대한 할인 매장이다. 그 규모는 나머지 다섯 경쟁자를 모두 합친 것보다 크다.[8] 월마트는 바코드 시스템을 일찍이 받아들였고, 컴퓨터 기반의 첨단 물류 및 재고 관리 시스템에 대한 투자를 이어나갔다.[9]

월마트는 이제 중국의 생산업체와 미국의 소비자 사이에서 중요한 통로 역할을 한다. 최신 기술을 적극적으로 받아들임으로써 취급 품목을 다각화했고, 덕분에 구매 담당자를 중국 현지로 보내 값싼 제품을 대량으로 구매하고 있다. 중국 생산업체는 고객이 월마트라면 그들의 전체 생산 라인을 한 곳에 집중할 준비가 되어 있다.[10]

기술 전문가는 아마도 우드랜드가 마이애미 해변에서 느긋하게 손가락으로 낙서를 했던 영감의 순간에 주목할 것이다. 아니면 우리가 지금 알고 있는 형태의 바코드를 완성했던 조지 로러의 성취를 높이 평가할 것이다. 그러나 바코드의 가치는 업무를 효율적으로 처리하는 새로운 방식에 머물지 않는다. 바코드는 어떤 기업이 효율적인 조직인지에 대한 기준을 완전히 바꾸어놓았다.

오늘날 글로벌 자본주의 위력의 상징인 바코드는 아이러니하게도 세계 곳곳에서 저항의 상징으로 모습을 드러내고 있다. 1980년대부터 사람들은 바코드 형태로 문신을 새겨 자본주의 문화에 대한 저항감을 표출하고 있다.[11] 저항 문화의 상징으로서 바코드 속에는 중요한 의미가 담겨 있다. 그렇다. 검정과 흰색 띠로 이루어진 독특한 줄무늬는 조그맣고 깔끔한 공학적 발명품이다. 그리고 이 작은 발명품이 오늘날 세계경제가 맞물려 돌아가는 방식을 완전히 바꾸고 있다.

콜드체인
19

'아편을 태우는 여섯 마리 개구리보다 더 미친' 이는 호르헤 우비코Jorge Ubico 장군을 일컫는 표현이었다.[1] 우비코는 1931년에서 1944년까지 과테말라를 통치했던 대통령으로, 나폴레옹처럼 옷을 입었던 것으로 유명하다. 그는 아마도 자신이 전생에 나폴레옹이었다고 믿었던 것 같다.

우비코는 20세기 다른 남미 독재자들과 마찬가지로 유나이티드 프루트 컴퍼니United Fruit Company와 우호적인 관계를 맺었다. 그 기업은 '엘폴포El Polpo(문어)'라는 별명으로 유명하다. 비즈니스 촉수를 어디에나 뻗쳤기 때문이다. 우비코는 과테말라 원주민들이 지주를 위해 노동하도록 강제하는 법률을 통과시켰다. 여기서 지주는 유타이티드 프루트 컴퍼니를 말한다.

이 기업은 경작 가능한 과테말라의 토지 대부분을 소유했다. 그들은 만약의 사태를 대비하여 소유지의 많은 부분을 경작하지 않은 채로 내버려두었다. 그리고 방치된 토지의 가치는 대단히 낮기 때문에 세금을 적게 내겠다고 주장했다. 우비코는 그 기업의 논리를 그대로 받아들였다.

이후 우비코가 축출을 당한 뒤, 젊은 이상주의자 군인 하코보 아르벤스Jacobo Árbenz가 권좌에 올랐다. 아르벤스는 엘폴포에게 그들이 소유한 땅이 정말로 가치가 없다면 정부가 사들여 농부들에게 나누어주겠노라고 엄포를 놓았다.

물론 유나이티드 프루트 컴퍼니는 동의하지 않았다. 그들은 미국 정부에 로비 활동을 벌이며 아르벤스를 위험한 공산주의자로 선전하도록 했다. CIA는 즉각 개입했다. 결국 아르벤스는 1954년 쿠데타로 쫓겨났고, 속옷 차림으로 비행기에 올라 이리저리 떠도는 망명자 신세가 되었다. 아르벤스의 딸은 몇 년 뒤 자살로 생을 마감했다. 아르벤스는 폭음을 일삼았고, 결국 호텔 욕조에서 위스키 병을 손에 든 채 죽음을 맞이했다. 이후 과테말라는 내전 상태로 접어들었고, 분쟁은 36년간 이어졌다.[2]

해외 원조로 정권을 유지하는 광적인 독재자가 통치하는 가난한 나라를 일컫는 말이 있다. 그것은 바로 '바나나 공화국Banana Republic'.[3] 아이러니하게도 과테말라의 불행은 그 나라의 주요 수출 품목인 바나나와 밀접하게 관련이 있다. 새로운 시스템이 등장할 때까지, 과테말라의 정치와 서구의 식습관은 아무런 상관이 없었다. 여기서 새로운 시스템이란 콜드체인cold chain이라는 저온 유통 체계를 말한다.

저온 유통 체계인 콜드체인 기술이 개발되기 전, 유나이티드 프루트 컴퍼니의 공동 설립자 중에는 로렌조 도 베이커Lorenzo Dow Baker라는 인물이 있었다. 선원으로 일을 시작한 베이커는, 1870년에는 금 채굴업자들을 오리노코강으로 실어다주며 돈을 벌었다. 그런데 베이커가 손님을 내려다주고 뉴잉글랜드로 돌아오는 길에 갑자기 배에서 물이 새기 시작했다. 그는 하는 수 없이 수리를 위해 자메이카에 잠시 정박했다. 그의 주머니에는 현금이 두둑했고, 도박을 좋아하던 그는 바나나를 잔뜩 샀다. 그리고 상하기 전에 급히 돌아와서는 높은 가격으로 팔았다. 그리고 더 많은 바나나를 팔기 위해 다시 배를 타고 거슬러 올라갔다.

그 무렵 바나나는 보스턴이나 뉴욕과 같은 항구 도시에서 특별 식품으로 대우받았다. 특히 숙녀들은 성적인 연상을 불러일으키지 않도록 칼과 포크로 우아하게 바나나를 잘라 먹었다.

그러나 바나나 판매는 대단히 위험한 비즈니스였다. 일반적으로 바나나의 유통기간은 배로 싣고 오는 도중에 끝이 났고, 항구에 도착할 때면 지나치게 익어서 더 이상 육지 배송이 불가능했다.[4] 더 넓은 시장에 유통하려면 바나나를 차게 한 상태로 운반해야 했다.

물론 바나나가 사람들이 냉동선에 관심을 기울이게 만든 유일한 작물은 아니다. 베이커가 처음으로 자메이카에서 돌아오기 2년 전, 아르헨티나 정부는 소고기 수출을 활성화하기 위해 온도를 차갑게 유지하는 기술을 개발하는 이에게 상금을 주겠다고 선포했다. 선박을 얼음으로 가득 채우는 방법이 있었지만 너무 비싸고 효과도 별로였다. 그러나 과학자들은 액체 상태로 압축된 가스가 기화할 때 주변의 열을 흡수한다는 사실을 이미 한 세기 전부터 알고 있었다. 하지만 이 원리를 활용한 제품이 개발되지는 않았다. 1876년 프랑스 공학자 샤를 텔리에Charles Tellier는 이 원리를 기반으로 개발한 냉동 시스템을 선박에 설치했고, 이 기술의 효능을 입증하기 위해 육류를 가득 채운 채 부에노스아이레스로 떠났다. 텔리에의 배가 105일의 항해를 마치고 목적지에 도착했을 때, 육류는 여전히 먹기 좋은 상태였다.

아르헨티나 일간지 〈라리베르테La Liberté〉는 이를 '천 번의 과학과 자본 혁명'이라며 추켜세웠다. 이후로 아르헨티나 육류업체들은 소고기 수출을 시작했다.[5] 1902년에는 460척에 달하는 아르헨티나 냉장선, 일명 '리퍼Reefer'가 세계 대양을 누비면서 백만 톤의 소고기와 엘폴포의 바나나를 비롯하여 다양한 식품을 실어 날랐다.[6]

다른 한편으로, 신시내티에서는 한 아프리카계 미국인 청년이 고아로서 힘든 삶을 살아가고 있었다. 그는 열두 살에 학교를 그만두고 창고에서 청소 일을 하면서 틈틈이 자동차 정비 기술을 배웠다. 그는 프레더릭 매킨리 존스Frederick McKinley Jones라는 인물로, 자라서 수많은 제품을 발명했다. 1938년 음향 시스템 기술자로 일하고 있을 무렵, 존스는 사장의 친구(맬컴 매클린처럼 트럭 운송업을 운영했던)로부터 운반 중에 식품이 상해서 골치가 아프다는 말을 들었다. 그러나 냉장선에 들어가는 설비를 트럭에 설치할 수는 없었다. 도로 운행에 따른 진동을 버텨낼 수 없기 때문이었다. 그래서 트럭 기사들은 얼음을 가득 채워 넣고는 다 녹기 전에 목적지에 도착하기만을 바랄 뿐이었다.[7] 물론 트럭 기사들의 소망이 매번 이루어지지는 않았다. 그렇다면 독학으로 성장한 똑똑한 청년 존스는 문제를 해결할 수 있었을까?

그랬다. 존스는 성공했다. 그리고 이로부터 서모킹Thermo King이라는 기업이 탄생했다. 서모킹은 상하기 쉬운 식품을 적정 온도로 유지시키는 글로벌 공급망을 갖추었다. 그리고 이를 통해 콜드체인에서 맨 마지막 연결 고리를 완성했다. 콜드체인은 또 의료 분야에도 기여했다. 존스가 개발한 이동식 냉동 장치는 제2차 세계대전 동안 부상병을 치료하기 위한 약품과 혈액을 보관하는 기능을 했다. 문제 해결을 위한 새로운 혁신이 등장할 때까지, 그의 발명은 전력 상황이 열악한 가난한 나라의 오지까지 백신을 수송하는 과정에 중요한 기여를 했다.[8]

콜드체인은 식품의 혁명을 일으켰다. 25도를 웃도는 여름날에 생선과 육류는 몇 시간이면 상한다. 과일은 며칠 그리고 당근은 운이 좋아야 3주 정도다. 반면 콜드체인 시스템 아래에서 생선은 일주일, 과일은 몇 달 그리고 뿌리 작물은 1년까지 보존이 가능하다. 냉동할 경우 보존 기간은 더 늘어난다.[9]

냉장 및 냉동 기술은 식품 선택폭을 넓혀주었다. 오늘날 바나나와 같은 열대 과일은 세계 어디서나 쉽게 구할 수 있다. 그리고 사람들의 영양 상태를 개선시켜주었다. 또한 슈퍼마켓 산업의 성장을 가능케 했다. 집안에 냉장고가 없어도 슈퍼마켓에 자주 들르면 된다. 냉장고가 있다면 일주일이나 2주일에 한 번씩 장을 보면 된다.[10] 그리고 냉동식품과 마찬가지로 식사를 준비하는 절차의 간소화는 노동시장에 영향을 미쳤다. 식료품점을 자주 찾지 않아도 된다는 말은 여성의 경력을 가로막는 장벽의 높이가 낮아졌음을 의미한다. 가난한 국가들이 더 잘살게 되면서 냉장고는 생필품이 되었다. 중국에서 냉장고를 보유한 가구 비중은 10년 만에 4분의 1에서 10분의 9로 증가했다.[11]

콜드체인은 이제 글로벌 무역 시스템의 표준으로 자리 잡았다. 앞서 살펴본 것처럼 선박 컨테이너는 장거리 무역을 경제적이고, 신속하고, 안전하게 만들어주었다. 그리고 바코드는 대형 유통업체들이 복잡한 공급망을 효율적으로 관리할 수 있게 해주었다. 나중에 다시 살펴보겠지만, 디젤 엔진은 대형 선박의 효율성을 크게 높여주었다.

그렇다면 콜드체인은 어떤 역할을 했을까? 콜드체인 시스템은 이들 발명을 기반으로 적용 범위를 상하기 쉬운 식품으로 확대했다. 콜드체인의 등장으로 육류와 과일, 채소는 국제무역 속에 편입되었다. 그렇다. 프랑스 콩을 프랑스에서 재배할 수 있지만, 우간다에서 수입하는 편이 더 나을 수 있다. 재배 환경이 국가마다 다르기 때문에 수입은 환경적으로, 경제적으로 합리적인 선택이 될 수 있다. 한 연구 결과는 스웨덴에서 토마토를 재배하는 것보다 스페인에서 재배한 토마토를 스웨덴으로 수입하는 방법이 더욱 친환경적이라는 사실을 보여주었다.[12] 또 다른 연구는 영국에서 양을 키우는 것보다 뉴질랜드에서 키운 양을 영국으로 수입하는 방법이 탄소 배출량 기준에서 더 유리하다고 말한다.[13]

경제적 관점에서 분업과 무역은 전 세계 생산 가치를 높여줄 것이다. 그러나 안타깝게도 그 열매가 공정하게 분배될 것이라고 장담할 수 없다. 과테말라 상황을 보자. 과테말라는 지금도 바나나를 수출하며, 그 규모는 수억 달러에 이른다.[14] 그리고 양, 사탕수수, 커피, 옥수수, 생강 등 그 밖에 많은 가축을 키우고 곡물을 재배한다.[15] 그럼에도 만성 영양실조로 고통 받는 인구 비중이 세계에서 네 번째로 높고, 아이들 중 절반은 제대로 먹지 못해 발육 상태가 좋지 않다.[16]

경제학자들은 어떤 나라는 부유해진 반면 다른 나라는 여전히 가난한 상태로 남아 있는지 그 정확한 이유를 아직까지 밝혀내지 못했다. 그렇지만 학자들 대부분 부패 규제와 정치 안정성, 법률 시스템 확립 등 제도적 중요성에 동의한다. 최근 이러한 제도를 기준으로 매긴 국가 순위 자료에 따르면, 과테말라는 총 138개국 중 110위를 차지했다.[17] 이 나라에는 우비코 장군과 바나나를 둘러싼 쿠데타 그리고 시민전쟁의 유산이 그대로 남아 있다. 콜드체인 기술은 바나나의 유통기간을 늘리기 위해 개발되었지만, 동시에 바나나 공화국의 유통기간도 늘려주고 있다.

탤리스틱

20

우리 집에서 그리 멀지 않은 곳에 전 세계 예술품과 골동품의 고향이라 할 수 있는 옥스퍼드의 애슈몰린 박물관Ashmolean Museum이 있다. 나는 종 종 이곳에 들른다. 계단을 내려가면 거대한 지하층이 펼쳐진다. 경제학자 인 나는 카페와 주 전시장을 건너뛰어 곧장 화폐 전시실로 향하곤 한다. 거기서는 로마인과 바이킹, 아바스왕조 시절의 동전으로부터 중세 시대에 옥스퍼드셔와 서머싯 지역에서 사용했던 동전까지 두루 구경할 수 있다. 화폐 전시실은 수많은 동전으로 가득하다. 그러나 사실 동전은 화폐의 극 히 일부분에 불과하다.

펠릭스 마틴Felix Martin이 자신의 저서 《화폐: 승인받지 못한 전기Money:

The Unauthorised Biography》에서 지적한 것처럼 사람들은 돈을 오해하는 경향이 있다. 그 이유는 화폐의 역사를 이루는 많은 주인공이 박물관의 우아한 소장품으로 살아남지 못했기 때문이다. 실제로 1834년 영국 정부는 600여 년에 걸친 소중한 화폐 유산을 완전히 없애버렸다. 그 결정은 여러모로 불행한 결과로 이어졌다.

문제의 유물은 탤리스틱Tally Stick이라는 것으로, 영국 재무부가 사용했던 20센티미터 길이의 흔히 볼 수 있는 버드나무 막대기를 말한다. 영국인들은 런던 중심가에 위치한 웨스트민스터 궁전으로부터 그리 멀지 않은 템스 강변에서 버드나무 막대기를 쉽게 구할 수 있었다. 탤리스틱은 간단하고 효율적인 시스템을 기반으로 부채負債를 기록하는 도구다. 과거에 영국인들은 실제로 막대기에 부채 내역을 기록했다. 예를 들어 한 탤리스틱에는 "펄크 바셋으로부터 위컴 농장에게 9파운드 4실링 4펜스"라고 기록되어 있다. 펄크 바셋Fulk Basset은 마치 〈스타워즈〉 등장인물의 이름처럼 들리지만, 사실은 13세기 런던 주교의 이름으로 그는 헨리 3세Henry Ⅲ에게 빚을 졌다.[1]

이제부터 흥미진진한 이야기가 시작된다. 탤리스틱은 부채 내역을 기록한 뒤 둘로 쪼갠다. 그리고 채무자는 '포일foil'이라는 절반을 그리고 채권자는 '스톡stock'이라는 다른 절반을 갖는다. '스톡'은 지금도 금융 업계에서 정부 부채를 의미하는 용어로 사용된다. 버드나무는 그 모양새가 저마다 다르기 때문에, 두 반쪽은 세상에 하나밖에 없는 쌍을 이룬다.

물론 영국 정부는 원장에다가 부채 정보를 기록할 수 있었다. 그러나 탤리 시스템을 활용함으로써 예전에 없었던 새로운 현상을 가능케 했다. 예를 들어 여러분이 바셋 주교에게 5파운드를 빌려주고 그 증서로 스톡을 받았다면, 바셋 주교의 재정 상태가 위험에 처했다는 소문이 돌지 않는 한 그 스톡을 5파운드의 가치가 있는 화폐처럼 사용할 수 있다. 물건을 살 때 그 스톡을 건네면, 상인은 그것을 안전하고 편리한 지불 수단으로 기꺼이 받아들인다.

탤리스틱은 일종의 화폐로서 그리고 특히 교육적인 형태의 화폐로 기능했다. 그 이유는 화폐가 어떤 것인지 사람들에게 잘 설명해주었기 때문이다. 화폐의 본질은 부채다. 구체적으로 말해서 자유롭게 거래가 가능한 특정한 형태의 부채다. 탤리스틱이 한 사람에게서 다른 사람에게로 넘어가는 동안 바셋 주교와 위컴 농장의 연결 고리는 거의 사라지게 된다. 이러한 현상은 특정한 형태의 부채 기록 시스템에서 거래 가능한 부채로 이루어진 광범위한 시스템으로의 자연 발생적 전환을 뜻한다.

하지만 오늘날 우리는 탤리스틱 시스템의 가치를 정확하게 이해하지 못한다. 그 이유는 불행한 사건으로 탤리스틱이 얼마나 광범위하게 거래되었는지 알려주는 자료가 몽땅 사라졌기 때문이다. 하지만 우리는 다른 사례들을 통해서 탤리스틱과 유사한 형태의 부채가 광범위하게 거래되었다는 사실을 알 수 있다. 다음에 다시 살펴보겠지만, 한 가지 사례는 중국에서 처음으로 지폐가 등장했던 1,000년 전의 일이었다. 또한 최근의 역사 속에서도 그러한 사례를 찾아볼 수 있다.

1970년 5월 4일 월요일, 아일랜드의 대표적인 신문 〈아이리시 인디펜던트Irish Independent〉는 "은행 폐쇄 CLOSURE OF BANKS"라는 충격적인 제목의 기사를 실었다. 그 내용은 주요 아일랜드 은행이 업무를 중단했으며, 추가 공지가 있을 때까지 폐쇄 결정은 지속될 것이라는 소식이었다. 그 무렵 아일랜드 은행들은 노조 측과 심한 갈등을 빚고 있었다. 노동조합은 파업을 놓고 찬반 투표를 벌였고, 금융 업계 전반은 향후 몇 주 또는 몇 달 동안 가동을 중단할 것으로 보였다.

여러분은 아마도 선진국에서 그러한 일이 벌어졌다면 엄청난 사회적 혼란이 일었을 것이라고 예상할 것이다. 그러나 아일랜드에서 큰 동요는 없었다. 사람들은 이번 사태를 예상해서 현금 보유고를 늘렸다. 그러나 이러한 금융 사태에도 아일랜드 경제가 거뜬히 버틸 수 있었던 데에는 또 다른 이유가 있었다.

아일랜드인들은 예전과 똑같이 수표를 발행했다. 얼핏 보면 말이 안 되는 일이다. 수표는 돈을 한 계좌에서 다른 계좌로 보내라고 명령하는 서류다. 그러나 은행이 업무를 중단한 상태에서 송금은 불가능하다. 은행들이 다시 업무를 시작하기 전까지는 실행될 수 없다. 그리고 아일랜드 국민들 모두 앞으로 몇 개월 동안 업무가 재개되지 않을 것임을 분명히 알고 있었다.

그럼에도 아일랜드 사람들은 아무렇지 않은 듯 수표를 썼다. 그리고 그들이 발행한 수표는 정상적으로 유통되었다. 가령 패트릭이라는 사람이 동네 술집에서 맥주를 마시고 20파운드짜리 수표를 발행한다. 그러면 가게 주인은 그 수표로 직원에게 월급을 주거나, 납품업체에 대금을 지불한다. (수표를 받은 사람은 '현금'으로 바꾸거나, 혹은 배서를 해서 다른 이에게 넘겨줄 수 있다.) 패트릭이 발행한 수표는 그렇게 계속해서 돌고 돌 것이다. 하지만 20파운드를 현금으로 지급하겠다는 약속은 은행이 업무를 재개하기 전까지 실행되지 못할 것이다.

수표 시스템은 위험에 취약하다. 부도처리가 될 것을 알면서도 악의적으로 마구 수표를 발행할 위험이 항상 존재한다. 게다가 5월이 지나고 6월 그리고 7월이 되어 사람들이 자신의 재정 상황에 대한 추적을 잃어버릴 위험도 있다. 즉, 고의는 아니라고 해도 개인의 지불 능력을 넘어서 수표를 발행할 가능성도 있다. 만약 이러한 위험이 현실로 나타나면서 신뢰가 무너진다면, 다시 말해 아일랜드 사람들이 수표를 정상적인 지불 수단으로 받아들이기 거부한다면 파업 사태는 걷잡을 수 없는 국면으로 접어들 것이다.

그러나 이러한 상황에서도 아일랜드 사람들은 그대로 수표를 사용했다. 여기에는 아마도 아일랜드 기업들 상당수가 지역을 기반으로 활동하는 소규모 비즈니스였다는 사실이 중요한 요인으로 작용했을 것이다. 지역 주민들은 서로의 재정 상태를 잘 알았다. 부정을 저지를 경우, 금방 소문이 돌았다. 마을의 술집과 매장은 고객의 신용도를 확인할 수 있었다. 그랬기 때문에 이러한 상황에서도 수표는 정상적으로 유통될 수 있었다.

결국 6개월이 흐른 11월에 협상이 타결되면서 은행들이 업무를 재개할 때까지 아일랜드 경제는 흔들리지 않았다. 다만 한 가지 문제가 있다면, 50억 파운드 규모에 달하는 미처리 수표를 해결할 때까지 또 다른 3개월이 소요되었다는 것뿐이었다.

아일랜드 사례는 현금화되지 못한 수표가 정상적으로 유통된 유일한 경우는 아니다. 1950년대에 홍콩에 주둔했던 영국 군인들은 영국 내 은행 계좌를 기반으로 수표를 발행했다. 그럼에도 홍콩 상인들은 배서를 통해 정상적으로 유통했고, 성급하게 현금화하려 들지 않았다. 결론적으로 영국군의 수표는 아일랜드인의 수표나 탤리스틱과 마찬가지로 일종의 민간 화폐로 충실히 기능했다.[2]

화폐를 거래 가능한 부채로 정의한다면, 탤리스틱 그리고 현금화되지 않은 아일랜드 수표 역시 정상적인 화폐로 인정할 수 있다. 다만 완성되지 않은 특수한 형태의 화폐다. 내부가 훤히 들여다보이는 엔진이나 공사용 임시 가설물을 제거하지 않은 건물처럼, 두 사례는 근본적인 원리를 그대로 보여주는 화폐인 셈이다.

물론 사람들은 화폐라고 하면 애슈몰린 박물관에 전시된 원형의 금속 조각을 자연스레 떠올린다. 어쨌든 오늘날 살아남은 것은 탤리스틱이나 수표가 아니라 동전이기 때문이다. 게다가 화폐의 궁극적 본질이라 할 수 있는 신뢰와 교환 시스템은 박물관에 전시할 수 없기 때문이다.

탤리스틱은 불운한 종말을 맞이했다. 탤리스틱 시스템은 마침내 폐지되었고, 현대화하려는 수십 년간의 노력 끝에 1834년 종이 원장으로 대체되었다. 영국 정부는 이를 기념하기 위해, 의원들이 탤리스틱을 집으로 들고 가서 땔감으로 사용하도록 하기보다, 6세기에 걸친 화폐 역사의 대체 불가능한 기록물을 상원 건물 내 석탄 난로에서 태워버리기로 결정했다. 그러나 석탄 난로 속 버드나무 막대기의 화염은 너무도 맹렬히 타올랐고, 이로 인해 당시 상원 건물과 하원 건물 그리고 탤리스틱만큼 오래된 웨스트민스터 궁전 대부분이 완전히 불에 타고 말았다. 어쩌면 이는 화폐 수호신의 복수였는지도 모를 일이다.

빌리 책장

21

덴버 손턴Denver Thornton은 빌리Billy 책장을 싫어한다.[1]

손턴이 운영하는 언플랫팩(unflatpack.com)은 이케아IKEA와 같은 조립식 가구를 샀다가 수많은 나사와 렌치 그리고 웃고 있는 사람이 등장하는 복잡한 설명서에 당황한 소비자를 위해 조립을 대신해주는 업체다.

그런데 손턴이 빌리 책장을 싫어하는 이유는 무엇일까? 빌리 책장은 전형적인 이케아 가구다. 1978년에 이 제품을 설계한 이케아 디자이너 일리스 룬드그렌Gillis Lundgren은 문득 떠오른 아이디어를 잊지 않기 위해 냅킨에다 잽싸게 스케치를 했다고 한다.[2] 빌리 책장은 지금까지 6천만 개가 팔렸다. 전 세계 인구 100명당 한 명이 이 책장을 쓰고 있는 셈이다.[3] 일

153

반적인 책장으로 이렇게 많이 팔린 제품은 없을 것이다. 블룸버그는 빌리 책장을 전 세계 구매력을 비교하는 기준으로 사용한다. 블룸버그 빌리 책장 지수Bloomberg Billy Bookcase Index에 따르면, 빌리 책장이 가장 비싸게 팔리는 곳은 이집트로 100달러가 넘는 반면, 슬로바키아에서는 40달러가 안되는 돈으로 살 수 있다.[4]

빌리 책장은 스웨덴 남부의 작은 마을 셰틸스토르프Kättilstorp에 있는 윌렌스반스 뫼블레르Gyllensvaans Möbler 공장에서 3초에 하나씩 생산된다. 공장에서 일하는 200명의 근로자는 책장을 손으로 만들지 않는다. 전 공정이 독일과 일본에서 들여온 기계로 이루어진다. 이들 기계는 24시간 쉬지 않고 다양한 부품을 자르고, 붙이고, 구멍 뚫고, 조립한다.[5] 하루에만 600톤에 달하는 부품이 박스로 포장되고, 팔레트에 6×3 형태로 쌓여 트럭으로 배송된다.[6]

윌렌스반스 뫼블레르 공장의 응접실 벽에는 타자기로 작성한 서류가 액자에 걸려 있다. 그건 이케아에서 처음으로 받은 주문서다. 서류에 적힌 날짜는 1952년으로 되어 있다.[7]

당시만 해도 이케아는 지금처럼 수십 개국 시장에서 수백억 달러의 매출을 올리는 세계적인 가구 기업이 아니었다.[8] 설립자 잉바르 캄프라드Ingvar Kamprad는 난독증을 극복하고 학업을 마친 대가로 아버지에게 얼마 안 되는 사업 자금을 받았다.[9] 그때 그의 나이는 열일곱이었다. 그리고 캄프라드가 스물여섯 되던 1952년, 회사의 카탈로그 두께는 100쪽을 넘었다. 하지만 그때까지만 해도 조립용 가구는 생각하지 못했다. 이 아이디어는 그로부터 몇 년 후 네 번째로 입사한 룬드그렌이 카탈로그 사진 촬영을 위해 가구를 차에 실으면서 "테이블이 너무 커서 들어가지가 않는군.

나사를 풀어서 다리를 떼어내야겠어"라고 말했을 때, 비로소 떠올랐다.[10]

그것은 캄프라드에게 유레카의 순간이었다. 당시 캄프라드는 시장에서 가격 인하를 주도한 탓에 다른 가구업체로부터 미움을 살 정도였다.[11] 그는 가구를 조립하지 않은 상태로 판매하면 단가를 더 낮출 수 있겠다고 생각했다. 비용 절감의 측면에서 볼 때, 손턴에게 빌리 책장의 조립을 의뢰하는 것은 앞뒤가 맞지 않는다. 마치 식료품점에서 재료를 사다가 요리사에게 저녁을 부탁하는 것과 같다.

물론 조립을 소비자에게 떠맡기는 것이 비용 절감을 위한 유일한 방법은 아니었다. 유레카의 순간은 그 이후로도 다양한 획기적인 아이디어로 이어졌다. 가령 2010년에는 엑토르프Ektorp 소파의 디자인을 수정했다. 그들은 소파 팔걸이를 탈부착 방식으로 바꾸었다. 이를 통해 제품 박스 크기가 절반으로 줄었다. 이 말은 곧 제품을 공장에서 창고로, 창고에서 매장으로 옮기기 위해 필요한 트럭 대수도 절반으로 줄었다는 뜻이다. 덕분에 가격의 7분의 1을 인하했다. 그 정도면 팔걸이에 나사를 죄는 손턴의 수고를 보상하기에 충분하다.[12]

이케아는 가구 말고도 다양한 제품의 디자인을 끊임없이 수정함으로써 이익을 얻었다. 또 다른 대표적인 제품인 뱅Bang 머그컵을 떠올려보자. 아마도 많은 이들이 이 컵을 한 번쯤 사용해보았을 것이다. 연매출이 2천 5백만 달러에 달하는 이 제품은 어디서나 쉽게 찾아볼 수 있다.[13] 이 컵의 디자인은 독특하다. 입구는 널찍하고 내려갈수록 좁아진다. 그리고 조그마한 손잡이가 높게 달렸다. 뱅 머그컵의 설계는 순수하게 미학적인 관점은 아니었다. 루마니아에 있는 머그컵 공급업체가 디자인을 바꾸면 적재 공간을 더욱 효율적으로 활용할 수 있다고 제안했고, 이케아는 그 아이디어를 즉각 받아들여 컵 손잡이의 높이를 수정했다.[14] 동시에 손잡이 모양을 살짝 바꿔 더 촘촘하게 컵을 쌓을 수 있도록 했다. 이로 인해 팔레트 하나에 쌓을 수 있는 재고량이 두 배 이상 늘었다. 그리고 루마니아 공장에서 매장 진열대로 운반하는 과정에 들어가는 비용은 절반 이하로 줄었다.[15]

빌리 책장의 이야기도 비슷하다. 1970년대 말에 완성된 이후로 빌리 책장의 디자인은 크게 달라진 것이 없다. 그러나 이후로 생산비는 30퍼센트나 떨어졌다. 이렇게 된 한 가지 이유는 생산 방식에서 소소한 수정 작업이 끊임없이 이루어졌기 때문이다.[16] 규모의 경제도 작용했다. 즉, 생산량이 증가하면서 개별 제품의 생산비도 줄었다. 현재 월렌스반스 뫼블레르 공장은 1980년대에 비해 책장을 37배나 더 많이 만들어내지만, 근로자 수는 두 배밖에 늘지 않았다.[17] 물론 그것은 독일과 일본에서 들여온 로봇 덕분이기도 하다. 그래도 공장이 엄청난 돈을 투자해 최신 설비를 도입하기 위해서는 확신이 필요하다. 특히 고객 업체가 단 하나일 때는 더 그렇다. 월렌스반스 뫼블레르가 만드는 제품 대부분은 이케아에 납품하는 책장이다.[18]

다시 한 번 뱅 머그컵을 들여다보자. 처음에 이케아는 연간 백만 개의 머그컵 생산을 주문했다. 하지만 다음번에는 3년간 5백만 개를 주문해서 비용을 10분의 1 줄였다.[19] 엄청난 절약이라 할 수는 없겠지만, 그래도 이케아는 한 푼도 소홀히 하지 않았다. 특히 캄프라드는 검소한 생활로 유명하다. 자신의 아흔 번째 생일 기념 인터뷰에서 캄프라드는 지금도 벼룩시장에서 옷을 사 입는다고 말했다.[20] 그는 언제나 이코노미 좌석을 타고, 오래된 볼보를 몬다.[21] 철저한 검소함은 캄프라드가 세계에서 여덟 번째로 부유한 사람으로 이름을 올리는 데 기여했을 것이다. 물론 스웨덴의 높은 세금을 피하기 위해 40년 동안 스위스에서 살기로 한 선택도 중요한 요인으로 작용했을 테지만.[22]

물론 가격 인하가 성공을 위한 필요충분조건은 아니다. 값싸고 품질 낮은 제품은 누구나 만들 수 있다. 비싸고 멋진 제품도 마찬가지다. 하지만 캄프라드만큼 성공하려면 가격이 저렴하면서도 품질이 우수한 제품을 만들어야 한다.

그래서 빌리 책장은 오랜 인기를 누리고 있다. 예전에 룬드그렌은 자신의 디자인이 '단순하고, 실용적이고, 유행을 타지 않는' 것이라 밝혔다. 빌리 책장의 디자인은 대량생산 방식의 MDF 가구는 거들떠보지 않았던 많은 소비자들의 마음을 열었다. 인테리어 잡지 《하우스 뷰티풀*House Beautiful*》의 편집자 소피 도넬슨Sophie Donelson은 '애드위크AdWeek' 지면에서 빌리 책장을 '단순하고, 자유롭고, 군더더기 없이 현대적인' 제품으로 극찬했다.[23]

가구 디자이너 매슈 힐턴Matthew Hilton은 익명성을 이케아 제품의 또 다른 흥미로운 특징으로 주목한다.[24] 그리고 인테리어 전문가 맷 샌더스Mat Sanders는 힐턴의 생각에 동의하면서, 이케아 가구야말로 '장식을 통해 고급스러움을 느끼게 만들어주는 최고의 배경'[25]이라고 설명한다. 빌리 책장은 기능에 충실한 기본적인 형태의 가구다. 동시에 창조성을 돋보이게 만들어주는 텅 빈 캔버스다. 이케아해커스(ikeahackers.net)에 들어가면, 와인 걸이에서 칸막이 가구 그리고 기저귀 교환대에 이르기까지 이케아 가구의 새로운 쓰임새를 찾아낸 다양한 사례를 확인할 수 있다.[26]

그러나 비즈니스와 생산 분야 전문가들이 이케아에 열광하는 것은 비단 이러한 현대성이나 유연성 때문만은 아니다. 그들은 품질을 유지하면서도 비용을 절감하는 다양한 사례를 보여준다는 점에서, 빌리 책장을 비롯한 이케아의 모든 제품을 사랑한다. 이러한 점에서 빌리 책장은, 혁신은 단지 신기술에서 오는 것이 아니라 단순하면서도 일관적인 효율적 시스템으로부터 비롯되는 것이라는 사실을 보여주는 상징이다. 빌리 책장은 아이폰과 같은 차원에서 혁신적인 제품은 아니다. 사실 빌리 책장의 혁신은 기존의 생산 및 물류 방식의 경계 내부에서 이루어졌다. 그러나 이케아는 기본적인 기능에 충실한 제품을 생산하면서, 동시에 비용 절감을 위한 사소한 아이디어를 끊임없이 추구했다.

그래도 손재주가 좋은 손턴에게 이케아는 못마땅하다.

"너무 쉽고 지루해요. 좀 더 까다로운 작업이 좋아요."[27]

엘리베이터

22

수수께끼를 하나 소개한다.

한 여성이 평소와는 달리 오늘은 대중교통 수단을 이용하기로 한다. 탑승 전에 스마트폰으로 자신의 위치를 확인한다. 가끔 멈추기는 하지만, 그래도 운행은 전반적으로 편안하다. 그리고 목적지에 도착해서 다시 스마트폰으로 위치를 확인한다. 그런데 위치가 아까와 마찬가지로 그대로다. 대체 어떻게 된 일일까?[1]

정답은 이렇다. 건물 고층에서 일하는 그 여성은 평소에 이용하던 계단 대신에 그날은 엘리베이터를 이용했던 것이다. 여러분은 아마도 엘리베이터가 대중교통 수단이라는 말에 의아해할 것이다. 그러나 엘리베이터는 대중교통 수단이 맞다. 매일 수십억의 인구가 엘리베이터를 타고 이동한다. 중국에서는 매년 70만 대의 엘리베이터가 새로 들어서고 있다.[2]

세계 최고층 건물인 두바이 부르즈 할리파Burj Khalifa의 건평은 30만 제곱미터(약 9만 평)가 넘는다. 공학적 우수성을 자랑하는 시카고 시어스 타워Sears Tower는 40만 제곱미터(약 12만 평) 이상이다.[3] 이러한 고층 건물을 50~60채의 저층 건물로 나누고, 각각의 건물 주변을 주차장으로 둘러싸고 난 뒤 도로를 놓아서 모든 건물을 연결한다고 상상해보자. 그러면 소도시 정도의 복합 공간이 탄생할 것이다. 이러한 복합 공간에 해당하는 고층 건물에서 수많은 사람들이 효율적으로 일할 수 있는 것은 다 엘리베이터 덕분이다.

더 정확하게 말해서, **안전한** 엘리베이터 덕분이다. 도르래와 로프를 활용하는 단순한 원리로 움직이는 엘리베이터는 아주 오래전부터 있었다. 최초의 엘리베이터는 고대 그리스 시대에 아르키메데스Archimedes가 만들었다고 전해진다. 1743년 루이 15세Louis XV는 베르사유궁전에 비밀 엘리베이터를 설치해서, 이를 타고 정부情婦를 만나러 나갔다고 한다.[4] 아니면 베일에 감춰진 여인이 그 엘리베이터를 타고 왕을 만나러 왔을지 모른다. 루이 15세가 비밀 연애를 했던 엘리베이터는 벽 사이 텅 빈 공간에 사람이 들어가 힘으로 움직였다. 시종은 대기를 하고 있다가 명령이 떨어지면 밧줄을 잡아당겨 엘리베이터를 작동했다. 헝가리나 중국 또는 이집트에서는 가축을 이용해 엘리베이터를 움직였다.[5] 이후 증기기관은 더욱 강력한 엘리베이터 원동력이 되었다. 영국 산업혁명 시대의 대표적인 인물인 매슈 볼턴Matthew Boulton과 제임스 와트James Watt가 개발한 증기기관은 광산에서 석탄을 실어 나르는 대규모 산업용 엘리베이터를 움직였다.[6] 이들 엘리베이터는 임무를 충실히 수행했지만, **사람**을 실어 나르는 일은 맡지 않았다. 그 이유는 고장이 잦았기 때문이다. 자칫 로프가 끊어질 경우, 사람을 실은 엘리베이터는 비명과 함께 어둠 속으로 추락하고 말 것이다. 대부분의 사람들은, 필요하다면 5층 계단을 걸어서 오르내릴 수 있었다. 상식적인 사람이라면 안전한 계단을 놔두고 치명적인 높이까지 **엘리베이터**를 타고 싶어 하지 않을 것이다.

엘리베이터에서 가장 중요한 것은 안정성이다. 엘리베이터는 무엇보다 안전해야 한다. 그리고 이 안정성은 절대적이고 지속적이어야 한다. 이러한 요구를 처음으로 구현한 인물은 바로 엘리샤 오티스Elisha Otis였다. 오티스는 1853년 뉴욕에서 열린 세계박람회에서 많은 이들이 걱정 반 기대 반으로 지켜보는 가운데 자신이 들고 나온 엘리베이터에 올랐다. 그의 장치는 교수대를 떠올리게 했다. 오티스 뒤쪽에는 한 남자가 도끼를 들고 서 있었다. 관중들은 그 모습에서 자칫 끔찍한 사고가 일어날 수도 있다는 불길함을 느꼈다. 남자는 곧 엘리베이터 로프를 도끼로 내려쳤고, 사람들은 비명을 질렀다. 오티스가 탄 엘리베이터가 공중에서 흔들렸다. 하지만 떨어지지 않았다. 오티스는 관중을 향해 이렇게 외쳤다.

"여러분, 절대적으로 안전합니다."

엘리베이터가 아닌 엘리베이터 브레이크를 개발한 오티스는 이후 도시의 풍경을 완전히 바꾸어놓았다.[7]

새로운 엘리베이터가 건물 꼭대기를 가장 비싼 층으로 만들어주었다는 점에서, 오티스는 말 그대로 세상을 '뒤집어놓았다'. 그전만 해도 힘들게 올라가야 하는 꼭대기 층은 대부분 하인이나 가난한 예술가 아니면 정신 이상자들의 공간이었다. 그러나 안전한 엘리베이터가 등장한 이후로 꼭대기층은 복층 펜트하우스로 변신했다.

엘리베이터는 광범위한 도심 시스템의 일부다. 에어컨이 없었다면 통유리로 뒤덮인 건물은 들어서지 못했을 것이며, 강철과 강화 콘크리트가 없었다면 고층 건물은 불가능했을 것이다. 마찬가지로 엘리베이터가 없었다면, 사람들은 고층에 오를 수 없었을 것이다.

도시 시스템을 이루는 또 하나의 중요한 요소는 수많은 인구를 밀집 지역으로 실어 나르는 이동 시스템, 즉 대중교통이다. 고층 건물로 가득한 맨해튼에서 엘리베이터는 지하철과 공생 관계다. 고층 건물의 거대한 수용성은 지하철 시스템의 효율성을 높여준다. 우리는 지하철 시스템이 있기 때문에 고층 건물에 쉽게 접근할 수 있다.

덕분에 도시 경관은 놀랍도록 푸르게 변했다. 많은 맨해튼 거주민들이 자동차가 아니라 지하철이나 자전거 혹은 도보로 출퇴근을 한다. 그 비중은 미국 전체와 비교할 때 열 배나 높다. 우리는 맨해튼과 같은 상황을 싱가포르에서 시드니에 이르는 전 세계 다양한 도시에서 목격할 수 있다. 많은 이들이 이러한 도시에 살고 싶어 한다. 그 사실은 엄청나게 높은 임대료로 확인이 가능하다. 이들 도시는 특허와 창업을 기준으로 볼 때 대단히 창조적인 공간이다. 그리고 일인당 생산량을 기준으로 대단히 부유한 곳이다. 또한 낮은 일인당 에너지 사용량과 석유 소비량에 비추어볼 때, 시골이나 교외 지역에 못지않은 환경 유토피아다. 그러나 친환경을 기반으로 높은 창조성과 생산성을 일구어낸 도시의 기적은 엘리베이터가 없었다면 불가능했을 것이다.[8]

그럼에도 엘리베이터의 가치는 저평가되어 있다. 우리는 다른 교통수단보다 엘리베이터에 더 높은 기준을 요구한다. 버스나 지하철을 이용할 때

몇 분 정도 기다리는 것을 당연하게 생각하면서도, 엘리베이터는 20초만 늦어도 짜증을 낸다. 그리고 많은 이들이 엘리베이터의 안전성을 의심한다. 그러나 엘리베이터는 에스컬레이터보다 열 배 이상 안전하다.[9] 공정하게 말해서, 엘리베이터는 부당하게 괄시를 당하는 충직한 하인이다. 그 한 가지 이유는 움직임이 사람들 눈에 보이지 않기 때문이다. 엘리베이터 문이 닫히면 중력에 변화를 느낀다. 그리고 다시 문이 열리면 우리는 금방 다른 곳에 와 있다. LED 창이 없으면 몇 층을 지나고 있는지 알 수 없다.

우리가 엘리베이터를 당연하게 여기는 동안에도 기술 진화는 계속된다. 오늘날 고층 건물은 엘리베이터 로프를 초경량화하여 성능을 개선하고 있다. 또 개선된 컴퓨터 제어장치로 두 대의 엘리베이터를 동일 통로에서 독립적으로 운행하며, 다분히 아날로그적인 간단한 아이디어로 환경을 개선한다. 예를 들어 엘리베이터 옆쪽에 전신 거울을 설치해서 사람들이 덜 지루하게 기다리도록 만든다. 엘리베이터는 평형추와 균형을 이루기 때문에 기본적으로 에너지 효율이 아주 높다.

물론 개선의 여지는 여전히 남아 있다. 전 세계적으로 지금도 여전히 상징적인 고층 건물인 엠파이어스테이트 빌딩은 최근에 탄소 배출량을 줄이기 위해 5억 달러를 투자했다. 그 프로젝트에는 회생 브레이크regenerative brake 기술이 포함되었다. 회생 브레이크를 적용할 경우, 엘리베이터가 만원이거나 혹은 텅 비었을 때 발생하는 잉여 에너지를 시스템으로 되돌려줄 수 있다.

엠파이어스테이트 빌딩은 지하철 역사 다음으로 인구밀도가 높은 수직 구조물이라는 점에서 그 자체로 에너지 효율적이다. 그 빌딩의 개선 프로젝트에 참여했던 업체 중에는 미래 지향적인 환경 단체인 로키 마운틴 인

스티튜트Rocky Mountain Institute(RMI)가 있다. 그러나 RMI의 설립자 애머리 로빈스Amory Lovins가 전시용으로 활용하는 본사 건물들은 대중교통 시설에서 290킬로미터나 떨어진 곳에 있다.

이것은 환경 효율성의 본보기처럼 보일 수도 있지만, 정작 대중교통 시설과 멀리 떨어진 넓은 부지에 RMI의 건물들이 지어진 탓에, 직원들은 차를 타고 출근해야 하고 심지어 1킬로미터 또는 그 이상 떨어져 있는 건물 사이를 왕복해야 한다. 물론 RMI 건물들 모두 첨단 소재로 코팅한 창문, 크립톤이 충전된 삼중 유리, 물 재활용 시스템, 에너지 절약형 열 교환 장치 등 다양한 친환경 기술을 뽐낸다.[10] 하지만 RMI에서 가장 환경 친화적인 기술은 건물 어디에서나 볼 수 있는 소박한 엘리베이터다. 엘리베이터는 매년 수십억 명을 움직이는 녹색 교통수단이다. 다만 앞에 소개한 수수께끼에서처럼, 우리는 아직도 교통수단으로서 엘리베이터의 가치를 제대로 인식하지 못할 뿐이다.

아이디어에 대한 아이디어

Fifty Things
That Made
The Modern
Economy

가장 효용이 높은 발명은 서로 도움을 주고받는 발명이다. 가령 바코드와 콜드체인 그리고 컨테이너는 하나로 뭉쳐 세계화를 이끌었다. 엘리베이터는 강철과 콘크리트, 지하철, 에어컨과 결합함으로써 가치가 높아졌다. 그중 최고는 아이디어를 떠올리게 만드는 발명이다. 토머스 에디슨이 바로 그런 발명을 했다. 그는 발명을 위한 절차를 발명했다. 에디슨의 발명 공장인 멘로파크Menlo Park는 산업적인 관점에서 다양한 발명을 결합하고, 개선하고, 실험했다. 1876년에 멘로파크를 설명한 글을 살펴보자.

건물 1층으로 들어서면 작은 사무실이 나온다. 그 안에 칸막이로 만든 작은 도서관이 있다. 사무실 옆에 있는 커다란 정사각형 방에는 에디슨의 발명품이 유리 상자에 담겨 전시되어 있다. 그 뒤로 돌아가면 10마력의 엔진으로 돌아가는, 완전하게 설비를 갖춘 기계 작업실이 나온다. 이제 위층으로 올라가면, 건물 전체 면적에 해당하는 30×8제곱미터의 공간이 펼쳐진다. 사방에서 볕이 드는 그곳은 다양한 실험 장비로 가득하다. 벽면을 가득 채운 선반 위에는 여러 가지 용액이 담겨 있다. 그리고 여기저기에 놓인 테이블 위에는 전화, 축음기, 마이크, 분광기 등 다양한 전자 기기가 놓여 있다. 중앙에는 갈바니 배터리로 가득한 랙이 보인다.[1]

에디슨은 자신의 '발명 공장'에서 '열흘마다 작은 발명을 그리고 6개월마다 중대한 발명을' 내놓으려 했다.[2] 실제 성과는 공장의 성공을 말해준다. 우리는 에디슨의 이름을 발명의 역사 곳곳에서 찾아볼 수 있다.
하지만 그의 발명 공장도 '메타아이디어meta-idea'와 비교하면 그 빛이 바랜다. 메타아이디어란 발명을 어떻게 보호하고, 어떻게 상업화하고, 어떻게 보안을 유지할 것인지에 대한 아이디어를 말한다. 이러한 메타아이디어 중에서 오래된 것은 쟁기만큼이나 역사가 깊다.

설형문자

23

우리의 선조는 문자를 신의 선물이라 믿었다. 그리스인은 프로메테우스가 인간에게 문자를 가져다주었다고 생각했고, 이집트인은 원숭이 얼굴을 한 지혜의 신 토트가 하사한 신성한 것이라고 여겼다. 또 메소포타미아인은 이난나 여신이 지혜의 신 엔키(어리석게도 과음을 일삼던)에게 훔쳐서 가져 다주었다고 믿었다.[1]

물론 오늘날 학자들은 '원숭이 얼굴을 한 토트' 기원설을 믿지 않는다. 그런데 왜 고대 문명은 문자라는 것을 발명했을까? 종교적인 또는 예술 적인 이유에서였을까? 아니면 먼 곳에서 전투를 벌이는 군사에게 메시지 를 전하기 위해서였을까? 문자의 기원에 관한 관심은 1929년 독일의 고고학자 율리우스 요르단Julius Jordan이 5,000년 전에 만들어진 거대한 점토판 유적지를 발견했을 때 한층 깊어졌다. 점토판 유물은 중국, 이집트, 중앙아메리카 지역에서 발견된 유적보다 훨씬 더 오래되었으며, 거기에 적힌 추상적인 기호는 나중에 '설형문자Cuneiform'로 알려졌다.

이 유물은 오늘날 이라크 영토에 해당하는 메소포타미아 우루크Uruk 지역에서 발굴되었다. 오늘날 기준으로 우루크는 큰 마을에 가까운 작은 소도시로, 몇천 명의 인구가 모여 살았던 것으로 전해진다. 그러나 5,000년 전 우루크는 세계 최초의 도시로 인정할 만큼 거대한 공동체였다.

최초의 문헌으로 꼽히는 《길가메시 서사시Epic of Gilgamesh》는 이렇게 말한다.

"그가 양을 키우는 도시 '우루크'에 성벽을 쌓았도다. 청동으로 장식한 성벽을 보라! 무엇과도 견줄 수 없는 성채를 보라!"

그런데 이 거대 도시는 오늘날 많은 학자를 괴롭힌 문자를 창조했다. 그들은 유물에서 무슨 말을 하려고 했을까?

우루크는 연관성이 전혀 없어 보이는 수수께끼를 고고학자들에게 던졌다. 작은 크기의 점토판은 우루크를 비롯하여 메소포타미아의 여러 도시 유적지에서 발견되었다. 점토판 중 일부는 원뿔형이었고, 원통형도 있었다. 한 고고학자는 좌약처럼 생겼다는 농담도 했다. 통찰력이 뛰어난 율리우스 요르단은 학술지를 통해 비록 그 문자들이 유형화, 표준화되어 있지만, 그래도 '항아리나 빵, 가축 등 일상적으로 볼 수 있는 것'에 대한 상징이라고 주장했다.[2]

그렇다면 그 문자들은 무엇을 상징하는 것일까? 혹시 아무런 의미가 없는 것은 아닐까? 아이들의 장난이었던 것은 아닐까? 보드게임용 말은?

크기만 놓고 봐서는 보드게임에 적당하다. 하지만 누구도 이러한 질문에 대해 대답을 내놓지 못했다.

그리고 프랑스 인류학자 드니스 슈만트베세라트Denise Schmandt-Besserat가 등장했다. 슈만트베세라트는 1970년대에 터키에서 파키스탄에 이르는 지역에서 발굴된 비슷한 유적들을 수집하고 분류했다. 9,000년 전에 만들어진 것도 있었다. 슈만트베세라트는 그 기호들의 용도가 단순하다고, 즉 물건의 수를 세기 위한 것이라고 주장했다. 가령 빵처럼 생긴 기호는 빵의 개수를 세기 위한 것이었다. 마찬가지로 항아리 모양의 기호는 항아리 개수를 세기 위함이었을 것이다. 그 활용 방법은 간단하다. 숫자를 몰라도 된다. 양 모양 기호가 두 개 찍혀 있다면, 양이 두 마리 있다는 뜻이다.[3]

이렇게 수를 세는 방식은 우루크 이전에도 존재했다. 현재 콩고민주공화국에 있는 나일강의 여러 수원지 중 한 곳에서 발굴된 이샹고 뼈Ishango Bone는 수를 세기 위해 홈을 낸 원숭이 다리뼈로 추정된다. 이 뼈가 제작된 시기는 2만 년 전으로 보인다.

우루크의 문자는 여기서 한 걸음 더 나아갔다. 당시 우루크 사람들은 기호를 가지고 큰 수를 세고, 덧셈과 뺄셈을 했다. 당시 우루크는 거대한 도시였다는 점을 상기하자. 대도시 주민들은 자급자족 방식에서 벗어났다. 그들은 노동의 분업화를 시작했다. 가령 도시에는 사제가 있고 장인이 있었다. 그리고 곡물은 인근 시골 지역에서 들어왔다. 분업화된 도시 경제가 돌아가려면 거래와 계획 그리고 조세제도가 필요했다. 우리는 여기서 사원 창고 앞에 앉아 빵 모양의 기호로 곡물 자루가 들고 나는 것을 기록한 인류 최초의 회계사를 떠올리게 된다.

그런데 슈만트베세라트는 놀라운 질문을 떠올렸다. 점토판에 새겨진 문자는 추상적인 개념을 상징하는 것일까? 특정 물건과 일대일 대응은 아닐까? 다른 학자들은 그렇게 보지 않았다. 그들은 설형문자를 추상적인 기호라고 믿었다. 무언가를 나타내는 이미지라고는 생각하지 않았다.

그러나 슈만트베세라트는 문자의 실체를 파악했다. 점토판의 용도는 특정 물건이 들어오고 나가는 것을 기록하는 장부였던 것이다. 가령 그들은 양이나 곡물, 혹은 벌꿀 항아리의 유입과 반출을 점토판에 기록했다. 아마도 최초의 설형문자는 특정 물건을 상징하는 기호를 부드러운 점토판에 찍어서 만든 결과물이었을 것이다.

나중에 고대의 회계사들은 바늘로 점토판에 기록하는 방법이 훨씬 편하다는 사실을 깨달았을 것이다. 이러한 점에서 설형문자는 특정 물건을 상징하는 유형화된 이미지였던 셈이다. 그러나 슈만트베세라트 이전에 어떤 학자도 그 연결고리를 이해하지 못했다. 결국 슈만트베세라트는 문제를 완전히 해결했다. 점토판을 가득 메운 세계 최초의 추상적인 기호는 시를 쓰기 위한 것도, 멀리서 전쟁 중인 군사에게 메시지를 보내기 위한 것도 아니었다. 숫자를 세기 위한 세계 최초의 방식이었다.

세계 최초의 계약서 역시 마찬가지다. 그 용도는 준 것과 나중에 돌려받을 것 사이의 차이를 기록하기 위함이었다. 사람들은 상징과 설형문자를 조합함으로써 불라Bulla라고 하는 속이 빈 점토 공을 발명했다. 아주 효과적인 장치인 불라의 바깥쪽에는 계약 당사자들이 향후 지급해야 할 물건을 포함하여 계약의 세부 사항을 문자로 기록했다. 그리고 그 안쪽에는 거래를 설명하는 상징이 있다. 바깥쪽 문자와 안쪽의 상징은 서로를 뒷받침한다.

그러나 계약의 내용은 아직 밝혀지지 않았다. 어쩌면 사원에 바치는 십

일조였을 수도 있고, 아니면 단순한 개인적인 채무 관계였을 수도 있다. 어쨌든 불라의 계약서는 복잡한 도시의 삶을 돌아가게 만드는 주문서나 영수증으로 기능했을 것이다.

이는 중요한 대목이다. 금융 거래는 명시적으로 작성된 문서로 이루어진다. 이러한 문서는 보험이나 은행 계좌, 주식, 인덱스펀드, 지폐 등 이 책에서 소개하는 다양한 분야에서 발견된다. 계약서는 오늘날 경제 시스템에서 혈액과 같은 존재다. 메소포타미아에서 발굴된 불라는 이러한 계약서가 실제로 존재했다는 사실을 보여주는 가장 오래된 고고학적 증거다.

우루크 회계사들은 우리에게 또 하나의 혁신을 보여주었다. 그들은 처음에 양 다섯 마리를 기록하기 위해서 양을 나타내는 상징을 점토판에 다섯 번 찍었다. 하지만 이는 몹시 번거로웠다. 이후 개선된 시스템은 수를 나타내는 추상적인 기호를 사용했다. 즉, 다섯 번 획을 그어서 5를 나타내고, 원 모양으로 10을 나타내는 방법을 택했다. 가령 23은 원 두 개와 획 세 개로 기록했다.

숫자들은 오직 어떤 것에 **대한** 수량을 나타냈다. 다시 말해, '10'이라는 추상적인 개념은 존재하지 않았다. 다만 양 열 마리가 존재할 뿐이었다. 그럼에도 이러한 시스템으로 수백에서 수천에 이르는 큰 수를 쉽게 표기했다. 가령 4,400년 전에 작성된 한 서류는 보리 4.5조 리터, 혹은 864만 '구루Guru'를 전쟁 배상금으로 요구했다. 물론 이것은 현실적으로 불가능한 요구였다. 864만 구루는 오늘날 미국의 연간 보리 생산량의 600배에 달한다. 그만큼 그것은 대단히 큰 수였다. 또한 그 서류는 복리의 존재를 입증하는 세계 최초의 문헌이기도 하다.[4] 그러나 숫자를 장부에 기록하는 방식에 대해서는 다음에 다시 살펴보도록 하자.

결론적으로, 설형문자는 위대한 발명이었다. 우루크 사람들은 중대한 문제에 직면했다. 서로를 잘 알지 못하는, 어쩌면 한 번도 만나지 못한 사람들 사이에서 책임과 광범위하고 복잡한 계획을 다루어야 했다. 이는 물론 오늘날의 문제이기도 하다. 이를 해결하기 위해서, 인간은 계산과 계약, 수학과 문자를 포함한 일련의 혁신을 일구어내야 했다.

문자는 프로메테우스와 토트의 선물이 아니다. 문자는 경제 시스템을 가동하기 위해 인간이 개발한 도구다.

공개 키 암호

24

두 명의 대학원생이 컨퍼런스 강단 옆에서 교수가 그들의 연구 결과를 발표하는 것을 묵묵히 듣고 있다. 이는 예외적인 상황이다. 연구원이라면 으레 자신의 논문을 스스로 발표하는 영광을 누린다. 며칠 전만 해도 두 사람은 그럴 계획이었다. 하지만 너무 위험한 일이라는 가족의 만류에 포기하고 말았다.

몇 주 전에 두 스탠퍼드 연구원은 미국 정부의 정보기관으로부터 당혹스러운 편지 한 통을 받았다. 그 편지는 두 사람의 논문 발표가 법률적 차원에서 핵무기를 적국에게 팔아넘기는 것과 같은 행위라고 말하고 있었다. 대학 측 변호사는 표현의 자유에 관한 수정헌법 제1조를 근거로 법적

공방에서 충분히 이길 수 있다고 말했다. 하지만 대학의 학칙은 법률 비용 지원을 오직 교수에게만 해당되는 것으로 규정하고 있었다. 그래서 대학원생의 가족들은 그들의 발표를 막았던 것이다.[1]

그런데 두 사람의 연구 주제가 무엇이었기에 미국 정보기관까지 나섰던 것일까? 천연두의 유전자 코드를 밝힌 것일까? 아니면 대통령에 관한 충격적인 폭로일까? 그러나 두 연구원이 정보 이론 심포지엄에서 발표하고자 했던 것은 그처럼 충격적인 주제가 아니었다. 그것은 바로 공개 키 암호 방식에 관한 최근의 연구 성과였다.

그해는 1977년이었다. 만약 그때 정보기관이 암호 체계에 관한 학계의 연구를 막는 데 성공했더라면, 인터넷은 아마도 우리가 지금 알고 있는 것과 크게 다른 모습일 것이다.

물론 두 연구원이 오늘날 인터넷 형태까지 고려하며 연구를 추진한 것은 아니었다. 월드와이드웹은 그로부터 한참 뒤에야 나왔다. 당시 정보기관을 이끌었던 바비 레이 인먼Bobby Ray Inman은 학계에서 왜 그런 연구에 몰두하는지 이유를 알 수 없었다. 개인적인 경험으로 암호 체계, 즉 비밀 메시지 전송 기술은 스파이나 범죄자를 위한 것이었다. 그로부터 30년 전 미국은 똑똑한 암호학자들의 활약으로 나치의 에니그마 암호를 해독하여 전쟁에 이겼다. 그런데 이제 스탠퍼드 연구원들이 메시지를 암호화하는 최신 기술을 공개하려 하고 있다. 그렇게 된다면 미래의 적국은 미국이 절대 풀지 못할 방식으로 메시지를 암호화하는 기술을 개발할 것이다. 인먼의 입장에서, 이는 이적 행위였다.

인먼의 우려는 일리가 있다. 역사적으로 전쟁은 암호 기술의 발전에 박차를 가했다. 2,000년 전 율리우스 카이사르Julius Caesar는 멀리 떨어진 진지에 암호화된 메시지를 전송했다. 그 암호는 미리 정해놓은 숫자만큼 알파벳을 이동시켜 풀어내는 방식이었다.[2] 예를 들어 'jowbef Csjubjo'에서 모든 문자를 알파벳 순서상 바로 앞의 문자로 치환하면 'invade Britain(브리타니아 침략)'이 된다.

에니그마 암호를 푼 기술자에게 이는 암호라고 할 수도 없을 것이다. 일반적으로 암호는 숫자와 관련이 있다. 우선 문자를 숫자로 치환하고, 다음으로 그 숫자에 복잡한 수학을 적용한다. 메시지 수령자는 그 과정을 거꾸로 적용함으로써 원래 메시지를 알아낸다. 이러한 암호 기술은 **대칭적** symmetrical 방식이라고 알려져 있다. 이 방식은 자물쇠를 채워놓고 메시지 수령자에게만 열쇠를 주는 것과 같다.

반면 스탠퍼드의 연구원들이 주목한 것은 **비대칭적**asymmetrical 암호 방식이었다. 한 번도 만나지 않은 누군가에게 암호 메시지를 전해야 한다면? 특정 인물만이 암호를 해독할 수 있도록 해야 한다면?

이는 불가능한 이야기처럼 보였다. 적어도 1976년 이전에 암호 기술자들 대부분은 그렇게 믿었다.[3] 그해 위필드 디피Whitfield Diffie와 마틴 헬먼 Martin Hellman은 놀라운 연구를 완성했다. 그리고 1년 뒤, 헬먼은 고발당할 위험을 무릅쓰고 학생들의 논문을 발표했다. 또한 같은 해에 세 명의 MIT 연구원 론 리베스트Ron Rivest, 아디 샤미르Adi Shamir, 레너드 애들먼 Leonard Adleman은 디피와 헬먼의 이론을 실용적인 기술로 완성했고, 세 사람의 이름을 따서 RSA로 불렀다.*

이들 연구원은 연산 작업이 특정 방향으로 수월하다는 비대칭성에 주목했다. 예를 들면, 큰 소수prime number(1과 자기 자신만으로 나누어떨어지는 1보다 큰 양의 정수) 두 개를 골라서 곱한다. 이것은 충분히 간단하며, 이렇게 하면 아주 **많이** 큰 '준소수semi-prime number'가 나온다. 이 수는 1과 자기 자신 그리고 두 소수로만 나누어진다.

　다음으로 누군가 그 준소수가 어떤 두 소수를 곱해서 나온 것인지 밝혀낸다고 해보자. 이는 대단히 어려운 과제다. 공개 키 암호는 바로 이러한 연산의 비대칭성을 활용한다. 공개 키 암호의 경우, 누구든 볼 수 있게 준소수(즉, **공개 키**)를 공개한다. 그리고 RSA 알고리즘으로 그 준소수를 가지고 메시지를 암호화한다. 여기서 준소수를 이루는 두 소수를 아는 사람만이 암호를 풀어 메시지를 확인할 수 있다. 이러한 방식은 자물쇠로 걸어 잠근 메시지 상자를 보내는 것과 같다. 열쇠가 있으면 누구든 상자를 열어 메시지를 확인할 수 있다. 여기서 개인용 키는 없다. 공개 키를 가지고 자물쇠를 풀면 된다.

　이론적으로는 누구든 소수의 조합을 알아내서 자물쇠를 여는 일이 가능하다. 하지만 기존의 컴퓨터 기술로는 현실적으로 불가능했다. 실제로 2000년 초 RSA 연구실은 어떤 준소수를 제시하고 이를 구성하는 소수를 알아내는 사람에게 상금을 주겠다고 발표했다. 누군가 2만 달러 상금을 받아갔지만, 그는 해답을 발견하기 위해 80대의 컴퓨터를 5개월 동안 쉬지 않고 가동해야 했다. 이후 연구실은 더 큰 준소수에 상금을 걸었고, 이번에는 누구도 상금을 타 가지 못했다.[4]

　인먼은 새로운 암호 기술이 적국에게 넘어갈까 봐 우려했다. 그러나 헬

● 　사이먼 싱Simon Singh이 《비밀의 언어*The Code Book*》(1999)에서 언급했듯이, 이보다 몇 년 앞서 영국의 정보통신본부Government Communications Headquarters(GCHQ) 소속 과학자들이 공개 키 암호 방식에 대한 연구를 적극적으로 추진했다는 사실이 드러났다. 이 연구는 보안상 기밀로 분류되었고, 1997년에서야 공개되었다.

먼 교수는 인먼이 모르는 뭔가를 알고 있었다.[5] 세상은 빠르게 변화했고, 온라인 커뮤니케이션의 중요성이 높아지고 있었다. 그리고 민간 분야의 온라인 거래를 활성화하기 위해, 사람들이 안전하게 커뮤니케이션을 할 수 있는 새로운 기술이 필요했다.

헬먼 교수의 생각은 옳았다. 업무적으로 보안 이메일을 전송하거나 온라인으로 쇼핑을 할 때 또는 뱅킹앱을 사용하거나 'http'로 시작하는 웹사이트를 방문할 때마다, 우리는 그 사실을 확인하고 있다. 공개 키 암호 방식이 없다면, 우리는 보안 메시지를 읽을 수 없다. 그리고 비밀번호를 확인하거나 신용카드 정보를 복제하지도 못한다. 또한 진짜와 가짜 웹사이트를 구별할 수도 없다. 공개 키 암호 방식 체계가 사라진다면, 피싱 사기가 극성을 부릴 것이다. 인터넷은 지금과는 다른 세상이 될 것이며, 상업적 차원에서 효용 가치는 크게 떨어질 것이다. 이제 메시지 암호화는 단지 정보기관의 일만은 아니다. 안전한 온라인 쇼핑을 위한 일상적인 비즈니스 기술이다.

인먼도 머지않아 헬먼 교수의 주장이 일리 있다는 점을 이해하게 되었다. 그는 협박을 멈추었다. 아이러니하게도 두 사람은 나중에 친구가 되었다.[6] 그러나 인먼의 우려도 정당한 것으로 드러났다. 공개 키 암호 방식은 상황을 복잡하게 만들었다. 우리가 이베이에서 프린터 잉크를 주문할 때처럼, 마약 상인과 아동 포르노업자, 테러리스트도 공개 키 암호 기술을 활용하기 시작했다. 정부의 입장에서 가장 이상적인 상황은 아마도 일반인이나 범죄자는 암호를 깰 수 없지만(인터넷의 효용성이 그대로 유지되면서), 정부는 모든 메시지를 훤히 들여다볼 수 있는 세상일 것이다. 당시 인먼이 이끌었던 정부 기관은 다름 아닌 미국 국가안보국National Security

Agency(NSA)이었다. 2013년 에드워드 스노든Edward Snowden은 NSA의 비밀 문건을 유출함으로써 그들이 지금까지 어떻게 활동해왔는지 만천하에 폭로했다.

스노든이 일으킨 논란은 지금도 계속되고 있다. 우리 사회가 선한 의도를 가진 이들에게로 암호화 기술을 제한할 수 없다면, 국가는 어떤 힘을 그리고 어떤 안전 장치를 필요로 할 것인가?

다른 한편에서, 또 다른 기술이 공개 키 암호 방식 체계를 위협하고 있다. 그 기술은 양자 컴퓨터라는 것이다. 물질이 양자의 차원에서 기이하게 움직이는 현상을 이용하는 양자 컴퓨터는 기존 컴퓨터와 비교할 수 없을 정도의 빠른 속도로 연산 작업을 처리한다. 이 작업에는 큰 준소수를 이루는 두 소수를 밝혀내는 일도 포함된다. 그 일이 쉬워지면서 인터넷은 점차 열린 세상이 되어가고 있다.[7]

양자 컴퓨터는 아직 걸음마 단계에 있다. 디피와 헬먼이 인터넷 보안의 기반을 마련한 지 40년이 흐른 지금, 학계의 암호 전문가들은 다시 그 기반을 복원하는 일에 몰두하고 있다.

복식부기

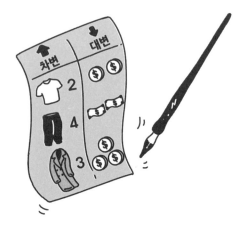

천재 중의 천재 레오나르도 다빈치Leonardo da Vinci는 1495년에 자신의 유
명한 공책에다가 해야 할 일을 적었다. 거울문자(거울에 비추면 바로 보이게
거꾸로 쓴 문자_옮긴이)와 함께 군데군데 스케치가 삽입된 그 목록에는 다
음과 같은 중요한 내용이 담겨 있었다.

"수력학의 대가를 찾아 수문과 운하 그리고 물레방아를 수리하는 방
법에 대해 자세한 설명을 들을 것", "피렌체 상인 베네데토 포르티나리
Benedetto Portinari에게 플랑드르 사람들은 어떻게 빙판길을 다니는지 물어
볼 것" 또는 "밀란을 그릴 것".[1]

또 이런 말도 나온다.

"마에스트로 루카에게 뿌리로 번식시키는 방법을 배울 것."[2]

다빈치는 루카 파치올리Luca Pacioli를 흠모했다.[3] 그는 전형적인 르네상스인이다. 평생 상업 교육을 받은 루카는 마법사이자 체스 기사였으며, 수수께끼를 사랑하는 프란체스코회 수도사이자 수학 교수였다. 오늘날 파치올리는 역사적으로 가장 유명한 회계사로 알려져 있다.

파치올리는 복식부기의 아버지로 일컬어지지만, 사실 처음으로 복식부기를 개발했던 것은 아니다. 알라 베네치아나Alla Veneziana, 즉 '베네치아 방식'으로 알려졌던 복식부기는 그보다 2세기 앞선 1300년경 처음 등장했다.[4] 베네치아 사람들은 실용성이 떨어진다는 이유로 로마숫자를 버리고 아라비아숫자를 받아들였다. 그리고 복식부기의 개념도 이슬람 세상, 혹은 인도로부터 받아들였다. 이슬람 지역에서는 복식부기의 기원을 말해주는 수천 년 전 유물이 발견되었다.[5] 아니면 복식부기가 새로운 아라비아숫자를 상업적인 목적으로 받아들인 베네치아 상인의 발명품일 가능성도 있다.

베네치아 방식이 등장하기 전에 회계는 단순했다. 당시 지중해 상인은 이곳저곳을 떠돌아다니는 장사꾼이었다. 그들에게 회계는 불필요한 일이었다. 그 상인들은 그저 지갑이 가득 차 있는지 확인만 하면 됐다. 봉건시대 영주들 역시 돈을 관리했지만 그 방식은 지극히 원시적이었다. 영주가 임명한 재산 관리인이 이 업무를 맡았고, 재정 상황을 구두로 '보고account'했다. 그리고 '감사관auditor'이 말 그대로 보고를 '들었다'. 회계accountancy라는 영어 단어는 이처럼 구두로 내역을 보고했던 전통에서 비롯되었다.[6] 중국인들 역시 돈 관리를 했지만, 사업을 운영하기 위해서가 아니라 조직을 관리하기 위한 목적에서 했다. 그리고 그 기술을 돈을 빌리

고 빌려주는 거래로까지 확장시키지 않았다.[7]

그러나 이탈리아 도시국가에서 비즈니스 규모가 커지고, 대출과 통화 거래 등 복잡하고 전문적인 금융 활동이 시작되면서 개선된 회계 시스템에 대한 요구가 일었다. 피렌체에서 멀지 않은 프라토 지역의 상인 프란체스코 디 마르코 다티니Francesco di Marco Datini가 사업을 운영하면서 작성했던 회계 기록의 상당 부분이 아직 남아 있다. 다티니는 반세기에 가까운 1366~1410년 동안 회계 업무를 기록으로 남겼다. 처음에는 메모 정도로 시작했지만, 사업이 커지고 복잡해지면서 그의 기록은 정교한 형태로 발전했다.

가령 다티니는 1394년 말에 스페인 연안 마요르카섬에서 양모를 주문했다. 양모업체는 그로부터 6개월 후에 양털을 깎았고, 다시 몇 달이 흘러 양모를 29개의 자루에 담아 바르셀로나를 거쳐 피사로 배송했다. 자루에 담긴 양모는 총 서른아홉 개의 덩어리로, 이중 스물한 개는 피렌체의 주문자에게로 나머지 열여덟 개는 1396년에 다티니 창고로 입고되었다. 주문에서 도착까지 1년 넘게 걸렸다. 다티니는 100명이 넘는 하청업자들과 함께 원재료를 해체하고, 기름을 바르고, 빗질하고, 물레로 잣고, 보풀을 세우고, 염색하고, 압착하고, 접는 작업을 실행했다. 그렇게 해서 최종적으로 완성된 여섯 벌의 의류는 다시 베네치아를 거쳐 마요르카섬으로 배송되었다. 이후 마요르카에서 팔리지 않은 재고는 발렌시아와 북아프리카 지역으로 넘어갔다. 결국 여섯 벌의 옷은 다티니가 양모를 주문하고 4년이 흐른 1398년에 모두 팔렸다.[8]

이 과정에서 다티니는 재고와 자산, 부채를 꼼꼼하게 기록했다. 그는 관리가 허술한 직원들에게 이렇게 호통을 쳤다.

"자넨 우유 그릇에 까마귀가 빠져도 모를 걸세!"

또 이러기도 했다.

"그러다가는 코에서 귀로 가는 길도 잊어버릴 거야!"

물론 다티니는 복잡한 재정 업무 속에서 길을 잃지 않았다. 그 이유는 이미 10년 전부터 베네치아 방식이라고 하는 첨단 회계 시스템으로 양모 주문을 관리했기 때문이었다.[9]

그로부터 한 세기 후에 등장하여 많은 존경을 받았던 루카 파치올리는 부기에 어떤 기여를 했을까? 가장 중요한 것으로, 파치올리는 1494년에 《산술, 기하, 비 및 비례 총람*Summa de Arithmetica, Geometrica, Proportioni et Proportionalita*》이라는 책을 내놓았다.[10] 촘촘한 글씨로 615쪽에 이르는 이 책은 수학에 관한 모든 이야기를 집대성한 작품이었다. 이 안에는 자본주의 역사상 가장 영향력 있는 연구로 알려진 27쪽 분량의 이야기도 들어 있었다. 여기서 파치올리는 역사상 처음으로 자세하게 그리고 수많은 사례를 바탕으로 복식부기의 개념을 설명했다.

기하와 대수를 기반으로 한 파치올리의 책은 일종의 실용 지침서다. 파치올리는 앤트워프에서 바르셀로나에 이르는 여러 도시 지역에서 수많은 고객과 품목으로 이루어진 사업을 효율적으로 운영할 수 있다고 설명한다. 그러면서도 이렇게 경고도 덧붙였다.

"회계를 잘 모르는 사람은 장님처럼 더듬다가 엄청난 손해를 입고 말 것이다."

파치올리의 책은 신기술의 등장에 힘입어 더욱 빠른 속도로 퍼져나갔다. 구텐베르크가 인쇄기를 발명하고 반세기 만에 베네치아는 인쇄 산업의 중심지가 되었다.[11] 파치올리의 책은 놀랍게도 2,000부나 팔렸고, 유럽 전역에 걸쳐 번역과 복사 그리고 표절되었다. 그럼에도 복식부기의 파급 속도는 더뎠다. 그 이유는 아마도 기술적으로 까다로운 데다가, 소규모 사업에는 반드시 필요한 일이 아니었기 때문이었을 것이다. 그래도 복식부기는 점차 현대적인 기술로 인정받기 시작했고, 특히 산업혁명이 시작되면서 비즈니스 세상의 핵심으로 각광받았다. 오늘날 전 세계적으로 사용되는 복식부기 시스템의 핵심은 파치올리에게서 비롯되었다.

이제 파치올리의 복식부기 시스템을 살펴보자. 간단하게 말해서, 두 가지 핵심 요소로 구성된다. 첫째, 파치올리는 재고 조사 방법에 대해 설명하고, 다음으로 개략적인 메모와 깔끔하고 체계적인 일지로 구성된 두 권의 책으로 일상적인 거래를 기록하는 방법에 대해 말한다. 둘째, 원장이라고 하는 세 번째 책을 이중 기입이라고 하는 시스템의 핵심으로 사용한다. 모든 거래는 원장에 두 번 기록된다. 예를 들어 1두카트Ducat(베네치아 공화국에서 처음 만들어져 1284년부터 제1차 세계대전 이전까지 유럽 각국에서 통용된 금화 또는 은화 단위_옮긴이)짜리 옷을 판매했다면, 옷과 금액을 모두 기입한다. 복식부기를 사용하면 실수를 쉽게 발견할 수 있다. 차변과 대변의 기입이 반드시 일치해야 하기 때문이다. 이와 같은 균형과 대칭은 르네상스 시대의 수학자들에게 대단히 매력적이면서 신성한 특성이었다.[12]

산업혁명 시기에 사람들은 복식부기 시스템을 수학적 완벽주의자들이 연구하는 학문이 아니라, 일상적인 비즈니스 의사결정에 도움을 주는 실용적인 도구로 보았다. 복식부기의 장점을 일찍이 알아챈 사람들 중에는 조사이어 웨지우드Josiah Wedgwood라는 도자기 사업가가 있었다. 이미 많은 돈을 번 웨지우드는 세부적인 회계 기술에 별로 신경 쓰지 않았다. 그러던 1772년에 유럽 경제가 심각한 침체로 접어들었고, 웨지우드가 만든

고가의 도자기에 대한 수요도 크게 떨어졌다. 창고는 재고로 넘쳐났고, 직원들은 할 일 없이 빈둥거렸다. 웨지우드는 어떻게 대처했을까?

위기의 순간에 웨지우드는 비즈니스 수익의 원천을 발견하고 이를 강화하기 위해 복식부기로 눈길을 돌렸다. 그는 어떤 업무에서 어느 정도의 비용이 발생하는지 확인했다(생각만큼 쉬운 작업은 아니었다). 그리고 새로운 고객을 확보하기 위해서 생산량을 늘려 단가를 낮추어야 한다는 결론을 내렸다. 이후 많은 사업가들이 웨지우드와 같은 노력을 했다. 그렇게 해서 '관리회계'라는 새로운 분야가 탄생했다. 오늘날 관리회계는 비즈니스 세상의 표준이자 이상적인 시스템으로 자리 잡았다.[13]

오늘날 회계는 이보다 더 중요한 역할을 맡고 있다. 회계는 이제 차변과 대변을 정확하게 기입하는 기록 방식이 아니다. 그리고 베네치아 상인이 거래를 추적하고, 도자기 사업가가 수익을 창출하기 위해 주목한 기법도 아니다. 오늘날 회계는 투자자에게 공정한 비즈니스 수익을 할당하는 역할을 한다. 이 일은 회계사가 기업의 수익을 정확하게 보고할 때, 비로소 가능하다.

하지만 이러한 역할과 관련하여 지금까지의 성과는 암울하다. 엔론 Enron, 월드컴 Worldcom, 파말라트 Parmalat 스캔들에서 2008년 금융 위기에 이르기까지 21세기에 등장한 일련의 회계 부정은 감사 시스템이 주주의 이익을 충실히 보호하지 못했다는 사실을 극단적으로 보여주었다. 기업은 이러한 부정이나 실수로 인해 언제든 무너질 위험이 있다. 그럼에도 회계 시스템은 그 위험을 미리 알려주지 못하고 있다.[14]

분식 회계는 생소한 사건이 아니다. 엄청난 투자가 필요한 대표적인 비즈니스인 철도 사업의 경우를 보자. 철도 회사는 그 시스템을 구축하기 위해 초기에 막대한 자금을 쏟아야 한다. 물론 철도 사업가들 모두가 코넬리우스 밴더빌트Cornelius Vanderbilt처럼 엄청난 갑부가 되지는 못했다. 영국에서는 1830~1840년대에 '철도 열기'가 붐을 이루었다. 수많은 투자자들이 뛰어들었지만 약속된 보상은 받지 못했다. 심지어 사업 자체가 무산된 경우도 있었다. 약속한 배당금을 지급할 수 없게 된 철도 회사들은 투자의 열기를 유지하기 위해 회계를 조작하는 방법을 택했다. 결국 철도 사업은 투자의 측면에서 엄청난 인기를 누렸지만, 경제적 보상은 비참했다. 결국 1850년 무렵에 철도 회사의 주식과 채권을 둘러싼 뜨거운 열풍은 소리 없이 사라지고 말았다.[15]

그때의 철도 투자자들은 프라토의 상인 프란체스코 다티니와 동시대에 활동했던 제프리 초서Geoffrey Chaucer의 글을 읽었어야 했다. 초서의 〈뱃사람 이야기Shipman's Tale〉에는 한 부유한 상인이 나온다. 그는 회계에 너무 몰두한 나머지 성직자가 자신의 아내에게 추파를 던지는 것조차 알아채지 못한다. 그 성직자는 상인에게 돈을 빌리고, 그 돈으로 상인의 아내와 잠자리를 갖는다. 그러고는 상인에게 자신은 이미 돈을 다 갚았으니 아내에게 물어보라고 한다.

회계는 강력한 금융 기술이다. 하지만 그 기술은 우리를 사기로부터 지켜주지 못할 뿐만 아니라, 자기만족의 덫에 빠지게 한다. 회계에 정신이 팔린 상인에게 아내는 이렇게 말한다.

"모든 계산에는 악마가 숨어 있답니다!"[16]

유한책임회사

26

시대의 사상가 니컬러스 머리 버틀러Nicholas Murray Butler는 철학자이자 노벨 평화상 수상자 그리고 컬럼비아 대학교 총장을 지낸 인물이다. 1911년 버틀러는 산업 시대에서 가장 중요한 발명이 무엇이냐는 질문을 받았다. 증기기관? 전기? 아니다. 버틀러는 그 발명도 '현대 시대의 가장 위대한 발견이 없었다면 보잘 것 없었을 것'[1]이라고 말했다. 그렇다면 그가 말한 위대한 발견은 무엇일까? 그것은 바로 유한책임회사Limited Liability Corporation였다.

유한책임회사를 '발견'했다는 말은 좀 어색하게 들린다. 사실 유한책임회사라는 개념은 갑작스럽게 나타나지 않았다. 여기서 '회사'는 특정한 실체를 말한다. 그것도 물리적 실체가 아니라 법률적 실체를 뜻한다. 법률적 관점에서, 회사는 소유주나 경영자, 혹은 직원과는 다른 존재다. 이것은 법률가들이 만들어낸 추상적인 개념이다. 회사가 자산을 소유하거나 계약을 체결하는 것과 같이 특정한 비즈니스 활동을 할 수 있도록 허용하는 법률이 없다면, 회사라는 개념은 아무런 의미가 없을 것이다.

고대 로마에도 비슷한 개념이 있었지만,[2] 현대적인 형태의 회사는 존재하지 않았다. 오늘날 우리가 알고 있는 회사의 직접적인 기원은 1600년 마지막 날(12월 31일)의 영국으로 거슬러 올라간다. 당시에는 그저 필요한 서류만 작성한다고 회사를 세울 수는 없었다. 무엇보다 왕실의 승인을 받아야 했다. 또 수익을 창출하기 위한 일반적인 목적으로는 승인을 받을 수 없었다. 영국 왕실은 승인 가능한 업무 활동의 범위를 구체적으로 규정했고, 승인 받지 않은 누구도 해당 업무 활동을 하지 못하도록 막았다.

1600년 마지막 날에 법률적으로 승인을 받은 한 기관은 남아프리카공화국 남단의 희망봉을 기준으로 동쪽에서 이루어지는 모든 해상무역을 총괄하는 임무를 맡았다. 그 회사의 주주는 218명의 상인들이었다. 여기서 대단히 중요하면서도 특별한 한 가지 사실은 영국 왕실이 이들 주주에게 사업 활동에 따른 **유한책임**limited liability을 부여했다는 것이다.

그게 왜 그렇게 중요한 것일까? 책임이 유한하지 않을 때, 투자자는 회사의 모든 비즈니스 활동에 대해 개인적인 책임을 져야 한다. 예를 들어 여러분이 투자한 회사가 부채를 제때 상환하지 못할 경우, 채무자는 여러분을 찾아올 것이다. 그리고 투자금만이 아니라 여러분이 개인적으로 소유한 모든 재산에 대해 채권을 행사하려 들 것이다.

한번 생각해보자. 사업 실패로 집을 날릴 위험이 있다거나 교도소에 갈 위험이 있다면, 여러분은 어디에 투자를 할 것인가? 아마도 가족이나 가까운 친구의 사업에만 투자를 할 것이다. 혹은 의심스러운 행동은 하지 않는지 가까이 지켜볼 수 있는 지인의 사업 정도가 투자 대상일 것이다. 개인적으로 한 번도 만난 적이 없는 경영자가 운영하는 기업의 주식을 사는 것은 아마도 고려 대상이 아닐 것이다. 이러한 상황에서 회사가 끌어모을 수 있는 자금의 규모는 지극히 제한적일 수밖에 없다.

그러나 1500년대에는 심각한 문제가 아니었다. 대부분의 회사는 지역적이고 개인적인 형태였다. 반면 전 세계 절반의 지역에서 영국의 무역을 책임지는 것은 막중한 과제였다. 엘리자베스Elizabeth 여왕이 승인했던 그 회사는 다름 아닌 동인도회사East India Company였다. 이 회사는 이후 2세기 동안 무역 회사에서 식민지 통치기구로 바뀌었다. 전성기 무렵에는 9천만 명의 인도 국민을 지배하기까지 했다. 그들은 20만 명 규모의 군대를 거느리고 엘리트 공무원을 채용했다. 동전까지 자체 발행했다.

이후로 유한책임회사가 본격적으로 등장했다. 1811년 뉴욕주는 이 개념을 받아들였다. 다만 왕실의 승인이 아니라 제조업 전반에 걸쳐 허용하는 방식이었다. 미국의 여러 주와 다른 나라들이 뒤를 따랐다. 세계적인 경제 대국이었던 영국은 1854년에 이를 법률적으로 허용했다. 물론 모두가 환영한 것은 아니었다. 《이코노미스트The Economist》는 유한책임의 개념을 받아들일 경우, 점차 사적인 계약에도 이를 적용하고자 할 것이라며 비판적 입장을 보였다.

앞에서 살펴본 것처럼 철도와 전기 같은 19세기의 대표적인 산업 분야는 자본을, 그것도 아주 많은 자본을 필요로 했다. 이를 뒷받침하기 위해 정부는 직접 뛰어들거나(당시로서는 생소한 일이었다), 혹은 유한책임회사를

26 유한책임회사

허가해야 했다.

이후 유한책임회사는 존재 가치를 입증했다. 얼마 지나지 않아《이코노미스트》는 유한책임회사에 투자한 익명의 주주들 역시 "와트와 스티븐슨을 비롯한 산업혁명의 개척자들과 더불어 영광의 자리에 오를 자격이 있다"[3]며 칭송했다.

그러나 철도 열기와 마찬가지로 유한책임회사 역시 여러 문제점을 드러냈다.[4] 특히 현대 경제학의 아버지라 불리는 애덤 스미스Adam Smith는 한 가지 문제점을 분명하게 지적했다. 그는 1776년도 저작인《국부론The Wealth of Nations》에서 전문 경영자가 최선을 다해서 주주의 자본을 관리할 것이라는 주장을 비판했다. 그는 이렇게 말했다.

"개인적인 협력 관계를 맺은 사람처럼 주의 깊고 신중하게 관리할 것이라 기대할 수 없다."[5]

이론적인 차원에서 스미스의 지적은 옳았다. 투자자가 맡긴 돈을 경영자가 무책임하게 관리하고 방탕하게 써버릴 위험은 언제나 존재한다. 물론 우리 사회는 주주를 보호하기 위해 기업의 지배 구조에 관한 법률을 발전시켜왔다. 하지만 이러한 노력이 항상 성공을 거둔 것은 아니었다.

기업 지배 구조에 관한 법률은 그 자체로 사회적 논란을 자극한다. 가령 최근 많은 관심을 받고 있는 '기업의 사회적 책임'에 대해 생각해보자. 기업의 사회적 책임에 대한 사회적 목소리가 높아지는 가운데, 많은 기업이 자선단체에 기부하고, 법률의 요구 이상으로 노동과 환경 기준을 강화하고 있다. 일부 경영자는 이러한 노력을 통해 브랜드 인지도를 높이고 매출을 강화한다. 그러나 다른 경영자는 주주의 돈을 가지고 사회적 지위나 개인적인 안락을 추구한다. 바로 이러한 점에서 경제학자 밀턴 프리드

먼Milton Friedman은 "기업의 사회적 책임은 수익을 극대화하는 것이다"라고 주장했다. 프리드먼의 이론에 따를 때, 어떤 일이 합법적이고 수익 창출에 도움이 된다면 기업은 마땅히 그 일을 해야 한다. 대중은 그러한 일을 좋아하지 않는다고 해서 기업을 비난하면 안 된다. 법률을 바꾸면 된다.[6]

그러나 문제는 기업이 법률에 강력한 영향력을 행사할 수 있다는 것이다. 기업은 로비스트를 고용하고 선거를 후원할 수 있다. 동인도회사 역시 영국 정치인들과 원만한 관계를 유지하는 것이 도움이 된다는 사실을 깨달았다. 실제로 영국 정치인들은 문제가 생길 때마다 동인도회사를 구제해주었다. 예를 들어 1770년 인도 벵골 지역에 기근이 발생하면서 매출이 크게 떨어졌을 때, 영국 정치인들은 식민지 미국에 대한 차 수출에 관세를 면제해줌으로써 동인도회사를 파산의 위기로부터 구제해주었다. 하지만 이것은 근시안적인 정책이었던 것으로 밝혀졌다. 이는 결국 보스턴 차 사건Boston Tea Party으로 그리고 최종적으로는 미국의 독립선언으로 이어졌다.[7] 역사적인 차원에서 미국의 건국은 기업의 과도한 정치적 영향력에 큰 힘을 입었던 것이다.

오늘날 기업의 영향력은 더 막강해졌다. 글로벌 경제 환경에서 여차하면 해외로 사업부를 이전하겠다고 정부를 상대로 으름장을 놓을 수 있게 되었기 때문이다. 선박 컨테이너와 바코드가 등장하면서 글로벌 공급망이 가능해졌으며, 덕분에 기업은 그들이 원하는 지역으로 핵심 사업부를 이전할 수 있게 되었다. 물론 동인도회사가 계속해서 무리한 요구를 했을 때, 영국 정치인들은 최후의 카드를 꺼냈다. 1874년에 영국 의회는 동인도회사의 승인을 폐지했다. 하지만 오늘날 다국적기업을 상대하는 각국 정부는 영국 의회처럼 승인을 폐지할 수는 없다.

우리는 자유 시장 자본주의가 지배하는 세상에서 살아가고 있다고 믿는다. 마오쩌둥毛澤東이나 이오시프 스탈린Iosif Stalin처럼 국가가 통제하는 경제 시스템을 원하는 사람은 거의 없다. 통제 경제하에서는 시장이 아니라 정부가 무엇을 얼마나 생산할지 결정한다. 하지만 이러한 일은 기업 **내부의** 의사결정 과정에서도 나타난다. 가령 직원들은 생산비 변동이 아니라 상사의 지시에 따라 제품의 가격을 수정한다. 오늘날 자유 시장 자본주의의 성채인 미국에서 민간 분야 근로자들 중 절반가량이 직원 수가 500명이 넘는 대규모 조직에서 일하고 있다.[8]

기업의 규모가 방대해지면서 그 영향력이 지나치게 커졌다는 주장이 있다. 2016년 퓨 리서치Pew Research는 미국인을 대상으로 경제 시스템이 '전반적으로 공정한지', 아니면 '힘 있는 자에게 부당한 특혜를 주는지' 물었다. 그 결과, 응답자들은 2 대 1로 후자를 더 많이 선택했다.[9] 《이코노미스트》는 시장을 장악하는 대기업들이 건강한 경쟁 환경으로 나아가도록 유도하는 과제에서 규제 기관이 지나치게 소극적인 모습을 보이고 있다고 우려를 표했다.[10]

유한책임회사는 많은 걱정거리를 낳았다. 하지만 우리 사회를 위해 많은 긍정적인 역할을 했다. 유한책임회사 시스템은 투자자가 적절한 위험을 감수하도록 자극함으로써 대규모 프로젝트와 주식시장 그리고 인덱스펀드의 운영을 뒷받침했다. 그리고 그 과정에서 현대 경제를 구축하는 중추적인 기능을 했다.

경영 컨설팅
27

장소: 인도 뭄바이 인근 섬유 공장. 시기: 2008년. 상황? 혼란 그 자체. 건물 안에도, 밖에도 쓰레기가 잔뜩 쌓였다. 불에 타기 쉬운 쓰레기 더미 옆에 화학약품 용기가 뚜껑이 열린 채 방치되어 있다. 비닐봉지 안에는 실타래가 마구 엉켜 있고, 재고는 아무런 표식 없는 상태로 공장 바닥에 널브러져 있다.[1]

이처럼 엉망진창인 광경은 인도 섬유 공장의 전형적인 모습이다. 그리고 이런 상태는 하나의 기회를 제공한다. 스탠퍼드 대학교와 세계은행이 공동으로 참여한 한 연구팀은 새로운 실험에 도전했다. 그들은 경영 컨설턴트를 일부 공장으로 파견해서 환경을 말끔하게 정리하도록 했다. 그리고 공장의 생산성에 어떤 변화가 일어났는지 추적했다. 그들은 엄격한 무작위 통제 방식을 기반으로 실험을 추진했다. 이를 통해 연구팀은 전반적으로 경영 컨설팅이 실질적인 도움을 주었는지 확인해보고 싶었다.[2]

경영 컨설턴트에 대한 회의적인 시각은 오래전부터 있었다. 기업의 평판이 좋지 않을 때 경영자에게 조언을 해주는 컨설턴트를 우리는 어떻게 바라보아야 할까? 경영 컨설턴트의 이미지를 한번 떠올려보자. 어떤 모습이 그려지는가? '고객 중심적 가치를 위한 총체적 비전'과 같은 문구가 적힌 파워포인트 앞에서 열정적으로 프레젠테이션을 하는 그리고 깔끔하게 정장을 차려입은 전문가의 이미지가 떠오르는가?

경영 컨설턴트에 대한 이러한 묘사는 사실 온라인 무작위 유행어 생성기에서 확인한 것이다.[3] 하지만 여러분도 익히 알다시피, 컨설팅 산업은 터무니없이 높은 수수료로 비난을 받고 있다. 한 조사 결과에 따르면, 컨설팅 업체의 자문은 아무런 실질적인 도움이 되지 못하며, 상식적인 조언에 불과한 것으로 드러났다. 컨설팅 자문을 의뢰한 경영자는 전문용어에 눈이 멀고, 자신의 무능함을 암묵적으로 인정하고, 또한 잘못된 의사결정에 대한 책임을 떠넘길 대상을 찾는다는 비난을 종종 받는다.

컨설팅은 그 자체로 중요한 산업이다. 스탠퍼드와 세계은행이 함께 인도 공장을 대상으로 실험을 실시한 그 다음 해, 영국 정부는 18억 파운드를 경영 컨설턴트들에게 지불했다.[4] 오늘날 전 세계적으로 기업들은 컨설팅 산업에 약 1250억 달러의 수수료를 지불하고 있다.[5]

그렇다면 컨설팅 산업은 어디서 시작되었을까?

그 기원에 대한 이야기를 해보자. 경제가 발전하면서 새로운 도전 과제가 등장하고, 선견지명 있는 인물이 등장해서 해결책을 제시한다. 19세기 말 미국 경제는 철도와 전신 사업에 힘입어 급속도로 성장했다. 동시에 통합이 활발하게 이루어지면서, 미국 경제는 개별 기업의 집합이라기보다 국가 차원의 시장이 되었다. 기업 소유주들은 새롭게 떠오른 국가적 무대 위에 거대한 보상이 그들을 기다리고 있다는 사실을 깨달았다. 이를 위해 기업들은 대규모 인수 합병의 흐름 속으로 뛰어들었다. 기업들은 서로를 잡아먹었고, 그 과정에서 US 스틸, 제너럴일렉트릭GE, 하인즈, AT&T 등 거대 그룹이 탄생했다. 어떤 기업은 근로자 수가 10만 명을 넘어섰다.6 하지만 이러한 현상은 새로운 문제를 야기했다. 어느 누구도 지금까지 이처럼 방대한 조직을 관리해본 적이 없었기 때문이다.

1700년대 말 조사이어 웨지우드는 기업 소유주가 복식부기를 기반으로 수익의 원천을 확인하고, 또 이를 강화하기 위해서 무슨 노력을 해야 하는지 파악할 수 있다는 사실을 보여주었다. 그러나 회계를 실질적으로 대규모 조직에 적용하려면 새로운 접근 방식이 필요했다.

이러한 상황에서 제임스 매킨지James McKinsey라는 젊은 회계학 교수가 등장한다. 1922년 매킨지는 《예산 통제Budgetary Control》라는 획기적인 저서를 발표했다. 이 책은 평범한 제목과는 달리 미국 사회에 큰 반향을 일으켰다. 기존 회계를 기반으로 기업의 작년도 실적을 그래프로 보여주는 시도 대신에, 매킨지는 기업의 미래를 위한 회계를 그려보라고 제안했다. 경영자는 미래 전망을 기반으로 사업별 목표와 계획을 수립할 수 있다. 그리고 실제의 회계가 완성되었을 때, 원래의 계획과 비교하고 향후 계획을 수정할 수 있다. 매킨지는 이러한 방식으로 경영자가 단지 과거 성과를 평가하는 데 머무르지 않고 미래의 비전을 적극적으로 열어나가도록 도움을 주었다.7

매킨지는 대단한 인물이었다. 키가 큰 그는 의사의 만류에도 씹는담배를 즐겼다. 매킨지의 접근 방식은 즉각 주목을 받았고, 1930년대 중반에는 이미 하루에 500달러(지금의 가치로 2만 5천 달러 정도)를 벌었다. 곧 무척 바빠졌고 직원들을 고용했다. 그는 직원이 작성한 보고서가 마음에 들지 않으면 이를 곧바로 쓰레기통에 던져 넣고는 이렇게 말했다.

"고객과는 좋은 관계를 유지해야 하지만 바보들과는 절대로 그럴 필요가 없어!"[8]

매킨지는 48세의 나이에 폐렴으로 세상을 떠났다. 이후 매킨지를 보좌했던 마빈 바우어Marvin Bower가 매킨지 앤 컴퍼니McKinsey & Company의 성공을 이끌었다. 바우어는 꽤 까다로운 사람이었다. 모든 직원에게 검은 정장에 빳빳하게 다린 흰색 셔츠를 입도록 했고, 1960년대까지 모자를 쓰도록 했다. 바우어는 매킨지 앤 컴퍼니가 하나의 기업이 아니라 비즈니스의 표준이라고 보았다. 그들은 업무를 처리하는 것이 아니라 '약속'을 이행했다. 실제로 매킨지 앤 컴퍼니는 일반적인 회사Company가 아니라 전문적인 기업Firm이었다. 사람들은 그런 매킨지를 '더펌The Firm'이라 불렀다. 매킨지의 역사를 정리한 더프 맥도널드Duff McDonald는 매킨지가 경영에 대한 과학적인 접근 방식으로 비즈니스 세상을 완전히 바꾸어놓았다고 주장했다.[9] 매킨지는 세계적인 엘리트 기업으로 평판을 쌓았다. 《뉴요커The New Yorker》지는 전 세계 곳곳에 파견된 아이비리그 출신의 젊은 매킨지 인재들을 일컬어 '비즈니스 철인왕의 SWAT(특수기동대) 팀'[10]이라고 언급했다.

그런데 잠깐, 기업이 컨설팅 업체에 자문을 의뢰하기보다 과학적 경영 방식을 공부한 인재를 경영자로 고용하면 더 좋지 않을까? 그렇다면 기업은 컨설턴트에게 값비싼 수수료를 지불하고 자문을 구하지 않아도 될 테니 말이다. 그럼에도 매킨지와 같은 컨설팅 업체가 시장에서 확고한 자리를 잡을 수 있었던 이유는 무엇일까?

거기에는 분명한 이유가 있다. 그것은 정부가 그럴 수 없도록 차단을 해놓았기 때문이다. 1933년에 통과된 글래스스티걸법Glass-Steagall Act은 미국 금융 분야의 근간을 이루는 규범이다. 글래스스티걸법은 다른 많은 법률과 더불어 투자은행이 반드시 제3의 회계 기관으로부터 감사를 받도록 규정했다. 그리고 이해관계의 충돌을 방지하기 위해 법률 회사와 회계 업체 그리고 은행이 자체적으로 감사 작업을 수행하지 못하도록 막았다. 결론적으로 말해서, 글래스스티걸법 이후로 은행은 경영 컨설턴트를 반드시 고용해야 한다.[11] 글래스스티걸법에 이어, 미 법무부는 1956년에 컴퓨터 시장에서 두각을 드러내기 시작하던 IBM이 컴퓨터를 설치하고 사용하는 방법에 대해 자문 서비스를 제공하지 못하도록 했다. 정부의 이러한 규제는 컨설팅 산업을 위한 비즈니스 기회가 되어주었다.

하지만 이해관계의 충돌을 최소화하겠다는 애초의 목표는 실질적인 성과로 이어지지 못했다. 매킨지에 오랫동안 몸을 담았던 라자 굽타Rajat Gupta 회장은 조직을 떠난 지 몇 년 만에 내부 거래 혐의로 기소되었고, 결국 실형을 받았다.[12] 또한 엔론에 자문을 제공하면서 많은 보수를 받았던 매킨지 컨설턴트 제프 스킬링Jeff Skilling은 나중에 엔론으로 자리를 옮겼다. 이후 엔론이 무너지고 스킬링이 투옥되면서, 그 이야기는 사람들의 기억 속에서 사라졌다.[13]

경영 컨설턴트를 바라보는 또 다른 시각도 있다. 비즈니스 세상은 끊임없이 진화한다. 그렇다면 외부 인사를 정기적으로 영입함으로써 신선한 아이디어를 계속해서 받아들일 수 있지 않을까? 이것은 현실적으로 가능한 발상이다. 하지만 항상 효과가 있는 것은 아니다. 컨설턴트는 그들의 가치를 입증하기 위해 항상 새로운 문제를 찾는다. 그리고 거머리처럼 기업에 달라붙어 좀처럼 떨어지지 않는다. 컨설턴트의 이러한 생존 전략은 '착지와 확장land and expand'[14]이라는 이름으로 알려져 있을 정도다. 최근 영국 정부의 한 기관은 그들이 고용하는 임시 컨설턴트 가운데 80퍼센트가 1년 이상 일을 하고 있으며, 일부는 9년에 이른다고 밝혔다.[15] 이런 상황이라면 차라리 컨설턴트를 정식 직원으로 채용하는 편이 비용 측면에서 보다 효과적일 것이다.

물론 컨설팅 업체는 그들의 전문 지식이 세금 이상의 가치가 있다고 말한다. 이들의 주장을 확인하기 위해, 앞서 소개한 인도 공장을 대상으로 했던 무작위 통제 실험의 결과를 한번 살펴보자. 세계은행은 글로벌 컨설팅 업체인 액센츄어Accenture를 통해 뭄바이 섬유 공장을 새롭게 정비하고, 예방 점검, 정확한 기록, 자재와 재고의 체계적인 보관, 품질 결함에 대한 기록 등 새로운 업무 절차를 추가했다.[16] 그 결과는 어땠을까?

변화는 뚜렷했다. 생산성이 17퍼센트 개선되었다. 이러한 성과는 액센츄어에 지불한 컨설팅 비용을 정당화한다. 하지만 이러한 실험 결과만 가지고 경영 컨설팅에 대한 의혹을 부정할 수는 없다. 인도의 섬유 공장은 전문용어로 가득한 파워포인트 프레젠테이션에 등장하는 '쉽게 딸 수 있는 열매'에 해당하는 사례였다. 그럼에도 한 가지 사실만큼은 분명하게 입증해주었다. 우리의 삶에서 종종 확인할 수 있듯이, 그것은 좋은 아이디어를 단순하고 소박하게 활용할 때 언제나 도움이 된다는 사실이다.

지적재산권

28

1842년 1월 영국 소설가 찰스 디킨스Charles Dickens는 처음으로 미국 땅을 밟았다. 맨해튼 보스턴에 도착한 그는 록 스타에 버금가는 환영을 받았다. 하지만 그 위대한 영국 작가가 미국을 찾은 것은 분명한 이유가 있어서였다. 디킨스는 자신의 작품이 미국에서 불법 복제되어 팔리고 있다는 사실을 알고 있었다. 이들 해적판은 아무런 법적 재제를 받지 않고 버젓이 시장에서 팔리고 있었다. 그 이유는 미국 정부가 자국 시민이 아닌 저자의 저작권을 인정하지 않았기 때문이었다. 디킨스는 친구에게 보낸 편지에서 우스꽝스러운 옷을 입고 억지로 시가행진에 내몰린 불편한 심정을 전했다.

"모든 것을 빼앗긴 채 상스러운 옷을 입고서 악당들과 어울려야 하는 게 작가로서 견뎌야 할 일이란 말인가?"[1]

이 말은 매우 직접적이고 극적인 표현이었다. 물론 디킨스는 당연히 그렇게 느꼈을 것이다. 디킨스는 자신의 작품을 마구잡이로 복제하고 배포하는 행위에 대해 법적인 조치를 취해줄 것을 요구했지만, 그의 주장은 받아들여지지 않았다.

특허와 저작권은 독점을 뒷받침한다. 물론 독점은 중대한 폐해다. 디킨스의 영국 출판사가 《황폐한 집Bleak House》의 판매로 벌어들일 수 있었던 수익을 청구했다면, 가난한 문학 애호가들은 그 작품을 접하지 못했을 것이다. 반면 저작권이 보장하는 잠재적으로 높은 수익은 새로운 아이디어를 자극하는 역할을 한다. 디킨스는 아주 오랜 기간에 걸쳐 《황폐한 집》을 집필했다. 그렇다고 해도 만일 영국 출판사들도 미국처럼 자신의 작품을 함부로 훔칠 수 있었다면, 디킨스는 굳이 신경 쓰지 않았을 것이다.

지적재산권은 경제적 균형을 드러낸다. 다시 말해, 이해관계를 조정한다. 창작자에게 지나치게 관대할 경우, 훌륭한 아이디어는 지나치게 오랫동안 복제, 수정, 확산되지 못한다. 반면 너무 인색할 때 아이디어는 종적을 감출 것이다.

우리 사회는 자비로운 기술 관료가 그 균형점에 대해 심사숙고하기를 바란다. 그러나 정치인의 입김이 항상 그보다 앞서 작용하기 마련이다. 1800년대에 영국 법률은 자국의 저자와 발명가의 권리를 철저하게 보호했다. 지적재산권이야말로 영국이 세계의 문화와 혁신을 이끌 수 있었던 강한 원동력이었기 때문이다. 반면 디킨스 시대에 미국의 문학과 혁신은 걸음마 단계였다. 미국 경제는 전적으로 복제에 의존했고, 유럽이 내놓은 최고의 아이디어를 손쉽게 얻고자 했다. 특히 신문 기사는 디킨스의 간섭에 대한 비난과 함께 노골적인 표절로 가득했다.

그로부터 몇십 년이 흘러 미국의 저자와 발명가들의 위상이 높아지면서 미국의 정치인들 역시 지적재산권이라고 하는 개념을 호의적으로 바라보기 시작했다. 예전에 저작권에 반대했던 미국 언론사들 역시 적극적인 옹호로 입장을 바꾸었다. 1891년 미국 정부는 최종적으로 국제 저작권을 인정하기로 결정했다.[2] 이는 디킨스가 미국에서 이의를 제기한 지 반세기가 흐른 뒤였다. 오늘날 비슷한 상황이 개발도상국에서 일어나고 있다. 아이디어에 대한 복제보다 혁신과 창조가 주를 이루면서, 개발도상국 정부들 역시 아이디어를 보호하려는 태도를 취하고 있다. 짧은 기간에 많은 변화가 일어났다. 중국에서는 1991년까지만 해도 저작권 시스템이 갖추어지지 않았다.[3]

지적재산권의 현대적 형태는 다른 많은 것들과 마찬가지로 15세기 베네치아에서 모습을 드러냈다. 베네치아 사람들은 분명하게도 혁신을 장려하기 위해서 저작권 시스템을 개발했다. 그들이 만든 규칙은 대단히 일관적이었다. 유용한 물건을 발명했을 때, 발명가는 자동적으로 특허권을 인정받았다. 특허권의 기간은 한정되어 있지만, 유효기간 내에는 권리를 팔고, 양도하고, 상속할 수 있었다. 특허권을 활용하지 않을 때는 자동 소멸된다. 만약 다른 아이디어를 베낀 것으로 드러날 때, 특허권은 당연히 무효화된다. 이러한 규정들 모두 현대적인 특허권의 근간을 이루는 요소다.[4]

그러나 베네치아 사람들은 머지않아 오늘날과 비슷한 문제에 맞닥뜨리게 되었다. 영국 산업혁명 시대의 위대한 기술자 제임스 와트는 증기기관을 발명했다. 그는 이를 위해 몇 개월 동안 노력했고, 특허권을 보장받기 위해 신경을 썼다. 그리고 그의 비즈니스 파트너였던 매슈 볼턴은 의회에 로비를 펼쳐 특허권의 범위를 확대했다.[5] 덕분에 볼턴과 와트는 라이선스로 많은 돈을 벌었고, 경쟁자를 물리칠 수 있었다. 조너선 혼블로어 Jonathan Hornblower도 개선된 형태의 증기기관을 만들었지만 법적 분쟁에 패하면서 수감되고 말았다.

이에 대한 자세한 이야기는 아주 복잡하다. 그런데 와트의 발명은 정말로 그만한 가치가 있었을까? 나는 그렇지 않다고 생각한다. 경제학자 미셸 볼드린 Michele Boldrin과 데이비드 레빈 David Levine 두 사람은 증기기관을 기반으로 한 산업의 잠재력이 폭발한 것은 그 특허권이 **만료**된 1800년이었다고 주장했다. 이후로 많은 발명가들이 각자 오랫동안 연구했던 새로운 형태의 증기기관을 발표했다. 그렇다면 더 이상 경쟁자를 고발할 수 없게 되었을 때, 볼턴과 와트는 어떻게 되었을까? 두 사람의 성공은 계속되었다. 이후로 두 사람은 법률 소송에서 세계 최고의 증기기관 생산으로 시선을 돌렸다. 주문은 밀려들었고, 덕분에 높은 가격을 유지할 수 있었다.

증기기관 사례에서 특허권은 혁신의 촉매제가 아니라 장애물로 작용했다. 그럼에도 지적재산권의 범위는 볼턴과 와트 이후로 오히려 **더** 확대되었다. 저작권 기간은 계속해서 늘어났다. 처음에 미국에서 저작권 기간은 14년에 한 번 갱신이 가능한 방식이었지만, 이제는 저자 사망 이후로 70년까지 늘어났다. 즉, 일반적으로 저작권의 기간이 한 세기에 달한다는 말이다. 특허권의 보장 범위 또한 크게 늘어났고, 지금은 애매모호한 영역에도 적용된다. 예를 들어 미국의 특허권은 아마존이 주장한 '원클릭 one-click'이라는 개념을 보호한다. 이는 온라인에서 한 번의 클릭으로 제품을 구매하는 지극히 일반적인 아이디어에 불과하다. 오늘날 '무역협정'에 지적재산권에 관한 내용이 포함되면서, 미국의 지적재산권 시스템이 전 세계를 지배하고 있다. 그리고 점점 더 많은 항목이 지적재산권 범주로 흡수되고 있다. 가령 공장, 건물, 소프트웨어, 혹은 레스토랑 체인의 외관과 느낌마저 보호 대상이다.[6]

이러한 흐름은, 정당화하기는 힘들지만 설명하기는 쉽다. 지적재산권은 소유주에게 대단한 가치가 있다. 그래서 그들은 값비싼 변호사와 로비스트를 고용한다. 다른 한편으로, 특허권에 따른 비용은 사회 전반에 걸쳐 간접적으로 나타난다. 매슈 볼턴이나 찰스 디킨스가 아직 살아 있었다면 보다 엄격한 지적재산권을 지키기 위해 더욱 공격적으로 로비를 벌였을 것이다. 반면 경쟁자나 소비자들이 이러한 권리에 맞서 캠페인을 벌일 가능성은 거의 없다.

이러한 문제와 관련하여 경제학자 볼드린과 레빈은 깜짝 놀랄 만한 대안을 내놓았다. 그것은 지적재산권을 완전히 없애버리자는 것이다. 발명가는 법률이 없어도 보상을 받을 수 있다. '개척자'로서 모방자보다 더 우월한 위치에 서고, 브랜드 인지도를 확보할 수 있다. 그리고 자신의 발명품에 대해 누구보다 잘 안다. 2014년에 전기자동차 기업 테슬라Tesla는 산업 전체를 확장하기 위해 그들의 특허권 창고를 개방했다. 테슬라가 그런 결정을 내린 것은 개방적인 접근 방식으로 앞으로 더 많은 이익을 창출할 수 있다는 사실을 깨달았기 때문이다.[7]

물론 경제학자들 대부분 지적재산권 폐지는 극단적인 처방이라 생각한다. 그들은 신약 개발과 같은 사례를 반론의 근거로 제시한다. 신약 개발에서 발명의 비용은 엄청나게 높은 반면, 복제의 비용은 아주 낮다. 그럼에도 지적재산권을 옹호하는 사람들조차 그 권리가 지나치게 광범위하고 길며, 그 장벽을 넘기가 지나치게 힘들다고 말한다. 저자와 발명가에 대한 보호의 범위와 기간을 축소함으로써, 우리 사회는 균형을 회복하고 새로운 아이디어를 위한 동기를 강화할 수 있다.[8]

찰스 디킨스도 저작권 보호를 제한함으로써 경제적 이익을 높일 수 있다고 생각했다. 그는 처음으로 미국을 방문하고 사반세기가 흘러 고향으로 돌아왔다. 그 무렵 디킨스는 가족을 부양하기 위해 돈을 벌어야 했다. 당시 많은 사람들이 자신의 작품을 값싼 복제품으로 접하고 있었다. 하지만 디킨스는 이러한 상황에서 순회강연을 다님으로써 자신의 인기를 현금화할 수 있는 기회를 보았다. 그의 판단은 정확했다. 디킨스는 자신의 작품이 불법 복제되어 팔리는 상황에서 강연을 통해 오늘날 기준으로 수백만 달러의 큰돈을 벌었다.[9] 그가 지적재산권을 포기했을 때, 그 가치는 오히려 더 높아졌던 것이다.

컴파일러

29

1, 0, 0, 0, 1, 0, 1, 0, 0, 1, 1…….

컴퓨터는 이런 언어를 사용한다. 전화를 걸고, 데이터베이스를 검색하고, 게임을 구동하는 등 컴퓨터는 복잡한 과제를 수행하지만, 이것들은 모두 1과 0으로 이루어진다. 물론 엄격하게 말하자면 그것도 아니다. 반도체 칩을 이루는 작은 트랜지스터 안에 전류가 남아 있는지 아닌지로 이루어지며, 0과 1은 전류의 존재 여부를 나타내는 기호다.

너무나 감사하게도, 더 이상 0과 1로 컴퓨터를 프로그래밍할 필요는 없다. 그게 얼마나 고된 일인지 한번 생각해보자. 예를 들어 '마이크로소프트 윈도우'는 내 컴퓨터 하드드라이브에서 약 20기가바이트의 공간을 차지한다. 이 말은 1700억 개에 달하는 1과 0이 존재한다는 뜻이다. 이를 A4 종이에 인쇄해서 쌓으면 높이가 무려 4킬로미터에 이를 것이다. 이처럼 어마어마한 분량의 서류를 일일이 확인하면서 컴퓨터의 모든 트랜지스터를 직접 손으로 조작한다고 상상해보자. 엄청나게 힘들고 지루한 노동일 것이다. 게다가 트랜지스터는 수십억 분의 1미터 정도로 그 크기가 작다. 각각의 스위치를 손으로 켜고 끄는 데 1초의 시간이 걸린다면, 윈도우를 설치하기까지 5,000년의 세월이 필요할 것이다.

실제로 초창기 프로그래머들은 이와 같은 방식으로 작업을 했다. 하버드 마크1 Harvard Mark 1이라는 이름으로 알려진 자동 순차 제어 계산기 Automatic Sequence Controlled Calculator를 살펴보자. 길이 15미터, 높이 2.5미터에 육박하는 이 장비는 수많은 바퀴와 축, 기어, 스위치 그리고 850킬로미터 길이의 전선으로 이루어져 있었다. 마치 자동 피아노처럼 종이테이프에 뚫린 구멍의 위치를 인식하여 작동한다. 방정식에 대한 해를 구하려면, 프로그래머는 어느 스위치를 켜고 꺼야 하는지 그리고 어느 전선을 어디에 연결해야 하는지 미리 알고 있어야 했다. 그리고 모든 스위치를 끄고 필요한 전선을 연결한 뒤, 종이테이프에 구멍을 뚫어야 했다. 이러한 작업을 위해서는 수학 천재가 고도의 집중력을 발휘해서 지루하고, 반복적이고, 실수에 취약한 수작업을 끝까지 수행해야 했다.[1]

하버드 마크1이 등장하고 40년의 세월이 흘러, 코모도어 64 Commodore 64와 같은 작고 사용자 친화적인 컴퓨터가 대학을 중심으로 보급되었다. 내 또래 사람이라면, 키보드에 이렇게 입력하면서 느꼈던 짜릿함을 기억할 것이다.

```
10 print 'hello world';
20 goto 10
```

('hello, world'는 개인용 컴퓨터가 처음 나오면서 프로그래밍을 연습할 때 관례적으로 가장 처음 만들어보는 기본 예제이다. 언어의 컴파일러, 통합 개발 환경, 런타임 환경이 정상적으로 작동하는지를 확인하는 테스트로 쓰였다_옮긴이)

그러면 낮은 해상도의 모니터에 'hello world'가 두터운 글씨체로 나타난다. 사용자는 컴퓨터가 이해하는 직관적인 용어로 지시를 내릴 수 있다. 이는 작은 기적처럼 느껴진다. 하버드 마크1 이후로 컴퓨터가 어떻게 그토록 빠른 속도로 진화할 수 있었는지 묻는다면, 우선 부품의 크기가 작아졌기 때문이다. 그리고 다음으로 인간이 사용하는 언어로 윈도우와 같은 소프트웨어를 프로그래밍할 수 있게 되었기 때문이다. 물론 이러한 언어는 1과 0, 다시 말해 궁극적으로 전류의 존재 여부로 환원된다.

컴퓨터의 진화는 결국 컴파일러Compiler 덕분에 가능했다. 그리고 컴파일러에 대한 모든 이야기는 여성 프로그래머 그레이스 호퍼Grace Hopper로 시작된다.

최근에는 더 많은 여성 인력이 기술 분야를 선택하도록 독려하는 방안에 관한 논의가 활발하게 이어지고 있다. 그러나 그레이스가 태어났던 1906년에는 노동시장의 성 평등에 관심을 가진 사람은 거의 없었다. 그래도 다행스럽게 보험사 임원이던 그레이스의 아버지는 성 평등에 관심이 많았고, 자신의 딸을 아들과 똑같이 교육하고자 했다. 그레이스는 일류 학교에 입학했고, 특히 수학에서 두각을 드러냈다. 해군 소장을 지낸 할아버지 때문에 그레이스의 어릴 적 꿈은 해군이었지만, 당시 해군은 여성을

선발하지 않았다. 결국 그레이스는 교수가 되기로 꿈을 바꾸었다.[2]

1941년 진주만 공습으로 미국은 제2차 세계대전에 뛰어들었다. 남성 인력이 전쟁터로 빠져나가면서 해군은 여성을 선발하기 시작했다. 당연하게도 그레이스는 즉각 지원했다.

그런데 해군이 수학자를 무슨 이유로 필요로 했는지 궁금하게 생각될지 모른다. 그렇다면 미사일을 발사하는 과제에 대해 생각해보자. 어떤 각도와 방향으로 포탄을 발사해야 할까? 그 결정에는 다양한 요인이 관여한다. 가령 목표 지점이 얼마나 멀리 떨어져 있는지 그리고 바람의 방향과 세기는 어떤지 파악해야 한다. 물론 이를 위해 필요한 계산은 그리 복잡하진 않지만, 펜과 종이로 무장한 인간 '컴퓨터'에게는 꽤 오랜 시간이 걸리는 일이었다.[3] 해군은 그 작업을 보다 신속하게 처리해야 했다. 1944년 그레이스는 해군 중위의 자격으로 미드십먼 스쿨Midshipmen's School(미국 해군 예비중역학교)을 졸업했다. 당시 해군은 하버드 교수 하워드 아이킨Howard Aiken이 개발한 장비, 즉 마크1에 많은 관심을 보였다. 그리고 그레이스를 아이킨 연구실로 파견하여 연구를 돕도록 했다.

아이킨은 처음에 새로운 여성 연구원을 달갑게 여기지는 않았지만, 그레이스는 머지않아 마크1의 작동 설명서를 작성할 정도로 강한 신뢰를 주었다. 그레이스는 연구 과정에서 많은 도전과 실패를 경험했다. 마크1은 부팅 되자마자 작동을 멈추기 일쑤였다. 물론 사용자 친화적인 에러 메시지가 화면에 뜨는 일은 없었다. 한번은 나방이 기계 속으로 들어가면서 고장을 일으킨 적도 있다. 오늘날 우리가 사용하는 '디버깅Debugging'의 어원을 짐작케 하는 사례다. 버그는 스위치와 종이테이프를 조작하는 과정에서 발생한 오류를 은유적으로 일컫는 표현이었다. 어쨌든 고장의 원인을 밝혀내는 일은 어렵고 힘들었다.

그레이스는 동료 연구원들과 함께 검증을 마치고 재활용이 가능한 프로그램을 공책에 기록하기 시작했다. 1951년에 그들의 컴퓨터는 '서브루틴 Subroutine'이라고 하는 프로그램의 일부를 내부 메모리 시스템에 저장하는 단계로 발전했다. 그 무렵 그레이스는 레밍턴 랜드 Remington Rand라는 기업을 위해 연구를 추진하고 있었다. 그녀는 프로그래머가 친숙한 언어로 서브루틴을 작성할 수 있어야 한다고 경영진을 설득했다. 그녀의 표현을 빌리면, '8진법이나 다양한 기호를 동원하여 작성하는 방식'이 아니라, '급여에서 소득세를 제외할 것'처럼 직관적인 언어로 프로그래밍할 수 있어야 했다.[4] 나중에 그레이스는 '사람들이 나처럼 게으르지 않았기 때문에 그런 생각을 하지 못했던 것'[5]이라고 말했다. 그레이스는 성실함으로 유명한 사람이었지만, 그녀의 말에는 진실의 일면이 담겨 있다. 그레이스가 말한 '컴파일러'라는 개념에는 장단점이 존재한다. 컴파일러를 활용하면 보다 신속하게 프로그래밍 작업을 할 수 있지만, 이로 인해 탄생한 프로그램은 속도가 느렸다. 그래서 레밍턴 랜드는 그녀의 아이디어에 적극적인 관심을 보이지 않았다. 고객들 모두 새로운 컴퓨팅 장비에 대해 제각각 다른 요구를 했다. 레밍턴 랜드는 기업의 전문가들이 최대한 효율적으로 프로그래밍하는 것이 가장 합리적인 선택이라고 판단했다.

하지만 그레이스는 의지를 굽히지 않았다. 그녀는 여가 시간을 짬짬이 이용해서 자신의 첫 번째 컴파일러를 완성했다. 다른 이들이 컴파일러가 명료한 사고에 도움이 된다며 관심을 보였다. 그리고 그중에는 칼 해머 Carl Hammer라는 엔지니어가 있었다. 해머는 그레이스의 컴파일러를 활용해서 자신의 동료가 수개월 동안 해결하지 못했던 방정식을 풀었다. 그는 20라인으로 이루어진 프로그램으로 단 하루 만에 문제를 해결했다.[6] 이후로 비슷한 생각을 갖고 있던 미국 전역의 많은 프로그래머들이 그녀에게 새로운 프로그램을 보내오기 시작했다. 그녀는 다음 번 연구 발표를 위해 그 프로그램들을 잘 보관해두었다. 결과적으로 그레이스는 오픈소스 방식의 소프트웨어 개발 분야를 혼자 힘으로 개척하고 있었던 셈이다.

그레이스의 컴파일러는 이후 최초의 프로그래밍 언어인 코볼COBOL로 진화했다. 코볼은 이제 우리에게 익숙한 하드웨어와 소프트웨어의 구분이라고 하는 개념을 마련했다. 하버드의 마크1과 같은 모델의 경우, 소프트웨어와 하드웨어는 **동일한** 개념이었다. 특정한 스위치 패턴은 배선이 다른 컴퓨터에서 무용지물이었다. 반면 컴파일러는 이를 인식하는 모든 컴퓨터 상에서 작동한다. 개념의 층이 누적되면서 인간 프로그래머와 물리적 칩 사이에 간격이 벌어졌다. 그리고 그 둘은 그레이스의 예측대로 서로 다른 방향으로 진화했다. 덕분에 스위치와 전선에서 해방된 프로그래머들은 이제 개념과 알고리즘에 집중하게 되었다.

그레이스는 왜 동료들이 처음에 자신의 연구를 인정하려 하지 않았는지 알고 있었다. 그것은 그들이 프로그램의 속도를 중요하게 생각했기 때문은 아니었다. 그들은 일반적인 컴퓨터 사용자를 대신해서 신적 존재인 컴퓨터와 의사소통하는 특권을 계속해서 누리고 싶어 했다. 그레이스는 그러한 의미에서 동료들을 '제사장'[7]이라 불렀다.

그레이스는 누구나 쉽게 프로그래밍할 수 있어야 한다고 믿었다. 그리고 그녀의 믿음은 현실이 되었다. 덕분에 컴퓨터는 인간에게 더 유용한 도구가 되었다.

발명은 어디서 오는가?

Fifty Things
That Made
The Modern
Economy

이 질문에 대해 수많은 책이 대답을 내놓았다. 경제학자 조엘 모키어Joel Mokyr는《성장의 문화A Culture of Growth》에서 발명의 기반을 이루는 요인을 살펴보았다. 모키어는 특히 계몽주의 시대에 유럽에서 나타난 정치적 분열을 집중적으로 파헤쳤다. 당시 유럽 지식인들은 사회적 억압에서 벗어나 자유롭게 돌아다니며 후원자를 찾았다. 스티븐 존슨은《탁월한 아이디어는 어디서 오는가Where Good Ideas Come From》를 통해 1650년대 커피하우스에서 오늘날 실리콘밸리에 이르기까지 아이디어를 적극적으로 공유했던 사람들의 네트워크를 면밀히 들여다보았다. 다음으로 키스 소여Keith Sawyer의《창조성을 설명하다Explaining Creativity》는 신경과학과 인지심리학의 관점에서 해답을 찾고 있다.

나는 이 책에서 발명이 어떻게 탄생하는지를 집중적으로 밝히지는 않을 것이다. 대신 발명이 우리를 둘러싼 사회적, 경제적 환경에 미치는 영향에 초점을 맞추고 있다. 그래도 나는 발명이 어디서 오는지에 대해 이미 넌지시 밝힌 바 있다.

가장 먼저, 수요 주도형 발명이 있다. 가령 누가 쟁기를 발명했는지 알 수는 없지만, 변화하는 세상에 대한 대응으로 등장했다는 사실을 살펴보았다. 수렵과 채집으로 먹고살았던 유목민이 어느 날 갑자기 쟁기를 개발한 것은 아니었다. 쟁기는 농업이 시작되고 나서 등장했다. 또 다른 사례로 철조망을 생각해보자. 지금 우리는 철조망이 왜 중요한지 알고 있다. 조지프 글리든은 가장 실용적인 형태의 철조망을 만들어냈다. 개발 과정에 관한 구체적인 사항은 잘 알려져 있지 않다. 어쩌면 평범했을지 모른다. 지금 돌이켜보건대, 글리든의 설계는 충분히 훌륭했다. 그는 아이디어를 처음으로 구현한 인물이었다.

다음으로 공급 주도형 발명이 있다. 스완슨에서 일했던 베티 크로닌은 제2차 세계대전 동안 장기 보존이 가능한 식량을 미군에 납품하면서 많은 돈을 벌었다. 그리고 전쟁이 끝난 뒤 기업의 기술과 전문성을 바탕으로 새로운 시장을 개척했다. 냉동식품은 바로 그렇게 탄생했다.

또한 유추에 따른 발명도 있다. 세르게이 브린과 래리 페이지는 학술 연구 과정에서 얻은 영감을 검색 알고리즘으로 발전시켰다. 그리고 조지 프 우드랜드는 손가락으로 모래 위에 낙서를 하다가 모스 부호를 떠올렸 고, 이는 바코드의 탄생으로 이어졌다.

바코드는 수 차례 독자적인 개발 과정을 거쳐 완성되었다. 문제는 미국 유통 산업의 내부 정치에 있었다. 바코드 이야기는 발명에 많은 사연이 숨어 있다는 사실을 말해준다. 물론 맬컴 맥린이 선박 컨테이너를 '발명' 했다. 하지만 컨테이너 시스템을 가동하기까지 넘어야 했던 장애물에 관 한 이야기를 통해, 우리는 컨테이너 발명을 더 깊숙이 이해하게 된다.

특정 발명에 기여한 단 하나의 인물을 지목하기 쉽지 않을 때가 많다. 또한 특별한 '유레카'의 순간을 설명하기 힘든 경우도 있다. 이 책에서 소 개하는 다양한 발명 이야기에는 많은 인물이 등장한다. 이들 발명은 수십 년 혹은 수 세기에 걸쳐 이루어진 결과물일 때가 많다. 이러한 점에서 '발 명은 어디서 오는가?'라는 질문에 대해, 나는 '우리가 상상할 수 있는 모 든 곳'이라고 답하고 싶다.

2007년 1월 9일 세계에서 가장 상징적인 사업가가 역사상 가장 수익성
높은 신제품을 발표했다.[1]

바로 아이폰이었다. 아이폰은 다양한 방식으로 오늘날 경제에 영향을
미쳤다. 물론 애플은 아이폰으로 엄청난 수익을 기록했다. 애플이 아이폰
으로만 벌어들인 수익을 올린 기업은 전 세계에서 몇 곳에 불과하다. 아
이폰은 스마트폰이라는 새로운 범주를 창조했다. 애플과 이를 모방하는
기업들은 10년 전만 해도 세상에 존재하지 않았던, 그러나 오늘날 많은
사람들이 갈망하는 물건을 내놓았다. 아이폰은 또 소프트웨어를 비롯하
여 음악과 광고 시장에도 큰 영향을 미쳤다.

그러나 아이폰에는 더 중요한 진실이 숨어 있다. 그 이야기는 우리를 깜짝 놀라게 만든다. 사람들은 스티브 잡스는 물론 그의 초기 파트너였던 스티브 워즈니악Steve Wozniak과 그의 후계자 팀 쿡Tim Cook 그리고 아이디어가 번득이는 디자이너 조너선 아이브Jonathan Ive에게 무한 신뢰를 보낸다. 그러나 그 이야기 속에 등장했던 중요한 배우들 대부분은 사람들의 기억 속에서 사라졌다.

한번 생각해보자. 아이폰을 아이폰답게 만드는 것은 무엇일까? 세련된 디자인과 사용자 인터페이스 그리고 소프트웨어와 하드웨어에 대해 사용자가 느끼는 감성을 배려한 세심함을 꼽을 수 있겠다. 그러나 아이폰의 매력적인 겉모습 이면에는 그 기기를 비롯하여 모든 스마트폰이 작동하도록 만든 몇 가지 중요한 요소가 숨어 있다.

경제학자 마리아나 마추카토Mariana Mazzucato는 스마트폰을 가능하게 만든 열두 가지 핵심 기술을 요약했다. 하나, 소형 마이크로프로세서. 둘, 메모리칩. 셋, SSD 드라이브. 넷, 크리스털 액정 디스플레이. 다섯, 리튬 배터리. 여기까지는 모두 하드웨어에 해당된다.

그 다음은 네트워크와 소프트웨어에 관한 것이다.

여섯, 고속 푸리에 변환Fast Fourier Transform(FFT) 알고리즘. 이 기술은 소리나 빛, 전파와 같은 아날로그 신호를 컴퓨터가 인식할 수 있는 디지털 신호로 신속하게 변환해주는 놀라운 수학적 도구다.

일곱, 모두가 익히 알고 있는 인터넷. 인터넷이 없으면 스마트폰은 진정한 스마트폰이 아니다.

여덟, HTTP와 HTML. 어려운 인터넷을 쉬운 월드와이드웹으로 바꿔주는 언어와 프로토콜을 말한다. 아홉, 이동통신 네트워크. 네트워크에 연결되지 않은 스마트폰은 스마트하지 않다. 전화기로서도 기능하지 못한다. 열, GPS. 열하나, 터치스크린. 열둘, 음성 기반 인공지능 소프트웨어 시리Siri.[2]

이들 기술 모두 아이폰을 포함한 모든 스마트폰의 작동을 뒷받침하는 중요한 요소다. 그리고 그 일부는 필수적인 기술이다. 그러나 중요한 요소들의 목록을 완성하고 각각의 역사를 들여다보았을 때, 마추카토는 충격적인 사실을 발견했다. 바로 아이폰 발명에서 핵심적인 인물이 스티브 잡스가 아니라는 사실이었다. 주인공은 다름 아닌 엉클 샘Uncle Sam, 즉 미국 정부였다. 아이폰을 이루는 열두 가지 핵심 기술은 전반적으로 여러 정부로부터, 특히 미국 정부로부터 지원을 받아서 개발된 것이었다.

몇몇 사례는 꽤 유명하다. 예를 들어 월드와이드웹이 팀 버너스리Tim Berners-Lee의 연구로부터 탄생했다는 사실은 널리 인정받고 있다. 버너스리는 제네바에 위치한 유럽 입자물리학연구소Conseil Européen pour la Recherche Nucléaire(CERN)의 소프트웨어 기술자로, 이 연구소는 유럽의 여러 정부가 공동으로 설립한 기관이다.[3] 또한 인터넷은 1960년대 미 국방부가 새롭게 구축한 컴퓨터 네트워크인 아르파넷ARPANET에서 비롯했다.[4] GPS 역시 처음에는 순수한 군사 기술이었다. 냉전 시대에 개발된 GPS 기술은 1980년대에 들어서야 민간 분야로 공개되었다.[5]

반면 비교적 대중에 덜 알려진, 하지만 마찬가지로 중요한 사례도 있다.

FFT 기술이 등장하면서 전화, TV, 축음기가 아날로그 신호로 작동하던 세상이, 아이폰과 같은 초소형 컴퓨터가 디지털 신호로 돌아가는 세상으로 진화했다. 여기서 가장 대표적인 알고리즘은 미국의 위대한 수학자 존 터키John Tukey의 통찰력으로 탄생했다. 터키는 어떤 목적으로 그 알고리즘을 개발했을까? 그것 역시 군사적 활용이었다. 좀 더 구체적으로 설명하자면, 1963년 터키는 케네디 행정부의 과학자문위원회 일원으로 소련의 핵무기 실험을 추적하는 프로젝트에 참여하고 있었다.[6]

　다음으로 터치스크린이 없으면 스마트폰이라 할 수 없다. 터치스크린의 개발자는 E. A. 존슨 E. A. Johnson이라는 기술자로, 그는 그 이름부터 영국의 전통적인 정부 기관임을 짐작케 하는 왕립 레이더연구소 Royal Radar Establishment 시절에 터치스크린에 관한 초기 연구를 수행했다.[7] 이후 존슨 역시 정부 기반의 CERN으로 자리를 옮겨서 추가 연구를 진행했다. 최종적으로 멀티터치 기술은 미국 델라웨어 대학교 연구원인 웨인 웨스터먼 Wayne Westerman과 존 엘리아스 John Elias에 의해 상업적으로 완성되었다. 이들 두 연구원은 나중에 자신의 회사를 애플에 매각했다. 이번 게임에서도 미국 정부가 마지막을 장식했다. 이후 웨인 웨스터먼 장학재단은 미국 과학재단 National Science Foundation과 미국 중앙정보국 CIA의 지원으로 설립되었다.[8]

　다음으로 디지털 음성 기술 시리로 넘어가보자.

　아이폰이 개발되기 7년 전인 2000년에 미국 방위고등연구계획국 Defense Advanced Research Projects Agency(DARPA)은 스탠퍼드 연구소 Stanford Research Institute에 시리의 원형이라 할 수 있는 소프트웨어의 개발 프로젝트를 위임했다. 그 목적은 군사 인력의 업무를 도와주는 디지털 비서를 개발하는 것이었다. 총 20개 대학이 이 프로젝트에 참여했고, 음성 기반의 가상 비서 기능을 수행하는 다양한 기술을 경쟁적으로 내놓았다. 그리고 이러한 노력은 2007년 신생 기업인 시리 인코퍼레이티드 Siri Incorporated의 설립으로 상업적 결실을 맺었다. 2010년 애플은 알려지지 않은 금액으로 그 회

사를 인수했다.[9]

우리는 SSD와 리튬 배터리, 크리스털 액정 디스플레이와 반도체 기술에서도 이와 비슷한 이야기를 발견하게 된다. 또한 각각의 이야기 속에서 과학적 독창성과 민간 영역의 풍성한 기업가 정신을 만나게 된다. 동시에 미국 정부 기관이 상당한 규모로 예산을 투자했다. 여기서는 전반적으로 군사 기관들이 주축을 담당했다.[10] 특히 상업화된 집적회로를 최초로 완성한 페어차일드 반도체Fairchild Semiconductor는 실리콘밸리를 형성하는 데 크게 기여했다. 그리고 그 기업의 초기 주요 사업은 군수품 조달이었다.[11]

물론 미군이 아이폰을 개발한 것은 아니다. 마찬가지로 CERN이 페이스북이나 구글을 만든 것도 아니다. 오늘날 수많은 소비자가 사용하는 IT 제품 대부분은 민간 분야에서 완성되면서 상용화되었다. 하지만 그 모든 일이 가능했던 것은 정부가 적극적으로 투자하고 위험을 기꺼이 감수한 덕분이다. 오늘날 에너지와 생명공학 분야에 산적한 기술적 도전 과제 역시 정부가 주도적인 역할을 맡아야 할 것으로 보인다.

스티브 잡스는 천재였다. 누구도 그 사실을 부인하지 않는다. 그의 놀라운 부수적인 프로젝트에는 애니메이션 스튜디오 픽사Pixar가 있다. 픽사는 디지털 애니메이션 〈토이 스토리Toy Story〉를 내놓으면서 영화 시장의 지평을 바꾸어놓았다.

물론 터치스크린, 인터넷, FFT 기술이 없었더라도 스티브 잡스는 대단한 무언가를 만들어냈을 것이다. 그러나 아이폰처럼 세상을 뒤흔들어놓은 획기적인 신제품은 아니었을 것이다. 어쩌면 〈토이 스토리〉에 등장하는 우디와 버즈 같은 매력적인 장난감에 그쳤을지 모른다.

디젤 엔진
31

때는 저녁 10시. 벨기에를 떠나 영국해협을 건너는 S. S. 드레스덴 S. S. Dresden 여객선에 타고 있던 루돌프 디젤 Rudolf Diesel 은 저녁 식사를 마치고 객실로 돌아갔다. 침대 위에 잠옷이 놓여 있었지만 갈아입지 않았다. 자신의 이름을 딴 엔진을 개발했던 디젤은 어마어마한 부채에 대해 그리고 조만간 돌아올 이자 지급일에 대해 생각했다. 그는 빚을 상환할 여력이 없었다. 그의 일기장에서 그날의 날짜(1913년 9월 29일)에는 불길하게도 'X' 표시가 되어 있었다.

이번 여행을 떠나기 전, 디젤은 가진 돈을 모두 끌어모아 자신의 재정적 곤란을 보여주는 서류와 함께 가방에 집어넣었다. 그러고는 가방을 아내에게 맡기고는 일주일 뒤에 열어보라고 당부했다. 아내는 아무 의심도 하지 않았다. 디젤은 객실을 나섰다. 코트를 벗고는 고이 접어 갑판 위에 얌전히 놓아두었다. 난간 아래로 펼쳐진 아득한 심연을 바라보았다. 그러고는 그대로 몸을 던졌다.

정말 그랬을까? 이 이야기는 루돌프 디젤의 마지막 순간에 관한 가장 그럴듯한 설명이기는 하지만, 그래도 가정에 불과하다.[1] 혹자는 디젤이 다른 누군가의 도움을 받았을 것이라 주장한다. 누가 무일푼의 발명가 인생에 관심을 가졌을까? 두 후보자가 거론된다. 어쩌면 이러한 의혹도 아무런 근거가 없는 이야기인지 모른다. 그럼에도 우리는 이 이야기 속에서 1892년 디젤이 개발한 엔진의 경제적 가치를 추측해볼 수 있다.

당시 상황을 이해하기 위해, 다시 한 번 20년을 거슬러 올라가 1872년 으로 돌아가 보자. 그 무렵 증기기관은 기차와 공장을 돌아가게 만드는 주된 원동력이었다. 반면 도시의 교통은 여전히 말에 의존했다. 그러나 그해 가을에 말 인플루엔자가 창궐하면서 미국의 도심은 멈춰서고 말았다. 식료품 가게의 선반은 텅 비었고, 술집에는 맥주가 떨어졌으며, 쓰레기는 거리에 쌓여만 갔다.[2] 당시 50만 인구가 거주하는 도시에 10만 마리의 말이 있었다. 그리고 그 말들은 한 마리당 16킬로그램의 똥과 4리터의 오줌으로 거리를 매일 뒤덮었다. 이러한 상황에서 경제적이고 튼튼한 소형 엔진이 등장해 말을 대체한다면, 그야말로 신의 축복일 터였다.[3]

증기 엔진은 하나의 후보였다. 실제로 증기기관으로 움직이는 자동차 개발이 이루어지고 있었다. 또 다른 후보로 내연기관이 있었다. 초기 내연기관은 석유와 가스 심지어 화약까지 원료로 활용했다. 루돌프 디젤이 학생이던 시절, 시중에 나와 있던 모든 엔진은 대단히 비효율적이었다. 발생한

열의 10퍼센트 정도만 에너지로 전환했다.[4]

젊은 시절 디젤은 뮌헨에 있는 로열 바바리언 폴리테크닉Royal Bavarian Polytechnic에서 엔진 효율의 이론적 한계를 주제로 한 열역학 강의를 들었고, 그 뒤 그의 삶은 완전히 달라졌다. 당시 일반적인 엔진의 효율은 10퍼센트에 불과했고, 이는 강의에서 제시한 기준에 비해 턱없이 낮은 수준이었다. 그때부터 디젤은 열에너지 대부분을 운동에너지로 전환하는 엔진을 개발하겠다는 목표에 몰두했다. 물론 100퍼센트 효율은 이론적으로 불가능하다. 그래도 그가 개발한 첫 번째 엔진은 25퍼센트를 넘어섰고, 이는 다른 첨단 엔진보다 두 배나 더 높은 수치였다. 오늘날 최고의 디젤 엔진은 50퍼센트를 웃돈다.[5]

휘발유 엔진은 연료와 공기의 혼합물을 압축하고, 이를 점화플러그로 연소시키는 방식으로 작동한다. 그런데 압력이 지나치게 높을 경우 연소 과정이 너무 일찍 시작되고, 이는 엔진의 안전성을 떨어뜨린다. 디젤은 공기만 압축하고 그 온도를 높여 분사될 때 연료를 연소시키는 방법으로 이 문제를 해결했다. 이를 통해 엔진 효율이 크게 높아졌다. 압력이 높을수록 연료 소모량은 줄어들었다. 자동차를 사기 위해 고민해본 사람이라면, 디젤 엔진의 장단점을 익히 알고 있을 것이다. 그것은 가격은 비싸지만 연비는 높다는 사실이다.

디젤의 입장에서는 안타깝게도, 그의 초기 모델은 효율은 높았지만 신뢰성 문제가 장점을 모두 상쇄하고 말았다. 불만 가득한 고객들의 환불 요청이 끊이지 않았다. 이로 인해 디젤은 재정적 어려움에 빠졌고, 끝내 벗어나지 못했다. 현대 경제를 이끈 위대한 발명을 이룩한 인물이 경제적으로 파멸하고 말았다는 것은 참으로 아이러니한 사실이다. 물론 그가 추구한 것은 돈이 아니라 강의에서 얻은 영감이라 해도 마찬가지다.

디젤은 계속해서 연구했고 끊임없이 개선했다. 이러는 과정에서 그는 분명한 경쟁력을 확인했다. 그것은 디젤 엔진이 휘발유 엔진보다 훨씬 더 무거운 연료를 사용할 수 있다는 사실이었다. 이 무거운 연료의 이름은 다름 아닌 '디젤'이었다. 디젤 연료는 정제 과정에서 휘발유보다 더 경제적일 뿐더러 배출 가스 또한 적었다. 그리고 그만큼 폭발 위험성이 낮았다.[6] 어쨌든 차량에 실린 폭탄이 폭발하기를 바라는 군인은 없을 것이기에, 이러한 경쟁력은 군용 차량에 특히 매력적인 요인으로 작용했다.[7] 1904년 디젤이 개발한 엔진은 프랑스 잠수함에도 장착되었다.[8]

여기서 루돌프 디젤을 둘러싼 첫 번째 음모론이 등장한다. 제1차 세계대전의 전운이 고조되던 1913년, 경제적으로 곤경에 처한 디젤은 영국 런던으로 향했다. 한 언론은 그의 죽음과 관련하여 자극적인 헤드라인을 실었다.

"특허권을 영국 정부에 팔아넘기는 일을 막기 위해서 스스로 바다에 뛰어든 발명가"[9]

디젤의 발명이 상업적 잠재력을 드러낸 것은 제1차 세계대전이 끝난 뒤였다. 당시 디젤 엔진은 승용차가 아닌 다른 교통수단에 활용되었다. 1920년대에 디젤 엔진을 장착한 트럭이 등장했고, 1930년대에는 디젤 기반의 기차가 나왔다. 1939년을 기준으로, 전 세계 해상 무역의 4분의 1이 디젤 엔진을 탑재한 선박에 의해 이루어졌다. 제2차 세계대전 이후 디젤 엔진은 더욱 강력해지고 연비 또한 높아지면서 대형 선박에 널리 활용되었다. 디젤의 발명은 말 그대로 세계 무역의 엔진이었던 셈이다.[10]

연료비는 국제 화물 운송비에서 약 70퍼센트를 차지한다.[11] 이러한 점에서 과학자 바츨라프 스밀Vaclav Smil이 디젤 엔진이 아닌 증기기관이 세계화의 원동력이 되었다면 무역 시장은 훨씬 느리게 성장했을 것이라고 언급한 이유를 쉽게 이해할 수 있다.[12]

그러나 경제학자 브라이언 아서Brian Arthur는 디젤 엔진의 성공을 확신하지 못했다. 아서는 지난 세기 동안 내연기관의 성장을 '경로 의존성path dependence'에 해당하는 한 가지 사례로 보았다. 여기서 경로 의존성이란 기존 투자와 제반 시설 때문에 과거의 업무 방식에서 벗어나지 못하는 자기 강화적 현상을 일컫는 말이다. 이러한 점에서 기존 방식에서 벗어나려면 처음부터 새롭게 시작하는 편이 낫다. 1914년 말 아서는 자동차 산업과 관련하여 증기기관이 적어도 내연기관만큼 오래 살아남을 것이라고 예측했다. 그러나 석유 산업의 영향력이 높아지면서, 더 많은 자본이 증기기관이 아닌 내연기관으로 몰렸다. 무엇이 표준으로 자리 잡을지 모르기 때문에 연구 개발비를 균등하게 투자했다면, 우리는 어쩌면 차세대 증기기관 자동차를 기다리고 있을지 모른다.[13]

또한 루돌프 디젤이 그의 꿈을 실현했다면, 세계경제는 땅콩을 기반으로 돌아가고 있을 것이다.

디젤이라는 이름은 이제 원유 파생물과 동의어가 되었지만, 그는 석탄 가루로부터 식물성 기름에 이르기까지 다양한 연료를 사용하는 엔진을 개발하고자 했다. 1900년에 열린 파리 만국박람회에서 디젤은 콩기름을 원료로 사용하는 모델을 선보였다. 그리고 이듬해부터는 숭고한 이상을 좇는 전도사가 되었다. 세상을 뜨기 한 해 전인 1912년, 디젤은 식물성 기름이 휘발유만큼 중요한 연료가 될 것이라고 확신했다.[14]

이러한 예측은 당연하게도 유전을 소유한 사람보다 땅콩 농장을 소유한 이들에게 더 매력적인 전망이었다. 하지만 이를 실현하려는 움직임은 루돌프 디젤의 사망과 더불어 중단되고 말았다. 여기서 두 번째 음모론이 등장한다. 이러한 음모론 속에서 당시 언론은 "석유 대기업이 자행한 청부 살인"[15]과 같은 자극적인 헤드라인을 실었다.

최근 바이오디젤에 대한 관심이 되살아나고 있다. 바이오디젤은 석유보다 오염 물질을 덜 배출하지만, 그럼에도 많은 논란에 휩싸여 있다. 바이오디젤 산업은 토지라는 자원을 놓고 농업과 경쟁 관계에 있다. 이는 결국 식품 가격의 상승으로 이어진다. 물론 루돌프 디젤이 살았던 시대에는 이런 걱정을 할 필요가 없었다. 인구는 적었고 기후는 안정적이었기 때문이다. 디젤은 자신이 개발한 엔진이 가난한 농업 경제 개발에 도움이 될 것이라 확신했다. 만약 지난 100년 동안 화석 연료가 아니라 바이오디젤이 주된 원료의 자리를 차지했다면, 오늘날 세상은 어떻게 달라졌을까?

루돌프 디젤에게 무슨 일이 일어났던지 알 수 없는 것처럼, 우리는 이 질문에 대해서도 추측만 할 수 있을 뿐이다. 디젤이 종적을 감추고 열흘이 흘러 시신이 수면 위로 떠올랐다. 다른 선박이 이를 발견했지만, 부검을 하기에 이미 너무 늦은 상태였다. 선원들은 디젤의 시신을 배 위로 끌어올리지도 않았다. 다만 그의 재킷에서 지갑과 주머니칼, 안경집을 꺼냈고, 나중에 그의 아들이 아버지의 유품임을 확인해주었다. 결국 그 발명가의 시신은 그렇게 파도를 따라 흘러갔다.

시계

32

1845년 영국 서부 엑서터에 있는 성 요한 교회에 달린 시계에 바늘 하나가 추가되었다. 사람들의 이목이 쏠렸다. 그 바늘은 원래 분침보다 14분 이전을 가리키는 또 하나의 분침이었다.[1] 당시 엑서터에서 발행된 주간지 《트루먼스 엑서터 플라잉 포스트*Trewman's Exeter Flying Post*》 기사에 따르면, 새로운 분침을 추가한 이유는 '엑서터 지역의 정확한 시간과 함께 철도 시간'을 알려줌으로써 '대중의 편의'를 도모하기 위함이었다.[2]

역사적으로 인류는 지구의 움직임에 따라 시간을 정의했다. 지구가 자전과 공전을 한다는 사실을 깨닫기 오래전부터, 인간은 '하루'와 '1년'의 개념을 알았다. 그리고 달이 차고 이지러지는 주기를 통해 '한 달'이라는 개

넘을 이해했다. 또한 태양의 궤도를 추적하며 '정오'의 개념을 정의했다. 물론 태양이 정점에 달하는 정확한 시점은 관찰자 위치에 따라 다르다. 가령 엑서터의 정오는 런던의 정오보다 14분 늦게 찾아온다.

시계가 보편화되면서 사람들은 천문 관측소를 기준 지점으로 설정했다. 이러한 합의는 한 지역 내에서는 아무런 문제가 없다. 가령 엑서터 주민들이 저녁 7시에 만나기로 약속했다면, 그로부터 320킬로미터 떨어진 런던에서는 그 시각이 7시 14분에 해당한다는 사실은 문제되지 않는다. 그러나 기차가 엑서터와 런던을 연결하면서 사람들은 시간과 관련하여 악몽에 시달리게 되었다. 엑서터와 런던 주민들은 물론, 기차가 정차하는 모든 지역의 사람들은 저마다 서로 다른 시간을 사용했다. 초창기 시절 기차역 시간표는 용감하게도 승객들에게 이렇게 안내 방송을 했다.

"운행표에 나와 있는 시각은 런던보다 14분 느리며, 사이런체스터보다는 7분 30초 빠릅니다."

사람들은 곧 혼란에 빠지고 말았다. 더 심각한 문제는 기관사와 신호 관리자 역시 예외가 아니었다는 사실이다. 그만큼 열차의 충돌 위험성은 높아졌다.[3]

결국 영국 정부는 '철도 시간'을 도입했다. 철도 시간은 널리 알려진 런던 그리니치천문대의 표준 시간을 기준으로 규정했다. 전국적인 표준 시간이 필요하다는 사실을 깨달은 일부 지자체는 철도 시간에 따라 지역 시간을 수정했다. 그러나 다른 일부는 대도시 중심적인 고압적 지시에 불만을 드러냈다. 《트루먼스 엑서터 플라잉 포스트》 기사에 따르면, 그들은 특유의 지역성을 드러내면서 자신의 시간이 '정확한 시간'이라는 믿음을 포기하지 않았다. 엑서터 교회의 주교도 시계를 수정하지 않았다.

사실 '정확한 시간'이란 존재하지 않는다. 돈의 가치와 마찬가지로, 많은 이들이 사용하는 시간을 기준으로 삼아 편의성을 도모하기 위한 개념에 불과하다. 반면 시간을 정확하게 측정하는 기술은 존재한다. 우리는 그 기술의 기원을 따라 네덜란드인 크리스티안 하위헌스Christiaan Huygens가 살았던 1656년으로 거슬러 올라갈 수 있다.

시계는 하위헌스 시대 이전에도 있었다. 가령 물시계는 고대 이집트에서 중세 페르시아에 이르기까지 다양한 문명에서 확인할 수 있다. 양초에 눈금을 표시해서 시간을 측정하는 방식도 있었다.[4] 그러나 이러한 방식은 아무리 정확해도 오차가 15분 정도 나기 마련이다.[5] 물론 기도 시간을 알아야 하는 수도승이라면 그 정도 오차는 문제없다(그가 모시는 신이 시간 엄수에 그리 까다롭지 않은 한). 하지만 그 오차가 경제적인 측면에서 심각한 피해를 입히는 분야가 있었다. 바로 항해였다.

선원들은 태양의 기울기를 보고 **위도**, 즉 남북을 가로지르는 축에서 자신이 어디에 있는지를 파악한다. 하지만 **경도**, 즉 동서의 축에서 자신이 차지하는 위치는 추측에 의존할 수밖에 없다. 그리고 추측에서 작은 실수는 예상 경로로부터 수백 킬로미터 벗어날 위험을 의미하는 것이었다. 때로는 암초에 걸려 침몰로 이어질 수 있었다.

여기서 정확한 시간 측정 기술은 무슨 의미가 있을까? 엑서터 교회의 시계가 320킬로미터 떨어진 런던의 시계와 다른 이유를 생각해보자. 엑서터의 정오는 런던보다 14분 늦게 찾아온다. 지금 런던 그리니치천문대 혹은 그 밖에 다른 기준점이 정오라는 사실을 알고 있다면, 태양의 위치와 시간 차이를 통해 그로부터 얼마나 떨어져 있는지 정확히 알 수 있다. 하위헌스가 발명한 진자시계는 그때까지 나온 어떤 장비보다 60배 이상 정확했다. 그럼에도 하루 15초 정도의 오차는 긴 항해 기간 동안 누적된다. 게다가 진자 운동은 요동치는 갑판 위에서 일정하지 않다.

해양 국가의 통치자들은 경도와 관련된 문제를 분명하게 인식했다. 스페인 왕은 하위헌스의 연구보다 100년 앞서 경도 문제를 해결하는 자에게 상금을 내리겠노라 선포했다. 그러나 널리 알려진 것처럼, 정확성이 충분히 높은 시계가 등장한 것은 1700년대에 영국 정부가 상금을 걸었을 때였다. 그 개발자는 영국인 존 해리슨John Harrison이라는 인물이었다.* 해리슨 시계의 오차는 하루에 몇 초 이내였다.[6]

시계의 정확도는 하위헌스와 해리슨 시대를 거쳐 더욱 높아졌다. 끝까지 고집을 피웠던 엑서터 주교의 시대가 막을 내리면서, 전 세계가 협정 세계시Universal Time Coordinated(UTC)에 합의했다. UTC는 에너지 차원에서 전자의 진동을 측정하는 원자시계를 기준으로 삼는다. 워싱턴 D.C. 북서쪽에 위치한 미 해군 관측소에서 관리하는 표준시계Master Clock는 총 네 개로 이루어진 최첨단 원자분수시계Atomic Fountain Clock로 구성된다. 이들 시계 안에서는 냉동 원자가 공기 중으로 솟구쳤다가 다시 떨어진다. 누군가 시스템에 침투해 내부 온도를 조정하는 것과 같은 만일의 사태에 대비해 여러 대의 시스템이 대기하고 있다. 표준시계는 단 1나노초의 어긋남도 허용하지 않는다. 그 오차는 3억 년에 1초 미만이다.[7]

그런데 그렇게까지 정확하게 시간을 측정해야 할 이유는 무엇일까? 사

---

* 그럼에도 존 해리슨은 상금을 받지 못했다. 데이바 소벨Dava Sobel은 《경도Longitude》(1995)에서 해리슨은 그를 질투했던 천문학자들의 음모 때문에 상을 박탈당했다고 주장했다. 또 다른 견해는 해리슨이 발명품의 세부적인 작동 방식을 끝내 설명하지 않았기 때문이라고 말한다. 해리슨은 그저 자신의 재능으로 해결책을 찾아낸 것이라고만 설명했다고 한다.

람들은 출근할 때 밀리세컨드millisecond(1,000분의 1초_옮긴이) 단위로 계획을 세우지 않는다. 사실 오늘날 손목시계는 실용보다 사치에 가깝다. 아침 라디오 방송이 정확한 시간을 알려주기 전에, 벨빌Belville 가문은 매일 아침 그리니치에 있는 시계를 수정하고, 정확한 시간 정보를 런던 전역에 알리는 일을 했다. 그들의 고객 대부분은 시계 시장의 상인들이었다. 그리니치 기준에 맞춘 시계를 판매한다는 것은 이들 상인에게 전문가로서의 자존심에 관한 문제였다.[8]

실제로 밀리세컨드가 의미 있는 분야가 있다. 경쟁자보다 조금이라도 앞서 차익 기회를 잡아야 하는 주식시장이 대표적이다. 최근 일부 금융 전문가는 3억 달러 예산을 투자하여 시카고와 뉴욕을 가로막고 있는 산을 뚫어서 직선으로 광섬유를 깔아야 한다고 주장하고 나섰다. 케이블이 설치될 경우, 두 도시의 거래소 사이의 커뮤니케이션 속도는 3밀리세컨드만큼 빨라진다. 여러분은 아마도 그게 그만큼의 세금을 투자할 만한 가치가 있는 제반 시설인지 궁금해할 것이다. 하지만 이런 투자에 따른 이익은 분명하며, 사람들이 이러한 이익을 추구하는 것은 당연한 일이다.[9]

정확한 시간 측정 기술은 또한 컴퓨팅 작업과 커뮤니케이션 네트워크를 뒷받침한다.[10] 그래도 원자시계 기술이 가장 분명한 기여를 하는 분야는 여행 산업일 것이다(초창기 시계가 처음에 항해, 다음으로 기차 운행에 도움을 주었던 것처럼).

물론 이제 태양의 기울기에 따라 이동할 필요는 없다. 우리에게는 GPS가 있다. 기본적인 형태의 스마트폰도 인공위성 네트워크로부터 신호를 받아 사용자의 위치를 알려준다. GPS 장비는 위성의 위치를 확인하고, 이들 위성이 전송하는 신호를 삼각측량함으로써 사용자의 위치 정보를 알려준다. GPS 기술은 선박과 비행기 그리고 측량과 하이킹에 이르기까지 생활 전반의 모든 것을 바꾸어놓았다.

일반적으로 GPS 위성에는 세슘이나 리비듐으로 작동하는 네 개의 원자 시계가 탑재되어 있다. 오늘날 시간 측정 기술은 바로 하위헌스와 해리슨이 꿈꾸던 것이었다. 하지만 지금도 자신의 위치를 확인하는 과정에서 몇 미터 정도의 오차가 발생한다. 그것은 위성 신호가 지구 전리층을 통과하면서 발생하는 간섭 때문이다.[11] 그래서 자동차 내비게이션 시스템에는 GPS 장비와 함께 보조 센서가 필요하다. 고속도로 주행에서 몇 미터 오차는 삶과 죽음을 가른다.

다른 한편으로, 시계는 지금도 진화를 거듭하고 있다. 최근 과학자들은 이터븀ytterbium이라는 은백색의 희토류 신물질로 움직이는 시계를 발명했다. 이 시계는 태양이 폭발해서 지구를 삼킬 때까지, 다시 말해 앞으로 50억 년 동안 100분의 1초의 오차도 허용하지 않을 것이다.[12] 한층 더 높아진 시간의 정확성은 우리 미래를 어떻게 바꾸어놓을 것인가? 오직 시간만이 말해줄 것이다.

하버보슈법
33

뛰어난 과학자 두 사람이 결혼을 했다. 클라라 임머바르Clara Immerwahr 는 독일에서 화학으로 박사 학위를 받은 최초의 여성이었다. 거기까지 그녀는 숱한 어려움을 이겨내야 했다. 당시 여성은 브레슬라우 대학교에 입학할 수 없었다. 클라라는 교수들을 찾아다니며 청강 허락을 구했다. 그리고 시험을 칠 수 있도록 부탁했다. 그녀에게 박사 학위를 수여한 학장은 이렇게 말했다.

"과학 세상은 성별을 떠나 모두를 환영한다."

그러면서도 여성의 임무는 가족 부양이라는 믿음을 포기하지는 않았다. 그리고 클라라에 대한 박사 학위 수여가 새로운 시대를 여는 출발점이 아

니기를 바랐다.[1]

클라라는 결혼 때문에 경력을 포기해야 하는 현실을 받아들일 수 없었다. 그녀는 좌절했다. 남편은 자신의 아내가 과학자가 아니라 저녁 파티의 안주인이 되어주길 원했다. 그녀는 몇 번 강의를 맡았지만, 주변 사람들이 남편 덕분이라고 생각한다는 사실에 크게 낙담했다. 남편은 열심히 연구하고, 인맥을 쌓고, 곳곳을 돌아다녔다. 게다가 바람까지 피웠다. 클라라는 홀로 아이를 키웠다. 너무도 안타깝게도 과학자로서의 꿈을 접어야 했다.

20세기 초 성차별에 대한 독일 사회의 인식이 달랐더라면, 클라라는 틀림없이 놀라운 업적을 이룩했을 것이다. 하지만 자신의 남편처럼 화학무기 개발 프로젝트에는 참여하지 않았을 것이다. 클라라의 남편은 제1차 세계대전 당시 독일의 승리를 위해 염소 독가스로 연합군을 공격하자고 주장했다. 클라라는 야만적인 행위라며 남편을 비난했다. 그리고 남편은 아내를 조국의 배신자라고 비난했다. 1915년 벨기에 이프르 지역에서 처음으로 염소 가스를 사용한 이후로 그녀의 남편은 육군 대위로 진급했다. 이후 클라라는 남편의 권총으로 자살했다.[2]

클라라와 프리츠 하버Fritz Haber 두 사람은 14년간 결혼생활을 유지했다. 프리츠는 결혼 후 8년 만에 20세기 가장 중요한 발명으로 손꼽히는 혁신을 일구어냈다. 그의 발명이 없었더라면, 세계 인구 절반은 지금 존재하지 못할 것이다.[3]

하버보슈법Haber-Bosch Process은 공기 중 질소를 가지고 암모니아를 만드는 기술이다. 암모니아는 비료의 필수 요소다. 모든 식물은 질소를 필요로 한다. 질소는 칼륨과 인, 물, 햇빛과 더불어 식물 생장에서 대단히 중요하다. 식물이 죽은 뒤 함유된 질소는 다시 토양으로 돌아가 새로운 식물의 영양분이 된다. 하지만 인간은 농업으로 그 주기를 완전히 망쳐놓았다. 인간은 식물을 재배하고 이를 먹는다.

인류는 농업 초창기부터 수확량을 장기적으로 유지하기 위해 다양한 방법을 시도했다. 그중 핵심은 질소를 다시 토양으로 주입하는 방법이다. 일반적으로 거름에는 질소가 들어 있다. 콩의 뿌리에는 박테리아가 쉽게 번식하고, 그 박테리아는 토양에 질소를 보충하는 역할을 한다. 이러한 이유로 농부들은 종종 콩 재배를 윤작에 포함시킨다.[4] 그러나 이러한 방식으로 작물이 요구하는 질소를 충족시키려면 많은 노력이 필요하다. 최대한 많은 질소를 토양에 주입해야 한다.

19세기 과학자들은 공기 중 78퍼센트가 질소라는 사실을 발견했다. 하지만 공기 중 질소는 두 원자가 강력하게 결합하여 식물이 활용할 수 없는 형태를 이루고 있다. 식물은 '불휘발성' 질소 또는 다른 원소와 결합한 화합물 형태의 질소를 필요로 한다. 조류의 배설물이 퇴적되어 만들어진 조분석guano에 포함된 옥살산암모늄이나 화약의 주성분으로 초석이라고도 불리는 질산칼륨이 대표적인 질소 화합물이다. 특히 남미 지역에 풍부한 조분석과 초석은 전 세계 토양 속으로 살포되고 있다. 하지만 이제 과학자들은 21세기가 저물 무렵 조분석과 초석 재고가 바닥날 것을 우려한다.

그런데 공기 중 질소를 식물이 흡수할 수 있는 형태로 전환할 수 있다면 어떨까?

이 연구를 한 사람이 바로 프리츠 하버다. 프리츠는 단순한 호기심으로 그리고 화학전에 기여하려는 애국심의 발로로, 혹은 화학 기업 바스프

BASF사와 체결했던 엄청난 금액의 계약 때문에 연구를 추진했다. 이후 바스프의 엔지니어 카를 보슈Carl Bosch는 하버가 개발한 기술을 상업적으로 완성했다. 그리고 두 사람은 노벨상을 받았다. 물론 많은 이들이 전범이라고 생각했던 하버의 노벨상 수상은 사회적 논란을 낳았다.

하버보슈법은 아마도 경제학자들이 말하는 기술적 대안technological substitution에 해당하는 대표적 사례일 것이다. 기술적 대안이란 기본적인 물리적 한계에 직면할 때, 인간은 다른 새로운 방안을 모색하게 된다는 개념이다. 역사적으로 인류는 인구 증가를 감당하기 위해 더 많은 식량을 생산해야 했고, 더 넓은 땅으로 눈길을 돌렸다. 그러나 마크 트웨인Mark Twain이 꼬집었던 것처럼 땅은 무한정 늘어나지 않는다. 이에 하버보슈법은 기술적 대안을 내놓았다. 핵심은 질소 비료를 만드는 것이다. 그 기술은 마치 연금술과 같았다. 독일어로 'Brot aus Luft', 즉 '공기에서 빵'을 만들어내는 일이었다.

정확하게 설명하자면, 공기와 화석연료로 빵을 만들어내는 기술이다. 가장 먼저 수소의 원천인 천연가스가 필요하다. 수소는 질소와 결합하여 암모니아를 만든다. 다음으로 높은 열과 압력을 가하기 위해 엄청난 에너지가 필요하다. 하버는 공기 중 질소 원자의 결합을 끊어서 수소와 결합시키려면 고온, 고압의 환경과 함께 촉매재가 필요하다는 사실을 발견했다. 땔감을 사용하는 피자 화덕의 열기 그리고 해저 2킬로미터의 압력을 상상해보자. 연간 1억 6천만 톤의 암모니아를 생산하기 위해(대부분 비료 생산에 활용되는), 오늘날 하버보슈법은 전 세계 에너지 소비의 1퍼센트 이상을 차지한다.[5]

그 과정에서 엄청난 양의 탄소가 배출된다. 환경에 대한 우려는 이것만이 아니다. 비료 속 질소의 일부만이(약 15퍼센트) 작물을 통해 인간에게 섭취된다.[6] 나머지는 공기와 물로 흩어진다. 이러한 사실은 여러 가지 측면에서 문제를 일으킨다. 가령 산화질소와 같은 화합물은 강력한 온실가스이며 식수를 오염시킨다. 그리고 산성비의 원인이 된다. 산성비는 토양의 산성을 강화해서 생태계와 종의 다양성을 위협한다. 질소화합물이 강으로 흘러들면 특정 유기체의 성장을 크게 촉진한다. 특히 해조류가 해수면에서 지나치게 번식해서 태양빛을 차단할 경우 물고기가 집단 폐사하는 '죽음의 바다dead zone' 현상이 나타난다.[7]

하버보슈법이 이러한 문제의 유일한 원인은 아니지만, 그래도 중요한 부분을 차지한다. 이 문제는 앞으로 쉽게 사라지지 않을 것이며, 비료 소비는 다음 세기에 두 배로 증가할 것으로 보인다.[8] 또한 오늘날 과학자들은 공기 중에 존재하는 안정적인 불휘발성 질소를 다양한 형태로, 특히 대단히 불안정한 화합물로 변형하는 기술이 환경에 장기적으로 어떤 영향을 미치게 될지 정확하게 이해하지 못한다. 우리는 지금 세계적인 실험 과정에 서 있는 셈이다.[9]

이 실험에 따른 한 가지 이익은 분명하다. 그것은 더 많은 인구를 먹여 살릴 더 많은 식량을 생산할 수 있다는 사실이다. 전 세계 인구 증가를 살펴보면, 하버보슈법이 널리 활용되기 시작하면서 그래프가 갑자기 치솟는 것을 확인할 수 있다. 여기서도 다시 한 번, 하버보슈법이 급격한 식량 생산량 증가의 유일한 원동력은 아니다. 밀이나 쌀과 같은 다양한 작물의 대량생산 역시 중요한 역할을 했다. 인류가 지금도 프리츠 하버 시대 이전의 기술로 농사를 짓는다면, 지구가 부양할 수 있는 인구의 규모는 40억 명에 불과할 것이다.[10] 오늘날 인구는 75억 명에 이르렀다. 성장률이 떨어지고는 있지만, 그럼에도 인구는 계속해서 증가하고 있다.

프리츠가 암모니아 생성을 성공적으로 시연했던 1909년으로 돌아가보자. 클라라는 남편의 천재성이 자신의 미래를 포기할 만큼 가치 있는지 확신하지 못했다. 그녀는 애절한 마음으로 친구에게 쓴 편지에서 이렇게 말했다.

"남편이 8년 동안 이룩한 것만큼 나는 잃었다."[11]

클라라는 남편의 연구가 얼마나 대단한 것인지 상상조차 하지 못했다. 프리츠의 연구는 차변에 수십억 인구를 먹여 살릴 식량을 기록하고, 대변에는 앞으로 더 많은 천재들이 몰두해야 할 유지 가능성의 문제를 기록해놓았다.

프리츠 자신도 자신의 연구가 그러한 결과로 이어질 것이라 예상하지 못했을 것이다. 그는 젊은 시절에 유대교에서 기독교로 개종했다. 프리츠는 어떻게든 진정한 애국자로 인정받고 싶었다. 그는 염소를 무기로 만드는 연구는 물론, 하버보슈법으로 제1차 세계대전에서 조국을 도왔다. 암모니아는 비료뿐만이 아니라 폭탄의 재료다. 다시 말해 공기로 빵은 물론이고 폭탄도 만들 수 있다.

그러나 1930년대 나치가 정권을 잡았을 때, 조국을 위한 기여도 프리츠가 유대인이란 사실을 덮어주지 못했다. 그는 직장을 잃고 추방을 당했다. 그리고 결국 스위스의 한 호텔에서 쓸쓸한 최후를 맞이했다.

레이더
34

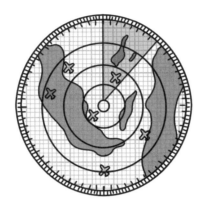

케냐 리프트밸리에 사는 샘슨 카무Samson Kamau는 집에 틀어박혀 언제 다시 일을 시작할 수 있을지 걱정하고 있었다. 여느 때라면 카무는 나이바샤 호숫가에 있는 온실 작업장에서 유럽으로 팔려나갈 장미 다발을 포장하고 있었을 것이다. 그러나 얼마 전 항공기 해외 노선이 전면 중단되고 말았다. 그 이유는 아이슬란드 화산 에이야프야틀라이외쿠틀 Eyjafjallajökull이 활동을 시작하면서 어마어마한 규모의 화산재 구름을 유럽 상공에 내뿜었기 때문이었다.

언제 이러한 상황이 그칠지 누구도 장담하지 못했다. 샘슨과 같은 근로자는 일터에 나가지 못했다. 그리고 공장주는 나이로비 공항 창고에서 시들어가는 수천 톤의 꽃을 폐기해야 할지 결정해야 했다.[1] 다행스럽게도 공항은 며칠 만에 정상을 되찾았다. 이번 사건은 매일 비행기를 이용하는 백만 명의 승객[2]은 물론, 오늘날 경제 전반이 항공 산업에 얼마나 크게 의존하고 있는지 단적으로 보여주었다. 이번 화산 폭발로 전 세계 총생산은 50억 달러 타격을 입었다.[3]

오늘날 항공 산업이 우리의 삶을 지배하는 과정에는 다양한 발명이 기여했다. 무엇보다 제트엔진과 새로운 항공기가 개발되었다. 그러나 어떤 발명이 잠재력을 완전하게 실현하기 위해서는 또 다른 발명이 뒤따라야 한다. 항공 산업의 경우, 발명 이야기는 살인광선의 개발로 시작된다.

정확하게 설명하자면, 살인광선을 발명하려는 **시도**로부터 시작되었다. 이 이야기는 1935년으로 거슬러 올라간다.

당시 군비 경쟁에서 나치 독일에 뒤질 것을 염려했던 영국 항공성은 살인광선이라는 아이디어에 주목했다. 그들은 살인광선 개발을 위해 1,000파운드 상금을 걸었다. 하지만 누구도 그 상금을 타지는 못했다. 영국 항공성은 보다 실용적인 연구에 예산을 지원해야 했을까? 살인광선이 현실적으로 가능한 것일까? 그들은 비공식적인 차원에서 전파연구소Radio Research Station 소장 로버트 왓슨 와트Robert Watson Watt에게 문제를 의뢰했다. 이와 관련하여 왓슨 와트는 자신의 동료 스킵 윌킨스Skip Wilkins에게 까다로운 수학 문제를 던졌다.

지상 1킬로미터 높이에 4.5리터의 물이 있다. 이제 섭씨 36.5도인 그 물의 온도를 40도로 높이려 한다. 그렇다면 5킬로미터 떨어진 거리에서 얼마나 많은 전파 에너지를 주사해야 할까?

물론 윌킨스는 바보가 아니었다. 그는 4.5리터가 인체의 혈액 양이고,

36.5도는 체온이며, 40도는 인간이 의식을 잃는 온도를 의미한다는 사실을 눈치 챘다. 그리고 그 인간이 비행기 조종사라면, 곧 죽음을 의미한다.

윌킨스와 왓슨 와트는 머지않아 똑같은 결론에 도달했다. 그것은 살인 광선이 현실적으로 불가능하다는 것이었다. 이유는 엄청난 에너지가 필요하기 때문이다. 그런데 두 사람은 실패 속에서 또 다른 기회를 보았다. 그들은 새로운 아이디어로 항공성에서 많은 연구 예산을 지원 받을 수 있을 것이라 기대했다. 왓슨 와트와 윌킨스가 내놓은 새로운 아이디어는 무엇이었을까?

윌킨스는 전파를 쏘고 그 반사파를 감지하는 방식으로 다가오는 항공기를 육안으로 확인하기 한참 전에 정확한 위치를 파악하는 기술이 현실적으로 가능하다고 보았다. 그리고 항공성이 새롭게 설립한 항공방위 과학조사위원회Committee for the Scientific Survey of Air Defence에 제안서를 제출했다. 과연 그 위원회는 두 사람의 아이디어에 관심을 보였을까? 다행스럽게도 그랬다.[4]

당시 윌킨스가 제안했던 기술은 이후 레이더라는 이름으로 널리 알려졌다. 독일과 일본 그리고 미국 모두 레이더 기술에 대한 연구를 독자적으로 추진했다. 그리고 1940년에 영국이 마침내 가장 먼저 결과물을 내놓았다. 그들이 개발한 것은 공진 공동 마그네트론resonant cavity magnetron이라는 것으로, 이전에 개발된 모형보다 훨씬 강력한 레이더 송신기였다. 독일군의 공습이 시작된 이후로, 영국의 군수 공장은 새로운 레이더 송신기를 생산하기 위해 노력했다. 그러나 정작 대량생산에 성공한 것은 미국이었다.

몇 개월에 걸쳐 영국 정치인들은 다른 분야에서 미국과 은밀히 협상하기 위한 무기로 마그네트론 기술을 활용하려는 계획을 세웠다. 당시 윈스턴 처칠Winston Churchill이 이끄는 영국 정부는 급박한 시기에 절박한 선택을 내려야 했다. 결국 그들은 미국 정부에 그들이 확보한 신기술의 존재를 알리고 도움을 청하기로 했다.

이를 위해 1940년 8월 에디 보엔Eddie Bowen이라는 이름의 웨일스 출신 물리학자가 열두 개의 마그네트론 장비가 들어 있는 검정색 금속 상자를 들고 위험천만한 여정을 떠났다.

먼저 그는 런던에서 택시를 탔다. 그러나 기사는 커다란 상자를 택시 안에 싣는 것을 거부했고, 보엔은 어쩔 수 없이 지붕 선반에 상자를 싣고 떨어지지 않기를 기도했다. 다음으로 장거리 열차로 리버풀에 도착했다. 그동안 보엔은 말끔하게 군복을 차려 입은, 조금은 수상쩍어 보이는 남자와 같은 객실을 썼다. 그는 여행 내내 그 젊은 과학자를 쳐다보지 않고서 신문만 읽었다. 다음으로 배를 타고 대서양을 건넜다. 보엔은 바다에서 혹시나 독일군 유보트를 만나지 않을까 걱정했다. 그러면 마그네트론을 꼼짝없이 나치에 빼앗기게 될 터였다. 만약을 대비해 바다에 던져 가라앉힐 수 있도록 검은 상자에 구멍 두 개를 뚫어놓았다. 다행스럽게 만약의 일은 일어나지 않았다.[5]

미국인들은 마그네트론을 보고 깜짝 놀랐다. 미국의 연구보다 몇 년 앞선 기술이었다. 이후 프랭클린 루스벨트 대통령은 MIT의 연구소 설립을 승인했다. 전시 상황임을 감안할 때 특이한 점이 있다면, 연구소 운영을 군이 아닌 민간에 맡겼다는 사실이었다. 많은 기업이 연구에 참여했다. 덕분에 보엔과 그의 영국 동료들은 미국 최고의 학술 기관과 공동으로 연구를 추진하게 되었다.[6]

MIT의 연구소 래드 랩Rad Lab의 성과는 어떤 기준으로도 놀라웠다. 우선 열 명의 노벨상 수상자가 이 연구소 출신이었다.[7] 래드 랩은 비행기와 잠수함을 추적하는 레이더 장비를 개발했고, 이는 전쟁 승리에 크게 기여했다.[8] 전쟁이 끝나고 평화가 찾아오면서 급박한 연구 상황은 사라졌지만, 민간 항공 분야가 레이더를 도입하면서 그 기술은 널리 확산되었다. 전쟁이 막바지로 치닫던 1945년에 7백만 명에 달했던 미국의 국내 항공 이용자 수는 1955년에는 3천 8백만 명으로 늘었다.[9] 하늘이 분주해질수록 충돌을 예방하는 레이더 기술의 효용은 더욱 높아졌다.

그러나 신기술의 확산이 처음부터 순조로웠던 것은 아니다.[10] 일부 공항은 즉각 레이더 장비를 설치했지만, 대부분의 공항은 적극적인 자세를 보이지 않았다. 이로 인해 대부분의 영공에서 항공기 추적은 여전히 불가능했다. 조종사들은 항공 계획서를 미리 제출해야 했다. 그 이유는 두 항공기도 같은 시간에 같은 영공에 있지 않도록 하기 위해서였다. 그러나 충돌을 피하기 위해서 '육안 확인see and be seen'[11]이라는 단순한 규약에 의존해야 했다.

1956년 6월 30일 아침, 두 여객선이 3분 간격으로 로스앤젤레스 공항을 이륙했다. 하나는 캔자스시티, 다른 하나는 시카고로 향했다. 두 비행기의 예정 항로는 그랜드캐년 상공에서 서로 다른 고도로 교차하게 되어 있었다. 그날 기상 상황은 무척 좋지 않았다. 한 비행기의 기장이 태풍 위로 고도를 높여도 되는지 관제소에 물었다. 관제소는 즉각 '1,000 on top', 즉 구름 층 위로 1,000피트(약 300미터) 상승할 것을 지시했다. 물론 육안 확인을 전제로.

그날 무슨 일이 벌어졌는지 아무도 정확하게 알지 못한다. 두 비행기에는 블랙박스가 없었고, 생존자도 없었다. 관제소는 10시 31분 직전에 알아듣기 힘든 무선을 들었다.

"당겨!"

"우리는 지금……."

그랜드캐니언 수 킬로에 걸쳐 흩뿌려진 잔해로 추정하건대, 두 비행기는 아마도 구름 속에서 25도 각도로 서로 접근한 것으로 보였다.[12] 사고 조사관들은 두 조종사가 승객들이 장관을 즐길 수 있도록 구름 속에서 빈 공간을 찾느라 정신이 없었던 것으로 추측했다.

사고는 일어나기 마련이다. 문제는 경제적 이익을 위해 어디까지 위험을 감수할 것인지 결정을 내려야 한다는 사실이다. 최근 상공이 더욱 복잡해지면서 항공기 안전 문제가 다시 관심을 받고 있다. 많은 이들은 무인 비행기와 드론의 등장을 기대하고 있다. 실제로 이러한 로봇들은 이미 영화 촬영에서 농약 살포에 이르기까지 다양한 분야에서 활약하고 있다. 아마존과 같은 기업은 조만간 도심 상공이 식료품 배달로 혼잡해질 것으로 예상한다. 이러한 상황에서 민간 항공국은 어디까지 허용해야 할지 고심이 크다. 최신에 개발된 드론은 '감지 후 회피sense-and-avoid' 기술을 탑재하고 있다. 이 기술은 드론의 안전성을 크게 높여주었다. 그러나 충분히 안전한 것일까?[13]

그랜드캐니언 상공에서 일어난 충돌 사고 이후로 많은 이들의 관심이 집중되었다.[14] 사람들은 물었다. 항공기 사고 예방을 위해 안전 기술에 더 많은 노력을 기울여야 하지 않을까?

사고 후 2년이 흘러 지금은 미국 연방항공국Federal Aviation Administration으로 알려진 기구가 설립되었다.[15] 오늘날 미국의 상공은 그때보다 스무 배나 더 번잡해졌다.[16] 세계적인 공항에서는 1분에 두 대의 비행기가 뜨고 내린다.[17] 그러나 극심한 악천후 속에서도 항공기끼리 충돌하는 사고는 찾아보기 힘들다. 그동안 많은 기술이 개발되었기 때문이다. 그중에서도 레이더는 특히 중요한 자리를 차지한다.

19세기 초 런던의 살인자들은 체포되기 전에 자살을 시도했다. 그리고 자살에 실패해서 교수형을 당할 경우, 동료에게 부탁해서 교수대에 매달릴 때 자신의 다리를 힘껏 잡아당겨달라고 부탁했다. 이렇게 한 이유는 확실한 죽음을 원했기 때문이다. 그들은 교수형을 당한 시체는 곧바로 해부 연구소로 넘겨진다는 사실을 알았다. 그래서 확실한 죽음을 원했다. 해부를 당하는 동안 의식이 되돌아오는 일이 없도록.

1803년에 처형된 조지 포스터George Foster가 실험 테이블에서 깨어났더라면 그곳은 아수라장이 되었을 것이다. 당시 한 이탈리아 과학자는 호기심으로 가득한 그리고 조금은 겁에 질린 청중들 앞에서 포스터의 항문에 전극을 꽂았다.

몇몇 관중은 포스터가 분명히 **깨어났다고** 믿었다. 충전된 전극을 꽂자 사체는 경련을 일으켰고 주먹을 불끈 쥐었다. 전극을 얼굴에 갖다 대자 입이 일그러졌다. 그리고 갑작스럽게 눈을 치켜떴다. 어떤 이는 너무 놀란 나머지 앉은자리에서 쓰러지고 말았다.

이탈리아 과학자는 실험 목적이 포스터를 살려내는 것이 아니라, 새롭게 검증된 현상을 시연하기 위한 것이라고 차분하게 설명했다. 그러나 무슨 일이 벌어질지 누가 알겠는가? 포스터를 다시 한 번 교수형에 처해야 할 상황에 대비해 경찰도 대기 중이었다.[1]

이탈리아 과학자가 거기서 한 일은 전기로 시체를 **자극하는**galvanize 것이었다. 여기서 'galvanize'라는 용어는 이 과학자의 삼촌인 루이지 갈바니 Luigi Galvani에게서 비롯되었다. 1780년대에 이탈리아에서, 갈바니는 서로 다른 종류의 두 금속을 죽은 개구리의 절단된 다리에 갖다 대면 움찔한다는 사실을 발견했다. 갈바니는 자신이 발견한 것이 '동물 전기'라고 믿었다. 이후 갈바니의 연구는 그의 조카가 이어받았다. 당시 전기로 시체를 살릴 수 있다는 갈바니즘Galvanism은 대중의 관심을 사로잡았다. 《프랑켄슈타인Frankenstein》을 쓴 메리 셸리Mary Shelley 역시 갈바니즘으로부터 영감을 얻었다.[*]

그러나 갈바니는 틀렸다. 동물 전기라는 것은 없다. 교수형 당한 시체를 되살릴 방법도 없다. 빅터 프랑켄슈타인이 창조한 괴물은 소설의 세상 속에 안전하게 갇혀 있다.

하지만 갈바니의 오류는 쓸모가 있었다. 그는 자신의 실험을 친구이자 동료인 알레산드로 볼타Alessandro Volta에게 보여주었다. 볼타는 갈바니 실험의 진실을 꿰뚫어보았다.

그는 개구리 뒷다리가 전기의 원천이 아니라고 생각했다. 여기서 중요한 사실은 개구리 다리가 서로 다른 두 금속 사이에서 전류가 흐를 수 있도록 전도체 역할을 했다는 것이다. 두 금속이 그 전도체로 연결되었을 때, 즉 갈바니가 황동 고리를 개구리 다리에 매달았을 때 회로가 완성되었고, 화학반응이 일어나면서 전류가 흘렀던 것이다.

볼타는 다양한 금속 조합으로 그리고 개구리 다리 대신에 다양한 전도체를 가지고 실험을 계속했다. 그리고 1800년에 아연과 구리 그리고 소금물에 담근 마분지를 쌓아서 일정한 전류를 생성할 수 있다는 사실을 보여주었다. 배터리를 발명한 것이다.

자신의 친구 갈바니와 마찬가지로, 볼타 역시 후세에 새로운 용어를 남겼다. 다름 아닌 전압의 단위 **볼트**volt다. 이 책을 오디오북으로 듣고 있다면 또는 태블릿으로 읽고 있다면, 여러분은 지금 볼타의 발명을 사용하고 있는 셈이다. 오늘날 디지털 휴대용 기기는 배터리 덕분에 가능하다. 배터리가 사라진 세상을 상상해보자. 아마도 힘으로 크랭크를 돌려 시동을 걸고, 리모컨을 TV에 연결해서 사용하고 있을 것이다.

많은 이들이 볼타의 통찰력에 열광했다. 나폴레옹은 그에게 작위를 내

● 셸리는 탐보라 화산이 분출하면서 유럽 전역에 암울한 그림자를 드리웠던 '여름이 없던 해 year without a summer'에 소설의 모티브를 얻었다. 끊임없이 비가 내리던 동안 셸리는 퍼시 셸리Percy Shelley와 조지 고든 바이런George Gordon Byron을 비롯한 몇몇 사람들과 함께 제네바 호수가 내려다보이는 저택에 틀어박혀 지냈다. 그들은 거기서 경쟁적으로 공포소설을 썼다. 집과 친구가 없는 떠돌이 괴물에 대한 아이디어는 아마도 갈바니즘은 물론, 이 마을 저 마을을 떠돌아다니며 음식을 구걸했던 가난한 농부들에 대한 어릴 적 경험으로부터 비롯되었을 것이다. 이와 비슷한 경험을 했던 독일 화학자 유스투스 폰 리비히는 젊은 시절에 기아 문제를 해결하기 위해 많은 노력을 했다.

렸다. 하지만 볼타의 배터리가 처음부터 완전했던 것은 아니다. 금속은 부식되고, 전해 용액은 쏟아지고, 수명은 짧은 데다가 충전도 불가능했다. 1859년에 납과 이산화납, 황산으로 만든 충전기가 처음 나왔을 때, 크고 무거웠다. 또한 걸핏하면 황산이 쏟아졌다. 하지만 이제 배터리는 우리 생활에 없어서는 안 될 존재다. 자동차는 시동을 걸기 위해 기본적으로 동일한 형태의 배터리를 사용한다. 우리에게 친숙한 현대적인 배터리인 건전지는 1886년에 처음 등장했다. 그리고 그로부터 다시 100년이 흘러 혁신이 모습을 드러냈다.

1985년에 요시노 아키라吉野彰는 리튬이온 배터리로 특허를 받았다. 이후 전자업체 소니Sony는 이를 상업화했다.[2] 많은 기술자들이 리튬으로 배터리를 만들었다. 리튬은 대단히 가벼운 데다가 반응성이 높기 때문이다. 또한 리튬이온 배터리는 작은 부피에 많은 에너지를 담을 수 있다. 그러나 안타깝게도 공기와 물과 접촉하면 쉽게 폭발할 위험도 있다. 그렇기 때문에 안정성을 높이기 위해서 특별한 화학적 공정을 거쳐야 한다.

리튬이온 배터리가 개발되지 않았더라면, 모바일 기기는 지금처럼 진화하지 못했을 것이다. 요시노가 특허를 출원했을 무렵에 기존 배터리는 어떤 모습이었을까? 당시 모토롤라Motorola는 세계 최초의 휴대용 전화기인 다이나택DynaTAC 8000x를 출시했다. 다이나택은 무게만 1킬로그램에 달했다. 얼리 어댑터들은 이를 '벽돌'이라고 불렀다. 통화 가능 시간도 30분에 불과했다.[3]

이후 리튬이온 배터리 기술은 발전을 거듭했다. 1990년대 노트북은 부피도 크고 사용 시간도 짧았지만, 오늘날 노트북은 가볍고 날씬하면서도 오래 사용할 수 있다. 하지만 배터리 기술의 발전 속도는 메모리나 프로

세서와 같은 노트북의 다른 영역에 비해 더디다.[4] 가볍고 값싸고, 순식간에 충전되고, 계속해서 사용해도 성능이 저하되지 않는 배터리는 가능한 것일까? 우리는 지금도 그런 배터리를 원한다.

배터리 기술에서 또 다른 혁신이 조만간 모습을 드러낼 것으로 보인다. 물론 누구도 가능성을 장담할 수 없다. 최근 많은 인재들이 배터리 개선 프로젝트에 참여하고 있다. 일부 과학자는 하전된 액상 전해질을 퍼 올리는 방식으로 작동하는 '플로flow' 배터리 개발에 몰두하고 있다. 혹은 황과 공기를 포함하여 리튬과 결합하는 새로운 물질을 가지고 실험을 한다. 또 다른 과학자들은 나노 기술을 전극 배선에 적용해서 배터리 수명을 늘리는 연구를 추진 중이다.[5] 그러나 역사가 말해주듯이, 게임의 판도를 뒤집는 천재는 그리 자주 등장하지 않는다.

앞으로 배터리 분야에서 진정한 혁신은 기술 자체가 아니라, 활용적인 측면에서 나타날 것으로 보인다. 지금까지 우리는 배터리를 전력망으로부터 해방이라고 보았다. 그러나 배터리 기술은 머지않아 전력망의 효율성을 높이는 기능을 할 것이다.

재생 가능한 에너지의 가격은 점차 떨어지고 있다. 그러나 한 가지 문제가 있다. 그것은 전력을 끊임없이 생산하지는 못한다는 점이다.[6] 정확한 기상 예측과 상관없이, 무더운 날의 뜨거운 태양열은 겨울밤이면 종적을 감춘다. 햇볕도 바람도 없을 때, 우리는 결국 불을 밝히기 위해 석탄이나 가스 혹은 핵에너지를 써야 한다. 우리 사회는 기존 에너지 시설을 최대한 오래 사용할 것이다. 최근 애리조나 남동부 지역 전력망을 대상으로 했던 한 연구는 이산화탄소 배출에 따른 비용과 정전에 따른 비용을 비교했다. 그리고 태양열발전이 전체 전력 발전에서 20퍼센트를 담당하는 것이 최적의 비중이라고 결론을 내렸다.[7] 참고로 애리조나는 일조량이 아주 풍부한 지역이다.

전력망에서 재생 에너지 비중을 높이려면 에너지를 보다 효율적으로 저장할 수 있는 방법을 찾아야 한다. 오랫동안 검증된 한 가지 기술은 잉여 에너지로 물을 높을 곳으로 올려 보내는 방법이다. 그리고 나중에 추가적인 에너지가 필요할 때, 물을 다시 흘려보내는 방식으로 전력을 생산한다. 하지만 이를 위해서는 적절한 산악 지형이 필요하며, 공급량 또한 제한적이다. 그렇다면 배터리가 대안이 될 수 있을까?[8]

이것의 현실적 가능성은 규제 기관이 얼마나 적극적으로 배터리 산업을 이쪽으로 유도할 것인지 그리고 배터리 가격이 얼마나 빨리 떨어질 것인지에 달려 있다.[9]

엘론 머스크Elon Musk는 앞으로 배터리 가격이 크게 떨어질 것으로 전망한다. 전기차 기업 테슬라를 이끌고 있는 머스크는 네바다 지역에 대규모 리튬이온 배터리 공장을 지었다. 그는 네바다 공장이 747항공기를 생산하는 보잉 공장 다음으로 큰 규모의 생산 시설이라고 자부한다.[10] 테슬라는 기술적 혁신보다 규모의 경제에 집중함으로써 리튬이온 배터리 생산비를 크게 낮출 수 있다고 주장한다.

물론 테슬라가 배터리에 몰두하는 이유는 차량에 적용하기 위해서다. 그러나 테슬라 외에도 이미 많은 기업이 가정과 산업 현장에 배터리팩을 공급하고 있다. 덕분에 지붕에 태양열 전지판을 설치한 가구는 낮 시간에 생성된 잉여 에너지를 저장해서 이를 전력망에 되팔 것인지, 아니면 아껴두었다가 야간에 사용할 것인지 선택할 수 있다.

전력망과 교통 네트워크가 전적으로 재생 가능한 에너지와 배터리를 기반으로 돌아가기까지 아직 갈 길이 멀다. 그러나 목표는 조금씩 모습을 드러내고 있다. 기후변화의 속도를 늦추기 위해서라도 우리 사회는 행동을 시작해야 한다. 알레산드로 볼타가 이룬 발명의 진가는 어쩌면 이제 시작되고 있는 것인지 모른다.

플라스틱
36

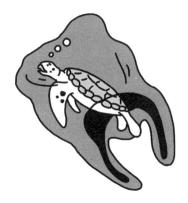

1907년 7월 11일 레오 베이클랜드Leo Baekeland는 일기에 이렇게 적었다.

"내 생각이 크게 잘못되지 않았다면, 이 발명은 앞으로 대단히 가치 있는 것으로 드러날 것이다."

그는 기분이 좋았다. 43세의 나이에 돈방석에 앉았기 때문이다.

베이클랜드는 벨기에 태생이다. 만약 그가 구두 수선공인 아버지 말을 들었더라면, 그도 구두를 만졌을 것이다. 제대로 교육을 받지 못한 그의 아버지는 자신의 어린 아들이 왜 그렇게 공부를 하고 싶어 하는지 이해하지 못했다. 아버지는 아들이 열세 살 무렵에 장사를 배우도록 내보냈다.

반면 가정부 일을 했던 어머니는 생각이 달랐다. 어린 레오는 어머니의 격려로 야간 학교를 다녔고, 결국 헨트 대학교에 장학생으로 입학했다. 그리고 스무 살에 화학으로 박사 학위를 받았다. 이후 가정교사의 딸과 결혼하면서 뉴욕으로 이주했다. 거기서 레오는 획기적인 인화지를 발명해서 큰돈을 벌었다. 적어도 다시 일을 하지 않아도 먹고 살 만큼의 재산이었다. 그리고 그 돈으로 뉴욕 북부 용커스에 집을 샀다.[1] 집에서는 허드슨강이 내려다보였다. 베이클랜드는 집 안에 연구실을 만들어놓고 그토록 좋아하는 화학 실험을 마음껏 했다. 1907년 7월에는 포름알데히드와 페놀을 가지고 실험을 했다.

그의 즐거운 일기는 계속된다. 7월 18일 일기에는 이렇게 적었다.

"오늘도 무더운 하루다. 그래도 좋다. 칼라가 없는 셔츠를 입고 집에서 일할 수 있다는 행복에 감사할 따름이다."

베이클랜드는 부자라고 해서 모두 행복한 것은 아니라는 사실을 잘 알았다.

"무더위 속에서 돈을 좇아 쉴 새 없이 뛰어다니는 월스트리트의 백만장자 노예들의 삶은 어떤가. 오늘 하루 종일 나는 실험실에 있었다."

그는 자신의 삶에 대한 만족감을 일기에 고스란히 남겼다. 그는 즐겁고 안락한 삶에 감사했다. 다음 날 일기에서는 어머니에게 100달러를 송금했다고 적었다. 그리고 나흘 후 일기에는 이렇게 나와 있다.

"오늘은 박사 학위를 받은 지 23년이 되는 날이다. …… 세월은 참으로 빠르다. …… 이제 나는 다시 한 번 학생이 되었다. 무덤에서 편안히 잠들기 전까지 나는 영원한 학생으로 남을 것이다."[2]

그러나 그의 소망은 온전히 실현되지 못했다. 죽음을 앞둔 80세의 나이에 베이클랜드의 정신 건강은 좋지 못했다. 그는 플로리다 저택에서 통

36 플라스틱

조림을 먹고 살면서 점차 음험한 은둔자로 변해갔다. 그래도 그는 훌륭한 삶을 살았다. 두 번이나 큰돈을 벌었다.《타임Time》지가 그의 얼굴을 표지로 사용하면서 이름을 언급하지 않을 만큼 베이클랜드는 유명한 인물이었다. 표지에는 이런 문구만 있었다.

"타지도, 녹지도 않는."[3]

베이클랜드가 그해 7월에 개발했던 것은 최초의 완전한 합성 플라스틱이었다. 그는 자신의 발명에 '베이클라이트Bakelite'라는 이름을 붙였다.

그의 예상은 옳았다. 지금 우리는 어디서나 플라스틱을 볼 수 있다. 과학 저널리스트 수전 프라인켈Susan Freinkel은 플라스틱을 주제로 책을 쓰기 시작하면서, 전등 스위치, 변기 뚜껑, 칫솔, 치약 튜브 등 플라스틱으로 만들어진 주변 일상 용품 목록을 작성해보았다. 그리고 화장지, 마루, 도자기 재질의 수도꼭지 등 플라스틱이 아닌 목록도 적었다. 그 결과, 플라스틱이 아닌 것은 102개였고, 플라스틱으로 만든 것은 196개였다.[4] 실제로 우리 세상은 참으로 많은 플라스틱 제품을 만들어내고 있다. 그리고 그 제품들은 전체 석유 생산량에서 8퍼센트를 차지한다. 그중 절반은 원재료이며, 나머지 절반은 생산 과정에 필요한 에너지다.[5]

당시 베이클라이트 코퍼레이션Bakelite Corporation의 광고는 다소 과장이 심했다. 광고 문구는 인간이 동물과 식물 그리고 무기물로 구성된 기존의 분류법을 드디어 넘어섰으며, '끝없이 펼쳐진 세 번째 왕국'에 들어섰다고 말했다.[6] 그러나 호들갑스러운 문구 속에도 진실의 일면이 숨어 있었다. 그때까지 과학자들은 자연에서 얻은 재료를 개량하거나 모방하는 일에만 집중했다. 셀룰로이드와 같이 플라스틱이 개발되기 이전의 재료는 모두 식물 추출물로 나온 것이었다. 그러나 베이클랜드는 깍지벌레 분비물에서 추출한 물질로 주로 절연체로 사용된 천연수지인 셸락shellac을 완전히 대체할 물질을 발명했다. 그리고 자신의 발명이 절연 이외에 더 많은 기능을 할 수 있다는 사실을 깨달았다. 베이클라이트 코퍼레이션은 그 신물질을 '천 가지 용도로 사용할 수 있는 재료'라고 불렀다. 그리고 그들의 주장은 사실로 드러났다. 이후 베이클라이트는 전화기, 라디오, 권총, 커피포트, 당구공, 장신구 생산에 활용되었다. 심지어 최초의 원자폭탄에도 들어갔다.

베이클라이트의 성공은 사람들의 인식을 바꾸어놓았다. 《타임》지가 칭송한 대로 베이클라이트는 타지도 녹지도 않았다. 또한 훌륭한 절연재였다. 외형도 나쁘지 않고 가격 또한 저렴했다. 이보다 더 가볍고, 강하고, 유연하면서 저렴한 인공 재료를 어디서 발견할 수 있단 말인가?[7] 1920년대와 1930년대에 걸쳐 전 세계 연구실은 다양한 형태의 플라스틱을 내놓았다. 주로 포장재로 사용되는 폴리스티렌, 스타킹 재료로 널리 알려진 나일론, 비닐봉지를 만드는 폴리에틸렌이 대표적인 사례다. 제2차 세계대전동안 천연자원 소비가 급증하면서, 플라스틱 생산량도 그 공백을 메우기위해 크게 늘어났다. 그리고 전쟁이 끝난 뒤 타파웨어Tupperware 같은 놀라운 신제품이 시장을 강타했다.

그러나 이러한 사회적 열기는 오래가지 못했다. 플라스틱에 대한 사람들의 인식이 점차 바뀌었기 때문이다. 1967년 영화 〈졸업The Graduate〉은 자기만족에 빠진 한 이웃이 주인공 벤저민 브래드독에게 원치 않는 인생 조언을 들려주는 유명한 장면으로 시작한다. 그 이웃은 마치 삶의 중요한 비밀이라도 알려주는 것처럼 벤저민을 구석으로 데리고 가서 이렇게 말한다.

"한마디만 하지. 그건 플라스틱이야!"

이 대사는 많이 인용되었다. 플라스틱에 담긴 의미의 변화를 이 대사가 단적으로 잘 보여주었기 때문이다. 기성세대에게 '플라스틱'이란 여전히 기회와 현대성을 의미했던 반면, 벤저민과 같은 젊은이에게는 가짜, 가식, 대용품의 상징이었다.[8]

그래도 이는 훌륭한 조언이었다. 그로부터 반세기가 흘러 플라스틱은 부정적인 인식에도 불구하고 그 생산량이 스무 배 가까이 증가했다. 계속해서 불거지고 있는 환경 관련 문제에도 불구하고, 생산량은 앞으로 20년 동안 두 배로 늘어날 것으로 보인다.[9] 일부 플라스틱 화학물질은 동물의 성장과 생식에 심각한 영향을 미치는 것으로 밝혀졌다.[10] 플라스틱이 쓰레기 매립장에서 생을 마감할 때, 함유된 화학물질은 지하수로 스며들게 된다. 그리고 바다까지 흘러들어 해양 생물에게로 들어간다. 2050년이면 해양 속 플라스틱의 중량은 모든 어류를 합친 것보다 더 무거울 것이라는 주장도 있다.[11] (물론 두 총량이 아직까지 정확하게 측정된 바 없기 때문에 주장의 신빙성은 약하다.)[12]

다음으로 플라스틱의 다른 쪽으로 눈길을 돌려보자. 플라스틱은 경제적으로, 환경적으로 장점이 많다.[13] 플라스틱 부품을 사용한 자동차는 그만큼 더 가볍고 연비도 높다. 플라스틱 재질의 포장재는 식품의 유통기간을 늘림으로써 그만큼 음식물 쓰레기를 줄인다. 그리고 병을 플라스틱으로 만들지 않는다면, 유리로 만들어야 할 것이다. 아이들이 뛰노는 운동장에 떨어진다면 뭐가 더 낫겠는가?

우리 사회는 플라스틱 재활용에 더 신경 써야 한다. 무엇보다 석유가 무한한 자원이 아니기 때문이다. 일부 플라스틱은 재활용이 불가능하며, 베이클라이트도 그중 하나다. 그러나 나머지는 재활용이 가능함에도 현실적으로 잘 이루어지지 않고 있다. 플라스틱 재질 포장재의 경우, 재활용 비중이 7분의 1에 불과하다. 이는 종이나 철의 경우보다 훨씬 낮다.[14] 포장재 이외의 경우는 그 비중이 더욱 낮다. 이 문제를 해결하기 위해서는 사회 전반의 노력이 필요하다. 여러분은 아마도 1~7 숫자와 함께 플라스틱 용기에 그려진 작은 삼각형 마크를 보았을 것이다. 이는 수지식별코드Resin Identification Code(RIC)라는 것으로, 국제적으로 합의된 산업 기준이다.[15] 이러한 제도는 재활용에 보탬이 되지만, 아직 부족한 부분이 많다.[16] 산업 전반이 더 많은 노력을 기울여야 하고, 정부 역시 마찬가지다. 재활용 비중은 전 세계적으로 다양하게 나타난다.[17] 우리는 한 가지 성공 사례를 대만에서 찾아볼 수 있다. 대만 정부는 재활용 절차를 손쉽게 개선했다. 그리고 재활용 규정을 어길 시 벌금을 엄중하게 부과함으로써 쓰레기 처리 문화를 바꾸었다.[18]

기술적 차원에서도 해결책이 있지 않을까? 오늘날 우리는 공상과학 속에나 등장할 법한 혁신을 실제로 누리고 있다. 그것은 다름 아닌 프로토사이클러ProtoCycler라는 것으로, 플라스틱 폐품을 이 장비에 집어넣으면 3D 프린터의 원료로 사용하는 필라멘트를 얻을 수 있다.[19] 그러나 안타깝게도 플라스틱은 골판지처럼 무한하게 재활용할 수 없다. 품질이 재활용 주기를 거치는 동안 떨어지기 때문이다. 어쨌든 프로토사이클러는 '스타트렉'에 등장하는 복제기와 가장 흡사한 장비다.

오늘날 우리가 스타트렉의 복제기에 대해 생각하는 것처럼, 사람들은 예전에 베이클라이트를 놀라운 발명이라 생각했을 것이다. 값싼 순수 합성수지인 베이클라이트는 도자기 식기류나 봉투칼을 대체하기에 충분히 강했고, 장신구로 활용할 정도로 아름다웠으며, 심지어 값비싼 상아까지

36 플라스틱

대체하기에 부족함이 없었다. 실로 기적의 신물질이었다. 물론 지금의 우리는 플라스틱으로 만들어진 모든 일상 용품을 당연하게 여긴다.

하지만 오늘날 많은 기업들은 값싸고 흔한 재료로부터 귀하고 실용적인 물질을 만들어낼 수 있다는 오랜 소망을 포기하지 않았다. 첨단 기술은 플라스틱 쓰레기를 '업사이클upcycle'한다. 가령 다 쓴 플라스틱 병으로 탄소섬유와 같은 재료를 만든다. 이 재료는 재활용 가능한 비행기 날개를 만들기에 충분히 강하고 가볍다. 플라스틱 폐품을 다른 폐품과 그리고 소량의 나노 입자와 혼합하는 신기술은 새로운 특성을 가진 신물질 개발의 가능성을 보여주고 있다.[20]

이 소식을 들었다면, 베이클랜드도 틀림없이 기뻐했을 것이다.

VI

보이는 손

Fifty Things
That Made
The Modern
Economy

애덤 스미스의 '보이지 않는 손'은 경제학 역사상 가장 유명한 은유다. 그는 이 표현을 세 군데에서 사용했다. 그중 가장 유명한 것은 1776년 저작 《국부론》에서였다. 여기서 스미스는 이렇게 설명했다. 개인이 투자할 때, "그는 오직 자신의 안전을 걱정하고…… 자신의 이익을 도모하지만, 많은 다른 경우에서처럼 보이지 않는 손은 그가 그러한 목표를 넘어서 나아가도록 안내한다".[1]

스미스가 말한 보이지 않는 손은 지금도 많은 학자들의 열띤 논의 주제로 남아 있다.[2] 현대 경제학자들이 생각하는 그 표현에 담긴 의미는 스미스의 원래 의도를 넘어선다. 오늘날 그 개념은 개인과 기업이 시장에서 경쟁할 때, 제품을 효율적으로 생산하고, 이를 가장 필요로 하는 사람에게 분배함으로써 사회적으로 이익이 되는 결과를 낳는다고 말한다. 자유 시장 지지자들은 보이지 않는 손이 시장의 실질적인 작동 원리를 설명한 것이라고 생각한다. 그러나 경제학의 주류 견해는 그 개념을 단지 유용한 출발점 정도로 여긴다. 시장은 자원을 효율적으로 배분하지만, 그 기능은 완벽하지 않다. 보이지 않는 손이 언제나 개인을 올바른 방향으로 인도하는 것은 아니며, 때로는 보이는 손, 즉 정부의 개입이 필요하다.

사실 우리는 그러한 사례를 많이 목격했다. 가령 오늘날 필수적인 기술인 레이더는 원래 군사적인 목적으로 개발되었으며, 이 과정에서 정부는 주도적인 투자자 역할을 했다. 그리고 아이폰은 한 자본주의 천재의 작품이자 역사적으로 가장 성공적인 제품으로 인정받고 있지만, 컴퓨터와 인터넷, GPS, 월드와이드웹 등 이것의 기반을 이루는 기술 모두 정부의 투자로 이루어졌다.

게다가 현대 경제를 뒷받침하는 몇몇 주요 발명은 단지 정부의 도움을 받은 정도가 아니라, 전적으로 정부의 노력에 따른 결과물이었다. 예를 들어 유한책임회사, 지적재산권 그리고 보다 확실하게도 복지국가가 그렇다.

시장이 실패하는 것처럼 정부도 실패한다. 일본 여성은 규제 기관이 승인을 거부하면서 수십 년 동안 피임약에 접근하지 못했다. 맬컴 맥린이 컨테이너를 도입하는 과정에서 직면했던 가장 큰 장애물은 정부 규제 기관이었다. 그들은 기존 방식을 끝까지 고수하려 했다. 또한 인터넷 거래를 가능케 한 공개 키 암호 방식이 등장했을 때에도, 미국 정부는 그 기술의 확산을 어떻게든 막고자 했다.

국가는 때로 새로운 아이디어가 피어나는 토양이 된다. 동시에 때로는 아이디어를 가로막는 장애물이 된다. 하지만 좀 더 미묘한 경우도 있다. 그러한 상황은 영국 정부의 초기 투자와 케냐 정부의 방관으로 실현됐던 아이디어인 엠페사M-Pesa 사례에서 살펴볼 것이다. 정부와 시장이 함께 추는 춤은 흥미진진한 형태로 계속 이어지고 있다. 정부는 때로 다가섰다가 때로 물러선다. 그리고 때로 상대의 발을 밟기도 한다.

런던의 혼잡한 플리트스트리트Fleet Street(영국의 주요 신문사와 출판사가 몰려 있는 거리_옮긴이)를 따라가다 챈서리레인Chancery Lane 맞은편을 보면 석조 아치가 있다. 사람들은 그곳을 거닐며 과거로 시간 여행을 한다. 남쪽으로 조금 내려오면 한적한 공간에 낯선 원형 예배당이 나온다. 그리고 그 옆으로 솟은 기둥 위로 두 명의 기사가 말에 올라탄 조각상이 놓여 있다. 템플 교회Temple Church로 알려진 그 예배당은 1185년에 수도회인 성전기사단Knights Templar의 런던 본거지로 축조되었다. 그러나 템플 교회는 건축적으로, 역사적으로, 종교적으로 중요한 유산일 뿐만 아니라 런던의 첫번째 은행이기도 하다.[1]

성전기사단은 신학에 근거한 계급제와 사명 및 윤리 규범으로 무장한 대표적인 기사 수도회 조직이었다. 또한 군사력을 바탕으로 성전을 이끌었다. 그런데 이들이 어떻게 금융시장으로 뛰어들게 되었을까?

원래 성전기사단은 예루살렘을 순례하는 기독교인늘을 지켜주는 역할을 했다. 1099년에 첫 번째 십자군이 예루살렘을 탈환한 이래로, 유럽 전역에서 수많은 순례자들이 오랜 여정을 통해 그곳으로 몰려들었다. 그런데 순례 여행에는 한 가지 문제가 있었다. 몇 달 동안 먹고, 이동하고, 숙박을 하려면 많은 돈이 필요했지만, 그 돈을 모두 들고 다닐 수 없었다. 자칫 강도의 표적이 되기 때문이다. 그러나 다행스럽게도 바로 성전기사단이 이 문제를 해결해주었다. 순례자는 먼저 런던에 있는 템플 교회에 돈을 맡긴다. 그리고 예루살렘에 도착해서 그 돈을 찾으면 된다. 순례자들은 현금 대신에 일종의 신용장을 발급 받아서 지니고 다녔다. 성전기사단은 십자군의 서부 연합이었다.

성전기사단이 어떤 방식으로 금융 서비스를 제공하고 사기를 예방할 수 있었는지 정확하게 알려져 있지 않다. 신용장의 진위를 검증하고 순례자의 신분을 확인하기 위해 암호를 사용하지 않았을까? 우리는 단지 추측만 할 뿐이다. 하지만 댄 브라운Dan Brown이 소설 《다빈치 코드 The Da Vinci Code》에서 그 전설 속의 조직을 묘사했던 것처럼, 금융 서비스에 관한 비밀은 성전기사단을 둘러싼 수많은 미스터리 중 하나에 불과하다.

물론 성전기사단은 그러한 금융 서비스를 실시한 세계 최초의 기관은 아니다. 그보다 수 세기 앞서 당나라는 이미 '비전飛錢'이라는 어음 제도를 사용했다. 날아다니는 돈이라는 뜻의 비전은 두 장의 서류로 이루어지는데, 상인들은 그 서류를 가지고 지역 사무소에 돈을 예금하고, 도시에서 현금으로 찾을 수 있었다. 그러나 비전은 전적으로 국가가 관리한 시스템이었다.[2] 반면 성전기사단은 비록 교황이 소유하고 유럽 각국의 왕실과 동맹을 맺고 또 청렴을 맹세한 수도승들과의 협력에 의존하기는 했지만, 그래도 민간 은행에 더 가깝다.

성전기사단은 장거리 송금 이외의 다양한 서비스를 제공했다. 그들은 현대적인 형태의 금융 서비스까지 실시했다. 가령 어떤 왕이 프랑스 서부의 멋진 섬을 사고자 할 때(1200년대 영국 헨리 3세가 보르도 북서부 올레론섬을 사려고 했던 것처럼), 성전기사단은 거래의 중개를 맡는다. 왕은 5년에 걸쳐 1년에 200파운드씩 런던에 있는 성전기사단에 돈을 지급한다. 그리고 왕국의 백성들이 섬에서 거주를 시작할 때, 성전기사단은 섬의 원래 소유주에게 대금을 지급한다. 다음으로 현재 런던 타워에 보관 중인 영국의 왕관들은 어떤가? 1200년대에 그 왕관들은 부채에 대한 증서로 템플 교회에 보관되어 있었다. 당시 그 교회는 최고급 전당포로서 기능했던 것이다.

물론 유럽의 은행으로서 성전기사단의 기능은 영원하지 못했다. 1244년 유럽의 기독교 세력이 예루살렘에 대한 지배권을 상실한 이후로, 기사단의 존재 명분도 사라졌다. 그리고 1312년 성전기사단은 결국 해체되는 운명을 맞이했다. 그렇다면 그 뒤로 누가 금융 서비스의 공백을 메우게 되었을까?

1555년 리옹에서 열린 박람회에 참석한 사람들은 아마도 그 해답을 알고 있었을 것이다. 그 기원이 로마 시대로까지 거슬러 올라가는 리옹 박람회는 당시 국제무역을 위한 유럽 최대 행사였다. 그런데 이번 행사에서는 어떤 소문이 들리기 시작했다. 소문의 중심에는 한 이탈리아 상인이 있었다. 그는 리옹 박람회에서 엄청난 돈을 벌었다. 어떻게 그랬을까?

그 상인은 어떤 제품도 사지 않았고, 또 팔지 않았다. 그가 갖고 있었던 것은 달랑 책상과 잉크병이 전부였다. 그는 행사가 열리는 동안 매일같이 책상 앞에 앉아서 자신을 찾아온 상인들이 들고 있던 서류에 서명했다. 그리고 엄청난 부자가 되었다. 당연하게도 리옹 사람들은 그 상인을 수상 쩍게 여겼다.[3]

그러나 국제 엘리트 집단으로 새롭게 떠오른 유럽 거상들의 눈에 그 이탈리아 상인의 활동은 전적으로 적법한 일이었다. 거기서 그는 중요한 임무를 수행했다. 즉, 부채를 사고팔면서 엄청난 경제적 가치를 창출했다.

그가 제공한 서비스는 이런 식으로 진행된다. 가령 리옹의 상인이 플로렌스산 양모를 사기 위해 이탈리아 은행가를 찾아와 환어음을 받는다. 여기서 환어음은 일종의 차용증이다. 그런데 이 차용증은 프랑스의 리브르나 피렌체의 리라와 같은 화폐 단위로 표시되지 않는다. 대신 국제 은행가 네트워크에서 사용하는 일종의 민간 통화인 '이큐 드마르_{écu de marc}'로 표기된다. 다음으로 리옹 상인이 직접 피렌체로 출장을 가거나 혹은 직원을 보낼 때, 피렌체 은행가는 리옹에서 발행한 환어음을 받고서 지역 통화로 환전해준다.[4]

이와 같은 은행가 네트워크 덕분에 리옹 상인은 환전 서비스는 물론, 아는 이 하나 없는 피렌체에서 자신의 신용을 입증할 수 있다. 이는 대단히 가치 있는 서비스다. 물론 여기서도 베일에 싸인 은행가들은 많은 돈을 벌었다. 그들은 몇 달에 한 번씩 리옹 박람회와 같은 대형 행사장에서 만나 함께 장부를 대조하고, 전표를 맞추고, 남아 있는 채무 관계를 정리했다.

이러한 금융 시스템은 오늘날과 많은 공통점을 갖고 있다. 가령 한 오스트레일리아인이 리옹의 슈퍼마켓에서 신용카드로 식료품을 살 수 있는 것도 바로 이러한 시스템 덕분이다. 슈퍼마켓은 오스트레일리아인의 신용카드 정보를 프랑스 은행에 전하고, 프랑스 은행은 이를 다시 오스트레일리아 은행에 전하고, 최종적으로 오스트레일리아인의 신용도를 알고 있는 오스트레일리아 은행이 지불을 승인한다.

하지만 이와 같은 금융 서비스 네트워크에는 언제나 어두운 면이 존재한다. 중세 시대 은행가들은 개인의 채무를 국제적으로 사고파는 과정에서 막대한 부를 얻었으며, 그렇게 축적된 부는 유럽 왕실의 통제를 벗어나 있었다. 이들 은행가는 어마어마한 부와 권력을 누렸고, 통치자가 정한 나라의 화폐 시스템을 무시했다.

오늘날 우리는 이와 똑같은 국면을 맞이하고 있다. 상호 채무로 얽혀 있는 국제은행들은 정부의 통제와 상식의 범위를 벗어나 있다. 그들은 국제적 활동을 바탕으로 어떻게든 세금과 규제를 회피하려 든다. 게다가 그들의 상호 채무는 실질적인 형태의 민간 통화라는 점에서, 이들 은행이 위기에 빠질 때 전 세계 화폐 시스템도 위태로워진다.

우리 사회는 아직도 이러한 은행을 어떻게 다뤄야 할지 알지 못한다. 은행은 당연히 필요한 존재지만, 어떻게 공생할 수 있을지 모른다. 정부는 은행을 감시할 방안을 끊임없이 모색한다. 정부는 어떤 때 '자유방임' 입장을 취했다가, 다른 때 정반대 입장을 취한다.

은행에 가장 강력하게 맞선 인물은 아마도 프랑스의 '미남왕' 필리프 4세Philippe Ⅳ일 것이다. 그는 성전기사단으로부터 돈을 빌렸고, 이후 탕감을 요구했지만 받아들여지지 않았다. 결국 1307년 필리프 4세는 오늘날 파리 지하철 템플 역에 해당하는 지역에서 성전기사단에 대한 공격을 감행했다. 그것은 그가 유럽 전역에 걸쳐 감행한 공격 중 첫 번째였다. 그는 그렇게 잡아들인 기사단 단원들을 고문했고, 종교재판에서 나올 수 있는 모든 죄목에 대한 자백을 강제로 받아냈다. 이후 성전기사단은 교황에 의해 해산되었다. 그리고 런던의 템플 교회는 변호사 사무실로 사용되었다. 성전기사단의 마지막 기사단장인 자크 드 몰레Jacques de Molay는 파리 한복판에서 공개 화형으로 생을 마감했다.

면도기와 면도날

38

현대 경제에 큰 영향을 미친 한 인물의 1894년도 책은 이렇게 시작한다.

"생각의 지평 위로 구름이 드리웠다. 우리가 숨 쉬는 공기는 놀라운 변화의 시작을 암시하는 생명을 품었다."

그는 이 책에서 '오늘날 경쟁 시스템'이 '사치와 빈곤, 범죄'를 조장한다고 주장했다. 그리고 '평등과 도덕, 행복'으로 이루어진 새로운 시스템을 주창했다. 그 시스템 안에서는 오직 하나의 기업, 유나이티드 컴퍼니United Company만이 비용 효율적으로 삶에 필요한 것들을 만들어낸다. 그것은 '식품과 옷, 집'이다. 우리 삶에 '기여하지 않는' 이들은 사라지게 된다. 유감스럽게도 그것은 은행가와 변호사 또는 당신을 의미한다.

화폐도 사라질 것이다. 삶에 필요한 것들을 생산하는 과정에 필요한 노동은 '완벽한 정의'를 기준으로 할당된다. 개인은 평생 5년 동안 생산을 위한 노동을 수행한다. 그리고 나머지 세월은 자유롭게 지적 활동에 매진한다. 그리고 꿈이 있는 사람은 물질적인 부가 아니라, 동료 구성원들의 '행복과 복지'를 증진시키기 위해 경쟁한다.

그의 시나리오는 아주 구체적이다. 그 모든 일은 이리Erie호와 온타리오 Ontario호 사이, 캐나다와 뉴욕주의 경계에 위치한 메트로폴리스라는 도시에서 일어난다. 메트로폴리스의 원동력은 수력발전이다. 그리고 북미 지역의 유일한 도시다. 그곳 시민들은 '역사상 가장 거대한 아파트 단지'에서 살아간다. 건물들은 모두 직경 180미터의 원형 모양이며 직경의 두 배에 달하는 건물 사이 공간에는 '대로와 인도, 정원'이 조성되어 있다. 인공 공원은 '도자기 타일 기둥'과 '색상이 들어간 아름다운 형상의 유리 돔'이 특징이다. 이 공원은 말하자면 '끝이 보이지 않는 사랑스러운 갤러리' 공간이라고 할 수 있다.[1]

이처럼 휘황찬란한 유토피아를 꿈꾼 저자는 경제 전반에 큰 영향을 미치게 될 비전을 품고 있었다. 어쩌면 그 비전은 우리가 생각하는 일반적인 비전은 아닐 것이다. 그 꿈은 그로부터 1년 뒤 또 하나의 아이디어로 떠올랐다.[2] 그의 이름은 킹 캠프 질레트King Camp Gillette. 그는 일회용 면도날을 발명했다.

여러분은 어쩌면 면도날 발명이 뭐 그리 대단한 것이냐고 의아해할 것이다. 한 가지 설명은 이렇다. 잉크젯 프린터를 쓰다가 새 잉크 카트리지를 구매한 적이 있다면, 거의 프린터 가격만큼 돈을 지불해야 한다는 사실에 짜증이 났을 것이다. 도대체 말이 안 된다. 크고 복잡한 프린터에 비해 작은 용기 속에 든 잉크가 어떻게 그리 비싸다는 말인가?

그러나 생산자 입장에서는 충분히 가능한 이야기다. 프린터를 싸게 팔고, 잉크를 비싸게 파는 것은 합리적인 비즈니스 모델이다. 여기서 우리는 결정을 내려야 한다. 기존 프린터를 버리고 경쟁 브랜드의 프린터를 새로 살 것인가? 그러나 새 프린터의 가격이 잉크 카트리지를 교체하는 비용보다 더 비싸다면, 여러분은 아마도 그냥 기존 프린터를 쓸 것이다.

이러한 비즈니스 모형을 일컬어 이부가격 설정two-part pricing이라고 부른다. 또한 '면도기와 면도날' 모형으로도 알려져 있다. 그 이유는 이부가격 설정에 대한 관심이 면도기 제품에서 시작되었기 때문이다. 순진한 소비자는 매력적인 가격에 반해 면도기를 덥석 사지만, 이후에 터무니없이 비싼 면도날 때문에 대가를 치르게 된다.

킹 캠프 질레트는 바로 이부가격 설정 전략을 적용할 수 있는 면도날을 발명했다. 예전 면도기는 모두 크고 두껍고 비쌌다. 그래서 면도날이 무뎌질 때면 사람들은 다른 면도기를 구입하는 대신 날을 갈아서 썼다. 그러나 질레트는 면도날을 단단히 고정할 수 있는 면도기를 개발한다면, 훨씬 더 날렵한 모양으로 그리고 저렴한 비용으로 생산할 수 있을 것이라 확신했다.[3]

질레트는 새로운 면도기를 출시하면서 곧바로 이부가격 설정 전략을 적용하지는 않았다. 처음에는 면도기와 면도날 **모두** 비싸게 팔았다. 당시 질레트의 면도기 가격은 5달러로, 이는 일반 근로자 주급의 3분의 1 정도에 해당했다. 그의 단호한 비즈니스 의사결정은 아마도 '사치'와 '빈곤'에 관한 개인적인 철학적 입장과는 무관한 것으로 보인다. 초창기 질레트 면도기는 너무도 비싼 나머지 1913년 시어스Sears 백화점 카탈로그는 이 면도기를 광고하면서 규정상 할인이 불가능하다는 사과의 말을 덧붙였다. 광고 문구는 실로 자조적이다.

"질레트 세이프티 면도기는 이를 고집하는 일부 고객의 편의를 위해 게재한 것입니다. 그렇다고 해서 질레트 면도기가 여기에서 소개하는 다른 값싼 면도기보다 더 높은 만족감을 선사할 것이라고 말씀드릴 수는 없습니다."[4]

값싼 면도기와 비싼 면도날 전략은 질레트의 특허가 만료되고 경쟁자들이 진입하기 시작하면서 등장했다.[5] 오늘날 우리는 이부가격 설정 전략을 쉽게 발견할 수 있다. 가정용 게임기 플레이스테이션 4도 그렇다. 소니는 게임 콘솔을 판매할 때마다 손해다. 콘솔의 소비자 가격은 생산과 유통에 들어가는 비용에 못 미친다.[6] 그래도 괜찮다. 소니는 플레이스테이션 4 사용자가 게임팩을 살 때마다 돈을 벌기 때문이다. 네스프레소도 마찬가지다. 네슬레는 커피 머신이 아니라 커피 캡슐로 돈을 번다.[7]

여기서 분명한 사실은 이부가격 설정 전략이 효과를 발휘하려면, 소비자가 값싼 일반 면도날을 그들의 면도기에 장착할 수 없도록 해야 한다는 점이다. 한 가지 해결책은 법률이다. 특허권은 수익을 보호하지만, 특허 기간은 영원하지 않다. 가령 커피 캡슐의 특허권은 이미 유효기간이 끝났다. 그래서 네스프레소 경쟁자들은 앞 다퉈 값싼 호환 캡슐을 내놓고 있다. 일부 기업은 또 다른 형태의 해결책인 기술적 방안을 모색한다. 다른 업체에서 개발한 게임팩이 플레이스테이션 콘솔에서 돌아가지 않는 것처럼, 일부 커피업체는 기계 안에 교묘하게 칩 리더기를 장착해서 일반 캡슐의 사용을 막고 있다.[8]

이부가격 설정 전략은 경제학자들이 말하는 '전환 비용 Switching Cost'을 부과하는 방식으로 작동한다. 기업은 이렇게 말한다. 다른 브랜드의 커피를 맛보고 싶은가? 그러면 그 브랜드의 기계를 사라. 이러한 접근 방식은 특히 디지털 제품에서 쉽게 찾아볼 수 있다. 만약 여러분이 플레이스테이션용 게임팩 또는 킨들용 전자책을 다량 보유하고 있다면, 다른 플랫폼으로 넘어갈 때 막대한 손실을 감수해야 한다.

전환 비용은 반드시 경제적인 것만은 아니다. 전환 비용은 시간이나 노력의 형태로도 발생한다. 가령 나는 이미 포토샵에 익숙하다. 그래서 보다 저렴한 다른 프로그램으로 넘어가기보다 기꺼이 높은 가격을 지불하고서 업그레이드를 선택한다. 다른 프로그램으로 넘어가려면 사용법을 새로 배워야 하기 때문이다. 이러한 이유로 소프트웨어 기업들은 무료 체험판을 배포한다.[9] 마찬가지로 은행이나 전력 회사 역시 특별한 '티저Teaser' 금리(변동 모기지를 빌린 사람 중 일부에게 상환 기간 중 첫 2~3년간 적용되는 낮은 금리를 말한다_옮긴이)나 요금 행사를 실시해서 새로운 소비자를 끌어들인다. 조만간 말없이 가격을 올려도, 많은 소비자들은 딴 곳으로 떠나지 않고 그대로 남을 것이다.

또 전환 비용은 심리적인 이유, 즉 브랜드 충성도로부터 비롯된다.[10] 질레트의 마케팅 부서는 일반 면도날의 품질이 떨어진다고 광고한다. 그리고 기존 고객은 기꺼이 추가 요금을 지불하고 질레트 면도날을 산다.

이러한 사실은 면도날 특허가 끝나고 경쟁자들이 호환 면도날을 속속 출시하는 상황에서 질레트의 수익이 오히려 **상승**했던 기이한 현상을 설명해준다.[11] 그 이유는 소비자들이 질레트가 고급 브랜드라는 주장을 마음속으로 받아들였기 때문이다.

하지만 질레트가 개척한 이부가격 설정 전략은 사회적으로 대단히 비효율적이다. 경제학자들은 왜 소비자들이 이러한 전략에 넘어가는지 의아해한다. 이에 대한 가장 그럴듯한 설명은 이부가격 설정이 소비자의 혼란을 조장하기 때문이라는 것이다. 소비자는 나중에 그들이 착취당할 것이라는 사실을 인식하지 못하거나, 혹은 알지만 수많은 대안 중 더 나은 선택지를 고르지 못해 기존 방식을 그대로 고수한다. 이러한 상황에서 정부 규제 기관이 개입해서 투명성을 강화할 필요가 있다. 많은 경우에 광고에서 제시한 가격이 소비자의 혼란을 촉발한다. 가령 추가 비용을 나중에 지불할 수 있다거나, 혹은 비용 부담이 더 줄어들 것이라는 의심스러운 주장이 그렇다.

전 세계 규제 기관이 이처럼 교묘한 상술을 막기 위해 다양한 방안을 강구하고 있지만, 상황은 쉽지 않다.[12] 어쩌면 이는 놀라운 일이 아니다. 이부가격 설정이 언제나 부정적인 상술은 아니기 때문이다. 이 전략은 또한 기업이 비용을 할당하기 위해 선택할 수 있는 합리적이고 효율적인 방법이기도 하다. 예를 들어, 전력 회사는 전력망 연결에 필요한 설치 비용을 일시불로 청구하고, 이후 사용량에 따라 요금을 부과할 수 있다. 물론 이러한 가격 책정 방식이 합리적이기는 하나, 소비자는 여전히 어떤 방식이 더 좋은 선택인지 혼란스러울 수밖에 없다.

한 가지 아이러니한 사실이 있다면, 질레트의 면도기와 면도날 모형(잉크와 커피 캡슐처럼 소모품에 비싼 가격을 요구하는 전략)이 우리 삶에 필요한 물건을 최대한 저렴하게 판매하는 유나이티드 컴퍼니에 대한 비전으로부터 비롯되었다는 사실이다. 질레트는 그 책의 결론에서 화려한 글쓰기의 새로운 경지를 보이고 있다.

"모두가 이 압도적인 유타이티드 국민의 당과 함께할 것이니…… 인간의 지성을 옥죄는 허물을 벗고, 모든 생각의 기준이 자연의 진리 속에서 빛을 발견할 것이다."

여기서 분명한 사실은 새로운 사회를 향한 비전보다 새로운 비즈니스 모형을 내놓기가 더 쉽다는 것이다.

조세 천국
39

세금을 적게 내고 싶은가? 그러면 샌드위치를 만들자. 그중에서도 '네덜란드와 아일랜드 더블 샌드위치' 메뉴를 추천한다. 여러분이 미국인이라면, 버뮤다에 샌드위치 매장을 내고 이 메뉴를 지적재산권으로 등록한다. 그리고 아일랜드에 자회사를 설립한다. 다음으로 아일랜드에 다시 **또 다른** 회사를 세운다. 이 회사를 통해 유럽 사업부에 매출 계산서를 발행한다. 자, 이제 네덜란드에서 사업을 시작한다. 두 번째 아일랜드 회사가 네덜란드 기업에 송금하면, 이를 다시 첫 번째 아일랜드 기업, 즉 버뮤다 회사로 송금한다.[1]

지루하고 복잡한가? 그렇다. 그러나 그게 핵심이다. 국경을 넘나드는 이와 같은 복잡한 절세 전략에 비한다면, 앞서 살펴본 이부가격 설정은 쉽고 단순할 따름이다. 조세 천국(Tax Haven은 일반적으로 조세 피난처로 불리며, 실제로 발생한 법인의 소득 전부나 상당 부분에 대해서 조세를 부과하지 않는 국가나 지역을 말한다_옮긴이)에서 살아가기 위해서는, 좋게 말해서 재무흐름을 누가 봐도 이해할 수 없을 정도로 복잡하게 만들거나, 아니면 나쁘게 말해서 어떤 사실도 밝혀내지 못하게 접근을 원천 차단해야 한다. 실제로 구글, 이베이, 이케아 같은 다국적기업은 무시무시하게 복잡한 방법을 동원하여 세금을 아낀다. 물론 이는 전적으로 합법적인 행위다.[2]

하지만 대중은 기업의 이러한 행태를 못마땅하게 여긴다. 그 이유는 쉽게 이해할 수 있다. 세금은 일종의 클럽 회비다. 회비를 고의적으로 내지 않으면서 방위와 치안, 도로, 하수 처리, 교육 등 다양한 정부 서비스를 온전히 누리려는 태도는 부당하다. 그러나 조세 천국이 역사적으로 항상 대중에게 부정적인 이미지를 주었던 것만은 아니다. 지금과는 달리, 예전에는 억압받는 소수자들이 자국의 탄압을 피해 달아날 수 있는 안전한 은신처로서 기능했다. 예를 들어 유대인들은 나치 독일의 감시망을 피해 스위스 은행에 몰래 재산을 숨겨두었다. 그러나 안타깝게도 스위스 은행가들의 선행은 그리 오래가지 않았다. 그들은 조만간 나치가 약탈한 재산을 숨겨주었고, 나중에 이를 원주인에게 반환하지 않았다.[3] 조세 천국의 부정적 이미지는 바로 그렇게 시작되었다.

오늘날 조세 천국은 두 가지 이유에서 논란의 중심에 서 있다. 그것은 조세 회피tax avoidance 그리고 탈세tax evasion다. 우선 조세 **회피**는 합법적 행위다. 앞서 소개한 아일랜드와 네덜란드 더블 샌드위치의 사례가 여기에 해당된다. 모두가 이러한 방법을 활용할 수 있다. 소규모 업체는 물론 개인도 국경을 넘나들면서 세금을 회피할 수 있다. 다만 회계사 수수료를 정당화할 만큼 충분한 절세 효과는 보기 어려울 것이다.

일반 개인이 절세를 원한다면, 그들의 선택권은 다양한 형태의 **탈세**로 국한된다. 물론 탈세는 불법이다. 부가세 사기나 현금 거래 누락, 혹은 많은 담배를 숨겨서 들어오면서 세관에 '해당 사항 없음'으로 신고하는 행위가 이에 해당한다.[4] 영국 국세청은 부자들이 비밀 은행에 돈을 보관하는 것보다 이처럼 사소한 형태로 탈세가 일어난다는 사실을 잘 알고 있다. 하지만 그 규모가 어느 정도인지 정확하게 파악하지 못한다. 그게 가능했다면, 탈세는 애초에 일어나지도 않았을 것이다.

금융 비밀banking secrecy이 스위스에서 시작된 것은 놀라운 일이 아니다. 1713년 스위스 정부는 제네바 공의회를 통해 은행이 고객 정보를 공유하는 범위를 제한하는 법률을 처음으로 통과시켰다.[5] 스위스 비밀 은행은 유럽의 각국 정부들이 제1차 세계대전 동안 발생한 부채를 상환하기 위해 세율을 크게 인상했던 1920년대에 모습을 드러냈다. 당시 많은 유럽 갑부들은 세금을 피해 안전하게 돈을 숨길 곳을 물색했다. 1934년 스위스 정부는 자국 경제를 활성화하기 위해 은행의 금융 비밀을 약속했고, 실제로 은행이 고객의 금융 정보를 노출하는 행위를 형사상 범죄로 다루었다.[6]

오늘날 스위스와 같은 조세 피난처를 완곡하게 '오프쇼어Offshore'라고 부른다(비록 스위스에는 바다가 없지만). 스위스 다음으로 저지Jersey나 몰타 Malta, 혹은 가장 유명한 카리브해 연안 국가들이 신흥 조세 천국으로 떠올랐다. 여기에는 전략적 이유가 숨어 있다. 작은 섬나라는 제조나 농업에 적합하지 않다. 이로 인해 금융 서비스 역시 특수한 형태를 띤다. 조세 천국의 발전상을 정확하게 이해하자면, 제2차 세계대전 이후 수십 년 동안 유럽 제국이 해체되었던 과정을 들여다보아야 한다. 영국은 버뮤다나 버진아일랜드와 같은 섬 지역을 대상으로 지원금을 제공하기보다, 이들이 런던과 연계하여 전문적인 금융 서비스를 키워나가도록 장려하는 방법을 선호했다. 물론 보조금 지원은 어느 정도 남아 있었다. 암묵적이고 비공식적인 형태지만, 그래도 세수는 이들 섬 지역으로 꾸준히 빠져나갔다.[7]

경제학자 가브리엘 주크먼Gabriel Zucman은 기발한 방식으로 조세 천국에 숨겨진 부의 규모를 측정했다. 이론적으로 모든 글로벌 금융 센터가 보고하는 자산과 부채의 합계는 균형을 이루어야 한다. 그러나 현실적으로 그렇지 않다. 금융 센터들 모두 자산보다 더 많은 부채를 보고한다. 주크먼은 바로 그 차이를 분석했고, 전 세계적으로 부채 총액이 자산 총액보다 8퍼센트 더 많다는 사실을 확인했다. 다시 말해, 지구상 전체 부의 8퍼센트가 숨겨져 있다는 뜻이다. 그 외 다른 방법들은 이보다 더 큰 차이를 보여준다.

이러한 문제는 개발도상국에서 더 심각하게 나타난다. 예를 들어 주크먼은 아프리카 대륙에서 숨겨진 부의 비중이 30퍼센트에 달한다는 사실을 발견했다. 이는 조세에서 연간 140억 달러의 손실을 의미한다. 그 금액이면 많은 학교와 병원을 지을 수 있다.

주크먼은 이러한 문제에 대해 투명성 강화를 해결책으로 제시한다. 다시 말해, 누가 무엇을 소유하는지에 대한 글로벌 데이터베이스를 작성함으로써, 금융 비밀과 익명 속에 숨어 있는 유령 회사와 투자신탁의 정체를 밝혀낼 수 있다고 주장한다. 이러한 접근 방식은 탈세 방지에 실질적인 도움이 될 것이다. 그러나 조세 회피는 탈세보다 더 미묘하고 복잡한 문제다.

내가 벨기에서 빵가게를, 덴마크에서 낙농장을, 슬로베니아에서 샌드위치 매장을 운영하고 있다고 해보자. 치즈 샌드위치 하나를 팔면 1유로의 수익이 발생한다. 그렇다면 1유로 수익에 대해서, 나는 샌드위치를 판매한 슬로베니아, 치즈를 생산한 덴마크 그리고 빵을 만든 벨기에의 정부에게 각각 얼마만큼 세금을 내야 할까? 이에 대한 명백한 기준은 없다. 1920년 대에 증세와 세계화가 맞물리면서 국제연맹은 이와 관련된 규약을 마련했 다.[8] 그 골자는 수익을 어디에 신고할 것인지 기업이 결정할 수 있도록 자 율권을 허용하자는 것이다. 이에 대한 논의는 지금까지 이어지고 있지만, 어쨌든 그 규약은 의심스러운 회계 기술이 등장할 기회를 열어주었다. 노 골적인 사례에서 어떤 기업은 자회사에 볼펜을 개당 8,500달러에 판매하 기도 했다.[9] 그 기업은 이러한 방식으로 세율이 낮은 트리니다드에 수익을 높게 보고하고, 세율이 높은 다른 지역에서 낮게 보고했다.

하지만 이러한 회계 기법은 쉽게 드러나지 않으며 그만큼 파악하기도 힘들다. 주크먼의 주장에 따르면, 미국 기업의 전체 수익에서 55퍼센트가 룩셈부르크나 버뮤다와 같은 곳으로 흘러나갔고, 이로 인해 미국 납세자 들은 연간 1300억 달러의 조세 부담을 떠안게 되었다. 또 다른 연구 결 과는 이러한 문제로 개발도상국들이 해외 원조의 몇 배에 달하는 손실을 보고 있다고 말한다.[10]

그렇다면 해결책은 없을까? 각국 정부가 협력해서 어떤 형태의 수익을 어느 지역에 신고해야 하는지 명확한 기준을 마련한다면, 범세계적 조세 시스템이 가능할 것이다. 사실 미국은 기업이 여러 주정부에 걸쳐 수익을 신고하는 방식과 관련하여 이러한 기준을 이미 시행하고 있다.[11]

그러나 조세 천국을 실질적으로 통제하기 위해서는 무엇보다 정치적 해 법이 필요하다. 최근 몇 년 사이에 경제협력개발기구OECD 회원국을 중심으로 이를 해결하려는 움직임이 일어나고 있지만, 실질적인 방안을 내놓지 못하고 있다.[12] 이는 동기의 차원에서 그리 놀라운 일이 아니다. 똑똑한 사람들은 빠져나갈 구멍을 찾아 더 많은 세금을 아끼려 한다. 그리고 각국 정부는 경쟁적으로 세율을 인하하고 있다. 세율이 낮고 과세 대상이 큰 쪽이 세율이 높고 과세 대상이 빈약한 쪽보다 낫기 때문이다. 이러한 측면에서 야자나무로 가득한 작은 섬나라들이 세율을 0퍼센트로까지 인하하는 것은 합리적 선택이 될 수 있다. 그들은 법률과 회계에서 뚜렷한 혜택을 제공함으로써 지역 경제를 활성화해야 한다.

조세 천국의 가장 큰 문제점은 혜택의 대부분이 금융 엘리트 집단을 비롯하여 일부 정치인과 그들의 부유한 후원자에게 집중된다는 사실이다. 그럼에도 유권자 집단은 조세 문제의 지루하고 복잡한 특성 때문에 실질적인 힘을 발휘하지 못한다.

누구 샌드위치 드실 분?

유연휘발유

40

유연휘발유는 안전하다. 적어도 발명가는 그렇게 믿었다. 토머스 미즐리 Thomas Midgley는 기자회견장에 모인 미심쩍어하는 기자들 앞에서 문제가 된 휘발유 첨가제인 사㎙에틸납Tetraethyllead에 손을 씻어 보였다. 그러고는 이렇게 말했다.

"하나도 위험하지 않습니다. 매일 이렇게 씻어도 괜찮습니다."

그러나 미즐리는 한 가지 사실을 숨겼다. 최근 몇 달을 플로리다에서 보내면서 납 중독에서 회복되었다는 사실을 말이다.

미즐리의 발명품을 생산한 사람들 중 일부는 불운을 맞이했다. 그래서 기자들은 그 물질을 의심했다. 1924년 10월의 어느 목요일, 뉴저지 스탠더드 오일Standard Oil 공장에서 일하던 에른스트 엘거트Ernest Oelgert라는 근로자가 환각 발작을 일으켰다. 그리고 금요일에는 연구실을 돌아다니며 비명을 질러댔다. 토요일에는 증세가 더 심각해졌고, 그의 누이가 경찰을 불렀다. 결국 엘거트는 강제로 입원되었다. 그리고 일요일, 숨을 거두고 말았다. 그 일주일 동안 엘거트가 일하던 공장에서 동료 네 명이 죽었고, 서른다섯 명은 병원에 입원했다.

당시 그 공장에서 일하던 근로자는 모두 마흔다섯 명이었다.[1]

그러나 스탠더드 오일의 다른 공장에서 일하던 사람들은 크게 놀라지 않았다. 그들은 사에틸납에 문제가 있다는 사실을 이미 알았다. 그들은 뉴저지 공장을 '미친 가스 건물'이라고 불렀다.[2] 휘발유에 사에틸납을 첨가하는 실험에 참여했던 스탠더드 오일과 GM 그리고 뒤퐁Du Pont 역시 예상했다는 반응이었다. 오하이오의 첫 번째 생산 라인에서도 두 명의 사망자가 발생하면서 폐쇄 조치가 이루어졌다.[3] 마찬가지로 뉴저지에 있는 세 번째 생산 라인에서도 사망자가 나왔다. 피해 근로자들은 환각 속에서 끊임없이 벌레를 쫓아다녔다. 이후 스탠더드 오일 공장은 '나비 하우스'로 알려졌다.[4]

오늘날 유연휘발유leaded petrol는 대부분의 지역에서 사용이 금지되었다. 현대 경제는 수많은 규제 속에서 성장했다. 그럼에도 정치판에서는 '규제'가 일종의 금기어가 되어버렸다. 정치인들은 언제나 규제를 철폐하겠다고 말한다. 규제를 더 많이 만들겠다고 공약하는 정치인은 거의 없다. 규제를 만드는 일은 사회의 안정성을 높이는 것과 기업에 비용을 부과하는 것 사이에서 선택을 하는 과제다. 유연휘발유의 발명은 그러한 선택을 놓고 치열한 사회적 논쟁을 불러일으킨 최초의 사례였다.

과학자들은 걱정했다. 자동차가 도로에 매연을 내뿜는 상황에서 휘발유에 납을 첨가해도 괜찮을까? 토머스 미즐리는 이렇게 당당하게 말했다.

"일반적인 도로에서는 납이나 그 흔적은 검출되지 않을 것입니다."

그런데 그의 자신감은 객관적인 데이터에 따른 것이었을까? 안타깝게도 그렇지 않았다. 과학자들은 계속해서 조사를 촉구했고, 결국 미국 정부는 결과에 승복하겠다는 조건 아래 GM의 지원으로 조사에 착수했다.[5]

납 중독에 걸린 엘거트의 동료 근로자들에 대한 언론의 관심이 고조되는 가운데, 미 정부는 보고서를 발표했다. 그것은 사에틸납이 건강에 무해하다는 결론이었다. 하지만 사람들은 그 발표를 믿지 못했다. 이러한 사회적 분위기 속에서, 1925년 5월 미국 정부는 다시 워싱턴 D.C.에서 컨퍼런스를 열었다. 이는 마지막 결전의 장이었다. 회의장 한구석에 GM과 스탠더드 오일의 합작 기업인 에틸사Ethyl Corporation의 부사장 프랭크 하워드Frank Howard가 앉아 있었다. 그는 유연휘발유를 '신의 선물'이라 칭송했고, '끊임없는 자동차 연료 개발은 문명의 근간'이라고 주장했다.[6]

그리고 다른 한구석에는 미국의 대표적인 납 전문가 앨리스 해밀턴Alice Hamilton이 자리하고 있었다. 그녀는 유연휘발유가 위험을 감수할 만큼 가치 있는 발명품이 아니라고 비판했다.

"아무리 엄격하게 관리를 한다고 해도, 납이 있는 곳이면 언제든 납 중독 사고가 일어나기 마련이다."

해밀턴은 납이 수천 년 동안 많은 이들의 목숨을 앗아갔다는 사실을 잘 알고 있었다. 1678년 백연lead white(페인트용 안료) 공장 근로자들은 '어지러움, 눈썹 주변의 극심한 고통, 시력 상실, 감각의 둔해짐'과 같은 증상을 호소했다.[7] 로마 시대에는 수도 시설에 납 파이프를 사용했다. 라틴어로 납은 플럼범plumbum이며, 이는 영어 단어 배관공plumber의 기원이다. 로마인들 역시 납과 관련된 문제를 알았다. 2,000년 전에 도시공학자 비트루비우스Vitruvius는 이렇게 썼다.

"흙으로 만든 관이 납으로 만든 관보다 훨씬 건강에 좋다. 납을 가지고 일하는 사람들의 안색이 창백한 것만 봐도 알 수 있다."[8]

하지만 미국 정부는 앨리스 해밀턴과 비트루비우스의 경고를 무시한 채 유연휘발유를 승인했다. 그러나 반세기가 흘러 생각을 바꾸었다. 그리고 다시 수십 년이 흘러, 경제학자 제시카 레예스Jessica Reyes는 폭력 범죄의 빈도가 떨어지는 기이한 현상을 발견했다. 이 현상을 놓고 다양한 설명이 나왔다. 여기서 레예스는 아이들의 두뇌가 만성 납 중독에 특히 취약한 것은 아닐까 궁금해했다. 유연휘발유 연기를 들이마시지 않은 아이들이 성장하면서 사회 전반의 폭력성이 낮아진 것은 아닐까?

미국의 여러 주정부는 서로 다른 시기에 유연휘발유 사용을 단계적으로 중단했다. 레예스는 청정 공기 관련 법률의 도입 시기와 범죄 발생 데이터를 비교해보았다. 그리고 유연휘발유 사용을 중단한 결정이 범죄율 하락 원인에서 절반 이상(56퍼센트)을 차지한다고 결론을 내렸다.[9]

물론 그렇다고 해서 유연휘발유가 잘못된 선택이었다고 단정할 수는 없다. 가난한 국가는 경제 발전을 위해서 환경오염을 부득이한 사회적 비용으로 감수해야 한다. 나중에 더 잘살게 되었을 때, 이들 나라는 환경보호 법률을 도입할 것이다. 경제학자들은 이러한 패턴을 일컬어 '환경 쿠즈네츠 곡선Environmental Kuznets Curve(경제성장이 진행됨에 따라 환경오염도가 어떻게 되는지를 보여주는 환경경제학 이론_옮긴이)'이라고 부른다.[10]

하지만 유연휘발유의 경우는 감수해야 할 비용의 한계를 넘어섰다고 볼 수 있다. 휘발유에 납을 첨가하는 방식은 결코 문제에 대한 해결책이 아니었다. 유연휘발유를 사용할 경우, 자동차 엔진은 더 높은 압축비를 활용함으로써 마력을 끌어올릴 수 있다. 그러나 에틸알코올을 사용하면 동일한 효과를 얻으면서 인간의 두뇌를 망가뜨리지 않는다. 적어도 직접 들이키지 않는 이상은 말이다.[11] 그렇다면 왜 GM은 에틸알코올이 아니라 사에틸납을 선택했던 것일까? 전문가들의 주장에 따르면, 에틸알코올은 나이 많은 농부도 집에서 곡물을 증류하여 쉽게 얻을 수 있기 때문이다. 다시 말해, 이를 사용하면 GM은 특허권을 얻을 수 없고, 그래서 독점의 지위를 누릴 수 없기 때문이다. 반면 사에틸납은 가능하다.[12]

유연휘발유의 경제적 가치를 평가하는 또 다른 방법이 있다. 환경보호법이 도입될 때, 무연휘발유로 넘어가는 과정에서 자동차 설계를 변경하는 작업에 얼마나 많은 비용이 들어갈까? 제시카 레예스는 그 비용을 계산했고, 유연휘발유 사용에 따른 모든 피해의 합계보다 스무 배나 더 적다는 사실을 확인했다.[13] 게다가 학습 능력 저하처럼 아이들이 납을 흡입하여 발생하는 사회적 비용은 피해 합계액에 포함시키지도 않았다.[14]

그런데도 왜 미국은 그렇게 오랫동안 잘못된 선택을 고집했던 것일까? 그것은 과학 세상의 논란과 정치적 이유 때문이었다. 그것은 석면[15]이나 담배[16]를 비롯하여 인간의 생명을 서서히 죽이는 모든 다른 유해 제품에 대해서도 똑같이 적용된다. 1920년대 미국 정부는 지속적인 조사를 추진했다. 그리고 이후로 에틸사와 GM으로부터 지원 받은 과학자들이 이 연구를 이어받았다.[17] 하지만 미국 대학들이 연구 과정에서 드러난 이해관계의 충돌을 조율하기 위한 방안을 모색하기 시작한 것은 1960년대에 들어서였다.[18]

오늘날 우리 사회는 건강에 대한 우려로 가득하다. 유전자 조작 식품을 먹어도 괜찮을까? 나노 입자는 어떤가? 와이파이가 암을 유발하지는 않을까? 공포를 조장하는 괴소문과 앨리스 해밀턴의 합리적 경고를 어떻게 구분할 수 있을까? 우리 사회는 유연휘발유의 재앙에 따른 연구와 규제 마련으로부터 소중한 교훈을 얻었다. 물론 문제를 완전히 해결했다고 믿는다면 이는 지나치게 낙관적인 판단일 것이다.

처음으로 납을 휘발유에 넣은 발명가에 대해 우리는 어떤 평가를 내려야 할까? 사실 토머스 미즐리는 모든 면에서 온화한 인물이었다. 어쩌면 사에틸납으로 매일 손을 씻어도 절대 위험하지 않다고 믿었을지 모른다. 하지만 발명가로서 그의 재능은 저주받았다. 현대 문명에 대한 미즐리의 두 번째 기여는 염화불화탄소chlorofluorocarbon, 즉 프레온 가스라고 부르는 CFC 물질을 개발한 것이었다. 덕분에 냉장고 성능은 향상되었다. 그러나 오존층은 파괴되었다.

중년에 소아마비로 고통을 겪었던 미즐리는 자신의 병든 육신을 일으켜 세우기 위해 발명가로서의 재능을 다시 한 번 발휘했다. 그는 도르래와 줄을 가지고 독창적인 장치를 만들어냈다. 하지만 줄에 목이 감기면서 세상을 뜨고 말았다.

동물 항생제

41

중국 장쑤성江蘇省 우시 인근의 한 허름한 농장 입구에 택시가 멈추고 외국인이 내린다. 농장 가족들은 깜짝 놀란다. 그들의 조그마한 농장은 논밭 사이로 길게 이어진 울퉁불퉁한 길 끝자락에 있다. 이런 곳에 외국인이 택시를 타고 와서 화장실을 써도 좋은지 물어보는 일은 거의 없다.

이 사람은 필립 림버리Philip Lymbery라는 인물로, 비영리 동물복지단체인 세계가축애호협회Compassion in World Farming를 이끌고 있다. 농장의 사육 환경은 대단히 열악했지만, 림버리가 열악한 돼지 사육 환경에 대해 농장주를 책망하려고 이곳을 찾은 것은 아니었다. 나무 울타리 안에 암퇘지들이 움직일 공간 없이 가득 들어차 있다. 하지만 농장 가족의 생활도 그보다 크게 나을 바 없다. 림버리가 물어서 찾아간 화장실은 집과 돼지우리 사이에 파놓은 구덩이가 전부였다. 사실 림버리가 이 지역을 찾은 것은 돼지 배설물이 지역의 식수를 오염시키고 있는 것은 아닌지 점검하기 위해서다. 이를 위해 림버리는 대규모 상업 농장을 방문하려 했지만, 그들은 림버리를 만나주지 않았다. 이곳 농장은, 어쩔 수 없이 혹시나 하는 마음에 찾아온 터였다.

농장 가족은 림버리에게 많은 이야기를 들려주었다. 그들은 축사 폐기물을 그대로 강에 버렸다. 물론 불법이다. 하지만 문제될 것은 없었다. 담당 공무원에게 뇌물을 바치고 있었기 때문이다. 림버리는 농장을 둘러보다가 이상한 점을 발견했다. 주사기가 한 무더기 쌓여 있었던 것이다. 자세히 들여다보니 항생제가 들어 있다. 수의사의 처방을 받은 것일까? 아니었다. 농장 가족은 처방전 없이도 얼마든지 항생제를 구할 수 있다고 했다. 수의사에게 처방을 받으려면 돈이 든다. 직접 항생제를 구입하는 편이 훨씬 싸다. 농장 가족은 돼지들에게 항생제 주사를 주기적으로 놓고, 병에 걸리지 않기를 기도한다.[1]

이러한 모습은 림버리가 찾은 농장만의 일은 아니다. 지역의 밀집형 농장 모두 비좁고 더러운, 그래서 질병에 취약한 환경에 놓여 있다. 이 때문에 농장주는 소량의 항생제를 주기적으로 투여해야 한다.[2] 항생제를 맞은 돼지는 몸집이 더 크다. 과학자들은 그 이유를 밝혀내기 위해 내장 미생물을 채취해 연구하고 있다. 그러나 이유가 무엇이든 농장주에게는 별로 상관없다. 중요한 사실은 몸집이 클수록 돈도 더 많이 받을 수 있다는 점이다.[3] 그렇기 때문에 그들은 항생제를 아픈 사람보다 건강한 가축에게 투여한다.[4] 소득 증가와 더불어 육류 소비도 함께 증가하는 중국의 경제

상황 속에서, 동물 항생제 사용은 20년 새 두 배로 증가했다.[5]

광범위한 항생제 남용은 농장 밖에서도 이루어진다. 여기에는 의사들의 책임이 크다. 오늘날 의사는 더 많은 점을 고려해야 한다.[6] 그리고 항생제를 쉽게 살 수 있도록 허용하는 규제 기관의 책임도 있다.[7] 그러나 박테리아는 누구의 책임인지 관심 없다. 항생제에 대한 박테리아의 내성은 끊임없이 진화하고 있다. 전문가들은 우리 사회가 포스트 항생제 시대로 진입하고 있다며 우려를 표한다. 최근에 나온 한 연구 결과는 2050년이면 항생제에 대한 면역으로 연간 1천만 명이 목숨을 잃을 것으로 내다보았다. 이는 오늘날 암으로 인한 사망자 수를 넘어서는 수치다. 효용이 점점 줄어들고 있는 항생제의 가치를 금전적으로 평가하기란 쉽지 않다. 그래도 이 연구는 이를 100조 달러로 평가했다.[8] 여러분은 아마도 생명을 구하는 항생제의 효용을 장기적으로 유지하기 위해 우리 사회가 최선을 다하고 있을 것이라고 추측할 것이다. 그러나 안타깝게도 상황은 그렇지 않다.

항생제 이야기는 우연한 발견에서 시작된다. 알렉산더 플레밍Alexander Fleming은 부두에서 단순한 하역 작업을 하는 젊은이였다. 그런데 삼촌이 세상을 뜨면서 남긴 유산으로 일을 그만두고 런던 대학교 세인트메리병원 의과대학에서 공부를 시작했다. 거기서 플레밍은 사격팀에 들어갔고, 곧 중요한 일원이 되었다. 연구가 끝난 뒤에도 플레밍을 곁에 두고 싶어 했던 사격팀 대표는 그를 위해 특별히 자리를 마련했다. 이를 계기로 플레밍은 세균학자가 되었다.[9] 1928년의 어느 날, 플레밍은 깜빡하고 세균 배양 접시를 정리하지 않은 채 휴가차 스코틀랜드에 있는 집으로 떠났다. 그리고 다시 연구실로 돌아왔을 때, 그 접시는 곰팡이로 가득했다. 그가 잠시 자리를 비운 사이에 곰팡이는 접시에서 배양되고 있던 박테리아를 죽이고

있었던 것이다.[10]

이후 플레밍은 더 많은 곰팡이를 가지고 연구를 이어나갔다. 하지만 화학자가 아니었던 그는 곰팡이를 제대로 배양하지 못했다. 그는 연구 결과를 발표했지만, 이렇다 할 반응은 얻지 못했다.[11] 그리고 10년이 흘렀다. 옥스퍼드 대학교의 언스트 체인Ernst Chain은 의학 학술지를 이리저리 넘겨보다가 우연히 플레밍의 오래전 논문을 발견했다.[12] 나치 독일을 피해 망명한 유대인 체인은 **화학자**였다. 그것도 아주 뛰어난 화학자였다.

체인은 자신의 동료 하워드 플로리Howard Florey와 추가 실험을 위해 격리된 공간에서 페니실린을 만들고 정제했다. 이를 위해서 곰팡이 유동체 수백 리터가 필요했다. 동료인 노먼 히틀리Norman Heatley는 우유 용기, 욕조, 도자기 공장에서 주문 제작한 세라믹 변기, 고무 튜브, 음료수 병, 초인종을 가지고서 괴상하게 생긴 히스 로빈슨Heath Robinson(영국 일러스트레이터로 괴상한 기계 그림으로 유명하다. 지나치게 복잡해서 실용성이 떨어지는 아이디어의 대명사로 쓰인다_옮긴이) 시스템을 만들었다. 그리고 이 장비를 운용하기 위해 '페니실린 걸'이라는 이름으로 여성 여섯 명을 고용했다.[13]

그들이 만든 페니실린에 대한 첫 번째 임상 실험 대상은 43세의 경찰로 장미 나무를 가지치기하다가 뺨을 긁히는 바람에 패혈증에 걸린 환자였다. 그들은 급조한 히스 로빈슨 시스템을 가지고 최대한 많은 양의 페니실린을 만들었다. 하지만 경찰은 끝내 사망했다. 그리고 1945년, 그들은 처음으로 페니실린 대량생산에 성공했다. 이후 체인과 플로리, 플레밍은 공동으로 노벨상을 수상했다. 플레밍은 마침내 경고 메시지를 보낼 기회를 잡았다.

플레밍은 당시를 이렇게 기록했다.

"실험실 환경에서 페니실린에 대한 미생물의 저항력을 높이는 일은 그리 어렵지 않다. 죽지 않을 정도의 양에 노출시키면 된다."[14]

플레밍은 '무지한 인간'이 정량 이하를 항생제를 복용할 경우에 박테리아의 내성이 커질 위험이 있다고 우려했다. 하지만 더 심각한 사례는 위험을 알면서도 그렇게 하는 경우다.

지금 내가 아프다고 해보자. 원인은 바이러스에 의한 것일 수도, 혹은 박테리아에 의한 것일 수도 있다. 후자의 경우라면 혼자서도 충분히 싸워서 이겨낼 수 있다. 그러나 항생제의 효능이 나의 자연 치유력보다 우월하다면, 나는 어쨌든 항생제를 복용할 것이다. 다음으로 내가 돼지 농장을 관리한다고 해보자. 돼지에게 복용량에 못 미치는 항생제를 주입하면 내성이 강한 슈퍼 박테리아를 만들어낼 위험이 있다. 하지만 괜찮다. 내가 농장주로서 유일하게 신경 쓰는 부분은 더 많은 돈을 버는 것이기 때문이다. 이는 '공유지의 비극Tragedy of the Commons'에 해당하는 전형적인 사례다. 공유지의 비극이란 모든 개인이 합리적인 차원에서 자신의 이익을 추구하지만, 최종 결과는 공동체 전체의 비극으로 이어지는 현상을 말한다.

1970년대까지 과학자들은 새로운 항생제를 계속해서 개발해냈다. 박테리아가 특정 항생제에 내성을 갖출 때, 그들은 또 다른 카드를 꺼내 들었다. 그러나 새로운 항생제 개발 속도는 점차 느려졌다.[15] 물론 항생제 개발의 가능성은 언제나 열려 있다. 예를 들어 어떤 과학자들은 토양에서 항균성 화합물을 추출하는 미래 지향적인 신기술을 선보였다.[16] 그러나 여기서 다시 한 번 동기에 관한 문제가 등장한다. 지금 세상이 정말로 요구하는 것은 선반 위에 보관해두었다가 응급 상황이 발생했을 때에만 사용할 새로운 형태의 항생제다. 하지만 보편적으로 사용되지 않을 항생제는 제약 회사에 돈을 벌어다주지 못할 것이다. 우리 사회가 더 나은 형태의 항생제 개발을 장려하려면, 더 나은 동기를 제시해야 한다.*

또한 새로운 항생제 사용법과 관련하여 병원과 농장을 대상으로 한 현실적인 기준 마련이 시급하다. 이와 관련하여 덴마크는 새로운 가능성을 보여준다. 베이컨으로 유명한 덴마크는 돼지 사육에서 항생제 사용을 엄격하게 관리한다.[17] 핵심 사항은 **다른** 규제들을 개선하여 농장 사육 환경을 보다 여유롭고 위생적으로 바꾸는 일이다. 이러한 노력은 전염병 확산을 억제한다. 또한 최근 연구 결과는 가축을 개선된 환경에서 사육할 때, 소량의 항생제를 반복적으로 투여하더라도 성장에 거의 영향을 미치지 않는다는 사실을 보여주었다.

우시의 농장주가 나쁜 의도로 항생제를 사용한 것은 아니다. 다만 항생제 남용이 어떤 결과로 이어질 것인지 이해하지 못했을 뿐이다. 그러나 위험성을 충분히 이해했다 해도, 경제적 동기를 뿌리치기는 어려웠을 것이다. 결론적으로 말해서, 실질적인 변화를 이끌어내기 위해서는 새로운 동기를 마련해야 한다.

---

* 예를 들어 32장에서 논의했던 것처럼 시계 개발에 내걸었던 상금 그리고 다섯 곳의 정부와 게이츠 재단이 지원한 '선진시장협정'이 그 사례가 될 수 있다. 그 협정은 폐렴구균 백신을 광범위한 지역으로 보급하는 사업에 크게 기여했다.

모바일 머니

42

53명의 아프가니스탄 경찰이 휴대전화를 확인했을 때, 그들은 뭔가 오류가 있을 것이라 생각했다. 이들 경찰은 그 문자 메시지가 엠파이사M-Paisa라는 새로운 모바일 지불 서비스를 통해 공공 분야에서 급여를 지급할수 있는지 확인하기 위한 2009년 시범 프로젝트의 일환으로 날아온 것이라는 사실을 알고 있었다. 하지만 이 프로젝트에 참여하면 급여가 오른다는 놀라운 사실을 몰랐던 것일까? 아니면 누군가 송금할 금액을 잘못 입력한 것일까? 문자 메시지에 찍힌 그들의 급여는 다른 달보다 훨씬 높았다.

그러나 이는 실수가 아니었다. 그들이 정상적으로 받아왔어야 할 금액이었다. 그전까지 아프가니스탄 경찰은 현금으로 월급을 받았다. 정부에서 지급한 월급은 상사를 거쳐 그들에게로 왔다. 그런데 돈이 오는 과정 어디에선가 월급의 일부가 사라졌다. 그것도 30퍼센트씩이나. 정부는 조만 간 그들이 꼬박꼬박 월급을 지급했던 경찰 공무원 열 명 중 한 명이 실제 로 존재하지 않는 가상의 인물이라는 사실을 발견했다.

물론 일선 경찰은 예상치 못하게 온전한 급여를 받을 수 있게 되었다는 사실에 기뻐했다. 반면 고위 간부들은 부수입이 줄었다는 사실에 실망했 다. 이에 화가 난 한 간부는 부하 직원들에게 엠파이사 대리점을 방문해 급여를 현금으로 찾는 수고를 덜어주겠다면서, 자신에게 전화번호와 PIN 번호를 넘기면 대신 현금으로 찾아주겠다고 했다.[1]

아프가니스탄은 모바일 머니, 즉 SMS로 돈을 보내는 서비스를 실시하 는 여러 개발도상국 중 하나다. 아프가니스탄 어디서나 쉽게 찾아볼 수 있는 선불 유심 대리점은 은행과 같은 기능을 한다. 그 대리점에 현금을 맡기면, 그만큼 잔액이 추가되었다는 문자 메시지가 날아온다. 또한 사용 자가 대리점에 문자를 보내서 현금을 찾을 수도 있다. 그리고 다른 사용 자에게 문자를 보내는 방식으로 잔액 한도 내에서 송금도 가능하다.

이 서비스는 여러 지역에서 뿌리를 내렸다. 가장 먼저 시작된 곳은 케 냐였다. 하지만 이 이야기의 전말은 2002년 요하네스버그에서 열린 컨퍼 런스에서 시작되었다. 지속 가능한 개발에 대한 세계정상회의World Summit for Sustainable Development의 무대에 선 연설자는 영국 이동통신업체 보다폰 Vodafone의 닉 휴스Nick Hughes라는 인물이었다. 거기서 휴스는 위험이 높 지만 가난한 국가의 발전에 실질적인 도움을 줄 수 있는 아이디어 개발에 대기업들의 참여를 이끌어내는 방안에 대해 논의했다.

한 청중이 제안을 내놓았다. 그는 영국 국제개발부Department for International Development(DFID)의 관료였다. 당시 국제개발부는 금융 서비스에 대한 접근성을 개선하기 위한 '챌린지펀드Challenge Fund'에 예산을 투자할 계획을 세워두고 있었다. 이를 위해 그들이 주목했던 것은 휴대전화였다. 그들은 아프리카 지역 모바일 네트워크 사용자들이 '선불 통화시간prepaid airtime'을 통화처럼 주고받고 있다는 사실을 알고 있었다. 정상회의에 참석한 국제개발부 관료는 휴스에게 그들의 계획에 대해서 말했다. 보다폰이 동등한 자격으로 참여한다는 조건으로 영국의 국제개발부가 백만 파운드 투자를 약속한다면, 보다폰 경영진도 관심을 갖지 않을까?

과연 그랬다. 그러나 휴스가 처음에 관심을 기울였던 것은 공공 분야의 부패를 해소하거나, 오늘날 모바일 머니처럼 다양한 창조적인 기술을 활용하는 일이 아니었다. 그는 다분히 제한적인 분야이자, 당시 국제개발 분야의 화두로 떠올랐던 소액 금융 서비스에 주목했다. 수많은 잠재 사업가들은 너무도 가난해서 그러한 금융 서비스에 신경 쓸 여력이 없었고, 그래서 대출도 받지 못했다. 만약 이들이 소나 재봉틀 또는 오토바이를 살 정도의 금액을 빌릴 수 있다면, 그들은 사업을 시작할 수 있었다. 그래서 휴스는 소액 금융 서비스로 대출을 받은 사람이 문자 메시지를 이용해 간편하게 부채를 상환할 수 있는 새로운 시스템을 모색했다.

2005년에 휴스의 동료인 수지 로니Susie Lonie는 보다폰이 지분을 소유한 모바일 네트워크 기업 사파리콤Safaricom의 케냐 지사에서 일을 시작했다. 당시 시범 프로젝트의 성공 가능성은 높아 보이지 않았다. 로니는 인근 운동장에서 축구하는 소리 그리고 소액 금융에 대한 이해 부족에 맞서 싸우며 찜통 같은 양철 가건물 안에서 강의했던 때를 떠올린다. 그녀는 엠페사M-Pesa 서비스에 대해 설명하기에 앞서 기본적인 휴대전화 사용법부터 사람들에게 가르쳐야 했다('페사'는 케냐어로 '돈'을 뜻한다. 아프가니스탄의 '파이사 paisa'와 같다).

이후 많은 케냐인들이 엠페사 서비스를 이용하기 시작했다. 그리고 소액 금융기관으로부터 빌린 돈을 상환하는 일을 넘어서서 다양한 방도로 활용했다. 로니는 연구원들을 파견해서 상황을 확인하도록 했다.

시범 프로젝트에 참여했던 한 여성은 남편이 강도를 만나 돈을 몽땅 뺏겼을 때 엠페사로 송금을 했던 이야기를 들려주었다. 덕분에 남편은 버스를 타고 무사히 집으로 돌아올 수 있었다. 많은 이들이 엠페사 덕분에 길에서 강도를 당하는 일이 줄었다고 말했다. 그들은 길을 떠나기 전에 현금을 예치해두었다가 목적지에 도착해서 찾는 방법을 택했다. 기업들 역시 밤새 현금을 금고에 넣어두기보다 엠페사로 예치하는 방법을 활용했다. 오늘날 많은 케냐 사람들이 엠페사를 이용해 서로 돈을 주고받는다. 특히 도시 근로자들은 엠페사로 고향 가족에게 돈을 보낸다.[2] 예전에 버스 기사에게 돈 봉투를 고향 집에 전해달라고 부탁하던 이전 방법보다 훨씬 안전하다.

그 무렵 로니는 뭔가 중대한 변화가 일어나고 있다는 것을 느꼈다.

엠페사 서비스가 시작되고 불과 8개월 만에 백만 명이 가입했다. 현재 사용자 규모는 2천만 명에 이른다. 그리고 엠페사를 통한 송금의 규모는 2년 만에 케냐 GDP의 10퍼센트에 달했다. 현재는 절반에 가까운 수준이다. 또한 엠페사 대리점 수는 ATM보다 100배 더 많다.[3]

엠페사는 전형적인 '개구리 뛰기'에 해당하는 사례다. 아프리카 사회는 기존 제반 시설이 제대로 갖춰지지 않은 상태에서 다음의 기술 단계로 훌쩍 뛰어넘고 있다. 즉, 휴대전화가 급속히 보급되면서 기존 유선 네트워크의 열악한 상황을 건너뛰고 있다. 엠페사가 등장하면서, 거대한 저소득 계층을 대상으로 한 서비스를 실시하지 못했던 기존 금융 시스템의 비효율성이 뚜렷하게 드러났다. 효율적인 금융 시스템이 존재할 때, 사람들은 공공요금을 납부하기 위해 은행을 찾아가 오랫동안 줄을 서지 않아도 되고, 매트리스 아래보다 더 안전하게 돈을 보관한다. 하지만 아직도 20억 인구가 이런 서비스를 누리지 못하고 있다. 다행히 모바일 머니 덕분에 그 수는 빠르게 감소하고 있다.[4] 하루 소득이 1.25달러가 되지 않는 케냐의 극빈층 중 많은 이들이 몇 년 동안 엠페사에 가입했다.[5]

2014년에 모바일 머니는 개발도상국 금융 서비스 시장에서 60퍼센트를 차지했다.[6] 아프가니스탄을 비롯한 몇몇 국가는 그 시스템을 즉각 받아들였던 반면, 많은 나라들은 아직 시작도 하지 않은 상태다. 물론 선진국에서는 대부분 문자 메시지로 송금하는 서비스를 이용하지 않는다. 뱅킹앱이 훨씬 편하기 때문이다. 그런데 엠페사는 어떻게 케냐에서 놀라운 인기몰이를 할 수 있었던 걸까? 한 가지 중요한 이유는 금융 및 이동통신 분야에서 정부 규제 기관이 탄력적으로 접근했기 때문이다.[7] 그러나 다른 모든 정부가 그런 것은 아니다.[8]

한 연구 결과에 따르면, 케냐 시골 지역 사람들이 엠페사를 환영했던 가장 큰 이유는 집을 떠난 가족 구성원이 쉽게 돈을 보내올 수 있기 때문이다.[9] 그러나 그보다 더 중요한 장점이 두 가지 더 있다.

첫째, 아프가니스탄 경찰 사례에서 확인한 것처럼 부패 척결에 도움을 준다. 케냐 운전자들은 갑자기 차량을 막아선 경찰이 엠페사로 뇌물을 받을 수 없다는 사실에 안도한다. 휴대전화로 전달한 뇌물은 명백한 증거를 남기기 때문이다.[10] 부패의 정도는 지역마다 다르다. 아프가니스탄에서 뇌물의 규모는 GDP의 4분의 1에 육박한다.[11] 그리고 케냐 도심을 돌아다니는 소형 버스인 마타투 기사들이 갈취와 강도로 입는 손실은 수입의 3분의 1에 달한다.[12]

그렇다면 마타투 기사들은 틀림없이 모바일 머니 결제를 의무화한 케냐 정부의 발표를 환영했을 것이다. 어쨌든 버스 안에 현금이 없으면 갈취할 방법이 없다. 그러나 실제로 많은 기사들이 그 정책에 반대했다. 이유는 업무에서 오는 번거로움이 아니었다.[13] 현금 거래는 부패는 물론 탈세의 여지도 함께 남겨둔다. 마타투 기사들은 소득이 추적 가능해지면 그만큼 세금도 더 많이 내야 할 것을 우려했다.

하지만 경제의 회색 지대를 양성화함으로써 조세 기반을 확장하는 장점이야말로 모바일 머니의 가장 중요한 잠재력이다. 부패한 경찰 간부에서 탈세를 일삼는 버스 기사에 이르기까지, 모바일 머니는 결국 모두에게 거대한 문화적 변화를 안겨다줄 것이다.

부동산등기

43

현대 경제에서 중요한 것들은 눈에 잘 보이지 않는다. 가령 전파는 볼 수 없다. 유한책임회사도 마찬가지다.

그리고 더 중요한 것으로 재산권도 눈에 보이지 않는다. 물론 귀로 들을 수는 있어도.

지금부터 할 이야기는 25년 전 한 페루 경제학자가 인도네시아 발리의 한적한 논밭을 거닐다가 문득 떠올린 아이디어에 관한 것이다.[1] 그가 한 농가를 지날 때, 개 한 마리가 그를 보고 짖기 시작했다. 그가 옆집으로 건너가자 개는 잠잠해졌지만, 이번에는 다른 사냥개가 짖어대기 시작했다. 그의 눈에는 그 농가와 이웃 농가 사이의 경계는 보이지 않았다. 하지만 개들은 그 지점을 정확히 알고 있었던 것이다. 그 경제학자는 에르난도 데 소토Hernando de Soto라는 인물이었다. 그는 인도네시아 수도 자카르타로 돌아가서 다섯 명의 장관을 만나 공식적인 재산권 시스템에 대해 논의했다. 그러나 관료들의 반응은 심드렁했다. 관리들은 집이 누구 소유인지 궁금하면 발리의 개들에게 물어보면 되지 않느냐고 말할 뿐이었다.

데 소토는 개발경제학 분야에서 유명한 학자다. 그는 페루의 마오주의자 테러리스트 집단인 '빛나는 길Shining Path'을 비난했고, 이로 인해 세 번이나 암살의 위기를 맞았다.[2] 데 소토의 원대한 목표는 국가 부동산 시스템을 발리의 개들만큼 분명하게 구축하는 일이었다.

그러나 데 소토의 예상과는 달리, 인도네시아 정부는 이후로 부동산 권리를 공식적인 시스템으로 만들어나갔다. 하지만 다른 많은 정부들은 이와 반대 방향을 취했다. 예를 들어 1970년 중국 마오주의자들은(저항군이 아니라 정부 측 인사들) 개인의 소유권을 반동적인 부르주아적 개념이라 비난했다. 집단 농장에 소속된 농부는 공산당 간부로부터 이런 말을 들었다.

"개인은 아무것도 소유할 수 없소. 모든 것은 집단의 소유입니다."

그러자 농부는 이렇게 물었다.

"그래도 치아는 제 것이 아닌가요?"

간부는 답했다.

"아니, 당신 치아도 집단의 것이오."[3]

하지만 이러한 접근 방식의 결과는 처참했다. 개인이 아무것도 소유할 수 없다면, 일하고 투자하고 토지를 개간할 동기가 무엇이란 말인가? 집단농장 근로자들은 극심한 빈곤 속에서 비참하게 살았다. 그러던 1978년, 샤오강小港 지역 농부들이 집단농장 시스템을 중단하기로 비밀리에 합의

를 보았다. 그들은 각자 농토를 나누고, 마을의 할당량을 채우고 남은 곡
물은 개인이 갖기로 약속했다. 물론 그 합의는 공산당 입장에서 반역이었
기에 간부들의 눈을 피해 은밀하게 이루어졌다.

그러나 일은 결국 들통이 나고 말았다. 발각된 이유는 마을의 한 해 생
산량이 이전 5년 동안의 생산량을 모두 합친 것보다 많기 때문이었다. 마
을 농부들의 운명은 위험에 빠졌다. 그들은 죄인이 되어 학대를 받았다.
그러나 그들에게는 다행스럽게도, 중국의 정치 지평에 덩샤오핑鄧小平이라
는 새로운 지도자가 등장했다. 오히려 그는 샤오강 마을에서 벌어진 일을
자신이 허락한 실험이라고 선전했다. 그렇게 1978년은 중국 사회가 최악의
빈곤으로부터 세계 최대 경제권으로 도약하는 시발점이 되었다.

샤오강의 사례는 소유권 시스템이 놀라운 힘을 발휘할 수 있으며, 공산
주의도 비공식적인 차원에서 어느 정도 소유권을 허용할 수 있다는 사실
을 보여주었다. 하지만 데 소토는 이러한 형태의 비공식적 합의에는 분명
한 제약이 있다고 지적했다. 내가 우리 집의 소유자라는 사실을 이웃 모
두가 인정할 때, 나는 우리 집을 자유롭게 사용할 수 있다. 잠을 잘 수도
있고, 부엌에 페인트칠을 할 수도 있다. 아니면 부엌 전체를 완전히 바꿔
버릴 수도 있다. 그리고 강도가 침입했을 때, 재산을 지키기 위해 적극적
으로 이웃의 도움을 청할 것이다.

그러나 이러한 접근 방식은 한 가지 측면에서 중요한 제약이 있다. 이웃
들이 내가 집을 소유하고 있다는 데 아무리 동의한다 해도, 내가 내 집을
담보로 대출을 받는 데는 전혀 도움이 안 된다는 사실이다. 나는 우리 집
을 담보로 잡아 대출을 받을 수 없었다.

대출 한도를 가장 손쉽게 높일 수 있는 방법은 재산을 담보로 잡는 일

이다. 특히 토지와 건물은 훌륭한 담보 물건이다. 좀처럼 가치가 떨어지지 않고, 또한 채권자 몰래 숨기기도 힘들기 때문이다.

그런데 창업을 하거나, 혹은 부엌 리모델링 공사를 위해 집을 담보로 은행에서 대출을 받으려면, 먼저 그 집이 정말로 내 소유라는 사실을 입증해야 한다. 그리고 은행은 내가 돈을 갚지 못할 경우에 집을 압류할 수 있다고 확신해야 한다. 이처럼 집의 용도를 잠을 자는 공간에서 사업 자금 대출을 위한 담보로 전환하기 위해서는 법률 및 금융 시스템이 활용할 수 있는 눈에 보이지 않는 정보망이 필요하다.

데 소토는 이러한 보이지 않는 그물망을 사용 가능한 자산으로서의 집 그리고 금융기관이 인정하는 **자본**으로서의 집을 구분하는 기준으로 보았다.

가난한 국가의 경우에 많은 자산에 대한 소유가 비공식적인 형태로 이루어져 있다. 데 소토는 이를 '비생산적 자본Dead Capital'이라 부른다. 비생산적 자본은 대출을 받는 과정에 아무런 도움이 되지 않는다. 데 소토는 21세기 초를 기준으로 전 세계 개발도상국에 걸쳐 비생산적 자본의 규모가 10조 달러에 이를 것으로 추산했다. 이는 그 지역에 사는 모든 사람에게 4,000달러씩 나눠주고도 남을 돈이다. 다른 학자들은 이것이 과장된 수치며, 실제로는 3~4조 달러에 이를 것으로 본다. 하지만 이것 역시 엄청난 돈이다.[4]

그런데 자산은 어떠한 과정을 거쳐 자본으로 전환되는 것일까? 보이지 않는 그물망은 어떻게 형성되는 것일까? 그 그물망은 때로 하향식으로 구축된다. 최초의 현대적 부동산등기 시스템은 나폴레옹의 프랑스에서 시작되었다. 나폴레옹은 자신의 끊임없는 정복 사업을 뒷받침할 재원 마련을 위해 새로운 조세 시스템을 필요로 했다. 그리고 부동산이야말로 과세를 위한 가장 적절한 대상으로 보였다. 그래서 나폴레옹은 프랑스 영토 내 모든 부동산에 대한 정교한 지도를 작성하고, 모든 소유권을 등록하도록 지시했다. 그렇게 작성된 지도는 '지적地籍, cadastre'이라 불렸으며, 나폴레옹은 "토지 구획에 관한 정확한 지적은 나의 민법전을 보완한다"라고 자랑스럽게 말했다. 이후 나폴레옹은 스위스, 네덜란드, 벨기에를 정복하고 나서 각각의 지역에도 지적 시스템을 구축했다.[5]

토지소유권을 등록한다는 개념은 1800년대 중반 대영제국에 걸쳐 빠르게 확산되었다. 측량 기술자는 지도를 작성했고, 토지 관리를 담당하는 정부 기관은 그 지도를 바탕으로 부동산 권리증을 발급했다. 이 작업은 대단히 신속하고 효과적으로 이루어졌지만, 지배 계층은 이 시스템이 토착민이 사실상 소유하는 토지에 대한 몰수를 기반으로 진행되었다는 점에는 신경 쓰지 않았다.[6]

반면 미국의 토지소유권 시스템은 상향식으로 이루어졌다. 미국 정부는 오랫동안 범죄자 취급을 했던 공유지 무단 거주자들을 어느 순간부터 용감한 개척자로 인정하기 시작했다. 미국 정부는 1841년 선매권법Preemption Act과 1862년 홈스테드법을 시작으로 부동산에 대한 권리를 공식적으로 인정했다. 물론 여기서도 수천 년 동안 그 땅에 거주했던 원주민의 권리는 고려 대상이 되지 못했다.[7]

전반적인 과정은 공정함과 거리가 멀었지만, 그래도 효과적으로 이루어졌다. 토지 등록 시스템은 불법적인 토지 점유를 합법적인 부동산 권리로 전환함으로써 투자와 발전의 시대를 열었다. 데 소토를 비롯한 일부 경제학자는 개발도상국에서 부동산등기와 지적 시스템을 구축하기 위해서는 미국의 사례처럼 비공식적인 재산권을 법률로 인정하는 상향식 절차를 밟아야 한다고 주장한다.

그런데 개선된 부동산등기 시스템은 정말로 데 소토가 지적한 '비생산적 자본'을 해방시켜주었을까? 그 대답은 '경우에 따라 다르다'. 그 여부는 대출을 제공하는 금융 시스템이 존재하는지 그리고 대출을 통해 투자할 만큼 가치 있는 경제인지에 달렸다.

부동산등기 시스템의 효율성 역시 중요한 요소다. 데 소토의 조사에 따르면, 이집트에서 부동산을 등록하려면 77건의 절차와 31개의 기관을 거쳐야 하며, 이를 모두 마치려면 5~13년의 세월이 걸린다. 필리핀에서 이 기간과 복잡성은 두 배로 늘어난다. 168건의 절차와 53개 기관을 거치려면 13~25년의 세월을 기다려야 한다. 이러한 시스템 아래서는 공식적으로 등록된 부동산도 조만간 비공식적인 형태로 바뀌고 만다. 가령 공식적으로 부동산을 등록하기 위해서 너무 오랜 시간이 걸린다는 사실을 알고 있는 판매자와 구매자는 비공식적인 방식으로 거래를 마무리할 것이다.[8]

하지만 효율적으로 운영될 경우, 부동산등기 시스템은 놀라운 힘을 발휘한다. 예를 들어 토지를 다른 이에게 팔 수 있는 분명한 권리를 인정받은 가나의 농부는 자신의 토지에 더 많은 투자를 할 것이다.[9] 세계은행의 조사 결과에 따르면, 소득과 경제 발전을 감안할 때 부동산등기 시스템이 보다 간편하고 효율적인 국가일수록 부패 지수와 암시장 비중이 낮고, 신용 거래와 민간 투자가 활성화되어 있다.[10]

부동산등기는 정치적 스펙트럼 내부에서 특별한 자리를 차지한다. 우파 인사는 정부가 한발 물러서서 기업가를 위해 어느 정도 자율성을 보장해야 한다고 주장한다. 반면 좌파 인사는 정부의 적극적인 개입을 요구한다. 올바른 부동산등기 시스템이 정착되고 지속되려면, 양 진영의 공통분모를 취해야 한다. 이에 대해 데 소토는 정부가 적극적으로 개입하되 관료적 형식주의는 최소화해야 한다고 지적한다.

오늘날 우리는 부동산등기를 당연한 것으로 여긴다. 하지만 이 시스템이 없다면 오늘날 경제는 무너지고 말 것이다.

VII

바퀴를 발명하다

Fifty Things
That Made
The Modern
Economy

서문에서 밝혔듯이 이 책의 목적은 발명이 오늘날 경제에 미친 영향을 잘 보여주는 50가지 이야기를 여러분께 들려주는 것이지, 역사적으로 가장 중요한 50가지 발명의 목록을 작성하는 게 아니다. 만약 그런 목록을 선정한다면, 가장 대표적인 발명은 틀림없이 바퀴가 될 것이다.

그러나 이 책은 바퀴를 포함시키지 않았다. 한 가지 이유는 여러분이 바퀴에 관한 이야기를 듣자고 이 책을 사지는 않았을 것이라 생각했기 때문이다. 오늘날 우리는 바퀴에 둘러싸여 살아간다. 바퀴는 분명한 형태(자동차, 자전거, 열차)에서 미묘한 형태(세탁기 드럼, 컴퓨터 냉각 팬)에 이르기까지 다양하다. 일부 고고학자는 최초의 바퀴가 교통수단이 아니라 도자기 제조 과정에 사용되었다고 주장한다. 그렇다면 부엌 찬장의 식기류가 바퀴를 탄생시켰다고 생각할 수도 있겠다.

이 책은 은유적인 차원에서 다양한 바퀴를 다룬다. 다시 말해, 너무도 완벽해서 '바퀴를 다시 발명하는 것reinventing the wheel'이 시간 낭비에 불과한 단순한 형태의 발명을 소개한다. 우리는 이러한 '바퀴'를 이미 살펴보았다. 쟁기도 그중 하나다. 선박 컨테이너도 그중 하나고, 철조망도 그렇다. 그 가운데서도 최고의 '바퀴'는 아마도 글을 쓴다는 아이디어일 것이다. 사람들은 이러한 아이디어를 개선하기 위해 열심히 노력하지만, 각각의 경우에 아이디어는 그 자체로 놀랍도록 완전하다.

이 책을 쓰는 동안 내가 마음에 들어 했던 발명은 바로 이러한 바퀴라는 사실을 밝혀두고 싶다.

종이

44

1440년대에 마인츠 출신의 금 세공업자 요하네스 구텐베르크는 인쇄기를 발명했다. 그의 인쇄기는 인류 역사상 최고의 발명으로 손꼽힌다. 구텐베르크는 내구성 강한 주조 활자를 대량으로 생산해서 이를 고정하는 기술을 터득했다. 주조 활자는 수백 쪽을 인쇄하기에 충분히 강했고, 다른 문서를 인쇄할 수도 있을 정도로 재사용이 수월했다. 구텐베르크 인쇄기로 찍어낸 성경책은 수도승의 캘리그래피 작품과 경쟁할 정도로 우아했다. 눈을 감고 한번 상상해보자. 검정색 라틴 문자가 빼곡히 들어선 단락과 곳곳에 붉은 글씨로 장식된 아름다운 페이지를.

　그러나 역사적으로 구텐베르크의 위상은 논란의 여지가 있다. 사실 그는 이동식 활자 인쇄기를 최초로 개발하지 않았다. 그것은 원래 중국에서 먼저 나왔다. 구텐베르크가 유럽의 중심부에서(오늘날 마인츠는 서독에 해당한다) 인쇄기를 발명하기 위해 애를 쓰고 있었을 무렵, 한국은 새로운 문자 체계를 개발했고, 인쇄의 편의성이 한층 더 높아졌다. 한국인들은 수만 개의 문자를 스물여덟 개로 줄였다.[1] 구텐베르크는 대중의 문맹률을 낮추는 과정에서 가장 큰 기여를 했다고 알려져 있지만, 이것도 사실과 다르다. 그보다 600~700년 앞서 중동과 북아프리카 지역을 지배했던 아바스왕조에서 글을 읽고 쓰는 능력은 일반적이었다.[2]

그럼에도 구텐베르크 인쇄기는 세상을 바꾸어놓았다. 그의 발명은 과학, 신문, 소설, 교과서 등 유럽 문화 전반에 지대한 영향을 미쳤다.[3] 하지만 중요하면서도 크게 주목받지 못했던 또 다른 발명이 없었더라면, 구텐베르크의 인쇄기는 불가능했을 것이다. 그것은 바로 종이다.

종이 역시 2,000년 전 중국에서 탄생했다. 중국인들은 원래 귀중품을 포장하는 용도로 종이를 사용했다. 그리고 얼마 지나지 않아 그 위에 글을 쓰기 시작했다. 당시 종이는 대나무보다 가볍고 비단보다 저렴했다. 이후 아랍 세상이 그 문물을 받아들였다.•

그런데 왜 그렇게 오랜 세월이 걸렸을까? 유럽인들은 특유의 눅눅한 기후 때문에 아랍인들이 쓰는 것과는 조금 다른 형태의 종이를 원했다. 하지만 그보다 더 중요한 문제는 수요의 부족에 있다. 유럽인들은 수 세기

• 500장의 종이를 뜻하는 'ream'은 아랍의 'rizma'에서 왔다. 이 말은 묶음이나 더미를 뜻한다. 영어 'paper'는 이것과 무관하다. 라틴어 'papyrus'와 그리스어 'khartes(cartoon, cartography, card의 어원인)'는 종이가 아니라 이집트 지역의 갈대를 의미한다. 파피루스는 접은 자리나 가장자리가 쉽게 닳기 때문에 책을 만들기에 좋은 재료가 아니다.

동안 종이의 필요성을 인식하지 못했다. 그들에게는 동물 가죽으로 만든 양피지가 있었다. 그러나 양피지는 대단히 값비싼 물건이다. 성경 한 권을 만들자면 보통 250마리의 양이 필요했다.[4] 물론 글을 읽고 쓸 줄 아는 사람은 극소수에 불과했기에 그건 그리 큰 문제는 아니었다. 그러나 계약과 회계 같은 업무를 보면서 종이의 필요성을 느낀 상인 계층이 성장하면서 아랍인이 사용했던 값싼 종이에 관심이 쏠렸다. 그리고 저렴한 종이의 유입은 인쇄 기술에 대한 사회적 요구를 증폭시켰다. 인쇄기를 장기적으로 가동한다면, 조판 장비의 설치비는 쉽게 상쇄될 것으로 보였다. 유럽인은 이제 백만 마리의 양을 도살할 것인지, 아니면 종이를 사용할 것인지 기로에 서게 되었다.

인쇄는 종이 문화의 출발점에 지나지 않는다.[5] 우리는 종이를 가지고 벽을 장식한다. 벽지를 바르고 포스터와 사진을 붙인다. 그리고 종이 필터로 차와 커피를 걸러 마신다. 또한 종이 팩은 우유와 주스의 용기가 된다. 골판지로는 상자를 만들고, 심지어 건물도 만든다. 티나 호브스피안Tina Hovsepian이라는 건축가는 '카드보리가미Cardborigami'라는 접이식 건축물을 개발했다. 이는 종이접기에서 영감을 얻은 것으로, 두꺼운 종이를 접어서 만든 그 구조물은 비바람도 거뜬히 버티고, 또한 접어서 간편하게 이동하여 도움의 손길이 필요한 재난 지역에서 신속하게 재조립할 수 있다.[6]

그 밖에도 포장지와 기름이 배지 않는 종이 그리고 사포도 있다. 또한 종이는 냅킨과 영수증, 티켓에도 활용된다. 전화와 전구가 발명되었던 1870년대에는 브리티시 퍼포레이티드 페이퍼 컴퍼니British Perforated Paper Company가 부드러우면서도 질긴 그리고 흡수력이 탁월한 새로운 형태의 종이를 출시했다. 그것은 다름 아닌 세계 최초의 휴지였다.

종이는 장인의 기술이 필요한 매력적인 작품이면서도, 동시에 대량생산이 가능한 전형적인 산업용 제품이다. 유럽 기독교인들이 종이 문물을 받아들였을 때, 그들은 대륙 최초로 중공업을 시작했다. 처음에 종이 공장은 목화를 걸쭉하게 만든 펄프로 종이를 만들었다. 원재료 조직을 해체하기 위해서는 화학 공정이 필요했다. 그 과정에서 공장은 소변에서 추출한 암모니아를 사용했고, 그래서 수 세기 동안 유럽의 종이 공장에서는 더러운 면직물을 오줌통에서 분쇄하는 고약한 냄새가 났다. 그리고 이를 펄프 형태로 만들기 위해서 엄청난 기계 에너지가 필요했다. 초창기 종이 생산지로 유명했던 이탈리아 파브리아노에서는 흐르는 계곡물을 이용해서 거대한 단조鍛造 해머 장치를 가동했다.[7]

이러한 과정을 거쳐 원재료의 섬유소는 해체되고 걸쭉한 수프 형태가 만들어진다. 이제 근로자들은 그 수프를 얇게 펴서 말리게 되는데, 그 과정에서 해체된 섬유소는 다시 강하고 탄력적인 형태로 조직화된다.[8] 종이의 생산 공정은 세월에 걸쳐 지속적으로 진화했다. 탈곡기, 표백제, 첨가제 등 다양한 기술이 등장하면서 종이의 생산비는 크게 떨어졌다. 비록 그렇게 생산된 종이는 종종 쉽게 변색되거나 찢어지는 문제점을 드러냈지만, 어쨌든 종이는 점차 중산층 사람들이 일상적인 메모를 하기에 충분히 값싼 제품이 되었다. 그리고 1702년, 종이는 결국 24시간 후에 쓰레기로 버려질 제품, 즉 세계 최초의 일간지 〈데일리 쿠란트Daily Courant〉의 재료로 채택되었다.[9]

이후 종이 산업은 필연적으로 위기를 맞이하게 된다. 유럽과 미국에서 수요가 급증하면서 종이 재고가 바닥났다. 상황이 너무도 절박했던 나머지 사람들은 예전의 전쟁터를 돌아다니며 피 묻은 시체의 군복을 벗겨 종이 공장에 팔아넘겼다.[10] 그러나 면직물 섬유소 말고도 종이의 원료를 얻을 곳은 또 하나 있었다. 바로 나무였다. 중국인들은 오래전부터 이 사실을 알고 있었다. 하지만 유럽이 그 기술을 받아들이기까지 오랜 시간이 걸렸다. 1719년 프랑스 생물학자 르네 앙투안 페르쇼 드 레오뮈르René Antoine Ferchault de Réaumur는 자신의 논문을 통해 나무를 갉아먹는 말벌이 종이 둥지를 만든다고 주장했다. 말벌이 나무로 종이를 만든다면 인간도 할 수 있지 않겠는가? 그러나 그의 아이디어는 오랫동안 주목받지 못했다. 또한 나중에 그의 아이디어가 새롭게 관심을 받게 되었을 때에도, 종이 공장들은 나무를 가공하는 과정에서 많은 어려움을 겪었다. 게다가 나무에는 면직물만큼 풍부한 섬유소가 함유되어 있지 않다. 그래서 19세기 중반까지도 서구 사회는 나무를 종이 생산의 주원료로 활용하지 못했다.[11]

오늘날 점점 더 많은 종이가 종이 자체로부터 생산된다. 그리고 공교롭게도 재활용 공정의 대부분이 중국에서 이루어진다. 상하이에서 남쪽으로 200킬로미터 떨어진 닝보에서 노트북 컴퓨터를 포장하기 위한 골판지 상자를 만든다. 그렇게 포장된 노트북은 태평양을 건너 배송되고, 시애틀이나 밴쿠버에 사는 소비자는 노트북을 꺼내고 남은 상자를 재활용 쓰레기통에 버린다. 그러면 이는 다시 닝보로 운반되고, 펄프로 가공되어 또 다른 상자로 환생한다.[12] 이 과정이 6~7회 반복되고 나면 종이의 섬유소는 힘을 잃고 재활용이 불가능해진다.[13]

최근 어떤 이들은 종이 시대가 얼마 남지 않았다고 주장한다. 그들은 컴퓨터가 '종이 없는 사무실' 시대를 재촉하고 있다고 말한다. 하지만 종이 없는 사무실에 대한 예언은 토머스 에디슨이 활동했던 19세기 말부터 줄곧 이어졌다. 음악 녹음을 가능케 했던 그리고 뮤지션들 사이에서 극단적인 소득 불평등을 초래했던 에디슨의 왁스 실린더가 기억나는가? 에디슨 역시 왁스 실린더가 종이를 대체할 것이라고 예상했다. 그는 앞으로 사람들이 사무용 메모지 대신 왁스 실린더에 기록할 것이라고 생각했다(종이에 기록하는 대신 축음기에 녹음 형태로 보관할 것이라고 예측했다는 의미. 에디슨의 축음기는 브라운 왁스 실린더를 매체로 녹음과 재생을 했다_옮긴이). 에디슨도 항상 옳지만은 않았던 것이다. 적어도 종이 시대의 종말에 대해서만큼은 그랬다. 그 밖에 많은 다른 이들의 예언 역시 거짓으로 드러났다.

1970년대 기업들이 컴퓨터를 도입하기 시작하면서, 종이 없는 사무실에 대한 예측은 한층 탄력을 얻었다. 그리고 이후로 사반세기 동안 미래학자들은 그와 관련된 예언을 끊임없이 내놓았다.[14] 그러나 종이 시장은 지금도 굳건히 명맥을 이어나가고 있다. 컴퓨터는 종이 없이 문서를 전송할 수 있도록 만들어주었다. 그러나 동시에 문서를 전송 받은 사람이 프린터로 쉽게 인쇄할 수 있도록 만들어주었다. 미국 내 수많은 복사기와 팩스 및 프린터는 5년에 한 번씩 그 나라의 영토를 뒤덮을 정도의 종이를 쏟아내고 있다.[15] 이제 종이 없는 사무실은 근거 있는 예측이라기보다 사람들의 호기심을 자극하는 루머가 되어버렸다.

그래도 상황은 조금씩 바뀌고 있다. 2013년 전 세계 종이 매출은 정점을 찍었다. 이후로 종이 소비는 조금씩 감소하는 추세를 보인다.[16] 많은 이들이 터치스크린보다 종이책과 신문의 물성을 선호하지만, 디지털 기술이 배급 비용을 크게 떨어뜨리면서 오늘날 소비자는 보다 경제적인 선택권을 누리게 되었다. 결국 구텐베르크 인쇄기 발명으로 종이가 양피지에게 했던 일을 이제는 디지털이 종이에게 하고 있다. 디지털 기술의 경쟁력은 품질보다 가격에 있다.

종이 소비량은 뚜렷하게 위축되고 있다. 하지만 바퀴가 사라진 세상만큼이나 종이가 사라진 세상도 상상하기 힘들다. 종이는 슈퍼마켓 선반 위나 화장실 구석은 물론 사무실에서도 살아남을 것이다. 오랜 기술은 쉽게 사라지지 않는다. 우리는 지금도 여전히 연필과 양초를 사용한다. 그리고 세상은 아직도 자동차보다 자전거를 더 많이 생산한다.[17] 오늘날 종이는 구텐베르크가 성경을 찍어내는 고풍스러운 조판의 배경이 아니라 일상적인 재료가 되었다. 글을 끼적이고, 뭔가를 기록하고, 낙서하기 위해서 봉투 뒷면만큼 매력적인 공간은 여전히 발견하기 힘들다.

인덱스펀드

45

생각해보자. 세계 최고의 금융 투자는 무엇일까?

워런 버핏Warren Buffett이라면 대답을 알고 있을 것이다. 세계적인 투자자이자 갑부인 버핏은 수십 년 동안 놀라운 투자 기술로 수백억 달러를 벌었다. 그렇다면 버핏은 어떻게 조언할까? 우리는 이 내용을 그가 아내에게 쓴 편지에서 찾을 수 있다. 버핏은 편지에서 자신이 세상을 떠나고 나서 어떻게 투자를 할 것인지에 대한 지침을 적어놓았고, 이는 누구나 볼수 있게 온라인에 공개되어 있다.

버핏은 최대한 평범한 종목을 고르라고 조언했다. 즉, 대부분의 돈을 '수수료가 저렴한 S&P 500 인덱스펀드'에 넣으라는 말이다.[1]

그렇다. 그의 대답은 인덱스펀드Index Fund였다. 인덱스펀드의 핵심은 결국 평균이 되라는 뜻이다. 다시 말해, 현명한 종목 선택으로 시장을 공략하는 기술이 아니라, 모든 종목을 조금씩 사는 방식으로 시장 전체를 수동적으로 따라가라는 말이다.

오늘날 인덱스펀드는 당연한 것으로 여겨진다. 투자 전략의 일부로 인정받는다. 하지만 1976년만 해도 인덱스펀드는 세상에 존재하지 않았다.

인덱스펀드가 등장하기 위해서는 먼저 인덱스라는 개념이 필요하다. 1884년 금융 저널리스트 찰스 다우Charles Dow는 몇몇 대표적인 주식을 대상으로 평균 수익률을 구하고, 그 평균 수익률의 등락을 발표하는 기발한 아이디어를 떠올렸다. 이를 시작으로 그는 다우존스Dow Jones뿐만이 아니라 〈월스트리트 저널Wall Street Journal〉까지 설립하게 되었다.[2]

다우존스 산업평균지수Dow Jones Industrial Average는 사실 주식시장 전반이 어떻게 움직이는가를 추적하는 것 외에 특별한 기능을 하지 않는다. 그래도 그러한 지수 덕분에 금융 전문가들은 주식시장이 2.3퍼센트 상승했다거나, 혹은 114포인트 떨어졌다는 이야기를 나눌 수 있게 되었다. 이후로 일본의 니케이Nikkei, 홍콩의 항셍지수Hang Seng, 미국의 나스닥 Nasdaq, FTSE(영국의 〈파이낸셜 타임스Financial Times〉와 런던 증권거래소가 공동 설립한 FTSE 인터내셔널에서 작성해 발표하는 세계 주가지수_옮긴이) 그리고 가장 유명한 S&P 500(국제 신용평가 기관인 미국의 S&P가 작성한 주가지수_옮긴이) 등 복잡한 지수가 등장했다. 전 세계 비즈니스 보고서는 이들 지수를 즉각 중요한 자료로 삼았다.

그러던 1974년 가을, 세계적으로 유명한 경제학자가 이러한 지수에 큰 관심을 보였다. 그는 폴 새뮤얼슨Paul Samuelson이라는 인물이었다. 새뮤얼슨은 경제학을 일종의 수학으로 변형함으로써(전문가의 토론보다 공학에 더 가까운 것으로) 경제학을 활용하고 가르치는 방식에 혁명을 몰고 왔다. 그의 저서 《경제학 *Economics*》은 30년 가까이 그 분야를 불문하고 가장 유명한 교과서로 각광을 받았다. 새뮤얼슨은 또한 케네디 행정부에 자문을 주었고, 노벨 경제학상까지 받았다.[3]

새뮤얼슨은 금융경제학에서 가장 중요한 개념을 이미 입증한 바 있다. 그것은 투자자들이 미래를 합리적으로 예측한다면, 주식이나 채권과 같은 자산의 가격은 무작위한 형태로 변동될 것이라는 가설이다. 이 말은 역설적인 것처럼 들리지만, 핵심은 모든 예측 가능한 움직임은 이미 이루어졌다는 뜻이다. 사람들은 저평가된 주식을 살 것이며, 그러면 가격이 오르면서 정당한 평가가 이루어진다.

이러한 생각은 소위 '효율적 시장 가설 Efficient Markets Hypothesis'이라는 이름으로 알려졌다. 물론 이 가설이 항상 옳은 것은 아니다. 투자자들이 언제나 합리적인 것은 아니며, 일부는 적절한 위험을 감수하기보다 비난을 받지 않는 데만 급급하다. 그럼에도 효율적 시장 가설에는 중요한 진실이 담겨 있다. 그것은 현실이 가설에 가까울수록, 주식시장을 이기기는 더욱 힘들어진다는 사실이다.

투자 기업에게는 참으로 당황스럽게도, 새뮤얼슨은 데이터 분석을 바탕으로 전문 투자자들 대부분 장기적으로 시장의 평균을 이기지 못했다는 사실을 보여주었다. 물론 일부는 시장 평균보다 높은 수익률을 기록했지만, 그러한 성과는 오래 지속되지 못했다. 행운이 크게 작용했다. 그리고 행운과 실력을 구분하기란 불가능했다.

새뮤얼슨은 "판단에 대한 도전 Challenge to Judgement"이라는 제목의 글에서 자신의 생각을 피력했다. 여기서 그는 전문 투자자들은 이제 하던 일을 그만두고 배관 수리공처럼 현실적으로 쓸모 있는 일을 하라고 말했다. 새뮤얼슨은 여기서 멈추지 않았다. 그는 전문 투자자들조차 시장을 이길 수 없기 때문에, 누군가 인덱스펀드를 만들어 일반인들이 투자를 통해 주식시장 평균 수익률을 보장받을 수 있도록 해야 한다고 주장했다. 그리고 언변 좋은 전문 펀드매니저들이 도전하고, 실패하고, 깨닫는 과정에 투자자들이 돈을 지불할 필요가 없다고 강조했다.

그 무렵 흥미로운 일이 있었다. 현실 세상의 한 비즈니스맨이 학술 세상의 경제학자의 글에 큰 감명을 받았다. 존 보글John Bogle이라는 그 인물은 뱅가드Vanguard라는 회사를 세우고 요란하지도 화려하지도 않은 그리고 수수료는 낮은 단순한 형태의 뮤추얼펀드Mutual Fund를 내놓았다. 보글은 이렇게 생각했다. 세계 최고의 경제학자가 추천한 인덱스펀드보다 더 단순하고 저렴한 상품이 뭐가 있겠는가? 보글은 폴 새뮤얼슨의 제안을 현실로 구현하기로 마음먹었다. 그는 세계 최초의 인덱스펀드를 내놓고 투자자들이 몰려오기를 기다렸다.[4]

그러나 현실은 기대와 달랐다. 1976년 8월 보글은 퍼스트인덱스 투자신탁First Index Investment Trust을 설립했지만 실패로 끝나고 말았다. 당시 투자자들은 시장 평균 수익을 보장하는 펀드에 관심을 보이지 않았다. 금융전문가들도 그러한 아이디어를 인정하지 않았다. 일부는 미국의 정신에 어긋난다고까지 비난했다. 그들은 아마도 모욕감을 느꼈을 것이다. 보글은 이렇게 항변했다.

"주식을 고르는 사람에게 돈을 지불하지 말라. 그들의 실력은 무작위 확률보다 못하다. 나 역시 그렇다. 그렇지만 적어도 수수료는 저렴하다."

그러나 사람들은 뱅가드의 인덱스펀드를 '보글의 어리석음Bogle's Folly'이라고 조롱했다.

그래도 보글은 포기하지 않았고, 투자자들은 서서히 그의 아이디어를 받아들이기 시작했다. 어쨌든 액티브펀드Active Fund(고수익을 위해 펀드매니저가 적극적인 운용 전략을 펴는 펀드_옮긴이)는 비싸다. 싼 종목을 찾아 사고팔면서 많은 거래를 하기 때문이다. 그들은 기업 경영자를 만나러 돌아다니느라 바쁜 애널리스트에게 많은 보수를 지불한다. 1~2퍼센트의 연간 수수료는 합리적인 수준으로 보인다. 하지만 그 비용은 누적된다. 여러분이 은퇴 준비를 하고 있다면, 1퍼센트 수수료는 펀드의 4분의 1 또는 그 이상을 가져가버릴 것이다. 물론 펀드매니저가 시장보다 높은 실적을 일관적으로 보여준다면, 그 정도 비용은 마땅히 감수해야 할 것이다. 그러나 새뮤얼슨은 그들 대부분이 장기적으로 그렇지 못하다는 사실을 연구를 통해 보여주었다.

값싼 인덱스펀드는 저렴한 수수료 이외에도 액티브펀드의 믿을 만한 대안으로 주목을 받았다. 보글의 펀드는 서서히 그리고 분명하게 성장했고, 이에 따라 다양한 모방 펀드가 생겨났다. 이들 펀드는 모두 광범위한 몇몇 금융 벤치마크나 다른 펀드를 수동적으로 따라가는 방식을 취했다. 이는 시장이 효율적으로 작동할 때 한발 물러서서 그 흐름을 따라가기만 하면 된다는 새뮤얼슨의 기본적인 아이디어를 기반으로 한 접근 방식이다. 보글이 인덱스펀드를 출시한 지 40년이 흐른 지금, 미국 주식시장 펀드에서 40퍼센트가 액티브가 아닌 패시브 전략을 취하고 있다.[5] 그렇다면 나머지 60퍼센트는 경험보다 행운에 의지하고 있는 셈이다.

인덱스펀드는 세상을 바꾸는 경제학자들의 힘을 상징한다. 새뮤얼슨과 그 후계자들은 효율적 시장 가설을 통해 시장이 움직이는 방식을 더 좋게, 혹은 더 나쁘게 바꾸어놓았다. 이것은 단지 인덱스펀드의 힘만은 아니었다. 경제학자들이 가치 평가 방법을 개발한 이후로 파생 상품과 같은 다양한 금융 상품이 속속 모습을 드러냈다.[6] 일부 학자는 효율적 시장 가설이 '시가 평가Mark to Market(자산 가치를 매입가가 아닌 시가로 평가해 장부에 계상하는 것_옮긴이)'라는 회계 방식을 확산시킴으로써 금융 위기의 한 원인이 되었다고 주장한다(여기서 은행은 금융시장이 인정하는 가치를 기준으로 자산 가치를 평가한다).[7] 이러한 회계 방식은 자기 강화적인 형태의 활황과 불황으로 이어질 위험이 있다. 금융시장이 끊임없이 변화하는 가운데, 모든 기업의 회계장부가 동시에 갑작스럽게 훌륭한 것으로, 혹은 끔찍한 것으로 모습을 드러낸다.

새뮤얼슨은 인덱스펀드가 세상에 긍정적인 영향을 미쳤다고 믿었다. 덕분에 일반 투자자들은 말 그대로 수천억 달러의 수수료를 절약했다.[8] 그것만으로도 충분히 의미 있는 일이다. 이는 많은 이들에게 그들의 노년이 아끼고 저축해야 하는 삶이 될 것인지, 아니면 비교적 편안한 삶이 될 것인지 차이를 의미한다. 2005년에 90세가 된 새뮤얼슨은 한 연설에서 보글에게 영광을 돌렸다. 그는 이렇게 말했다.

"보글의 발명이 바퀴와 알파벳, 구텐베르크 인쇄기 그리고 와인과 치즈의 발명에 못지않다고 생각합니다. 뮤추얼펀드는 보글을 부자로 만들어주지는 못했지만, 펀드 투자자들의 장기 수익을 높여주었습니다. 세상에 없던 새로운 뭔가를 만들어낸 것이지요."[9]

곡선 파이프
46

1858년 런던 신문 〈시티 프레스City Press〉는 사설을 통해 이렇게 토로했다. "고상하게 논의할 때는 이미 끝났다. 냄새가 너무 지독하다."[1]

여기서 냄새는 은유적인 측면도 있었다. 당시 런던 정치인들은 명백한 문제를 놓고도 미적거리고 있었다. 인구가 증가하면서 시민이 쏟아내는 오물을 처리하기 위한 런던의 정화 시스템은 턱없이 부족했다. 정화조는 새고, 넘치고, 메탄가스를 뿜어댔다. 런던 당국은 임시방편으로 오물을 배수로로 흘려보내기 시작했다.[2] 그러나 이로 인해 더 심각한 문제가 벌어졌다. 배수로는 원래 빗물을 흘려보내기 위해 템스강으로 곧바로 흘러들도록 설계되었기 때문이다.

말 그대로 지독한 악취가 진동했다. 템스강은 그야말로 뚜껑 없는 하수도가 되어버렸다. 영국의 저명한 과학자 마이클 패러데이Michael Faraday는 유람선 여행에서 받았던 끔찍한 인상을 〈타임스The Times〉 기사에 남겼다. 그는 강물을 이렇게 묘사했다.

"불투명하고 창백한 갈색 유동체…… 교각을 중심으로 짙은 덩어리를 이룬 오물은 한눈에도 뚜렷하게 보였다."

그리고 악취에 대해서는 이렇게 언급했다.

"너무도 지독하다…… 길가 배수로 구멍에서 올라오는 냄새와 똑같다."

그 무렵 런던에는 콜레라가 창궐했다. 단 한 번의 유행으로 런던 시민 1만 4천 명이 목숨을 잃었다. 100명당 한 명이 콜레라로 죽은 셈이다. 이후 도시공학자 조지프 바잘게트Joseph Bazalgette는 새로운 방식의 폐쇄형 하수구를 구축해서 오물을 도시 외곽으로 흘려보내는 계획을 내놓았다. 이제 그 프로젝트에 대한 승인은 의회의 몫으로 남겨졌다.

페러데이는 정치인들에게 보내는 편지 끝자락에 '우리의 어리석음으로 무더운 계절이 혹독한 시련을 가져다주기 전에…… 권력과 책임 있는 자들이'3 이 문제를 더 이상 외면하지 말 것을 촉구했다. 그로부터 3년 후, 페러데이의 우려는 현실로 나타났다. 1858년 여름날의 무더위는 가혹했고, 강은 참을 수 없는 악취를 풍기기 시작했다. 상황은 이제 모른 척하거나 '고상한 논의'로 해결할 수 있는 단계를 넘어섰다. 그해 무더위는 '대악취Great Stink'라는 오명으로 널리 알려졌다.

여러분이 지금 현대적 하수 시스템이 갖춰진 도시에 살고 있다면, 배설물이 발산하는 숨 막히는 악취로 일상생활이 마비된 삶은 상상하기 어려울 것이다. 이에 대해 우리는 많은 이들에게 감사해야 한다. 그중에서도 특히 알렉산더 커밍Alexander Cumming을 잊지 말아야 한다. 대악취 사건이 일어나기 한 세기 전에 런던에 살았던 시계 기술자 커밍은 정교한 기계를 다루는 이름난 장인이었다. 커밍은 존 해리슨이 시간을 측정하는 세계 최고의 장비를 개발하도록 자극했던 경도상Longitude prize 심사위원으로도 위촉받았다. 또한 조지 3세George Ⅲ는 커밍에게 공기 압력을 측정하는 장치를 개발하도록 위임했다. 이후 커밍은 현미경 분석 작업을 위해 나무를 미세한 조각으로 자르는 장비인 마이크로톰microtome을 개발하기도 했다.

그러나 미래를 바꾼 커밍의 기여는 정교한 공학과는 크게 상관이 없었다. 그것은 다름 아닌 곡선 파이프라는 발명품이었다.

1775년 커밍은 곡선 파이프로 특허를 받았다. 그의 발명은 이후 수세식 변기의 개발과 더불어 오늘날 우리가 사용하는 공공 하수 시스템을 완성하는 결정적 아이디어가 되었다. 사실 수세식 변기 개발은 처음부터 중대한 난관에 부딪혔다. 배설물을 저장하는 정화조로부터 파이프를 타고 악취가 역류했기 때문이다. 변기 구멍을 밀폐하는 방법 말고는 뾰족한 해결책이 보이지 않았다.

이러한 상황에서 커밍은 아주 단순한 해결책을 가지고 나왔다. 바로 파이프를 구부리는 방법이었다. 그렇게 하면 물이 곡선 하부에 고여 냄새가 역류하는 것을 막는다. 그리고 변기를 물로 세척할 때마다 새로운 물이 고이게 된다. 오늘날 파이프는 S자에서 U자에 이르기까지 다양한 알파벳 모양으로 진화하고 있지만, 그 아이디어의 핵심은 변함이 없다. 커밍의 발명은 그만큼 완벽에 가까웠다.

그럼에도 아이디어의 적용은 대단히 느린 속도로 이루어졌다. 1851년 크리스털 팰리스에서 열린 만국박람회에서 수세식 변기가 처음 선을 보였을 때, 런던 시민들은 큰 호기심을 드러냈다.[4] 당시 사람들이 수세식 변기를 사용해보려면 1페니를 내야 했다. 이로부터 '1페니를 지불하다to spend a penny'라는 영어 표현이 소변을 본다는 것을 뜻하게 되었다. 그때 현대적인 화장실 시스템에 감탄했던 많은 런던 시민들은 그 기술이 부디 작금의 고통을 덜어줄 수 있기를 바랐다.

박람회가 런던 시민에게 위생적이고 악취가 나지 않는 현대적인 공공 하수 시스템의 가능성을 보여주면서, 바잘게트의 계획안을 계속해서 연기하고 있던 정치인들에 대한 대중의 불만은 한층 고조되었다. 물론 바잘게트 프로젝트는 완벽하지 않았다. 또한 당시 사람들은 악취가 질병의 원인이라고 믿었다. 바잘게트 역시 오물을 템스강 하류 먼 곳으로 흘려보내기만 하면 문제는 해결될 것이라고 보았다. 이후 드러난 것처럼, 이러한 방법으로 콜레라의 실질적인 원인, 즉 식수 오염 문제를 대부분 해결할 수 있었다. 그러나 해변에서 낚시를 하거나 수영을 즐기는 사람에게는 도움이 되지 못했다. 폭발적인 인구 증가로 사회 제반 시설을 급속히 확충해나가고 있는 오늘날의 많은 도시 전문가들과는 달리, 1850년대 런던 정치인들은 지식과 정보가 많이 부족했다.

물론 우리는 지금도 사회 전반의 노력이 필요한 문제를 효과적으로 해결하지 못하고 있다. 패러데이의 표현을 빌리자면, '권력과 책임 있는 자들'이 조직화된 움직임을 보이도록 우리 사회가 압력을 행사하지 못하고 있다. 그래도 많은 발전이 있었던 것은 사실이다. 세계보건기구who에 따르면, '개선된 하수 시스템'에 접근할 수 있는 전 세계 인구 비중이 1980년 4분의 1에서 최근 3분의 2로 크게 증가했다. 이는 중대한 도약이다.[5]

그래도 25억 인구는 여전히 개선된 하수 시스템의 혜택을 누리지 못하고 있다. 게다가 개선된 하수 시스템을 정의하는 기준마저도 그리 엄격하지 않다. 이는 '배설물이 인간에 닿지 않도록 위생적인 방식으로 격리해서 처리하는 시설'을 의미한다. 여기에는 하수 처리의 개념이 포함되어 있지 않다. 만약 그 기준에 하수 처리까지 포함시킨다면, 개선된 하수 시스템 환경에서 살아가는 인구 비중은 절반에도 미치지 못한다.[6]

적절한 하수 시스템 부재에 따른 경제적 손실은 설사 관련 질병에 대한 치료비에서 위생에 민감한 여행자를 단념시키는 것에 이르기까지 크고 다양하다.

세계은행의 '위생시설 프로그램 경제학 Economics of Sanitation Initiative(ESI)'은 아프리카 여러 나라를 대상으로 이에 드는 비용을 분석해보았다. 그 결과, 하수 시스템 부족으로 인해 GDP에서 1~2퍼센트포인트 손실이 발생하는 것으로 결론을 내렸다. 인도와 방글라데시는 6퍼센트포인트 이상 그리고 캄보디아는 7퍼센트포인트 손실을 겪는 것으로 나타났다.[7]

여기서 우리는 다음과 같은 결론, 즉 커밍이 개발한 곡선 파이프를 적극적으로 **받아들인** 나라는 지금 훨씬 더 잘살게 되었다는 결론에 도달하게 된다.

한 가지 문제는 공공 위생시설은 시장이 제공하지 않는 재화라는 사실이다. 변기를 설치하려면 돈이 들지만, 길거리에 볼일을 보면 공짜다. 우리 집에 변기를 설치할 경우, 이웃 주민 모두 조금은 더 깨끗해진 거리의 혜택을 누릴 수 있지만, 그에 드는 비용은 전적으로 내가 부담해야 한다. 이러한 상황을 경제학 용어로 긍정적 외부효과 Positive Externality라고 한다. 그러나 긍정적 외부효과가 강한 재화는 사회 전반이 요구하는 것보다 훨씬 느리게 확산되는 경향이 있다.

이와 관련하여 가장 충격적인 사례는 케냐 나이로비의 빈민가 키베라에서 볼 수 있는 '날아다니는 변기flying toilet'일 것이다. 이 변기는 이렇게 작동한다.

일단 사람들이 낮에 비닐봉지에 대변을 본다. 그리고 밤이 되면 그 봉지를 최대한 먼 곳으로 던져버린다. 키베라 주민이 날아다니는 변기를 수세식 변기로 바꿀 경우, 본인은 물론 주변 이웃도 혜택을 누리게 된다.[8]

이 경우를 휴대전화와 한번 비교해보자. 휴대전화의 긍정적 외부효과는 그리 크지 않다. 내가 휴대전화를 장만하면, 이웃들은 내게 수월하게 연락을 취할 수 있다. 이는 그들에게 도움이 된다. 그러나 내가 휴대전화와 수세식 변기 중 하나를 선택해야 한다면, 이웃들은 틀림없이 내가 수세식 변기를 선택하기를 바랄 것이다.

휴대전화의 경우, 혜택의 대부분은 사용자 개인에게 집중된다. 그렇다면 나는 무엇을 선택해야 할 것인가? 이타적 관점에서 나와 내 이웃 모두의 이익을 생각한다면, 마땅히 수세식 변기를 택할 것이다. 반면 이기적인 관점에서 나 자신의 이익만 생각한다면, 휴대전화를 택할 것이다. 이는 곡선 파이프가 열 배나 더 오랫동안 존재했음에도 휴대전화보다 확산이 더딘 상황을 설명해주는 한 가지 이유다.[9]

최근 키베라에서 날아다니는 변기를 막기 위한 노력은 공동 화장실 구역을 만들거나, 채우고 모아서 비료로 활용할 수 있도록 특별하게 제작된 배변 봉지를 배급하는 사업을 중심으로 이루어지고 있다. 그러나 키베라의 심각한 상황을 고려할 때, 이는 임시방편에 불과하다.[10]

현대적 하수 시스템을 구축하기 위해서는 수세식 변기 외에도 많은 것들이 필요하다. 무엇보다 파이프로 연결된 배관 시스템을 갖추어야 한다.

그리고 이를 위해서는 재정적으로, 사회적으로 대규모 프로젝트가 진행되어야 한다. 하수 시스템을 구축하기 위한 바잘게트의 계획안이 통과되고 나서도 런던에 하수 시스템이 완성되기까지는 10년이라는 세월이 걸렸다. 그들은 250만 평방미터에 달하는 토양을 파내야 했다.[11] 대규모 하수 프로젝트는 외부효과의 특성이 강하기 때문에 민간 투자자의 관심을 자극하기 힘들다. 그러므로 정치인과 시민 그리고 정부 기관의 강력한 의지가 필요하다. 하지만 이러한 의지야말로 우리 사회에서 찾아보기 힘든 소중한 자원이다. 최근 인도의 인구 조사에 따르면, 5,161곳에 달하는 도시나 마을 중에서 부분적으로나마 하수 시스템을 갖춘 곳의 비중은 6퍼센트에도 못 미친다고 한다.[12]

런던의 정치인들 역시 하수 시스템 프로젝트를 끝까지 미루었다. 그러나 일단 사업이 시작되자 더 이상의 망설임은 없었다. 바잘게트 프로젝트를 실행에 옮기기 위한 필수 법안이 모두 통과되기까지 18일밖에 걸리지 않았다.

앞서 살펴본 것처럼, 미국 운송 산업의 규제를 철폐하는 과제든 페루의 부동산등기 시스템을 개혁하는 일이든 아니면 금융 산업이 경제 전반에 치명적인 영향을 미치지 못하도록 시스템 전반을 정비하는 작업이든 간에 정치인들이 지혜를 모아 신속하게 움직이도록 사회적 압력을 행사하는 것은 쉽지 않다. 그렇다면 당시 런던의 정치인들은 어떻게 그토록 일사분란하게 바잘게트 프로젝트를 추진했던 것일까?

거기에는 지형적인 특수성이 작용했다. 런던 국회의사당은 템스 강변에 자리하고 있다. 시 정부는 어떻게든 정치인들을 대악취로부터 지키려 했다. 건물 안에 달린 모든 커튼을 표백제에 담가보기도 했다. 하지만 소용

없었다. 정치인들은 도저히 참을 수 없었다. 당시 〈타임스〉는 의사당 도서관 출입을 포기한 의원들의 모습을 '손수건으로 코를 틀어막은 신사들'[13]이라며 냉소적으로 묘사했다. 정치인들의 의지를 끌어모으는 일이 언제나 그때처럼 수월하다면.

지폐
47

750년 전 베네치아의 젊은 상인 마르코 폴로Marco Polo는 중국 여행기를 책으로 펴내 사람들을 놀라게 했다. 그의 《세계 경이의 서 *The Book of the Marvels of the World*》(우리에게는 《동방견문록》으로 알려져 있다_옮긴이)는 자신이 직접 목격한 이국적인 장면들로 가득하다. 그중에서도 특히 흥미진진한 대목에서 폴로는 흥분을 감추지 못하고 이렇게 썼다.

"어떻게 설명해도 사람들은 내가 제정신인지 의심할 것이다."

폴로는 왜 그렇게 흥분했을까? 그는 오늘날 경제의 근간을 이루는 특별한 발명을 목격했던 최초의 유럽인이었다. 그리고 그것은 다름 아닌 종이 화폐였다.

여기서 중요한 것은 종이가 아니다. 실제로 오늘날 지폐는 종이가 아니라 면화나 탄성 있는 플라스틱 재질로 만들어진다. 폴로가 그토록 열광했던 중국의 지폐 역시 완전한 종이는 아니었다. 그것은 뽕나무의 검은 껍질에 여러 관료들의 서명과 함께 칭기즈 칸Chingiz Khan의 주홍색 봉인이 찍힌 증서였다. 《동방견문록》에서 지폐가 등장하는 장의 제목은 무언가 긴박함이 느껴진다.

"위대한 황제 칸은 어떻게 나무껍질을 종이처럼 만들어 나라 전역에 화폐로 통용시켰을까?"

그 지폐가 무엇으로 만들어졌든 간에, 중요한 사실은 그 화폐의 가치가 금화나 은화처럼 귀한 재료에서 비롯된 것은 아니라는 점이다. 그 가치는 오로지 제국의 승인에 기반을 두었다. 오늘날 지폐는 명목화폐Fiat Money라고도 한다. 라틴어로 'fiat'는 '되도록 하라'는 뜻이다. 칭기즈 칸은 자신의 인장이 담긴 뽕나무 껍질을 돈이라고 선언했다. 다시 말해, 그것이 돈이 되도록 하라고 명했다.

그 독창적 시스템에 놀란 폴로는 지폐가 금화나 은화처럼 통용되었다고 설명했다. 그러면 실제의 금과 은은 어디에 있었을까? 아마도 황제의 보물창고 안에 들어 있었을 것이다.

그러나 폴로가 목격했던 뽕나무 지폐는 새로운 발명이 아니었다. 지폐는 이미 3세기 이전부터 사용되었다. 1000년 무렵에 중국 쓰촨四川(불타는 요리로 유명한)은 외국과 그리고 때로는 적국과 인접한 국경 지역이었다. 중국의 통치자들은 나라의 소중한 재산인 금화나 은화가 쓰촨 지역에서 외국으로 빠져나갈 것을 걱정했다. 그래서 쓰촨 주민들에게는 철제 주화만을 사용하도록 했다.[1]

그러나 주화는 아주 불편했다. 50그램 정도의 은화 한 움큼과 맞바꾸려면 사람의 체중에 달하는 주화를 들고 가야 한다.[2] 무게를 기준으로 하자면 소금이 주화보다 더 비쌌다. 시장에 장을 보러 갈 경우, 사람들은 식료품보다 더 무거운 주화를 자루에 담아 끌고 가야 했다.

당연하게도 쓰촨 지역의 주민들은 주화를 대체할 만한 방법을 찾기 시작했다.

그리고 그들이 마침내 발견한 대안은 교자交子라는 일종의 차용증이었다. 교자는 시장에서 신용 있는 상인이 쓴 증서로, 나중에 적절한 시점에 기재된 금액을 지불하겠다는 약속이었다.

그런데 얼마 후 아무도 예상치 못한 상황이 벌어졌다.

교자가 자유롭게 거래되기 시작한 것이다. 예를 들어 내가 유명한 상인인 장씨에게 물건을 납품하고 차용증을 받았다고 해보자. 나는 나중에 여러분의 가게에 들러 물건을 사고는 주화로 지불하거나, 아니면 차용증을 써줄 수 있다. 하지만 이보다 더 간단한 방법이 있다(여러분도 만족할). 그것은 장씨에게 받은 차용증을 주는 것이다. 물론 여러분은 나처럼 장씨가 신용 있는 상인이라는 사실을 잘 알고 있어야 한다.

이제 여러분과 나 그리고 장씨는 일종의 원시적인 종이 화폐를 창조한 셈이다. 장씨의 차용증은 상환 약속을 이행하지 않은 상태에서 양도 가능한 가치를 지닌다. 이러한 개념은 처음에 상당히 혼란스러웠을 것이다. 하지만 20장에서 살펴봤던 것처럼, 이와 같은 거래 가능한 형태의 부채 개념은 다른 시대에도 존재했다. 가령 1970년대에 은행 파업 시기에 아일랜드 사람들이 사용했던 수표나 1950년대 홍콩에서 유통된 영국군의 수표, 혹은 중세 후기 영국에서 사용된 탤리스틱이 그렇다.

거래 가능한 차용증 시스템은 장씨와 같은 상인에게 아주 반가운 소식이었다. 다른 상인들이 자신의 차용증을 편리한 결제 수단으로 활용하는 동안, 장씨는 상환 약속을 이행할 필요가 없기 때문이다. 결과적으로 차용증이 계속해서 통용된다는 말은 장씨가 이자 없이 대출을 사용할 수 있다는 뜻이다. 게다가 더 좋은 소식은 자신이 발행한 차용증에 대한 상환 요구를 영원히 받지 않을 수도 있다는 사실이다.

그때부터 중국 관료들은 점차 이러한 새로운 통화 시스템을 장씨와 같은 상인이 아니라 국가가 관리를 해야 한다고 생각했다. 그들은 처음에 교자의 발행을 규제하고, 그 형태와 관련하여 법을 제정했다. 다음으로 민간에서 발행한 교자의 유통을 금지하면서 국가가 직접 교자의 발행과 관리를 독점했다. 국가가 발행한 교자는 널리 환영을 받았고, 쓰촨 지역은 물론 국제적으로 통용되었다. 실제로 교자는 웃돈을 얹어 거래되기도 했다. 그 이유는 주화를 들고 다니는 것보다 훨씬 더 편했기 때문이다.

처음에 국가가 발행한 교자는 민간 교자와 마찬가지로 상환 요구 시 주화로 지급되었다. 이는 지극히 논리적인 시스템으로, 종잇조각을 실제로 가치 있는 물건으로 인정했다. 그러나 중국은 머지않아 은밀하게 명목화폐 시스템으로 넘어갔다. 기본적인 원리는 유지하면서, 교자를 주화로 상환하는 부분을 제거해버렸다. 그때부터는 오래된 교자를 당국에 가져가면 주화가 아니라 빳빳한 새 교자로 지급받게 되었다.

이는 현대적인 형태다. 오늘날 전 세계가 사용하는 화폐는 각국의 중앙은행이 발행한 것이다. 중앙은행은 오래된 화폐를 새 화폐로 교체해줄 뿐, 화폐에 대해 어떤 이행도 약속하지 않는다. 이제 세상은 장씨의 차용증이 이행되지 않은 상태에서 유통되는 단계로부터 국가가 발행한 차용증이 상환 **불가능하다**는 사실에도 불구하고 유통되는 놀라운 단계로 진화한 것이다.

모든 정부는 명목화폐로부터 유혹을 느낀다. 그들은 마음만 먹으면 얼마든지 돈을 찍어낼 수 있다. 그러나 재화와 서비스의 양이 제한된 상태에서 화폐만 증가할 때, 가격이 치솟게 된다. 그럼에도 많은 정부는 명목화폐의 유혹을 이기지 못했다. 11세기 초 등장한 지 몇십 년 만에 교자의 가치는 크게 떨어졌고, 사람들의 신뢰를 잃었다. 교자는 액면 가치의 10퍼센트 정도로 거래되었다.

이후로 많은 정부가 같은 문제를 겪었다. 바이마르공화국과 짐바브웨가 대표적 사례다. 이들 나라의 경제는 과도한 통화 발행에 따른 극단적인 인플레이션으로 무너지고 말았다. 1946년 헝가리의 경우, 물가는 매일 최고치를 갱신했다. 당시 부다페스트에 있는 카페에서 커피를 마시려면, 나올 때가 아니라 들어갈 때 계산하는 게 더 유리할 정도였다.[3]

이처럼 드물지만 끔찍했던 극단적인 사례들로 인해 급진주의자들은 명목화폐의 안전성을 의심하기 시작했다. 그들은 지폐를 내면 금화나 은화로 돌려받았던 금본위제 시절로 돌아가자고 주장했다. 그러나 오늘날 주류 경제학자들은 금을 기준으로 화폐 공급량을 결정하는 방식을 인정하지 않는다. 또한 미미한 수준의 예측 가능한 인플레이션은 문제가 아니라고 말한다. 경제적 재앙으로 이어지는 디플레이션의 위험을 사전에 차단한다는 점에서, 적절한 인플레이션은 오히려 경제를 활성화시키는 윤활유와 같은 것이라고 주장한다. 물론 모든 중앙은행이 언제나 적절한 양의 화폐를 찍어내리라 신뢰할 수는 없다. 그래도 금을 약속한 만큼 채굴하겠다는 광부의 약속을 믿는 것보다는 합리적인 선택일 것이다.

47 지폐

돈을 찍어내는 정부의 기능은 특히 위기 상황에서 진가를 발휘한다. 2007년 금융 위기 직후에 미 연방준비제도이사회는 인플레이션을 자극하지 않는 선에서 수조 달러의 돈을 찍어냈다. 물론 여기서 돈을 찍어낸다는 것은 은유적인 표현이다. 그 돈은 사실 글로벌 금융 시스템 위에서 컴퓨터 자판을 두드려 생성한 것이다. 마르코 폴로가 살아 있었더라면 이렇게 놀랐을 것이다.

"어떻게 위대한 중앙은행은 컴퓨터 스프레드시트로 돈을 만들어 미국 전역에 화폐로 통용시켰을까?"

기술은 끊임없이 발전한다. 그럼에도 화폐의 진화는 언제나 우리를 깜짝 놀라게 만든다.

콘크리트
48

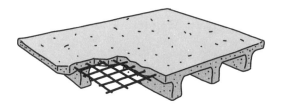

21세기 초 멕시코 코아우일라주에 사는 빈민층 가구들은 피소 피르메Piso Firme라는 사회 프로그램에 관한 유인물을 받아보았다. 유인물 내용은 학교 설립이나 백신 접종, 식품 또는 보조금에 관한 것이 아니었다. 그 프로그램은 150달러짜리 콘크리트 혼합물에 관한 것이었다. 이후 프로그램 근로자들이 빈민층 지역을 돌며 콘크리트 혼합물을 실어 날랐다. 그들은 프로그램을 신청한 집 앞에 멈춰 서서 반죽 형태의 콘크리트 혼합물을 현관을 통해 거실로 들이부었다.[1] 그러고는 거주자에게 혼합물을 펴서 바르고 매끄럽게 다듬는 방법을 보여주고 완전히 마를 때까지 얼마나 기다려야 하는지 알려주었다. 그러고는 다음 가정으로 이동했다.

피소 피르메는 '단단한 바닥'이라는 뜻이다. 나중에 경제학자들이 프로그램의 성과를 조사했을 때, 혼합된 콘크리트가 아이들의 학업 성적을 크게 높여주었다는 사실을 확인했다. 어떻게 그런 일이 가능했을까? 당시 빈민층 가구 대부분은 거실이 흙바닥이었다. 그리고 여기서 번식한 기생충이 감염을 일으키면서 아이들의 성장을 가로막았다. 반면 콘크리트 바닥은 편리하고 위생적으로 관리가 가능하다. 덕분에 아이들의 건강 상태는 개선되었고, 더 부지런히 학교에 다니면서 학업 성적도 자연스럽게 올랐다. 흙바닥 생활은 여러모로 불편하다. 경제학자들은 또한 이번 프로그램으로 인해 부모들이 삶 또한 향상되었다는 사실을 확인했다. 콘크리트 바닥 생활을 하면서 성인의 스트레스와 우울감이 줄었다. 이 프로그램은 분명 150달러 이상의 가치가 있었다.

그러나 사실 콘크리트는 코아우일라주의 빈민촌을 제외하고 그리 좋은 평판을 얻지 못했다. 콘크리트는 흔히 환경 파괴의 대명사로 꼽힌다. 콘크리트는 모래와 물, 시멘트로 만들어지는데, 그중에서 시멘트는 생산 과정에서 많은 에너지를 소비하며 온실가스인 이산화탄소를 다량 배출한다. 물론 이것만으로 심각한 문제라 할 수는 없다. 철강을 생산하는 과정에서도 마찬가지로 엄청난 에너지가 소비된다. 문제의 핵심은 우리 사회가 실로 어마어마한 양의 콘크리트를 소비하고 있다는 사실에 있다. 1인당 연간 콘크리트 소비량은 5톤에 육박한다. 이로 인해 콘크리트 산업은 항공 산업에 못지않게 많은 온실가스를 배출한다.[2] 건축의 관점에서도 콘크리트는 비인간적인 구조물의 상징이다. 똑같이 생긴 관공서 건물이나 지린내로 찌든 계단을 통해 겹겹이 쌓인 주차장 건물이 그렇다. 하지만 콘크리트 건물도 얼마든지 아름답게 거듭날 수 있다. 시드니 오페라하우스나 브라질리아에 있는 오스카르 니에메예르 성당을 떠올려보자.

사람들이 콘크리트에서 이처럼 상반된 감정을 느끼는 것은 어찌 보면 당연한 일이다. 콘크리트라는 재료의 본질은 한마디로 정의할 수 없다. 1927년 미국의 위대한 건축가 프랭크 로이드 라이트Frank Lloyd Wright는 이렇게 묻고 그리고 답했다.

"콘크리트는 돌인가? 그렇기도 하고, 아니기도 하다."[3]

그의 문답은 계속된다.

"회반죽인가? 그렇기도 하고 아니기도 하다. 벽돌이나 타일인가? 그렇기도 하고 아니기도 하다. 주철인가? 그렇기도 하고 아니기도 하다."

콘크리트는 역사적으로 수천 년 동안 최고의 건축 재료로 각광을 받았다. 터키 남부에서 발견된 약 1만 2천 년 전 유적지 괴베클리 테페Göbekli Tepe가 말해주듯, 인류가 처음으로 친족 집단을 벗어나 외부인과 함께 공동생활을 시작할 수 있었던 것은 시멘트, 즉 콘크리트의 발명 덕분이었다는 주장이 있다.[4] 콘크리트는 약 8,000년 전부터 사용되었다. 당시 사막을 오가던 상인들은 소중한 자원인 물을 저장하기 위해 콘크리트로 지하 물탱크를 만들었다. 이러한 시설의 일부는 오늘날 요르단과 시리아 지역에 아직 남아 있다. 또한 3,000년 전 미케네인들은 오늘날 우리가 그리스 펠로폰네소스에서 구경하는 무덤을 축조하기 위해 콘크리트를 사용했다.

콘크리트에 대한 로마인들의 접근 방식은 진지했다. 그들은 폼페이와 베수비오산 인근 포추올리에 퇴적된 화산재로부터 자연적으로 형성된 시멘트로 콘크리트를 만들어 수로와 목욕탕을 지었다. 1881년에 이르기까지 수 세기 동안 지상 최대의 돔 양식 건물이었던 그리고 이제는 1,900번째 생일을 눈앞에 둔 로마 판테온 신전으로 걸어 들어가면, 우리는 웅장한 콘크리트 구조물과 마주하게 된다.[5] 그 형태는 놀라우리만치 현대적이다.

벽돌로 지은 로마 시대 건물들 대부분은 이미 오래전에 사라졌다. 벽돌 자체가 약해서라기보다 다른 건물에 의해 잡아먹혔기 때문이다. 즉, 로마 건물의 벽돌은 이후 다른 건물을 짓는 과정에서 재활용되었다. 그렇다면 콘크리트로 만든 판테온은? 그 건축물이 이토록 오랫동안 살아남을 수 있었던 한 가지 이유는 단단한 콘크리트 벽면을 다른 목적으로 재활용하기가 불가능했기 때문이다. 벽돌은 얼마든지 재활용이 가능하지만 콘크리트는 아니다.[6] 콘크리트 구조물은 오로지 허물어질 뿐이다. 그리고 그 내구성은 어떤 콘크리트를 썼느냐에 달렸다. 질 나쁜 콘크리트, 즉 너무 많은 모래와 너무 적은 시멘트로 만든 콘크리트는 지진에 취약하다. 반면 질 좋은 콘크리트는 물과 불 그리고 바람을 거뜬히 이겨낸다.

이러한 특성은 콘크리트의 근본적인 모순을 드러낸다. 콘크리트는 건축 과정에서 대단히 유연하지만, 일단 완성되면 좀처럼 변형되지 않는다. 건축가나 구조공학자의 손에서 콘크리트는 놀라운 물질이 된다. 콘크리트 혼합물을 주형에 들이붓는 공법을 활용하면, 얇으면서도 강한 판형으로, 혹은 우리가 원하는 어떤 형태로도 제작이 가능하다. 색상 또한 그냥 회색으로 놓아둘 수도 있고, 아니면 염료를 추가할 수도 있다. 표면 또한 거칠게 내버려둘 수 있고, 대리석처럼 매끈하게 연마할 수도 있다. 하지만 건축 과정이 끝나는 순간, 그 유연성도 끝난다. 콘크리트는 강하고 완고한 구조물로 남는다.

바로 이러한 완고함 때문에 사람들은 흔히 콘크리트를 자존심 강한 건축가나 그들의 오만한 고객과 연결 짓곤 한다. 이들은 자신이 상상한 건축물을 시대와 상황에 따라 허물거나 개조해야 할 대상이 아니라, 원형 그대로 영원히 보존해야 할 작품이라 믿는다.

1954년 소련의 통치자 니키타 후르쇼프Nikita Khrushchyov는 두 시간의 연설 동안 콘크리트의 가치를 언급하면서, 콘크리트 건축물의 표준화 사업에 대한 자신의 계획을 구체적으로 밝혔다. 후르쇼프는 '국가 전역에 걸친 단일 건축 시스템'[7]을 도입하고자 했다. 이러한 점에서 많은 이들이 콘크리트를 자발적으로 선택한 재료가 아니라 권력에 의해 강요된 재료라고 생각하는 것도 무리는 아니다.

폐기된 콘크리트는 사라지지 않고 영원히 남는다. 백만 년 후 강철이 녹슬고 목재가 썩고 난 뒤에도 콘크리트만은 살아남아 있을 것이다. 그러나 지금 우리가 짓고 있는 콘크리트 구조물의 상당수는 수십 년 후 쓸모없어질 것이다. 왜냐하면 한 세기 전에 혁명적으로 발전했던 콘크리트 기술은 동시에 치명적 결함을 안고 있기 때문이다.

19세기 중반 프랑스 정원사 조세프 모니에Joseph Monier는 화분 종류가 얼마 되지 않아서 많은 불편함을 느꼈다. 콘크리트 화분도 있었지만 쉽게 부서지거나 부피가 지나치게 컸다. 당시 소비자들은 현대적인 디자인을 선호했지만, 모니에는 무겁고 거대한 화분을 힘들게 나르고 싶지는 않았다. 그래서 그는 철망 위에 콘크리트를 들이붓는 실험을 했다. 그 효과는 놀라웠다.[8]

물론 모니에는 아주 운이 좋은 경우였다. 내부에 철근을 집어넣어 콘크리트를 강화하는 방식은 생각만큼 쉬운 일이 아닐 수 있었다. 그건 열을 받을 때 팽창하는 정도가 재료마다 서로 다르기 때문이다. 만약 콘크리트와 철근이 서로 다른 정도로 팽창한다면 균열이 생길 것이다. 하지만 놀랍게도 콘크리트와 강철의 열에 따른 팽창도는 비슷했다. 둘은 완벽한 한

쌍의 재료였던 셈이다.[9]

이러한 행운에 힘입은 모니에는 강화 콘크리트가 화분 이외에 철도 침목이나 건축용 슬래브, 파이프 등 다양한 용도로 활용이 가능하다는 사실을 깨달았다. 그는 다양한 형태의 강화 콘크리트에 대해 특허를 신청했고, 1867년 파리 만국박람회에 그 제품들을 선보였다.

이후 많은 발명가들이 모니에의 아이디어를 기반으로 강화 콘크리트의 한계를 시험하고 개선하는 연구를 꾸준히 추진했다. 모니에가 특허를 등록한 지 20년이 지나기 전에 PC 강재pre-stressing steel라는 기발한 아이디어가 다시 특허를 받았다. PC 강재는 콘크리트 강도를 한층 더 높여주었다. 이 기술을 부분적으로 적용할 때, 콘크리트가 받는 하중을 크게 완화할 수 있다. 덕분에 건축가들은 철은 물론 콘크리트 사용량도 크게 줄일 수 있었다. 그로부터 130년이 흐른 지금도 우리는 이 공법을 그대로 활용하고 있다.[10]

강화 콘크리트는 일반 콘크리트보다 훨씬 강하고 실용적이다. 높은 하중을 버틸 수 있기 때문에 대형 교각이나 고층빌딩에 적합하다. 하지만 한 가지 문제가 있다. 콘크리트 생산비를 낮출 경우, 세월이 지나면서 물이 작은 틈 사이로 스며들어 철근을 부식시킴으로써 내부로부터 허물어진다. 최근 미국 전역에 걸친 제반 시설 구조물은 바로 이러한 문제로 어려움을 겪고 있다.* 20~30년 세월이 흐르면 중국 역시 똑같은 문제에 봉

---

* 미국 토목학회American Society for Civil Engineers(ASCE)는 '2013년 미국 제반 시설 평가서'에서 이렇게 언급했다. "미국 내 교량 아홉 곳 중 하나는 구조적 결함이 있다." 그리고 이렇게 덧붙였다. "연방 고속도로관리국Federal Highway Administration(FHWA)은 2028년까지 교량 보수를 위해 연간 205억 달러를 투자해야 한다고 추산했지만, 현재 집행되는 예산은 128억 달러 수준이다."

착할 것이다. 2008년 이후로 3년 동안 중국이 소비한 콘크리트 양은 20세기를 통틀어 미국이 사용한 것보다 더 많다. 게다가 많은 사람들은 그 콘크리트가 엄격한 기준을 지켜 생산되었으리라고 기대하지 않는다.

수분이 철근으로 침투하지 못하도록 막는 특별 처리 기술을 포함하여 콘크리트의 여러 문제점을 해결하기 위한 다양한 방법이 등장하고 있다. 그중에서 '자율회복self-healing' 기술은 박테리아로 하여금 석회암을 분비하도록 해서 균열을 메우는 방법을 활용한다. 또한 '자율청소self-cleaning' 기술은 이산화티타늄을 주입함으로써 스모그를 없애고 표면을 반짝반짝 빛나게 만든다. 이 기술이 향후 더 개선된다면, 도로 노면이 자동차 매연을 제거하는 것도 가능해질 것이다.[11]

또한 과학자들은 최근에 콘크리트 생산 과정에서 에너지 소비량과 탄소 배출량을 줄이는 방법을 연구하고 있다. 만약 성공한다면, 환경적 이익은 어마어마할 것이다.[12]

이미 개발이 완료된 간단하고 검증된 기술로도 많은 일을 할 수 있다. 전 세계 수억 명의 인구는 아직도 더러운 흙바닥 집에서 살고 있다. 앞서 소개한 피소 피르메와 같은 사회 프로그램으로 이들의 삶을 크게 개선할 수 있다. 또 다른 연구는 방글라데시 시골 지역에 콘크리트 도로를 포장한 이후로 학생들의 출석률이 높아지고, 농업 생산성이 향상되고, 농장 근로자의 임금도 개선되었다는 사실을 보여주었다.[13]

콘크리트는 아마도 우리가 이를 성실하게 활용할 때 최고의 보답을 돌려주는 듯하다.

보험

49

10년 전, 나는 한 라디오 프로그램에서 영국의 유명한 도박장에 전화를 걸어 내가 죽을 것인지를 놓고 게임을 벌이자는 제안을 했다. 하지만 그들은 받아들이지 않았다. 어쨌든 내가 살아 있는 동안에는 돈을 딸 수가 없기 때문이다. 사실 삶과 죽음을 놓고 내기를 벌이는 도박장은 없다. 하지만 생명보험사는 바로 그런 일을 한다.

법적, 문화적 차원에서 도박과 보험은 엄연히 다른 분야다. 하지만 경제적 차원에서 그 경계는 희미하다. 미래에 벌어질 불확실한 사건에 따라 돈을 나눠 갖는 방식이 달라진다는 점에서 도박과 보험은 같다.

이러한 개념은 아주 오래전에 등장했다. 주사위와 같은 도박 기구의 역사는 수천 년을 거슬러 올라간다. 이집트인은 5,000년 전부터 주사위를 사용했다고 한다. 25세기 전 인도에서 주사위 놀이는 붓다가 거부한 게임의 목록에 포함될 만큼 인기를 끌었다.[1]

마찬가지로 보험의 역사도 유래가 깊다. 오늘날 이라크 영토에 해당하는 바빌론의 함무라비법전은 4,000년 전에 만들어졌다. 그 법전은 '모험대차冒險貸借, Bottomry'라고 하는 일종의 해상보험에 대한 사회적 관심을 높이는 역할을 했다. 이는 보험과 부채가 조합된 형태로, 선박이 침몰하는 사고가 발생했을 때 해상 운송을 위해 이미 큰돈을 빌린 상인들에게 상환 의무를 면제해주는 서비스를 제공했다.[2]

그 비슷한 시기에 중국 상인들은 화물을 여러 선박에 나누어 싣는 방법으로 위험을 분산했다. 모든 선박에는 다양한 상인들의 화물이 조금씩 섞여 있었다.[3] 하지만 이러한 방법은 대단히 번거로웠다. 이처럼 물리적인 방법보다 금융 계약으로 위험을 분산하는 편이 훨씬 간편하다. 몇천 년이 흘러 로마인들은 실제로 일종의 해상보험을 통해 이를 실현했다. 이후로 제노바나 베네치아 같은 이탈리아 도시국가들이 명맥을 이었고, 지중해를 운항하는 선박의 위험을 보장하기 위한 다양한 방법이 등장했다.

그리고 1687년, 런던 선창가 부근 타워스트리트에 커피하우스가 문을 열었다. 편안하고 널찍한 그 공간은 상인들의 회합 장소가 되었다. 후원자들도 그곳에서 차와 커피, 셔벗은 물론 가십거리를 즐겼다. 당시 런던은 전염병과 대화재를 비롯하여 템스강을 거슬러 쳐들어온 네덜란드 해군과 왕을 끌어내린 혁명 등 수많은 가십거리들로 넘쳐났다.

그래도 커피하우스의 단골들이 가장 좋아했던 주제는 무역이었다. 그들은 어디서 어떤 선박이 무슨 화물을 싣고 들어오는지 그리고 안전하게 도착할 것인지 궁금해했다. 또 가십이 있는 곳에서는 언제나 내기가 벌어졌다. 부유한 후원자들은 내기를 즐겼다. 가령 무능한 존 빙John Byng 제독이 프랑스 전투에서 총에 맞을 것인지를 놓고 내기를 벌였다. 실제로 그는 총에 맞았다. 이들이라면 틀림없이 내 목숨에 대한 내기 제안을 흔쾌히 받아들였을 것이다.

커피하우스 주인은 손님들이 맛있는 커피는 물론, 내기와 가십에 불을 붙여줄 흥미로운 정보에 목말라 있다는 사실을 알아챘다. 그래서 그는 외국의 항구와 조류 그리고 들어오고 나가는 선박에 관한 정보를 끌어모으기 시작했다. 정보에 밝았던 주인은 에드워드 로이드Edward Lloyd라는 인물로, 그가 발행한 뉴스레터는 나중에 '로이즈 리스트Lloyd's List'로 알려졌다. 선장들은 로이드 커피하우스에 모여 선박의 경매와 관련된 이야기를 나누었다. 또한 보험 계약도 여기서 이루어졌다. 보험업자는 계약 서류 '하단underneath'에 서명을 했다(보험사를 뜻하는 'underwriter'라는 용어도 여기서 유래했다). 로이드 커피하우스에서 보험과 도박의 경계는 모호했다.

보험업자들은 자연스럽게도 정보가 가장 많은 곳에 모였다. 그들은 자신이 사고파는 위험의 내용을 정확하게 파악해야 했다. 로이드가 커피하우스를 열고 80년의 세월이 흘러, 그곳에 모였던 보험업자들은 로이즈 협회Society of Lloyd's를 설립했다. 오늘날 런던로이즈Lloyd's of London는 세계적인 보험사 협회다.[4]

하지만 현대적인 형태의 모든 보험이 도박에서 비롯된 것은 아니다. 또 다른 형태의 보험은 바다가 아니라 산에서 탄생했다. 그것은 카지노 자본주의보다 공동체 자본주의에 더 가까웠다. 16세기 초 알프스 지역의 농부들은 상부상조 공동체를 이루며 살았다. 그들은 가축이나 자녀가 병에 걸렸을 때 함께 보살폈다. 로이즈 보험업자들은 위험을 분석하고 거래할 대상으로 보았던 반면, 알프스 공동체는 공유해야 할 대상으로 보았다. 이러한 견해 차이는 보험에서 대단히 민감한 사안이다. 나중에 알프스 농부들이 취리히와 뮌헨으로 내려왔을 때, 그들은 세계적인 보험사들을 설립했다.[5]

오늘날에는 가장 크고 부유한 조직이 위험 분산을 위한 상부상조 공동체를 이끌고 있다. 그들은 다름 아닌 '정부'다. 1600~1700년대에 유럽의 각국 정부는 전쟁의 혼란 속에서 재원을 마련하기 위해 보험 비즈니스를 시작했다. 그들은 만기에 일정 금액을 지급하는 일반적인 형태의 채권을 발행하는 대신, '수혜자'가 사망할 때까지 일정 금액을 지급하는 연금을 판매했다. 정부로서는 이러한 연금 프로그램을 쉽게 마련할 수 있고, 또한 그에 대한 사회적 수요는 충분했다.[6] 연금은 일종의 보험으로서 큰 인기를 모았다. 각국 정부는 개별 가입자들을 삶의 위험으로부터 보호하기 위해 재정이 바닥날 정도로 노력했다.

보험 비즈니스는 이제 더 이상 정부의 돈벌이 수단이 아니다. 오늘날 우리는 실업, 질병, 장애, 노화 등 다양한 삶의 위험으로부터 시민을 지켜주는 것이 정부의 주요한 책임이라고 생각한다. 8장에서 살펴보았던 복지국가들 대부분은 실제로 보험의 형태를 보이고 있다. 물론 시장이 일부의 보험 서비스를 제공하지만, 중대한 위험의 경우에 실질적인 도움이 되지 못한다. 가난한 정부도 흉작이나 질병과 같은 치명적인 위험에 많은 도움을 제공하지 못한다. 민간 보험사들 역시 큰 관심을 보이지 않는다. 수익에 비해 위험이 너무 높기 때문이다.

이는 안타까운 현실이다. 점점 더 많은 연구들이 보험은 가입자의 걱정을 덜어줄 뿐만 아니라, 경제를 돌아가게 만드는 핵심적인 원동력이라는 사실을 말해주고 있다. 예를 들어, 아프리카 남부 레소토 지역에 대한 최근의 한 연구는 가뭄에 대한 불안감 때문에 농부들이 전문화 및 생산량 확장에서 소극적인 자세를 보인다는 사실을 확인했다. 이후 연구원들이 보험사를 설립하고 수확 보험을 내놓았을 때, 농부들은 적극적으로 그 상품에 가입했고 보다 과감하게 생산량을 늘렸다.[7]

그러나 민간 보험사들은 레소토라는 작은 나라에서 수확에 대한 보험 상품을 내놓을 만한 역량이 부족하다. 이들은 치명적인 재앙에 대한 사람들의 두려움을 이용하거나, 혹은 휴대전화 액정 파손과 같은 사소한 위험에 대한 값비싼 보장 상품을 판매하는 일에 더 능하다.

오늘날 가장 큰 보험 시장이라 할 수 있는 금융 파생 상품 시장에서 보험과 도박의 경계는 더욱 모호하다. 파생 상품은 환율 등락이나 부채 상환 등 예전과는 전혀 다른 사건을 놓고 두 당사자가 내기를 벌이는 금융 계약이다. 이들은 보험의 형태를 취한다. 가령 수출업자는 환율 상승에 반대로 내기를 걸어서 위험을 분산한다. 그리고 밀 농장은 밀 가격 폭락에 내기를 걸어서 위험을 완화한다. 기업은 이러한 파생 상품을 구매함으로써 보다 과감하게 전문화를 추구할 수 있다. 그러한 상품이 없다면, 기업은 다각화 전략을 통해 위험을 분산할 수밖에 없다. 4,000년 전 화물을 여러 선박에 나누어 실었던 중국 상인들처럼 말이다. 그러나 전문화가 높아질수록 경제 생산성도 함께 높아진다.

기존 보험과 달리, 파생 상품은 위험을 보장해야 할 대상을 적극적으로 물색할 필요가 없다. 다만 전 세계 어디선가 일어날 불확실한 사건에 대해 내기를 걸 상대를 찾으면 된다. 그리고 판돈을 두 배 또는 100배까지 쉽게 올릴 수 있다. 수익이 높아지면서 필요한 것은 위험을 감수하려는 의지 뿐이다. 세계 금융 위기가 터지기 직전인 2007년, 주요 파생 상품의 전체 액면 가치는 세계경제의 몇 배에 달했다. 실물경제가 부차적인 존재가 되었고, 부차적인 내기가 중요한 존재가 되었다. 물론 이야기의 결말은 좋지 못했다.[8]

미래를 내다보며

2008년 글로벌 금융 위기와 같은 경제적 재앙 때문에 큰 그림을 잊어서는 안 된다. 오늘날 인구 대부분의 삶은 과거에 비해 크게 나아졌다.

한 세기 전만 해도 인간의 기대 수명은 35세에 불과했다. 내가 태어날 무렵 60세로 늘어났고, 요즘에는 70세를 넘어선다.[1] 미얀마나 아이티 또는 콩고민주공화국 등 오늘날 삶의 환경이 가장 열악한 지역의 유아 생존율도 1900년의 세상 어느 곳보다 높다.[2] 전 세계적으로 빈곤 기준 아래에서 살아가는 인구 비중은 200년 전 95퍼센트에서 50년 전 60퍼센트로 그리고 지금은 10퍼센트로 떨어졌다.[3]

이와 같은 발전은 이 책에서 살펴보았던 발명을 포함한 다양한 아이디어 덕분이다. 하지만 이들 발명 중에서 전반적으로 긍정적인 영향을 미친 것들은 일부에 불과하다. 어떤 발명은 심각한 피해를 입혔다. 그리고 그중 일부는 인간이 보다 지혜롭게 활용했다면 더 긍정적인 역할을 했을 것이다.

미래의 발명들 역시 이와 비슷할 것이다. 전반적으로 미래의 발명은 다양한 문제를 해결해주고, 인간을 더욱 부유하고 건강하게 만들어주겠지만, 그 열매는 고르게 분배되지 않을 것이며 때로는 심각한 피해를 입힐 것이다.

미래의 발명을 상상하는 것은 즐거운 일이다. 그러나 역사는 우리에게 미래학을 전적으로 신뢰해서는 안 된다고 경고한다. 지금으로부터 50년 전, 미래학자 허먼 칸Herman Kahn과 앤서니 J. 위너Anthony J. Wiener는 《2000년: 전망의 기반 The Year 2000: A Framework For Speculation》이라는 책을 내놓았다. 이 책에서 두 사람은 정보와 커뮤니케이션 기술에 관하여 많은 정확한 예측을 내놓았다. 그들은 컬러복사기, 레이저의 다양한 활용, '쌍방향 휴대전화' 그리고 실시간 자동화 금융 서비스를 예언했다. 이러한 예측은 놀랍게도 맞아떨어졌다. 그러나 해저 도시, 조용한 헬리콥터 택시, 도시를 비추는 인공 달에 대한 예언은 빗나갔다.[4] 어제의 박람회나 공상과학만큼이나 진부한 것이 또 있을까?

그렇다면 지금까지 살펴본 마흔아홉 가지의 발명으로부터 무엇을 배울 수 있을까?

우리는 이미 많은 이야기를 통해 발명의 창의성을 자극하는 한 가지 중요한 교훈을 배웠다. 그것은 인구 자원의 절반을 낭비하는 것이 엄청난 손실이라는 사실이다. 오늘날 많은 사회가 이러한 교훈을 깨달아가고 있다. 여러분은 아마도 우리가 만나본 발명가들 대부분이 남성이라는 사실을 눈치 챘을 것이다. 클라라 임머바르처럼 얼마나 많은 똑똑한 여성이 꿈을 포기한 채 역사의 뒤안길로 사라졌을지 모를 일이다.

교육 또한 중요하다. 레오 베이클랜드의 어머니 또는 그레이스 호퍼의 아버지 사례만 봐도 알 수 있다. 교육과 관련해서는 낙관적인 전망을 가져도 좋을 듯싶다. 우리 사회는 기술을 통해 교육의 다양한 측면을 개선할 수 있다. 교육이야말로 발명이 미래 경제를 바꿀 가능성이 가장 농후한 분야다. 오늘날 인터넷이 깔린 빈민가 지역에서 자라는 아이들은 내가 도서관에서 공부했던 1990년대보다 더욱 쉽고 빠르게 정보에 접근할 수 있다.

또한 간과하기 쉬운 교훈도 있다. 우리 사회는 똑똑한 사람들이 실용적인 목표를 떠나 단지 지적 호기심을 추구하는 일을 적극 장려해야 한다. 옛날에는 레오 베이클랜드와 같은 부유한 사람들만이 개인 연구실에서 실험하는 사치를 누릴 수 있었다. 그러나 최근에는 정부가 적극적으로 나서서 기초과학 연구를 지원한다. 이러한 노력은 결국 스티브 잡스와 그의 연구팀이 아이폰을 개발할 수 있었던 토대를 마련했다. 그러나 연구의 성과는 본질적으로 예측이 불가능하다. 연구를 시작해서 수익을 올리기까지 수십 년의 세월이 걸린다. 그렇기 때문에 민간 투자자는 연구 개발에 많은 흥미를 보이지 않는다. 또한 정부는 재정적으로 힘든 시기에 연구 개발 예산을 먼저 삭감해버린다.[5]

그러나 발명은 종종 실용적인 목표를 염두에 두지 않은 연구에서 비롯된다. 레이저가 바로 대표적인 사례다. 종이도 원래는 글을 쓰는 것이 아니라 물건을 포장하는 용도로 사용되었다. 물론 윌리스 캐리어의 에어컨에서 프레더릭 매킨리 존스의 냉장 트럭에 이르기까지 우리가 만나본 발명 중 많은 경우는 구체적인 문제를 해결하려는 시도에서 시작되었다. 이들 사례는 구체적인 보상을 제시함으로써 인재들의 관심을 불러일으킬 수 있다는 사실을 말해준다. 해리슨이 놀라운 시계를 발명하도록 만든 경도상이 기억나는가?

비교적 최근에 이러한 사실에 관한 관심이 새롭게 일었다. 2004년부터 시작된 다르파 그랜드 챌린지DARPA Grand Challenge 대회는 자율주행 자동차의 기술혁신을 이끌었다. 그리고 경도상의 300번째 기념일에 영국의 혁신 기관인 네스타Nesta는 세균의 내성을 확인하는 기술을 개발하기 위해 새로운 '경도상'을 마련했다. 가장 규모가 큰 상으로는 '폐렴에 관한 선진 시장협정'을 꼽을 수 있다. 여기서 게이츠 재단은 다섯 곳의 정부와 손잡고 백신 개발 사업에 15억 달러를 지원했다.

수익에 대한 전망 역시 발명에 동기를 장기적으로 부여하는 중요한 요소다. 앞서 우리는 지적재산권이 발명가에게 제한적인 기간 동안의 독점을 허용함으로써 수익에 대한 기대를 높인다는 사실을 확인했다. 동시에 지적재산권이 양날의 검으로 작용할 수 있다는 사실도 목격했다. 오늘날 지적재산권이 너무 강력해서 오히려 혁신의 발목을 잡고 있다는 많은 경제학자들의 비판에도 불구하고, 보호의 기간과 범위가 점점 더 확대되는 추세다.

보다 광범위하게, 어떤 법률과 규제가 혁신을 자극하는지 이해하기는 쉽지 않다. 한 가지 분명한 사실은 정부가 발명 과정에 자유방임적인 입장을 취해야 한다는 것이다. 실제로 우리는 이러한 접근 방식의 효과를 확인했다. 가령 엠페사는 규제 기관이 없었기 때문에 널리 확산될 수 있었다. 반면 유연휘발유 사례처럼 자유방임적 접근 방식이 사회를 서서히 파멸의 길로 몰아갈 위험도 있다. 이러한 경우, 정부는 서둘러 개입해야 한다. 아이폰 개발의 토대가 되어준 기술들 역시 자유방임적 접근 방식과는 거리가 멀었다.

의학처럼 주요한 연구 개발 분야는 지나치게 신중하다는 지적이 나올 정도로 규제 시스템이 치밀하게 갖춰져 있다. 반대로 우주여행이나 사이버 공간과 같은 분야에서는 규제 기관이 기술의 발전 속도를 따라잡지 못하고 있다. 섣부른 규제나 과도한 규제만이 혁신을 가로막는 장애물은 아니다. 아이러니하게도 규제 결핍 역시 기술 개발을 저해한다. 예를 들어 여러분이 드론 기술에 투자했다면, 무책임한 경쟁자들이 어설픈 기술로 드론 시장에 진입하는 것을 원치 않을 것이다. 잦은 사고가 부정적인 여론을 조성하고, 이로 인해 정부가 드론 기술 자체를 원천적으로 금지할 위험이 있기 때문이다.

규제 기관의 역할은 간단하지 않다. 공개 키 암호 방식 사례에서 살펴봤듯이 대부분의 발명은 좋게도, 나쁘게도 활용이 가능하다. 기술의 이러한 '이중성' 때문에 규제는 점점 더 어려운 딜레마가 되어가고 있다. 지금은 강대국들만 핵미사일 프로그램을 추진할 수 있다. 그러나 머지않아 누

구나 집안 실험실에서 유전자조작으로 세균무기나 획기적인 신약을 만들어낼 날이 올 것이다.[6]

발명은 많은 문제를 낳는다. 하지만 다른 발명과 결합하면서 그 잠재력은 더욱 높아진다. 엘리베이터와 에어컨, 강화 콘크리트 사례를 떠올려보자. 세 가지 발명은 하나로 결합해서 고층 건물을 뒷받침하는 기술로 완성되었다. 이제 하나의 취미가 되어버린 네 개의 프로펠러로 날아다니는 드론, 얼굴 인식, GPS 소프트웨어, 3D 프린터 기술이 결합한다고 상상해보자. 권총 설계도만 있다면, 이제 우리는 집에서 무인 암살 드론을 제작할 수 있다. 미래에 등장하게 될 다양한 발명이 어떤 조합으로 결합할 것인지 어떻게 예측할 수 있을까? 물론 정치인들이 이러한 현실을 똑바로 이해해야 한다고 촉구하기는 쉽다. 그러나 그들이 정말로 그럴 것이라고 기대하는 것은 망상에 불과하다.

미래의 발명이 각국 정부에게 안겨다줄 최고의 과제는 새로운 아이디어는 언제나 승자와 더불어 패자를 양산한다는 사실이다. 사람들은 이를 어쩔 수 없는 개인적인 불운으로만 여긴다. 가령 축음기 발명으로 일자리를 잃어버린 이류 가수들을 사회가 보살펴야 한다고 주장하는 사람은 없다. 마찬가지로 바코드나 선박 컨테이너 발명으로 월마트에 비해 가격 경쟁력을 크게 잃어버린 소규모 매장에게 정부가 보조금을 지급한 경우도 없다.

그런데 패자가 전체 인구에서 지나치게 큰 비중을 차지할 때, 신기술은 사회적, 정치적으로 재앙이 된다. 산업혁명은 인간의 삶을 18세기에 꿈꾸었던 수준으로 높여주었지만, 그 과정에서 정부는 신기술을 재앙으로 인식했던 러다이트운동가들을 무력으로 탄압해야 했다. 또한 2016년 브렉시트에서 트럼프 당선에 이르기까지 전 세계적으로 일어난 충격적인 투표 결과 속에서 러다이트운동을 이끈 전설적인 인물 네드 러드Ned Ludd의 환영을 보는 것은 결코 유쾌한 경험이 아니었다.

세계화를 주도한 신기술은 중국과 같은 가난한 나라의 수백만 인구가 빈곤에서 벗어나도록 도움을 주었던 반면(50년 전만 해도 중국은 세계 최빈국 중 하나였지만, 지금은 중산층이 탄탄하게 자리 잡은 산업화 경제로 도약했다), 산업혁명을 겪은 서구 선진국들은 안정적이고 보수가 좋은 새로운 일자리 원천을 발견하지 못하고 있다.

포퓰리스트 정치인들이 이민자와 자유무역협정을 비난함으로써 사회적 분노를 자극하는 동안, 기술 발전은 끊임없이 더욱 심각하고 장기적인 압박을 가하고 있다. 앞으로 자율주행 자동차의 등장으로 미국 350만 트럭 기사들이 일자리를 잃을 때, 트럼프 대통령은 무엇을 할 수 있을까?[7] 그는 아무런 대답도 갖고 있지 않다. 다른 정치인도 마찬가지다.

앞서 우리는 한 가지 현실적인 접근 방식에 대해 논의했다. 그것은 모든 시민을 대상으로 하는 보편적 기본 소득이다. 기본 소득은 다분히 급진적인 생각이지만, 인공지능과 로봇이 우리가 상상할 수 있는 모든 일자리에서 인간을 대체하기 시작할 때 실질적인 대안으로 주목을 받을 것이다. 물론 모든 아이디어와 마찬가지로 기본 소득 역시 새로운 문제를 낳을 것이다. 특히 누구를 시민의 범주에 포함시키고, 누구를 배제할 것인가? 여기서 복지국가와 여권 시스템은 서로를 강화한다. 비록 보편적 기본 소득이 대단히 매력적인 발상이기는 하지만, 그 접근 방식이 드높은 국경과 결합할 때, 상황은 아마도 유토피아와는 거리가 멀 것이다.

어떤 경우든, 로봇의 등장으로 일자리가 사라질 것이라는 우려는 지금으로서는 시기상조로 보인다. 많은 이들이 이 문제를 걱정하지만, 그래도 50가지 발명에서 우리가 얻을 수 있는 마지막 교훈은 지나치게 호들갑스럽게 신기술을 맞이할 필요는 없다는 사실이다. 예를 들어 2006년 마이스페이스MySpace는 미국에서 방문자 수를 기준으로 구글을 앞섰지만,[8] 지금은 상위 1,000개 웹사이트에도 들지 못한다.[9] 1967년 칸과 위너는 팩스 기계가 엄청나게 발전할 것이라고 전망했다. 물론 그들의 예상이 완전히 틀린 것은 아니지만, 팩스가 박물관 소장품으로 입성할 날은 그리 멀지 않은 듯하다.

쟁기를 비롯하여 이 책에서 살펴본 발명들 중 많은 것들은 새롭지도, 정교하지도 않다. 이러한 발명은 이제 인류 문명의 핵심적인 기술은 아니지만, 그럼에도 여전히 중요하다. 또한 그러한 발명품은 우리가 생각하는 것보다 초창기 디자인에서 그리 크게 변하지 않았다. 과거의 아이디어는 여전히 유효하며 그리고 중요하다.

그렇다고 해서 오래된 아이디어의 가치에 머물러 있어야 한다는 뜻은 아니다. 저 멀리 켄타우루스자리의 알파별(태양에서 가장 가까운 별들의 모임인 프록시마 켄타우리에서 가장 어두운 별_옮긴이)에서 지구를 방문한 외계인 엔지니어가 생각하는 이상적인 상황은 아마도 새롭고 화려한 것을 발명하려는 열정과, 곡선 파이프를 개량하고 더 많은 콘크리트로 바닥을 개선하려는 열정이 균형을 이룬 상태일 것이다.

50가지 발명 이야기는 시스템의 관성에 대해 말해준다. 우리는 루돌프 디젤의 엔진에서 이러한 사실을 확인했다. 화석 연료를 사용하는 내연기관의 보급이 임계점을 넘어섰을 때, 땅콩기름을 대중화하거나 증기기관 개발에 투자하도록 사람들을 설득하는 노력은 의미를 잃었다. 물론 선박 컨테이너처럼 일부 시스템은 문제없이 잘 돌아간다. 그런 시스템에 대해 다시 한 번 생각해보아야 한다는 주장은 설득력을 얻기 힘들다. 하지만 쿼티 자판(영어 타자기나 컴퓨터 자판에서 가장 널리 쓰이는 자판 배열로, 자판의 왼쪽 상단의 여섯 글자 QWERTY를 따서 이름 붙였다_옮긴이)처럼 개선의 여지가 많은 시스템조차 변화에 대한 저항성은 지독히 강하다.

그렇기 때문에 잘못된 의사결정은 긴 그림자를 드리운다. 반면 탁월한 의사결정의 혜택은 장기적으로 이어진다. 지금까지 살펴본 모든 발명은 의도치 않은 결과와 환영받지 못한 부작용을 낳았지만, 그래도 부정적인 영향보다 긍정적인 영향이 전반적으로 지배적이었다.

이제 마지막 이야기에서 살펴보겠지만, 발명은 때로 상상하기 힘들 정도로 삶의 수준을 높여준다.[10]

1990년대 중반에 경제학자 윌리엄 노드하우스는 일련의 간단한 실험에 착수했다. 예를 들어, 하루는 선사시대 기술에 도전했다. 즉, 나무로 불을 피웠다. 인류는 수만 년 동안 함께 땔감을 구하고 불을 피우며 살았다. 노드하우스는 최첨단 장비도 함께 활용했다. 그건 미놀타 노출계였다. 그는 9킬로그램의 나무가 얼마나 오래 타는지 측정하고, 노출계로 어른거리는 불꽃의 밝기를 기록했다.

또 다른 날에는 로마 시대 등잔을 샀다. 그가 스스로 진품이라 확신했던 등잔의 심지를 조절하고 저온압착 참기름을 채워 넣었다. 그리고 불을 붙여 다시 한 번 노출계를 가지고 은은한 불꽃의 밝기를 측정했다. 9킬로그램의 장작으로는 총 세 시간 정도 모닥불을 지필 수 있었다. 그런데 달걀 하나 들어갈 정도로 작은 로마 시대 등잔은 하루 종일 불을 밝혔다. 밝기도 더 밝은 데다가 조절도 용이했다.[1]

그런데 노드하우스는 왜 이런 일을 했을까? 바로 전구의 경제적 가치를 확인하기 위함이었다. 게다가 이 실험은 보다 거대한 연구 프로젝트의 일부에 불과했다. 노드하우스는 경제학자들의 까다로운 논의 주제에 말 그대로 불을 붙여주고 싶었다. 그 주제란 다름 아닌 인플레이션이었다. 노드하우스는 이를 통해 재화와 서비스의 가격 변동을 추적하는 새로운 방법을 제시하고자 했다.

가격 변동을 추적하는 작업이 얼마나 힘든 일인지 이해하기 위해, 포르투갈 리스본에서 앙골라 루안다로 여행하는 비용에 대해 한번 생각해보자. 포르투갈 탐험가들이 처음으로 도전했을 때, 그 여행은 몇 달이 걸리는 힘든 원정이었다. 이후 증기선이 등장했을 때, 그 기간은 며칠로 줄었다. 그리고 비행기가 등장했을 때, 몇 시간으로 줄었다. 여기서 인플레이션을 측정하려는 경제 역사가는 먼저 증기선을 이용한 여행의 비용을 확인해볼 것이다. 그리고 다음으로 항공 노선의 비용을 살펴볼 것이다. 많은 사람이 배보다 비행기를 이용한다면, 그는 아마도 비행기 티켓 가격을 기준으로 둘을 비교해볼 것이다. 그러나 항공기는 증기선과 비교하기 힘들 정도로 빠르고 편안한 서비스를 제공한다. 여기서 우리는 많은 여행자들이 항공기를 타기 위해 증기선의 두 배에 달하는 비용을 지불한다고 해서, 여행 비용이 갑자기 두 배로 증가했다고 발표하는 인플레이션 통계 자료는 신뢰하기 힘들 것이다. 그렇다면 구매 가능한 것들의 가치가 시간에 따라 크게 요동치는 상황에서, 우리는 어떻게 인플레이션을 측정해야 할까?

이 물음은 단지 기술적 호기심에서 비롯된 것은 아니다. 이 질문에 대한 답변은 수 세기에 걸친 인류의 진보를 바라보는 근본적인 관점을 반영한다. 경제학자 티모시 테일러Timothy Taylor는 경제학 입문 강의를 시작할 때마다 학생들에게 이런 질문을 던진다. 지금의 7만 달러, 그리고 1900년의 7만 달러 중 무엇을 선택할 것인가?

얼핏 보기에 대답은 간단하다. 1900년의 7만 달러가 훨씬 유리하다. 당시의 7만 달러를 인플레이션을 감안하여 환산하면 오늘날 2백만 달러에 해당한다. 1900년에는 1달러로 온 가족이 먹기에 충분한 양의 스테이크 또는 2주일 동안 먹을 빵을 살 수 있었다. 그리고 하루치의 노동력을 살 수 있었다. 연봉이 7만 달러인 사람은 저택에 살면서 가정부와 집사의 서비스를 누릴 수 있었다.

하지만 다른 관점에서 보면, 1900년에 1달러로 살 수 있는 것은 오늘날 살 수 있는 것보다 훨씬 적었다. 우리는 지금 1달러로 국제전화를 걸 수 있다. 혹은 광대역 인터넷 서비스를 하루 종일 이용할 수 있다. 항생제 접종도 가능하다. 하지만 이들 모두 1900년에는 아예 존재하지도 않았다. 돈이 아무리 많아도 살 수 없었다.[2]

바로 이러한 이유로 테일러의 학생들 대부분 100년 전의 거액보다 지금의 적절한 금액을 선택했다. 이는 첨단 기술 제품에만 국한된 것이 아니다. 학생들은 또한 그 돈으로 더 좋은 중앙집중식 난방 시스템, 더 좋은 에어컨 그리고 더 좋은 차를 살 수 있다는 사실을 알고 있었다. 비록 집사는 없고, 스테이크 양은 적겠지만 말이다. 인플레이션 통계 자료는 오늘날 7만 달러의 가치가 1900년 7만 달러보다 훨씬 더 낮다고 말한다. 하지만 기술 발전을 고려할 때, 꼭 그렇지만도 않다.

가령 지금의 아이팟을 한 세기 이전의 축음기와 비교할 마땅한 기준이 없기 때문에, 우리는 이 책에서 살펴본 모든 발명이 우리의 선택권을 얼마나 넓혀주었는지 정확하게 확인할 수는 없다. 그것은 앞으로도 마찬가지일 것이다.

그럼에도 우리는 비교에 도전한다. 노드하우스가 모닥불과 골동품 등잔, 미놀타 노출계를 가지고 했던 실험도 바로 이러한 시도였다. 그는 인류가 선사시대 이후로 지대한 관심을 기울였던 활동인 불을 밝히는 데 들어가는 비용을 각 시대별로 측정해보고자 했다. 그리고 측정 단위로 루멘lumen, 혹은 루멘시lumen hour(1루멘의 광원이 한 시간 동안 방출하는 광량_옮긴이)를 사용했다. 예를 들어 양초의 밝기는 13루멘이다. 그리고 오늘날 일반적인 전구는 양초보다 100배 더 밝다.

일주일에 6일, 하루 열 시간씩 일하면서 땔감을 구하는 생활을 떠올려보자. 일주일 60시간 노동으로 1,000루멘시를 생산한다. 이는 오늘날 전구가 54분 동안 방출하는 광량과 같다. 모닥불은 어두운 데다가 밝기도 일정치 않다. 물론 선조들이 불을 피운 목적은 주변을 밝히기 위한 것만은 아니었다. 체온을 유지하고, 요리를 하고, 야생동물을 위협하는 역할도 했다. 그들이 원했던 것이 오직 빛이었다면, 아마도 모닥불을 피우기보다 해가 뜨기를 기다렸을 것이다.

모닥불보다 나은 대안은 지금으로부터 몇천 년 전에 나왔다. 그것은 이집트와 크레타에서 시작된 양초 그리고 바빌론에서 시작된 등잔이었다. 양초와 등잔의 등장으로 사람들은 보다 밝고, 일정하고, 안전한 빛을 사용하게 되었다. 하지만 일상적으로 활용하기에 너무 비쌌다. 1743년 5월

하버드 대학교 총장 레버런드 홀리오크Reverend Holyoake는 일기장에 이틀 동안 가족과 함께 수지 양초 35킬로그램을 만들었다는 이야기를 적었다.[3] 그리고 6개월 후에 휘갈겨 쓴 글씨로 "양초를 모두 써버렸다"라고 썼다. 여름이 포함된 기간이었는데도 그랬다.

　홀리오크가 사용했던 것은 오늘날 볼 수 있는 낭만적이고 깔끔한 밀랍 양초가 아니었다. 당시 밀랍 양초는 극소수 부유층만을 위한 물건이었고, 하버드 대학교 총장을 포함한 대부분의 사람들은 냄새와 연기를 마구 내뿜는 동물 지방 덩어리를 재료로 사용해야 했다. 이러한 수지 양초를 만들려면 먼저 동물 지방을 녹여서 그 안에 심지를 끈기 있게 담그고 또 담가야 했다. 노드하우스의 설명에 따를 때, 일주일에 60시간 동안 수지 양초를 만들거나, 혹은 양초를 사기 위해 열심히 일을 한다면, 1년 동안 매일 저녁 양초 하나를 가지고 두 시간 20분씩 집안을 밝힐 수 있었다.

　18세기와 19세기로 접어들면서 상황은 조금 나아졌다. 사람들은 이제 죽은 향유고래에서 채취한 우유 빛깔의 점액질인 경랍으로 양초를 만들기 시작했다. 벤저민 프랭클린은 하얀 불꽃을 내는 경랍 양초는 "무더운 날씨에도 녹지 않아서 손으로 잡을 수 있고, 촛농이 흘러내려도 예전처럼 기름얼룩을 남기지 않으며, 훨씬 더 오래간다"며 흡족해했다. 새롭게 개발된 경랍 양초는 많은 이들에게 만족감을 주었지만, 가격은 여전히 비쌌다. 조지 워싱턴George Washington의 계산에 따르면, 1년 동안 매일 경랍 양초 하나를 태워서 다섯 시간을 밝히려면 총 8파운드의 비용이 들었다.[4] 오늘날 기준으로 1,000달러가 넘는 금액이다. 그로부터 몇십 년이 흘러 가스와 등유를 사용하는 램프가 등장하면서 빛의 가격은 좀 더 떨어졌다. 덕분에 향유고래는 멸종을 면할 수 있었다.[5] 하지만 문제는 여전했다. 램프

50 전구

363

는 쉽게 넘어지고, 기름을 쏟고, 지독한 냄새를 풍겼으며, 종종 화재의 원인이 되었다.

그리고 마침내 획기적인 사건이 일어났다. 전구가 등장한 것이다.

1900년 토머스 에디슨이 탄소 필라멘트 전구를 개발하면서 사람들은 이제 60시간의 노동으로 양초보다 100배나 밝은 빛을 열흘 내내 밝힐 수 있게 되었다. 그리고 1920년에는 텅스텐 필라멘트 전구가 등장하면서 똑같은 노동시간으로 더 밝은 조명을 5개월 넘게 켜둘 수 있게 되었다. 이후 1990년이 되면 그 시간은 10년으로 늘어난다. 다시 몇 년이 흘러 소형 형광등이 개발되었고, 이로 인해 가동 시간은 다섯 배 증가했다. 60시간의 노동으로 빛을 밝힐 수 있는 시간이 54분에서 52년으로 늘어난 것이다. 게다가 LED 조명의 가격은 지금도 계속해서 떨어지고 있다.[6]

지금 여러분이 전구를 한 시간 동안 꺼놓는다면, 우리의 선조가 일주일 노동으로 번 돈만큼 절약할 수 있다. 그리고 벤저민 프랭클린의 시대에 살았던 사람들이 반나절 노동으로 번 돈을 아낄 수 있다. 그러나 오늘날 선진국 사람들은 1초도 안 되는 시간에 그만큼의 돈을 벌 수 있다. 또한 오늘날의 전구는 깨끗하고, 안전하고, 통제 가능하다. 일렁이지도, 돼지기름 냄새가 나지도 않으며, 화재 위험도 없다. 아이 혼자 있는 방에 전구를 켜두어도 걱정할 필요가 없다.[7]

하지만 전통적인 인플레이션 측정 기준은 이러한 사실을 고려하지 않는다. 노드하우스의 분석에 따를 때, 전통적인 기준은 1800년 이후로 조명 가격이 1,000배나 높아졌다고 평가한다. 그러나 사실은 끊임없이 하락하고 있다. 티모시 테일러의 학생들은 오늘날 7만 달러로 1900년보다 더 많은 것을 살 수 있다는 사실을 본능적으로 알았다. 노드하우스의 연구 결과는 학생들의 선택이 적어도 빛에서만큼은 옳았다는 사실을 보여준다.

이제 나는 빛에 관한 이야기로 이 책을 마무리하고자 한다. 우리에게 익숙한 토머스 에디슨과 조지프 스완의 발명을 넘어서서, 수 세기에 걸쳐 인류가 빛에 대한 접근성을 근본적으로 개선하기 위해 끊임없이 노력했던 혁신의 과정을 끝으로 짚어보고 싶었다.

이러한 혁신 덕분에 우리는 아무리 짙은 밤이라도 일하고 싶을 때 일하고, 놀고 싶을 때 놀 수 있게 되었다.

전구는 여전히 '새로운 아이디어'의 시각적 상징이다. 말 그대로 발명의 아이콘이다. 노드하우스의 연구는 우리가 전구 발명에 더 많이 감사해야 한다고 말한다. 이것은 빛의 가격이 50만 배로 떨어졌다는 사실만 봐도 알 수 있다. 가격의 하락 속도는 공식 통계 자료가 말해주는 것보다 훨씬 더 빨라서, 이런 기적의 진가를 직관적으로 이해하기 힘들 정도다.

인간이 발명한 빛은 예전에 너무 비싸서 감히 접근할 수 없는 사치품이었다. 그러나 지금은 존재를 인식할 수 없을 만큼 저렴한 일상 용품이 되었다. 진보는 여전히 가능하다는 사실을 그리고 오늘날 수많은 문제와 도전 과제 속에서도 많은 것에 감사해야 한다는 사실을 상기시켜줄 대상을 찾는다면, 빛이야말로 최고의 후보자가 될 것이다.

감사의 말

여러분이 생각하기에 가장 흥미롭고, 매력적이고, 직관에 반하는 50가지 발명은 무엇인가? 1년 전에 나는 이 질문을 만나는 사람마다 던졌다. 많은 이들이 내게 멋진 답변을 들려주었다. 하지만 나는 그들에게 일일이 감사의 말을 전하지 못했다. 그래서 이 지면을 빌려 먼저 그들에게 용서를 구하는 바다.

그래도 다행히 잊어버리지 않은 이름이 있다. 필립 볼Philip Ball, 데이비드 보다니스David Bodanis, 도미니크 카뮈Dominic Camus, 퍼트리샤 패러Patricia Fara, 클라우디아 골딘Claudia Goldin, 찰스 케니Charles Kenny, 아먼드 리로이 Armand Leroi, 마크 라이너스Mark Lynas, 아서 밀러Arthur I. Miller, 카타리나 리츨러Katharina Rietzler, 마틴 샌드부Martin Sandbu, 사이먼 싱Simon Singh이 그들이다. 모두의 지혜와 관대함에 감사를 드린다.

여러 경제 역사가와 기술 전문가 그리고 훌륭한 작가들로부터도 많은 도움을 얻었다. 이 책을 쓰는 동안 그들은 다양한 방식으로 내게 소중한 영감과 정보를 주었다. 주석에서 이들 모두를 소개하고 있지만, 그중에서도 윌리엄 괴츠만William N. Goetzmann, 로버트 고든Robert Gordon, 스티븐 존슨, 마크 레빈슨, 펠릭스 마틴, 마리아나 마추카토, 윌리엄 노드하우스 그리고 내가 좋아하는 팟캐스트(99% Invisible, Planet Money, Radiolab, Surprisingly Awesome) 출연진께 특별한 감사의 말씀을 드린다.

리틀브라운의 팀 와이팅Tim Whiting과 니샤 래Nithya Rae는 빡빡한 마감 일정 속에서도 나의 늦은 원고를 잘 처리해주었다. 지칠 줄 모르는 리버헤드의 제이크 모리세이Jake Morrissey 역시 마찬가지다. 이 책이 나오기까지 리틀브라운과 리버헤드는 물론, 전 세계 많은 출판사 사람들이 참여했다. 특히 뜻밖에 콘크리트 전문가로 밝혀졌던 캐티 프리먼Katie Freeman에 감사를 드린다. 그리고 에이전트로 일했던 수 에이턴Sue Ayton, 헬렌 퍼비스Helen Purvis, 조 패그너멘타Zoe Pagnamenta, 샐리 할로웨이Sally Holloway 모두 힘든 프로젝트에서 각자의 재능과 기량을 충분히 발휘해주었다.

BBC의 리치 나이트Rich Knight는 처음부터 나를 믿어주었고, 메리 호커데이Mary Hockaday는 내 제안을 망설임 없이 받아주었다. 통찰력이 뛰어난 섬세한 제작자 벤 크리턴Ben Crighton을 필두로 스튜디오 천재 제임스 비어드James Beard, 문장가 제니퍼 클라크Jennifer Clarke, 프로덕션 코디네이터 자넷 스테이플스Janet Staples, 편집자 리처드 베이든Richard Vadon을 비롯한 많은 이들이 지원 업무를 맡아주었다.

항상 그러하듯 〈파이낸셜 타임스〉 편집자들의 노력과 너그러움에 감사를 드린다. 에스더 빈틀리프Esther Bintliff, 캐롤라인 대니얼Caroline Daniel,

앨리스 피시번Alice Fishburn, 알렉 러셀Alec Russell, 프레드 스투드먼Fred Studemann 모두 나의 믿음직한 동료다.

그래도 이번 프로젝트에서 가장 중요한 역할을 맡았던 이는 앤드루 라이트Andrew Wright였다. 그는 방대한 분야의 조사 작업을 추진해주었다. 그리고 몇몇 장에서는 탁월함과 위트가 돋보이는 초고를 써주었고, 다른 장에서는 날카로운 편집 기술로 내 글의 가치를 높여주었다. 앤드루의 노련함과 민첩함 그리고 이번 프로젝트의 절반을 맡아주었음에도 자신을 드러내지 않은 겸손함에 감사를 드린다. 또한 지난 25년 동안 보여준 변함없는 우정에 대해서 더 큰 고마움을 전한다.

마지막으로 우리 가족 프랜Fran과 스텔라Stella, 아프리카Africa, 허비Herbie에게 고맙다는 말을 전하고 싶다. 가족은 내게 기적 같은 존재다.

1. 쟁기

1 이 시나리오에 대한 깊이 있는 논의는 다음을 참조하라. Lewis Dartnell, *The Knowledge: How to rebuild our world after an apocalypse*(London: Vintage, 2015).

2 James Burke, BBC TV documentary 〈Connections〉(1978a).

3 James Burke, 〈Connections〉(London: Macmillan, 1978b), p. 7; Ian Morris, *Foragers, Farmers and Fossil Fuels*(Oxford: Princeton University Press, 2015).

4 Morris, p. 153.

5 Morris, p. 52. 모리스는 에너지(식품을 비롯한 다양한 형태) 소비를 소득 기준으로 사용하고 있다. 환원적인 방식이지만, 선사시대 이야기를 하고 있다는 점에서 터무니없는 접근 방식은 아니다.

6 Burke 1978a. In *The Economy of Cities*(New York: Vintage, 1970). 제인 제이콥스 Jane Jacobs는 다른 입장을 취한다. 그는 먼저 상인들이 정착하면서 도시가 형성되었으며, 점차 복잡하고 영구화된 형태로 발전했다고 말한다. 그리고 이후로 쟁기와 가축, 작물과 관련된 농업 기술이 등장했다는 것이다. 어쨌든 쟁기는 문명화 초기에 모습을 드러냈고, 이후로 주요한 도구로서 자리를 차지했다.

7 Branko Milanovic, Peter H. Lindert, Jeffrey G. Williamson, 'Measuring Ancient Inequality', NBER Working Paper no. 13550, October 2007.

8 Dartnell, pp. 60-2.

9 Lynn White, *Medieval Technology and Social Change*(Oxford: Oxford University Press, 1962), pp. 39-57.

10 Morris, p. 59.

11 Jared Diamond, 'The Worst Mistake in the History of the Human Race', *Discover*, May 1987, http://discovermagazine. com/1987/may/02-the-worst-mistake-in-the-history-of-the-human-race.

12 Morris, p. 60.

13 Diamond, 앞의 책.

들어가며

1   https://www.evitamins.com/uk/mongongohair-oil-shea-terra-organics-108013, accessed 17 January 2017.

2   옥스퍼드 대학교 INET(Institute for New Economic Thinking) 소장인 에릭 바인호커 Eric Beinhocker의 신중한 추측이다.

I 승자와 패자

1   Walter Isaacson, 'Luddites fear humanity will make short work of finite wants', *Financial Times*, 3 March 2015, https://www.ft.com/content/9e9b7134-c1a0-11e4-bd24-00144feab7de.

2   Tim Harford, 'Man vs Machine(Again)', *Financial Times*, 13 March 2015, https://www.ft.com/content/f1b39a64-c762-11e4-8e1f-00144feab7de; Clive Thompson, 'When Robots Take All of Our Jobs, Remember the Luddites', Smithsonian Magazine, January 2017, http://www.smithsonianmag.com/innovation/when-robots-take-jobs-rememberluddites-180961423/.

3   Evan Andrews, 'Who Were the Luddites?' *History*, 7 August 2015, http://www.history.com/news/ask-history/who-were-theluddites.

2. 축음기

1   'The World's 25 Highest-Paid Musicians', *Forbes* http://www.forbes.com/pictures/eegi45lfkk/the-worlds-25-highest-paid-musicians/.

2   'Mrs Billington, as St Cecilia', *British Museum Collection*, http://www.britishmuseum.org/research/collection_online/collection_object_details.aspx?objectId=1597608&partId=1; Chrystia Freeland, 'What a Nineteenth-Century English Soprano Can Teach Us About the IncomeGap', *Penguin Press Blog*, 1 April 2013, http://thepenguinpress.com/2013/04/elizabeth-billington/.

3   W. B. Squire, 'Elizabeth Billington', *The Dictionary of National Biography 1895-1900*, https://en.wikisource.org/wiki/Billington,_Elizabeth(DNB00).

4   Alfred Marshall, *Principles of Economics*, 1890, cited in Sherwin Rosen, 'The Economics of Superstars', *American Economic Review* Vol. 71.5, December 1981.

5   'Oldest Recorded Voices Sing Again', *BBC News*, 28 March 2008, http://news.bbc.co.uk/1/hi/technology/7318180.stm.

6   Tim Brooks, *Lost Sounds: Blacks and the Birth of the Recording Industry*,

1890–1919 (Chicago: University of Illinois Press, 2004), p. 35.

7 Richard Osborne, *Vinyl: A History of the Analogue Record* (Farnham: Ashgate, 2012).

8 Sherwin Rosen, 'The Economics of Superstars', *American Economic Review* Vol. 71.5, December 1981.

9 'Mind the Gap', *Daily Mail*, 20 February 2016, http://www.dailymail.co.uk/sport/football/article-3456453/Mind-gap-Premier-League-wages-soar-average-salaries-2014-15-season-1-7million-rest-creepalong.html.

10 Cited in Alan Krueger, 'The Economics of Real Superstars: The Market for Rock Concerts in the Material World', working paper, April 2004.

11 Alan B. Krueger, 'Land of Hope and Dreams: Rock and Roll, Economics and Rebuilding the Middle Class', speech on 12 June 2013 in Cleveland, OH, https://obamawhitehouse.archives.gov/blog/2013/06/12/rock-and-roll-economics-and-rebuilding-middle-class.

3. 철조망

1 Alan Krell, *The Devil's Rope: A Cultural History of Barbed Wire* (London: Reaktion Books, 2002), p. 27.

2 Ian Marchant, *The Devil's Rope*, BBC Radio 4 documentary, http://www.bbc.co.uk/programmes/b048l0s1, Monday 19 January 2015.

3 Olivier Razac, *Barbed Wire: A political history*, English translation by Jonathan Kneight (London: Profile Books, 2002).

4 http://www.historynet.com/homestead-act and http://plainshumanities.unl.edu/encyclopedia/doc/egp.ag.011.

5 다음을 보라. Joanne Liu's map at the 99% Invisible website: http://99percentinvisible.org/episode/devils-rope/.

6 'The Devil' Rope', 99% Invisible Episode 157, 17 March 2015, http://99percentinvisible.org/episode/devils-rope/.

7 Razac, pp. 5–6.

8 Texas State Historical Association, 'Fence Cutting', https://www.tshaonline.org/handbook/online/articles/auf01.

9 Alex E. Sweet and J. Armoy Knox, *On an American Mustang, Through Texas, From the Gulf to the Rio Grande*, 1883, https://archive.org/stream/onmexicanmustang00swee/onmexicanmustang00swee_djvu.txt.

10 Barbara Arneil, 'All the World Was America', doctoral thesis, University College

London, 1992, http://discovery.ucl.ac.uk/1317765/1/283910.pdf.

11 Cory Doctorow, 'Lockdown: The Coming War on General-purpose Computing', http://boingboing.net/2012/01/10/lockdown.html; 'eply All #90: Matt Lieber Goes To Dinner' https://gimletmedia.com/episode/90-matt-lieber-goes-to-dinner/.

12 Marchant, 앞의 책.

4. 판매자 피드백

1 http://www.bloomberg.com/news/articles/2015-06-28/one-driver-explains-how-he-is-helping-to-rip-off-uber-in-china.

2 https://www.ebayinc.com/stories/news/meet-the-buyer-of-the-broken-laser-pointer/.

3 http://www.socresonline.org.uk/6/3/chesters.html.

4 https://player.vimeo.com/video/130787986.

5 Tim Harford, 'From Airbnb to eBay, the best ways to combat bias', *Financial Times*, 16 November 2016, https://www.ft.com/content/7a170330-ab84-11e6-9cb3-bb8207902122 and Benjamin G. Edelman, Michael Luca, and Daniel Svirsky, 'Racial Discrimination in the Sharing Economy: Evidence from a Field Experiment', *American Economic Journal: Applied Economics*(forthcoming).

5. 구글 검색

1 http://www.bbc.co.uk/news/magazine-36131495.

2 John Battelle, *The Search: How Google and Its Rivals Rewrote the Rules of Business and Transformed Our Culture*(London: Nicholas Brealey Publishing, 2006).

3 Battelle, p. 78.

4 http://www.statista.com/statistics/266472/googles-net-income/.

5 Battelle, Chapter 5.

6 https://www.techdirt.com/articles/20120916/14454920395/newspaper-ad-revenue-fell-off-quite-cliff-now-par-with-1950-revenue.shtml.

7 'The impact of Internet technologies: Search', July 2011, McKinsey https://www.mckinsey.com/~/media/McKinsey/dotcom/client_service/High%20Tech/PDFs/Impact_of_Internet_technologies_search_final2.ashx.

8 https://www.nytimes.com/2016/01/31/business/fake-online-locksmiths-may-be-out-to-pick-your-pocket-too.html.

9 다음을 보라. 'Reply All #76: Lost In A Cab', https://gimletmedia.com/episode/76-lost-

in-a-cab/.

10 http://www.statista.com/statistics/216573/worldwide-market-share-of-search-engines/.

11 http://seo2.0.onreact.com/10-things-the-unnaturallinks-penalty-taught-me-about-google-and-seo.

12 https://hbr.org/2015/03/data-monopolists-like-google-are-threatening-the-economy.

6. 여권

1 Martin Lloyd, *The Passport: The history of man's most travelled document* (Canterbury: Queen Anne' Fan, 2008), p. 63.

2 Craig Robertson, *The Passport in America: The History of a Document* (Oxford: Oxford University Press, 2010), p. 3.

3 Lloyd, 앞의 책., p. 200.

4 앞의 책., p. 3.

5 앞의 책., pp. 18 그리고 95.

6 앞의 책., pp. 18, 95-6.

7 Jane Doulman, David Lee, *Every Assistance and Protection: A History of the Australian Passport* (Sydney: Federation Press, 2008), p. 34.

8 Lloyd, 앞의 책., p. 95.

9 앞의 책., pp. 70-1.

10 앞의 책., pp. 96-7.

11 http://time.com/4162306/alan-kurdi-syria-drowned-boy-refugee-crisis/.

12 http://www.independent.co.uk/news/world/europe/aylan-kurdi-s-story-how-a-small-syrian-child-came-to-be-washed-up-ona-beach-in-turkey-10484588.html.

13 http://www.bbc.co.uk/news/world-europe-34141716.

14 http://www.cic.gc.ca/english/visit/visas-all.asp.

15 http://www.bbc.co.uk/news/business-27674135.

16 http://www.independent.co.uk/news/world/europe/six-out-of-10-migrants-to-europe-come-for-economic-reasons-and-arenot-refugees-eu-vice-president-a6836306.html.

17 Amandine Aubrya, Michał Burzyńskia, Frédéric Docquiera, 'The Welfare Impact of Global Migration in OECD Countries', *Journal of International Economics*, 101(2016), http://www.sciencedirect.com/science/article/pii/S002219961630040X.

18 사실 테빗은 자신의 아버지가 일자리를 찾기 위해 돌아다닌 이야기를 한 것이다. 하지만 사람들 대부분 실업자들 모두가 자전거를 타고 돌아다녀야 한다고 해석했다. .http://news.bbc.co.uk/1/hi/programmes/politics_show/6660723.stm.

19 http://openborders.info/double-world-gdp/.

20 Lloyd, pp. 97-101.

7. 로봇

1 https://www.youtube.com/watch?v=aA12i3ODFyM.

2 http://spectrum.ieee.org/automaton/robotics/industrial-robots/hitachi-developing-dual-armed-robot-for-warehouse-picking.

3 https://www.technologyreview.com/s/538601/inside-amazonswarehouse-human-robot-symbiosis/.

4 http://news.nationalgeographic.com/2015/06/150603-sciencetechnology-robots-economics-unemployment-automation-ngbooktalk/.

5 tasks like welding http://www.robotics.org/joseph-engelberger/unimate.cfm.

6 http://newatlas.com/baxter-industrial-robot-positioningsystem/34561/.

7 http://www.ifr.org/news/ifr-press-release/world-roboticsreport-2016-832/.

8 http://foreignpolicy.com/2014/03/28/made-in-the-u-s-a-again/.

9 http://www.techinsider.io/companies-that-use-robots-insteadof-humans-2016-2/#quiet-logistics-robots-quickly-find-package-and-shiponline-orders-in-warehouses-2.

10 http://www.marketwatch.com/story/9-jobs-robots-already-dobetter-than-you-2014-01-27.

11 https://www.wired.com/2015/02/incredible-hospital-robotsaving-lives-also-hate/.

12 http://fortune.com/2016/06/24/rosie-the-robot-data-sheet/.

13 https://www.weforum.org/agenda/2015/04/qa-the-futureof-sense-and-avoid-drones.

14 Nick Bostrom, *Superintelligence: Paths, Dangers, Strategies* (Oxford: Oxford University Press, 2014).

15 http://fortune. com/2015/02/25/5-jobs-that-robots-already-are-taking/.

16 Klaus Schwab, *The Fourth Industrial Revolution* (World Economic Forum, 2016).

17 http://news.nationalgeographic.com/2015/06/150603-science-technology-robots-economics-unemployment-automation-ngbooktalk/.

18 https://www.ft.com/content/da557b66-b09c-11e5-993b-c425a3d2b65a.

8. 복지국가

1 http://www.nytimes.com/2006/02/12/books/review/women-warriors.html.

2 Kirstin Downey, *The Woman Behind the New Deal: The Life and Legacy of Frances Perkins-ocial Security, Unemployment Insurance, and the Minimum Wage* (New York:

Anchor Books, 2010).

3 http://www.cato.org/publications/policy-analysis/work-versus-welfare-trade-europe.

4 http://economics.mit.edu/files/732.

5 https://inclusivegrowth.be/visitinggrants/outputvisitis/c01-06-paper.pdf.

6 Lane Kenworthy, *Do social welfare policies reduce poverty? A cross-national assessment*, East Carolina University https://lanekenworthy.files.wordpress.com/2014/07/1999sf-poverty.pdf.

7 Koen Caminada, Kees Goudswaard and Chen Wang, *Disentangling Income Inequality and the Redistributive Effect of Taxes and Transfers in 20 LIS Countries Over Time*, September 2012, http://www.lisdatacenter.org/wps/liswps/581.pdf.

8 영국의 경우는 다음을 참조하라. Institute for Fiscal Studies presentation on *Living Standards, Poverty and Inequality 2016*, https://www.ifs.org.uk/uploads/publications/conferences/hbai2016/ahood_income%20inequality2016.pdf. WWID(World Wealth and Incomes Database, www.wid.world)는 여러 국가를 대상으로 상위 10퍼센트 집단과 1퍼센트 집단이 전체 소득에서 차지하는 비중에 관한 데이터를 함께 수집하고 있다.

9 https://www.chathamhouse.org/sites/files/chathamhouse/field/field_document/20150917 WelfareStateEuropeNiblettBeggMushovel.pdf.

10 Benedict Dellot and Howard Reed, *Boosting the living standards of the self-employed*, RSA, March 2015, https://www.thersa.org/discover/publications-and-articles/reports/boosting-the-living-standards-of-the-self-employed.

11 http://www.telegraph.co.uk/news/2016/05/19/eu-deal-what-david-cameron-asked-for-and-what-he-actually-got/.

12 https://www.dissentmagazine.org/online_articles/bruce-bartlett-conservative-case-for-welfare-state.

13 M. Clark, *Mussolini*(London: Routledge 2014).

14 http://www.ft.com/cms/s/0/7c7ba87e-229f-11e6-9d4d-c11776a5124d.html.

15 Evelyn L. Forget, *The Town With No Poverty: Using Health Administration Data to Revisit Outcomes of a Canadian Guaranteed Annual Income Field Experiment*, University of Manitoba, February 2011, https://public.econ.duke.edu/~erw/197/forget-cea%20(2).pdf.

16 http://www.ft.com/cms/s/0/7c7ba87e-229f-11e6-9d4d-c11776a5124d.html.

17 http://www.bloomberg.com/view/articles/2016-06-06/universal-basic-income-is-ahead-of-its-time-to-say-the-least.

18 http://www.newyorker.com/magazine/2016/06/20/why-dont-we-have-universal-basic-income.

II 삶의 방식을 바꾸는 혁신

1 Luke Lewis, '17 Majestically Useless Items from the Innovations Catalogue' *Buzzfeed* https://www.buzzfeed.com/lukelewis/majestically-useless-items-from-the-innovations-catalogue?utm_term=.rjJpZjxz4Y#.fjJXKxp6y7

9. 분유

1 http://www.scientificamerican.com/article/1816-the-year-without-summer-excerpt/.

2 http://jn.nutrition.org/content/132/7/2092S.full.

3 William H. Brock, *Justus von Liebig: The Chemical Gatekeeper*, Cambridge Science Biographies(Cambridge: Cambridge University Press, 2002).

4 fHarvey A. Levenstein, *Revolution at the Table:The Transformation of the American Diet*(Berkeley: University of California Press, 2003).

5 http://www.ft.com/cms/s/2/6a6660e6-e88a-11e1-8ffc-00144feab49a.html.

6 http://www.ncbi.nlm.nih.gov/pmc/articles/PMC2684040/.

7 http://ajcn.nutrition.org/content/72/1/241s.full.pdf.

8 http://data.worldbank.org/indicator/SH.STA.MMRT.

9 Marianne R. Neifert, *Dr. Mom's Guide to Breastfeeding*(New York: Plume, 1998).

10 http://www.ncbi.nlm.nih.gov/pmc/articles/PMC2684040/.

11 http://www.ncbi.nlm.nih.gov/pmc/articles/PMC2379896/pdf/canfamphys00115-0164.pdf.

12 Geoff Talbot, *Specialty Oils and Fats in Food and Nutrition: Properties, Processing and Applications*(Woodhead Publishing, 2015), p. 287.

13 Marianne Bertrand, Claudia Goldin and Lawrence F. Katz, 'Dynamics of the Gender Gap for Young Professionals in the Financial and Corporate Sectors', *American Economic Journal: Applied Economics* 2(3), 2010, 228-55.

14 https://www.theguardian.com/money/shortcuts/2013/nov/29/parental-leave-rights-around-world.

15 https://www.washingtonpost.com/news/on-leadership/wp/2015/11/23/why-mark-zuckerberg-taking-paternityleave-really-matters/?utm_term=.c36a3cbfe8c0.

16 http://www.ncbi.nlm.nih.gov/pmc/articles/PMC3387873/.

17 http://www.who.int/pmnch/media/news/2016/lancet_breastfeeding_partner_release.pdf?ua=1.

18 http://www.who.int/pmnch/media/news/2016/lancet_breastfeeding_partner_release.pdf?ua=1.

19 http://www.slideshare.net/Euromonitor/market-oveview-identifying-new-trends-and-opportunities-in-the-globalinfant-formula-market.

20 Levenstein, 앞의 책.

21 http://www.businessinsider.com/nestles-infant-formulascandal-2012-6?IR=T#the-baby-killer-blew-the-lid-off-the-formulaindustry-in-1974-1.

22 BBC News 'Timeline: China Milk Scandal'25 January 2010, http://news.bbc.co.uk/1/hi/7720404.stm.

23 http://www.sltrib.com/news/3340606-155/got-breast-milk-if-not-a.

10. 냉동식품

1 Alison Wolf, *The XX Factor*(London: Profile Books, 2013), pp. 80-5.

2 Jim Gladstone, 'Celebrating(?) 35 years of TV dinners', *Philly.com*, 2 November 1989, http://articles.philly.com/1989-11-02/entertainment/26137683_1_tv-dinner-frozen-dinner-clarke-swanson.

3 http://www.ers.usda.gov/topics/food-choices-health/food-consumption-demand/food-away-from-home.aspx.

4 Matt Philips, 'No One Cooks Any More', *Quartz*, 14 June 2016, http://qz.com/706550/no-one-cooks-anymore/.

5 Wolf, p. 83.

6 Ruth Schwartz Cowan, *More Work for Mother*(London: Free Association Books, 1989), pp. 48-9. 특히 pp. 72-3. (코원 교수는 또한 세탁과 관련된 자신의 경험에 대해서 감동적인 이야기를 덧붙였다.)

7 Wolf, p. 84 and Valerie Ramey, 'Time spent in home production in the 20th century', NBER Paper 13985(2008); Valerie Ramey, 'A century of work and leisure', NBER Paper 12264(2006).

8 Wolf, p. 85.

9 David Cutler, Edward Glaeser and Jesse Shapiro, 'Why have Americans become more obese?', *Journal of Economic Perspectives*(2003) 17, no.3: 93-18; doi:10.1257/089533003769204371.

11. 피임약

1 Jonathan Eig, *The Birth of the Pill*(London: Macmillan, 2014), p. 7.

2 James Trussell, 'Contraceptive Failure in the United States', *Contraception*, 83(5), May

2011, pp. 397-404.

3 별도 언급이 없는 한, 여기서 소개하는 논의와 통계 자료는 다음을 참조한 것이다. Claudia Goldin and Lawrence Katz, 'The Power of the Pill: Oral Contraceptives and Women's Career and Marriage Decisions', *Journal of Political Economy*, 110(4), 2002.

4 경제학자 마사 베일리Martha Bailey는 마찬가지로 이후 연구에서 각 주별로 분석을 실시함으로써 경구용 피임약이 여성의 임금에 미친 영향을 살펴보았다. 그리고 여기서도 뚜렷한 결과를 확인할 수 있었다. 18~21세 동안 경구용 피임약을 사용한 여성들은 그러지 않았던 여성에 비해 소득이 8퍼센트 더 높은 것으로 나타났다.

5 E. Landsburg, 'How much does motherhood cost?', *Slate*, 9 Dec 2005, http://www.slate.com/articles/arts/everyday_economics/2005/12/the_price_of_motherhood.html, and Amalia R. Miller, 'The effects of motherhood timing on career path', *Journal of Population Economics*, 24(3), July 2011, pp. 1071-100, http://www.jstor.org/stable/41488341.

6 피임약의 아버지라 불리는 칼 제라시Carl Djerassi 박사는 다음 자료에서 일본 사례를 다루었다. *This Man's Pill*(Oxford: Oxford University Press, 2001).

7 세계경제포럼 성차별 보고서를 참조하라. https://www.weforum.org/reports/ global-gender-gap-report-2015/and http://www.japantimes.co.jp/news/2014/10/29/national/japan-remains-near-bottom-of-gender-gapranking/#.V0cFlJErI2w.

12. 비디오게임

1 Steven Levy, *Hackers: Heroes of the Computer Revolution*(Cambridge: O'eilly, 2010), p. 55.

2 J. M. Graetz, 'The Origin of Spacewar', *Creative Computing*, Vol. 7, No. 8, August 1981.

3 1972년 스튜어트 브랜드Stewart Brand는 《롤링스톤*Rolling Stone*》지에 선견지명이 돋보이는 기사를 다음과 같은 제목으로 게재했다. "컴퓨터 부랑자들 사이에서의 광신적인 생활과 상징적인 죽음Fanatic Life and Symbolic Death Among the Computer Bums." 여기서 그는 스페이스워가 컴퓨터와 인간의 관계를 어떻게 바꿔놓을지 다루었다. 특히 첫 문장이 돋보인다. "준비되어 있든 아니든 컴퓨터는 우리에게 다가오고 있다. 그건 좋은 소식임에 분명하다. 아마도 환각제 이후로 가장 좋은 것." http://www.wheels.org/spacewar/stone/rolling_stone.html. 스티븐 존슨은 보다 최근에 브랜드의 기사가 스페이스워만큼 영향력이 있었다고 주장했다. 그 기사는 컴퓨터가 단지 기업의 회색 계산기가 아니라, 어떻게 그 잠재력을 발산함으로써 모두를 위한 즐거움과 풍요로움의 매력적인 원천으로 거듭날 수 있는지 이해할 수 있도록 도움을 주었다. *Wonderland: How Play Made the Modern World*(New York: Riverhead, 2016).

4 Graetz, 앞의 책.

5 비디오게임 매출이 영화보다 더 크다는 주장이 있다. 하지만 그렇게 말하기 위해서는 비디오게임 시장을 광범위하게 정의하고(게임 콘솔 판매까지 포함해서), 반대로 영화 시장은 협소하게 정의해야 한다(대여, 스트리밍 서비스, DVD 매출을 제외하고). 그럼에도 비디오게임 시장은 엄청나게 크며, 또한 점점 더 커지고 있다. 관련된 논의는 다음을 참조하라. http://www.gamesoundcon.com/single-post/2015/06/14/Video-Games-Bigger-thanthe-Movies-Dont-be-so-certain.

6 Edward Castronova, 'Virtual Worlds: A First-Hand Account of Market and Society on the Cyberian Frontier', CESifo Working Paper no. 618, December 2001.

7 Vili Lehdonvirta, 'Geographies of Gold Farming', Oxford Internet Institute blog post 29 October 2014, http://cii.oii.ox.ac.uk/2014/10/29/geographies-of-gold-farming-new-research-on-the-thirdparty-gaming-services-industry/-and Vili Lehdonvirta interview with theauthor, 9 December 2016.

8 'Virtual Gaming Worlds Overtake Namibia', BBC News, 19 August 2004, http://news.bbc.co.uk/1/hi/technology/3570224.stm and 'irtual Kingdom Richer than Bulgaria' BBC News, 29 March 2002, http://news.bbc.co.uk/1/hi/sci/tech/1899420.stm.

9 Jane McGonigal, *Reality is Broken* (London: Vintage, 2011), p. 3. 맥고니걸의 추정치는 미국의 1억 8300만, 인도 1억 5백만, 중국 2억, 유럽 1억을 포함한 것이다.

10 'Why amazing video games could be causing a big problem for America', *The Washington Post*, 23 September 2016, https://www.washingtonpost.com/news/wonk/wp/2016/09/23/why-amazing-video-games-could-be-causing-a-big-problem-for-america/.

13. 시장조사

1 'The merchandising of automobiles: an address to retailers by Charles Coolidge Parlin, Manager, Division of Commercial Research', The Curtis Publishing Company, 1915, http://babel.hathitrust.org/cgi/pt?id=wu.89097464051;view=1up;seq=1.

2 http://www.bls.gov/ooh/business-and-financial/marketresearch-analysts.htm/.

3 http://www.bbc.com/news/magazine-23990211.

4 Douglas Ward, *A New Brand of Business: Charles Coolidge Parlin, Curtis Publishing Company, and the Origins of Market Research* (Philadelphia: Temple University Press, 2010).

5 'The merchandising of automobiles: an address to retailers by Charles Coolidge Parlin, Manager, Division of Commercial Research', The Curtis Publishing Company, 1915. http://babel.hathitrust.org/cgi/pt?id=wu.89097464051;view=1up;seq=1.

6 Tom Collins, *The Legendary Model T Ford: The Ultimate History of America's First Great Automobile*(Iola, WI: Krause Publications, 2007), pp. 78, 155.

7 Mansel G. Blackford and Austin K. Kerr, *Business Enterprise in American History*(Houghton Mifflin, 1993).

8 http://www.economist.com/node/1632004.

9 http://www.economist.com/node/1632004.

10 Blackford and Kerr, 앞의 책.

11 http://www.nytimes.com/2009/03/01/business/01marissa.html.

12 Geoffrey Miller, *Must Have: The Hidden Instincts Behind Everything We Buy*(London: Vintage, 2010).

13 http://dwight-historical-society.org/Star_and_Herald_Images/1914_Star_and_Herald_images/019_0001.pdf.

14. 에어컨

1 http://www.economist.com/node/17414216.

2 https://www.scientificamerican.com/article/rain-how-to-try-to-make-it-rain/

3 http://content.time.com/time/nation/article/0,8599,2003081,00.html.

4 Steven Johnson, *How We Got to Now*(London: Particular Books, 2014).

5 http://www.willliscarrier.com/1903-1914.php.

6 Bernard Nagengast, 'The First Century of Air Conditioning', *ASHRAE Journal*, February 1999, https://www.ashrae.org/File%20Library/docLib/Public/200362710047_326.pdf.

7 http://www.theatlantic.com/technology/archive/2011/07/keepin-it-cool-how-the-air-conditioner-made-modern-america/241892/.

8 Johnson, 앞의 책.

9 http://content.time.com/time/nation/article/0,8599,2003081,00.html.

10 https://www.theguardian.com/environment/2012/jul/10/climate-heat-world-air-conditioning.

11 http://www.economist.com/news/international/21569017-artificial-cooling-makes-hot-places-bearablebutworryingly-high-cost-no-sweat.

12 https://www.washingtonpost.com/news/energy-environment/wp/2016/05/31/the-world-is-about-to-install-700-million-air-conditioners-heres-what-that-means-for-the-climate/.

13 http://www.nytimes.com/2014/07/12/business/for-biggestcities-of-2030-look-toward-the-tropics.html.

14 http://www.economist.com/news/international/21569017-artificial-cooling-makes-hot-places-bearablebutworryingly-high-cost-no-sweat.

15 http://journaltimes.com/news/local/violence-can-rise-withthe-heat-experts-say/article_d5f5f268-d911-556b-98b0-123bd9c6cc7c.html.

16 Geoffrey M. Heal and Jisung Park, 'Feeling the Heat: Temperature, Physiology & the Wealth of Nations', discussion paper 14-60, January 2014, http://live.belfercenter.org/files/dp60_heal-park.pdf

17 http://content.time.com/time/nation/article/0,8599,2003081,00.html.

18 http://www.pnas.org/content/103/10/3510.full.pdf.

19 Heal and Park, 앞의 자료.

20 https://www.theguardian.com/environment/2015/oct/26/how-america-became-addicted-to-air-conditioning.

21 http://www.economist.com/news/international/21569017-artificial-cooling-makes-hot-places-bearablebut-worryingly-high-cost-nosweat.

22 https://www.theguardian.com/environment/2012/jul/10/climate-heat-world-air-conditioning.

15. 백화점

1 Lindy Woodhead, *Shopping, Seduction & Mr Selfridge*(London: Profile Books, 2007).

2 Frank Trentmann, *Empire of Things*(London: Allen Lane, 2016), p. 192.

3 Steven Johnson, *Wonderland*(New York: Riverhead Books, 2016); Trentmann, p. 192.

4 Woodhead, 앞의 책.

5 Harry E. Resseguie, 'Alexander Turney Stewart and the Development of the Department Store, 1823-1876', *The Business History Review*, 39(3), Autumn 1965, pp. 301-22.

6 Trentmann, pp. 191-7.

7 Trentmann, pp. 191-7.

8 The American Time Use Survey 2015, Table 1, shows that women spend an average of 53 minutes a day 'purchasing goods and services', men spend 36 minutes a day. https://www.bls.gov/news.release/pdf/atus.pdf.

9 Knowledge@Wharton ''Men Buy, Women Shop'': The Sexes Have Different Priorities When Walking Down the Aisles', http://knowledge.wharton.upenn.edu/article/men-buy-womenshop-the-sexes-have-different-priorities-when-walking-down-the-aisles/.

10 Woodhead, 앞의 책.

III 새로운 시스템의 발명

1 다음을 보라. *Friendship Among Equals*, an official history of the ISO published in 1997, http://www.iso.org/iso/2012_friendship_among_equals.pdf.

16. 전기 발전기

1 Robert M. Solow, 'We'd Better Watch Out', *New York Times Book Review*, 12 July 1987.

2 Robert Gordon, *The Rise and Fall of American Growth*(Oxford: Princeton University Press, 2016), pp. 546-7.

3 주요 참고 문헌은 다음과 같다. Paul David, 'The Computer and the Dynamo: An Historical Perspective', *American Economic Review*, May 1990, pp. 355-61. 이 자료는 20세기 말 컴퓨팅과 19세기 말 전기에 대한 비교를 널리 알리는 역할을 했다. Warren Devine, 'From Shafts to Wires: Historical Perspective on Electrification', *Journal of Economic History*, 1983, pp. 347-72. 이 자료는 증기 기반 공장과 전기 기반 공장이 작동하는 방식 그리고 신기술을 받아들이는 과정에 관한 자세한 이야기를 들려준다.

4 Paul A. David and Mark Thomas, *The Economic Future in Historical Perspective*(Oxford: OUP/British Academy, 2006), pp. 134-43.

5 Erik Brynjolfsson and Lorin M. Hitt, 'Beyond Computation: Information Technology, Organizational Transformation and Business Performance', *Journal of Economic Perspectives*, Fall 2000, pp. 23-48.

17. 컨테이너

1 World Bank: World Development Indicators 2016, http://data.worldbank.org/indicator/TG.VAL.TOTL.GD.ZS.

2 Wikipedia, *Intermodal Container*, https://en.wikipedia.org/wiki/Intermodal_container, accessed 4 July 2016.

3 Maritime Cargo Transportation Conference(U.S.), *The S. S. Warrior*(Washington: National Academy of Sciences-National Research Council, 1954).

4 Marc Levinson, *The Box*(Oxford: Princeton University Press, 2008), Chapter 2. Also Alexander Klose, *The Container Principle*(London: MIT Press), 2015.

5 Levinson, pp. 129-30.

6 Levinson, p. 38.

7 Levinson, p. 45.

8　Levinson, 앞의 책. 또 다음을 보라. G. Van Den Burg, *Containerisation: a modern transport system*(London: Hutchinson and Co., 1969).

9　*New York in the 1950s* Nuno Limao and Anthony Venables, 'Infrastructure, Geographical Disadvantage and Transport Costs', World Bank Research Paper 2257(1999), http://siteresources.worldbank.org/EXTEXPCOMNET/Resources/2463593-1213975515123/09_Limao.pdf.

10　'World Freight Rates Freight Calculator'에서는 그렇게 말한다. http://www.worldfreightrates.com/en/freight. 컨테이너당 1,500달러이며, 컨테이너 하나의 무게가 30톤이 넘기도 한다.

18. 바코드

1　Margalit Fox, 'N. Joseph Woodland, Inventor of the Barcode, Dies at 91', *New York Times*, 12 December 2012, http://www.nytimes.com/2012/12/13/business/n-joseph-woodland-inventor-of-thebar-code-dies-at-91.html?hp&_r=0.

2　Charles Gerena, 'Reading Between the Lines', *Econ Focus* Q2 2014, Federal Reserve Bank of Richmond.

3　Guru Madhavan, *Think Like an Engineer*(London: OneWorld, 2015).

4　Stephen A. Brown, *Revolution at the Checkout Counter*(Cambridge, MA: Harvard University Press, 1997).

5　Alistair Milne, *The Rise and Success of the Barcode: some lessons for Financial Services*, Loughborough University working paper, February 2013.

6　Milne, 앞의 책.

7　Thomas J. Holmes, 'Barcodes Lead to Frequent Deliveries and Superstores', *The RAND Journal of Economics*, 32(4), Winter 2001.

8　National Retail Federation 2016, https://nrf.com/2016/global250-table-Wal-Mart revenues in 2014 were $486bn. 코스트코, 크로거, 리들의 모기업 슈바르츠, 테스코, 까르푸의 매출 규모는 각각 1천억 달러 정도다.

9　Emek Basker, 'The Causes and Consequences of Wal-Mart' Growth', *Journal of Economic Perspectives*, 21(3), Summer 2007.

10　David Warsh, 'Big Box Ecology', *Economic Principals* 19 Feb 2006; Emek Basker and Van H. Pham, 'Putting a Smiley Face on the Dragon: Wal-Mart as Catalyst to U.S.-China Trade', University of Missouri-Columbia Working Paper, July 2005, http://dx.doi.org/10.2139/ssrn.765564.

11　'Barcodes', 99% Invisible Episode 108, http://99percentinvisible.org/episode/barcodes/.

19. 콜드체인

1 Dan Koeppel, *Banana: The Fate of the Fruit That Changed the World*(New York: Hudson Street Press, 2008).

2 앞의 책.

3 앞의 책.

4 앞의 책.

5 Tom Jackson, *Chilled: How Refrigeration Changed the World and Might Do So Again*(London: Bloomsbury, 2015).

6 Jackson, 앞의 책.

7 http://www.msthalloffame.org/frederick_mckinley_jones.htm.

8 http://www.bbc.co.uk/newsbeat/article/37306334/thisinvention-by-a-british-student-could-save-millions-of-lives-across-the-world.

9 Jackson, 앞의 책.

10 앞의 책.

11 http://www.bbc.co.uk/news/magazine-30925252.

12 Annika Carlson, 'Greenhouse gas emissions in the life cycle of carrots and tomatoes' IMES/EESS Report No 24, Lund University, 1997, http://ntl.bts.gov/lib/15000/15100/15145/DE97763079.pdf.

13 http://www.telegraph.co.uk/news/uknews/1553456/Greener-by-miles.html.

14 http://www.trademap.org/Product_SelProductCountry.aspx?nvpm=1|320||||TOTAL|||2|1|1|2|1||1||.

15 https://www.cia.gov/library/publications/the-world-factbook/geos/gt.html.

16 https://www.usaid.gov/guatemala/food-assistance.

17 http://www3.weforum.org/docs/GCR2016-2017/05FullReport/TheGlobalCompetitivenesReport2016-2017_FINAL.pdf

20. 탤리스틱

1 Hilary Jenkinson, 'Exchequer Tallies', *Archaeologia*, 62(2), January 1911, pp. 367-80 DOI: https://doi.org/10.1017/S0261340900008213; William N. Goetzmann and Laura Williams, 'From Tallies and Chirographs to Franklin', Printing Press at Passy', in William N. Goetzmann and K. Geert Rouwenhorst, *The Origins of Value*(Oxford: Oxford University Press, 2005); and Felix Martin, *Money: The Unauthorised Biography*(London: Bodley Head, 2013) Chapter 1.

2 David Graeber, *Debt: The first 5000 years*(London: Melville House, 2014), p. 47.

21. 빌리 책장

1 http://www.dailymail.co.uk/news/article-2660005/What-great-IKEA-Handyman-makes-living-building-flatpack-furniture-30-hour-dont-know-nuts-bolts.html.

2 http://www.dezeen.com/2016/03/14/ikea-billy-bookcase-designer-gillis-lundgren-dies-aged-86/.

3 http://www.adweek.com/news/advertising-branding/billy-bookcase-stands-everything-thats-great-and-frustrating-aboutikea-173642.

4 http://www.bloomberg.com/news/articles/2015-10-15/ikea-s-billy-bookcase-is-cheap-in-slovakia-while-the-u-s-price-is-surging.

5 http://www.apartmenttherapy.com/the-making-of-an-ikea-billy-bookcase-factory-tour-205339.

6 http://www.nyteknik.se/automation/bokhyllan-billy-haller-liv-i-byn-6401585.

7 http://www.apartmenttherapy.com/the-making-of-an-ikea-billy-bookcase-factory-tour-205339.

8 http://www.ikea.com/ms/en_JP/about_ikea/facts_and_figures/ikea_group_stores/index.html.

9 https://sweden.se/business/ingvar-kamprad-founder-of-ikea/.

10 http://www.dezeen.com/2016/03/14/ikea-billy-bookcase-designer-gillis-lundgren-dies-aged-86/.

11 https://sweden.se/business/ingvar-kamprad-founder-of-ikea/.

12 http://www.wsj.com/articles/ikea-cant-stop-obsessing-about-its-packaging-1434533401.

13 Rolf G. Larsson, 'Ikea's Almost Fabless Global Supply Chain-A Rightsourcing Strategy for Profit, Planet, and People', Chapter 3 in Yasuhiro Monden and Yoshiteru Minagawa(eds) *Lean Management of Global Supply Chain*(Singapore: World Scientific, 2015).

14 Larsson, 앞의 책.

15 http://highered.mheducation.com/sites/0070700893/student_view0/ebook2/chapter1/chbody1/how_ikea_designs_its_sexy_prices.html.

16 http://www.ikea.com/ms/en_CA/img/pdf/Billy_Anniv_en.pdf.

17 http://www.nyteknik.se/automation/bokhyllan-billy-haller-liv-i-byn-6401585.

18 앞의 자료.

19 Larsson, 앞의 책.

20 https://www.theguardian.com/business/2016/mar/10/ikea-billionaire-ingvar-kamprad-buys-his-clothes-at-second-hand-stalls.

21 https://sweden.se/business/ingvar-kamprad-founder-of-ikea/.

22 http://www.forbes.com/sites/robertwood/2015/11/02/how-ikea-billionaire-legally-avoided-taxes-from-1973-until-2015/#6b2b40d91bb4.

23 http://www.adweek.com/news/advertising-branding/billy-bookcase-stands-everything-thats-great-and-frustrating-about-ikea-173642.

24 http://news.bbc.co.uk/1/hi/8264572.stm.

25 http://www.adweek.com/news/advertising-branding/billy-bookcase-stands-everything-thats-great-and-frustrating-about-ikea-173642.

26 http://www.ikeahackers.net/category/billy/.

27 http://www.dailymail.co.uk/news/article-2660005/What-great-IKEA-Handyman-makes-living-building-flatpack-furniture-30-hour-dont-know-nuts-bolts.html.

22. 엘리베이터

1 이 퀴즈는 팟캐스트 'Futility Closet(www.futilitycloset.com)'에서 가져왔다.

2 엘리베이터가 얼마나 많은 인구를 실어 나르는지에 관한 정확한 데이터는 나와 있지 않다. National Elevator Industry Inc.의 'Fun Facts' 자료에 따르면, 미국만 놓고 볼 때 연간 180억 명에 이른다고 한다. 또 다른 신뢰할 만한 출처는 이보다 더 과감하게 예측하고 있다(Glen Pederick, 'How Vertical Transportation is Helping Transform the City', Council on Tall Buildings and Urban Habitat Working Paper, 2013). 여기서 페더릭은 전 세계에서 하루 70억 인구가 엘리베이터를 이용한다고 말한다. 물론 그 주장에 따를 때, 엘리베이터가 매일 전 세계 인구와 맞먹는 인구를 실어 나른다는 다분히 의심스러운 결론에 이르게 된다. 얼마나 많은 인구가 엘리베이터를 이용하는지에 관한 정확한 정보가 아직 나와 있지 않다는 사실은 그 운송 수단이 얼마나 저평가되어 있는지 단적으로 보여준다. 중국 엘리베이터 실태에 관한 통계 자료는 다음을 참조했다. Andreas Schierenbeck, chairman of ThyssenKrupp Elevators, quoted in *The Daily Telegraph*, 23 May 2015. 이 자료는 그 규모를 연간 70만 명으로 예상한다.

3 The Skyscraper Center(Council on Tall Buildings and Urban Habitat), http://skyscrapercenter.com/building/burj-khalifa/3 andhttp://skyscrapercenter.com/building/willis-tower/169.

4 Eric A. Taub, 'Elevator Technology: Inspiring many everyday leaps of faith', *New York Times*, 3 December 1998, http://www.nytimes.com/1998/12/03/technology/elevator-technology-inspiring-manyeveryday-leaps-of-faith.html?_r=0.

5 http://99percentinvisible.org/episode/six-stories/.

6 Ed Glaeser, *Triumph of the City*(London: Pan, 2012).

7 http://99percentinvisible.org/episode/six-stories/; Glaeser p. 138; Jason Goodwin, Otis:

Giving Rise to the Modern City(Chicago: Ivan R. Dee, 2001).

8 David Owen, 'Green Manhattan', *The New Yorker*, 18 October 2004; Richard Florida, 'The World Is Spiky', *The Atlantic Monthly*, October 2005.

9 Nick Paumgarten, 'Up and Then Down', *The New Yorker*, 21 April 2008. 파움가르텐 은 엘리베이터 사고와 관련하여 신뢰할 만한 통계 자료는 나와 있지 않지만, 대단히 안 전하다는 점을 지적한다. 미국에서는 한 달 평균 두 명이 엘리베이터 사고로 사망한다. 하 지만 이들 사망자 대부분 일반 이용자가 아니라 엘리베이터 유지 보수를 담당하는 근로 자들이다. 어쨌든 미국의 도로에서는 30분마다 두 명이 사망한다. 이는 엘리베이터의 안 전성을 간접적으로 확인시켜주는 자료다.

10 Rocky Mountain Institute Visitor's Guide: http://www.rmi.org/Content/Files/ Locations_LovinsHome_Visitors_Guide_2007.pdf.

IV 아이디어에 대한 아이디어

1 George M. Shaw, 'Sketch of Thomas Alva Edison', *Popular Science Monthly* Vol. 13, August 1878, p. 489, https://en.wikisource.org/wiki/Popular_Science_Monthly/ Volume_13/August_1878/Sketch_of_Thomas_Alva_Edison.

2 Rutgers University Edison and Innovation Series: 'The Invention Factory', http://edison. rutgers.edu/inventionfactory.htm.

23. 설형문자

1 Felix Martin, *Money: The Unauthorised Biography*(London: Bodley Head, 2013), pp. 39-42.

2 William N. Goetzmann, *Money Changes Everything: How Finance Made Civilization Possible*(Oxford: Princeton University Press,2016), pp. 19-30.

3 Jane Gleeson-White, *Double Entry: How the Merchants of Venice Created Modern Finance*(London: Allen & Unwin, 2012), pp. 11-12.

4 Goetzmann, 앞의 책.

24. 공개 키 암호

1 http://alumni.stanford.edu/get/page/magazine/article/

2 http://www.eng.utah.edu/~nmcdonal/Tutorials/EncryptionResearchReview.pdf.

3 http://www.theatlantic.com/magazine/archive/2002/09/a-primer-on-public-key-

encryption/302574/.

4 http://www.eng.utah.edu/~nmcdonal/Tutorials/EncryptionResearchReview.pdf.

5 http://alumni.stanford.edu/get/page/magazine/article/?article_id=74801.

6 위의 자료.

7 http://www.digitaltrends.com/computing/quantumcomputing-is-a-major-threat-to-crypto-says-the-nsa/.

25. 복식부기

1 Robert Krulwich, 'Leonardo's To Do List', NPR, 18 November 2011, http://www.npr.org/sections/krulwich/2011/11/18/142467882/leonardos-to-do-list.

2 Jane Gleeson-White, *Double Entry: How the Merchants of Venice Created Modern Finance*(London: Allen and Unwin, 2013), p. 49.

3 Raffaele Pisano, 'Details on the mathematical interplay between Leonardo da Vinci and Luca Pacioli', *BSHM Bulletin: Journal of the British Society for the History of Mathematics* 31(2), 2016, pp. 104-11, DOI: 10.1080/17498430.2015.1091969.

4 Alfred W. Crosby, *The Measure of Reality: Quantification and Western Society, 1250-1600*(Cambridge: Cambridge University Press, 1996), Chapter 10.

5 Omar Abdullah Zaid, 'Accounting Systems and Recording Procedures in the Early Islamic State', *Accounting Historians Journal* 31(2), December 2004, pp. 149-70, and Gleeson-White, p. 22.

6 Jolyon Jenkins, *A Brief History of Double Entry Bookkeeping*, BBC Radio 4 series, March 2010, Episode 5.

7 William N. Goetzmann, *Money Changes Everything: How Finance Made Civilization Possible*(Woodstock: Princeton University Press, 2016), pp. 199-201.

8 Crosby, p. 201; Crosby relies on Iris Origo, *The Merchant of Prato*(London: Penguin, 1992).

9 Crosby, 앞의 책., 그리고 Origo, 앞의 책.

10 Michael J. Fisher, 'Luca Pacioli on Business Profits', *Journal of Business Ethics* 25, 2000, pp. 299-312.

11 Gleeson-White, 앞의 책., pp. 71-8.

12 앞의 책., pp. 115-120.

13 Anthony Hopwood, 'The archaeology of accounting systems', *Accounting, organizations and society* 12(3), 1987, pp. 207-34; Gleeson-White, pp. 136-8; Jenkins, Episode 6.

14 Gleeson-White, p. 215.

15 Jenkins, Episode 7.

16 Translation by Larry D Benson, https://sites.fas.harvard.edu/~chaucer/teachslf/shippar2. htm.

26. 유한책임회사

1 David A. Moss, *When All Else Fails: Government as the Ultimate Risk Manager* (Cambridge, MA: Harvard University Press, 2002).

2 Ulrike Malmendier, 'Law and Finance at the Origin', *Journal of Economic Literature*, 47(4), December 2009, pp. 1076–1108.

3 'The Key to Industrial Capitalism: Limited Liability', *The Economist*, http://www. economist.com/node/347323.

4 Randall Morck, 'Corporations', in *The New Palgrave Dictionary of Economics*, 2nd Edition(New York: Palgrave Macmillan, 2008), Vol. 2, pp. 265-8.

5 Adam Smith, *An Inquiry into the Nature and Causes of the Wealth of Nations*, 1776.

6 가령 다음을 참조하라. Joel Bakan, *The Corporation: The Pathological Pursuit of Profit and Power*(Penguin Books Canada, 2004). 경제학자 존 케이John Kay는 다른 입장을 취한다. 그는 프리드먼의 기본적인 분석이 틀렸으며, 기업이 사회적 목표를 추구해서는 안 되는 법률적, 경제적 근거는 없다고 말한다. John Kay, 'The Role of Business in Society', https://www.johnkay.com/1998/02/03/the-role-of-business-in-society/, February 1998.

7 http://www.economist.com/node/21541753.

8 Kelly Edmiston, 'The Role of Small and Large Businesses in Economic Development', *Federal Reserve Bank of Kansas City Economic Review* Q2 2007, https://www. kansascityfed.org/PUBLICAT/ECONREV/pdf/2q07edmi.pdf, p. 77.

9 http://www.pewresearch.org/fact-tank/2016/02/10/most-americanssay-u-s-economic-system-is-unfair-but-high-income-republicans-disagree/.

10 http://www.economist.com/news/briefing/21695385-profits-are-too-high-america-needs-giant-dosecompetition-too-much-good-thing.

27. 경영 컨설팅

1 Slides accompanying the research paper 'Does Management Matter?', downloadable at https://people.stanford.edu/nbloom/sites/default/files/dmm.pptx.

2 Nicholas Bloom, Benn Eifert, David McKenzie, Aprajit Mahajan and John Roberts, 'Does management matter?: Evidence from India', *Quarterly Journal of Economics*, February

2013, https://people.stanford.edu/nbloom/sites/default/files/dmm.pdf.

3   http://www.atrixnet.com/bs-generator.html.

4   http://www.civilserviceworld.com/articles/news/public-sector-spend-management-consultants-rises-second-year-row.

5   UK News, '10 Largest Management Consulting Firms of the Globe', http://www.consultancy.uk/news/2149/10-largest-management-consulting-firms-of-the-globe, 15 June 2015.

6   Duff McDonald, 'The Making of McKinsey: A Brief History of Management Consulting in America', *Longreads*, 23 October 2013, https://blog.longreads.com/2013/10/23/the-making-of-mckinsey-a-briefhistory-of-management/.

7   McDonald, 앞의 책.

8   Hal Higdon, *The Business Healers*(New York: Random House, 1969), pp. 136-7.

9   Duff McDonald, *The Firm*(London: Simon and Schuster, 2013).

10 Nicholas Lemann, 'The Kids in the Conference Room', *The New Yorker*, 18 October 1999.

11 Chris McKenna, *The World's Newest Profession*(Cambridge University Press, 2006); see e.g. pp. 17, 21, 80.

12 Hurtado, 'Ex-Goldman director Rajat Gupta Back Home After Prison Stay', *Bloomberg*, 19 January 2016, http://www.bloomberg.com/news/articles/2016-01-19/ex-goldman-director-rajat-gupta-back-home-afterprison-stay.

13 Jamie Doward, 'The Firm That Built the House of Enron', *The Observer*, 24 March 2002, https://www.theguardian.com/business/2002/mar/24/enron.theobserver.

14 https://www.theguardian.com/business/2016/oct/17/management-consultants-cashing-in-austerity-public-sector-cuts.

15 http://www.telegraph.co.uk/news/politics/12095961/Whitehall-spending-on-consultants-nearly-doubles-to-1.3billion-in-threeyears...-with-47-paid-over-1000-a-day.html.

16 Slides accompanying the research paper 'Does Management Matter?', downloadable at https://people.stanford.edu/nbloom/sites/default/files/dmm.pptx; Bloom, Eifert, McKenzie, Mahajan and Roberts, 앞의 책.

28. 지적재산권

1   Letter to Henry Austin, 1 May 1942. Quoted in 'How the Dickens Controversy Changed American Publishing', Tavistock Books blog, http://blog.tavbooks.

com/?p=714.

2   Zorina Khan, 'Intellectual Property, History of', in *The New Palgrave Dictionary of Economics*, 2nd Edition, Vol. 4(New York: Palgrave Macmillan, 2008).

3   Ronald V. Bettig, *Copyrighting Culture: The Political Economy of Intellectual Property*(Oxford: Westview Press, 1996), p. 13.

4   Christopher May, 'The Venetian Moment: New Technologies, Legal Innovation and the Institutional Origins of Intellectual Property', *Prometheus*, 20(2), 2000, pp. 159-79.

5   Michele Boldrin and David Levine, *Against Intellectual Monopoly*(Cambridge: Cambridge University Press, 2008), http://www.dklevine.com/general/intellectual/againstfinal.htm, Chapter 1.

6   William W. Fisher III, *The Growth of Intellectual Property: A History of the Ownership of Ideas in the United States*, 1999, https://cyber.harvard.edu/people/tfisher/iphistory.pdf.

7   http://www.bloomberg.com/news/articles/2014-06-12/why-elon-musk-just-opened-teslas-patents-to-his-biggest-rivals.

8   Alex Tabarrok, 'Patent Theory vs Patent Law', *Contributions to Economic Analysis and Policy*, 1(1), 2002, https://mason.gmu.edu/~atabarro/PatentPublished.pdf.

9   디킨스는 3만 8천 파운드를 벌었다. 인플레이션을 고려해서 오늘날 화폐 가치로 환산한다면 3백만 파운드가 넘는 돈이다. 그러나 노동의 비용은 2천 5백만 파운드에 이른다.

29. 컴파일러

1   Kurt W. Beyer, *Grace Hopper and the Invention of the Information Age*(Cambridge, MA: MIT Press, 2009).

2   Lynn Gilbert and Gaylen Moore, *Particular Passions: Grace Murray Hopper, Women of Wisdom*,(New York: Lynn Gilbert Inc.,2012).

3   Beyer, 앞의 책.

4   Gilbert and Moore, 앞의 책.

5   앞의 책.

6   Beyer, 앞의 책.

7   앞의 책.

V 발명은 어디서 오는가?

30. 아이폰

1 'What's the World's Most Profitable Product?', BBC World Service, 20 May 2016, http://www.bbc.co.uk/programmes/p03vqgwr.

2 Mariana Mazzucato, *The Entrepreneurial State*(London: Anthem Press, 2015), p. 95-and Chapter 5 in general.

3 Europe Mazzucato, pp. 103-5 and 'The History of CERN', http://timeline.web.cern.ch/timelines/The-history-of-CERN?page=1.

4 Katie Hafner and Matthew Lyon, *Where Wizards Stay Up Late*(London: Simon and Schuster, 1998).

5 Greg Milner, *Pinpoint: How GPS Is Changing Technology, Culture and Our Minds*(London: W.W. Norton, 2016).

6 Daniel N. Rockmore, 'The FFT-an algorithm the whole family can use', *Computing Science Engineering*, 2(1), 2000, p. 60. http://www.cs.dartmouth.edu/~rockmore/cse-fft.pdf.

7 Florence Ion, 'From touch displays to the Surface: A brief history of touchscreen technology', *Ars Technica*, 4 April 2013, http://arstechnica.com/gadgets/2013/04/from-touch-displays-to-thesurface-a-brief-history-of-touchscreen-technology/.

8 *CIA* Mazzucato, pp. 100-3.

9 Danielle Newnham, 'The Story Behind Siri', *Medium*, 21 August 2015, https://medium.com/swlh/the-story-behind-sirifbeb109938b0#.c3eng12zr and Mazzucato, Chapter 5.

10 Mazzucato, Chapter 5.

11 William Lazonick, *Sustainable Prosperity in the New Economy?: Business Organization and High-Tech Employment in the United States*(Kalamazoo: Upjohn Press, 2009).

31. 디젤 엔진

1 Morton Grosser, *Diesel, the Man and the Engine*, 1978; http://www.newhistorian.com/the-mysterious-death-of-rudolfdiesel/4932/; http://www.nndb.com/people/906/000082660/.

2 Robert J. Gordon, *The Rise and Fall of American Growth*(Oxford: Princeton University Press, 2016), p. 48.

3 Gordon, pp.51-2.

4 http://auto.howstuffworks.com/diesel.htm.

5 Vaclav Smil, 'The two prime movers of globalization: history and impact of diesel engines and gas turbines', *Journal of Global History*, 2, 2007.

6 Smile, 앞의 책.

7 앞의 책.

8 앞의 책.

9 http://www.history.com/this-day-in-history/inventor-rudolf-diesel-vanishes.

10 http: Smil, 앞의 자료.

11 http://www.hellenicshippingnews.com/bunker-fuels-accountfor-70-of-a-vessels-voyage-operating-cost/.

12 http://www.vaclavsmil.com/wp-content/uploads/docs/smil-article-20070000-jgh-2007.pdf.

13 http://www.huppi.com/kangaroo/Pathdependency.htm.

14 Greg Pahl, *Biodiesel: Growing a New Energy Economy*(White River Junction, VT: Chelsea Green Publishing, 2008).

15 http://www.history.com/this-day-in-history/inventor-rudolf-diesel-vanishes.

32. 시계

1 http://www.exetermemories.co.uk/em/_churches/stjohns.php.

2 Ralph Harrington, 'Trains, technology and time-travellers: how the Victorians re-invented time', quoted in John Hassard, *The Sociology of Time*(Basingstoke: Palgrave Macmillan, 1990), p. 126.

3 Stuart Hylton, *What the Railways Did for Us*(Stroud: Amberley Publishing Limited, 2015).

4 https://en.wikipedia.org/wiki/History_of_timekeeping_devices.

5 http://www.historyofinformation.com/expanded.php?id=3506.

6 혁신상에 관한 일반적인 논의는 나의 책을 참조하라. *Adapt: Why Success Always Starts With Failure*(New York: Farrar Straus and Giroux/London: Little Brown, 2016); Robert Lee Hotz, 'Need a Breakthrough? Offer Prize Money', *Wall Street Journal*, 13 December 2016, http://www.wsj.com/articles/need-a-breakthrough-offer-prize-money-1481043131.

7 http://www.timeanddate.com/time/how-do-atomicclocks-work.html and Hattie Garlick interview with Demetrios Matsakis, 'I Keep the World Running On Time', *The Financial Times*, 16 December 2016, https://www.ft.com/content/3eca8ec4-c186-11e6-

9bca-2b93a6856354.

8 https://muse.jhu.edu/article/375792.

9 http://www.theatlantic.com/business/archive/2014/04/everything-you-need-to-know-about-high-frequencytrading/360411/.

10 http://www.pcworld.com/article/2891892/whycomputers-still-struggle-to-tell-the-time.html.

11 https://theconversation.com/sharper-gps-needs-evenmore-accurate-atomic-clocks-38109.

12 http://www.wired.co.uk/article/most-accurate-atomicclock-ever.

33. 하버보슈법

1 Daniel Charles, *Master Mind: The Rise and Fall of Fritz Haber*(New York: HarperCollins, 2005).

2 http://jwa.org/encyclopedia/article/immerwahr-clara

3 Vaclav Smil, *Enriching the Earth: Fritz Haber, Carl Bosch, and the Transformation of World Food Production*(Cambridge, MA: MIT Press, 2004).

4 http://www.wired.com/2008/05/nitrogen-it-doe.

5 http://www.rsc.org/chemistryworld/2012/10/haberbosch-ruthenium-catalyst-reduce-power.

6 http://www.vaclavsmil.com/wp-content/uploads/docs/smilarticle-worldagriculture.pdf.

7 http://www.nature.com/ngeo/journal/v1/n10/full/ngeo325.html.

8 http://www.nature.com/ngeo/journal/v1/n10/full/ngeo325.html.

9 Thomas Hager, *The Alchemy of Air*(New York: Broadway Books, 2009).

10 Hager, 앞의 책.

11 Charles, 앞의 책.

34. 레이더

1 http://www.telegraph.co.uk/news/worldnews/africaandindianocean/kenya/7612869/Iceland-volcano-As-the-dust-settles-Kenyas-blooms-wilt.html.

2 http://www.iata.org/pressroom/pr/pages/2012-12-06-01.aspx.

3 http://www.oxfordeconomics.com/my-oxford/projects/129051.

4 Robert Buderi, *The Invention That Changed the World: The story of radar from war to peace*(London: Little, Brown, 1997), pp. 54-6.

5 Buderi, 앞의 책., pp. 27-33.

6 앞의 책., pp. 41-6.

7 앞의 책., p. 48.

8 앞의 책., p. 246.

9 앞의 책., p. 458.

10 앞의 책., p. 459.

11 http://www.cbsnews.com/news/1956-grand-canyonairplane-crash-a-game-changer/.

12 http://lessonslearned.faa.gov/UAL718/CAB_accident_report.pdf.

13 https://www.washingtonpost.com/world/national-security/faa-drone-approvals-bedeviled-by-warnings-conflict-internal-e-mailsshow/2014/12/21/69d8a07a-86c2-11e4-a702-fa31ff4ae98e_story.html.

14 http://www.cbsnews.com/news/1956-grand-canyonairplane-crash-a-game-changer/.

15 https://www.faa.gov/about/history/brief_history/.

16 http://www.transtats.bts.gov/.

17 http://www.iata.org/publications/Documents/iatasafety-report-2014.pdf.

35. 배터리

1 The Newgate Calendar, http://www.exclassics.com/newgate/ng464.htm.

2 http://www.economist.com/node/10789409.

3 http://content.time.com/time/specials/packages/article/0,28804,2023689_2023708_2023656,00.html.

4 http://www.economist.com/news/technology-quarterly/21651928-lithium-ion-battery-steadily-improvingnew-research-aims-turbocharge.

5 http://www.economist.com/news/technology-quarterly/21651928-lithium-ion-battery-steadily-improvingnew-research-aims-turbocharge.

6 http://www.vox.com/2016/4/18/11415510/solar-power-costs-innovation.

7 http://www.u.arizona.edu/~gowrisan/pdf_papers/renewable_intermittency.pdf.

8 http://www.bbc.co.uk/news/business-27071303.

9 http://www.rmi.org/Content/Files/RMITheEconomicsOfBatteryEnergyStorage-FullReport-FINAL.pdf.

10 http://www.fastcompany.com/3052889/elon-musk-powers-up-inside-teslas-5-billion-gigafactory.

36. 플라스틱

1 Jeffrey L. Meikle, *American Plastic: A Cultural History* (New Brunswick: Rutgers University Press, 1995).

2 Leo Baekeland, *Diary, Volume 01, 1907–1908*, Smithsonian Institute Archive Centre, https://transcription.si.edu/project/6607

3 Bill Laws, *Nails, Noggins and Newels* (Stroud: The History Press, 2006).

4 Susan Freinkel, *Plastic: A Toxic Love Story* (Boston: Houghton Mifflin Harcourt, 2011).

5 http://www.scientificamerican.com/article/plastic-not-so-fantastic/.

6 Freinkel, 앞의 책.

7 앞의 책.

8 Meikle, 앞의 책.

9 'The New Plastics Economy: Rethinking the future of plastics', World Economic Forum, January 2016, http://www3.weforum. org/docs/WEF_The_New_Plastics_Economy.pdf.

10 http://www.scientificamerican.com/article/plastic-not-so-fantastic/.

11 'The New Plastics Economy: Rethinking the future of plastics', World Economic Forum, January 2016, http://www3.weforum.org/docs/WEF_The_New_Plastics_Economy.pdf.

12 Leo Hornak, 'Will there be more fish or plastic in the sea by 2050?', BBC News, 15 February 2016, http://www.bbc.co.uk/news/magazine-35562253.

13 Richard S. Stein, 'Plastics Can Be Good for the Environment' http://www.polymerambassadors.org/Steinplasticspaper.pdf.

14 'The New Plastics Economy: Rethinking the future of plastics', World Economic Forum, January 2016, http://www3.weforum.org/docs/WEF_The_New_Plastics_Economy.pdf.

15 https://en.wikipedia.org/wiki/Resin_identification_code.

16 http://resource-recycling.com/node/7093

17 'Environment at a Glance 2015', OECD Indicators, p. 51, http://www.keepeek.com/Digital-Asset-Management/oecd/environment/environment-at-a-glance-2015_9789264235199-en#page51.

18 http://www.wsj.com/articles/taiwan-the-worlds-geniuses-of-garbage-disposal-1463519134.

19 http://www.sciencealert.com/this-new-device-recyclesplastic-bottles-into-3d-printing-material.

20 https://www.weforum.org/agenda/2015/08/turningtrash-into-high-end-goods/.

VI 보이는 손

1 Adam Smith, *An Inquiry Into the Nature and Causes of the Wealth of Nations*, 1776(pp. 455-6 of the 1976 edition, Oxford: Clarendon Press).

2 Marc Blaug, 'Invisible Hand', in *The New Palgrave Dictionary of Economics*, 2nd Edition, Vol. 4(New York: Palgrave Macmillan) 2008.

37. 은행

1 William N. Goetzmann, *Money Changes Everything: How Finance Made Civilization Possible*(Oxford: Princeton University Press, 2016), Chapter 11.

2 앞의 책., p. 180.

3 Fernand Braudel, *Civilization and Capitalism, 15th-8th Century: The structure of everyday life*(Berkeley: University of California Press, 1992), p. 471. The story is also told in S. Herbert Frankel's *Money: Two Philosophies*(Oxford: Blackwell, 1977) and by Felix Martin in *Money: The Unauthorised Biography*(London: Bodley Head, 2013), Chapter 6.

4 Martin, pp. 105-7; Marie-Thérèse Boyer-Xambeu, Ghislain Deleplace, Lucien Gillard and M.E. Sharpe, *Private Money & Public Currencies: The 16th Century Challenge*(London: Routledge, 1994)

38. 면도기와 면도날

1 King Camp Gillette, *The Human Drift*(Boston: New Era Publishing, 1894). Text accessed at https://archive.org/stream/TheHumanDrift/The_Human_Drift_djvu.txt.

2 Randal C. Picker, 'The Razors-and-Blades Myth(s)', The Law School, The University of Chicago, September 2010.

3 Picker, 앞의 책.

4 앞의 책.

5 앞의 책.

6 http://www.geek.com/games/sony-will-sell-everyps4-at-a-loss-but-easily-recoup-it-in-games-ps-plus-sales-1571335/.

7 http://www.emeraldinsight.com/doi/full/10.1108/02756661311310431

8 http://www.macleans.ca/society/life/single-serve-coffeewars-heat-up/.

9 Chris Anderson, *Free*(Random House, 2010).

10 Paul Klemperer, 'Competition when consumers have switching costs: an overview with applications to industrial organization, macroeconomics and international trade', *Review*

of Economic Studies, 62, 1995.

11 http://www.law.uchicago.edu/files/file/532-rcp-razors.pdf.

12 For a discussion of confusion pricing, 다음을 보라. Tim Harford, 'The Switch Doctor', *The Financial Times*, 27 April 2007, https://www.ft.com/content/921b0182-f14b-11db-838b-000b5df10621 and 'Cheap Tricks', *The Financial Times*, 16 February 2007, https://www.ft.com/content/5c15b0f4-bbf5-11db-9cbc-0000779e2340.

39. 조세 천국

1 http://www.finfacts.ie/irishfinancenews/article_1026675.shtml.

2 https://www.theguardian.com/business/2012/oct/21/multinational-firms-tax-ebay-ikea, http://fortune.com/2016/03/11/apple-google-taxes-eu/.

3 http://www.pbs.org/wgbh/pages/frontline/shows/nazis/readings/sinister.html.

4 HMRC, *Measuring Tax Gaps 2016*, https://www.gov.uk/government/uploads/system/uploads/attachment_data/file/561312/HMRC-measuring-tax-gaps-2016.pdf.

5 Miroslav N. Jovanovicé, *The Economics of International Integration*, Second Edition(Cheltenham: Edward Elgar Publishing, 2015), p. 480.

6 Gabriel Zucman, *The Hidden Wealth of Nations: The Scourge of Tax Havens*(Chicago: University of Chicago Press, 2015).

7 Daniel Davies, 'Gaps and Holes: How the Swiss Cheese Was Made', *Crooked Timber Blog*, 8 April 2016, http://crookedtimber.org/2016/04/08/gaps-and-holes-how-the-swiss-cheese-was-made/.

8 Gabriel Zucman, 'Taxing across Borders: Tracking Personal Wealth and Corporate Profits', *Journal of Economic Perspectives*, 28(4), Fall 2014, pp. 121-48.

9 Nicholas Shaxson, *Treasure Islands: Tax Havens and the Men who Stole the World*(London: Vintage Books, 2011).

10 Global Financial Integrity(GFI) programme at the Center for International Policy in Washington estimates, quoted in Shaxson, 앞의 책.

11 Zucman, 앞의 책.

12 앞의 책.

40. 유연휘발유

1 Gerald Markowitz and David Rosner, *Deceit and Denial: The Deadly Politics of Industrial Pollution*(Berkeley: University of California Press, 2013).

2 http://www.wired.com/2013/01/looney-gas-and-leadpoisoning-a-short-sad-history/.

3 'The Ethyl Controversy: How the news media set the agenda for a public health controversy over leaded gasoline, 1924-1926', Ph.D. Dissertation, University of Maryland DAI 1994 55(4): 781-782-A. DA9425070.

4 http://pittmed.health.pitt.edu/jan_2001/butterflies.pdf.

5 Markowitz and Rosner, 앞의 책.

6 앞의 책.

7 Kassia St Clair, *The Secret Lives of Colour*(London: John Murray, 2016).

8 http://penelope.uchicago.edu/~grout/encyclopaedia_romana/wine/leadpoisoning.html.

9 Wolpaw Reyes, 'Environmental policy as social policy? The impact of childhood lead exposure on crime', NBERWorking Paper 13097, 2007, http://www.nber.org/papers/w13097.

10 나는 중국의 환경 쿠즈네트 곡선에 대해 썼다. Tim Harford, 'Hidden Truths Behind China's Smokescreen', *Financial Times*, 29 January 2016, https://www.ft.com/content/4814ae2c-c481-11e5-b3b1-7b2481276e45.

11 http://www.thenation.com/article/secret-history-lead/.

12 앞의 자료.

13 Wolpaw Reyes, 앞의 자료.

14 http://www.cdc.gov/nceh/lead/publications/books/plpyc/chapter2.htm.

15 http://www.nature.com/nature/journal/v468/n7326/full/468868a.html.

16 http://www.ucdmc.ucdavis.edu/welcome/features/20071114_cardiotobacco/.

17 Markowitz and Rosner, 앞의 책.

18 https://www.ncbi.nlm.nih.gov/books/NBK22932/#_a2001902bddd00028._

41. 동물 항생제

1 Philip Lymbery and Isabel Oakeshott, *Farmageddon: The true cost of cheap meat*(London: Bloomsbury, 2014), pp. 306-7.

2 http://www.bbc.co.uk/news/health-35030262.

3 http://www.scientificamerican.com/article/antibiotics-linked-weight-gain-mice/.

4 'Antimicrobials in agriculture and the environment: Reducing unnecessary use and waste', The Review on Antimicrobial Resistance Chaired by Jim O'Neill, December 2015.

5 앞의 자료.

6 http://ideas.time.com/2012/04/16/why-doctorsuselessly-prescribe-antibiotics-for-a-common-cold/.

7 http://cid.oxfordjournals.org/content/48/10/1345.full.

8 'Antimicrobial Resistance: Tackling a crisis for the health and wealth of nations', The Review on Antimicrobial Resistance Chaired by Jim O'Neill, December 2014.

9 http://www.pbs.org/wgbh/aso/databank/entries/bmflem.html.

10 http://time.com/4049403/alexander-fleming-history/.

11 http://www.nobelprize.org/nobel_prizes/medicine/laureates/1945/fleming-lecture.pdf.

12 http://www.abc.net.au/science/slab/florey/story.htm.

13 http://news.bbc.co.uk/local/oxford/hi/people_and_places/history/newsid_8828000/8828836. stm; https://www.biochemistry.org/Portals/0/Education/Docs/Paul%20brack.pdf; http://www.ox.ac.uk/news/science-blog/penicillin-oxford-story.

14 http://www.nobelprize.org/nobel_prizes/medicine/laureates/1945/fleming-lecture.pdf.

15 http://www3.weforum.org/docs/WEF_GlobalRisks_Report_2013.pdf.

16 http://phenomena.nationalgeographic.com/2015/01/07/antibiotic-resistance-teixobactin/.

17 'Antimicrobials in agriculture and the environment: Reducing unnecessary use and waste', The Review on Antimicrobial Resistance Chaired by Jim O'eill, December 2015.

42. 모바일 머니

1 http://www.technologyreview.es/printer_friendly_article.aspx?id=39828.

2 Nick Hughes and Susie Lonie, 'M-Pesa: Mobile Money for the "Unbanked" Turning Cellphones into 24-Hour Tellers in Kenya', *innovations*, Winter & Spring 2007, http://www.gsma.com/mobilefordevelopment/wp-content/uploads/2012/06/innovationsarticleonmpesa_0_d_14.pdf.

3 Isaac Mbiti and David N. Weil, 'Mobile Banking: The Impact of M-Pesa in Kenya', NBER, Working Paper 17129, Cambridge MA, June 2011 http://www.nber.org/papers/w17129.

4 http://www.worldbank.org/en/programs/globalfindex/overview.

5 http://www.slate.com/blogs/future_tense/2012/02/27/m_pesa_ict4d_and_mobile_banking_for_the_poor_.html.

6 http://www.forbes.com/sites/danielrunde/2015/08/12/m-pesa-and-the-rise-of-the-global-mobile-money-market/#193f89d23f5d.

7 http://www.economist.com/blogs/economist-explains/2013/05/economist-explains-18.

8 http://www.forbes.com/sites/danielrunde/2015/08/12/m-pesa-and-the-rise-of-the-global-mobilemoney-market/#193f89d23f5d.

9 http://www.cgap.org/sites/default/files/CGAP-Brief-Poor-People-Using-Mobile-Financial-Services-Observationson-Customer-Usage-and-Impact-from-M-PESA-

Aug-2009.pdf.

10 http://www.bloomberg.com/news/articles/2014-06-05/safaricoms-m-pesa-turns-kenya-into-a-mobile-payment-paradise.

11 http://www.spiegel.de/international/world/corruption-inafghanistan-un-report-claims-bribes-equal-to-quarter-of-gdp-a-672828.html.

12 http://www.coastweek.com/3745-Transport-reolution-Kenya-minibus-operators-launch-cashless-fares.htm.

13 http://www.iafrikan.com/2016/09/21/kenyas-cashlesspayment-system-was-doomed-by-a-series-of-experience-design-failures/

43. 부동산등기

1 Hernando de Soto, *The Mystery of Capital*(New York: Basic Books, 2000), p. 163.

2 'The Economist versus The Terrorist', *The Economist*, 30 January 2003, http://www.economist.com/node/1559905.

3 David Kestenbaum and Jacob Goldstein, 'The Secret Document That Transformed China', NPR *Planet Money*, 20 January 2012, http://www.npr.org/sections/money/2012/01/20/145360447/the-secret-document-that-transformed-china.

4 Christopher Woodruff, 'Review of de Soto', *The Mystery of Capital*', *Journal of Economic Literature*, 39, December 2001, pp. 1215-23.

5 World Bank, *Doing Business in 2005*(Washington DC: The World Bank Group, 2004), p. 33.

6 Robert Home and Hilary Lim, *Demystifying the Mystery of Capital: land tenure and poverty in Africa and the Caribbean*(London: Glasshouse Press, 2004), p. 17.

7 Home and Lim, pp. 12-3; Soto, pp. 105-52.

8 de Soto, pp. 20-1; World Bank, 앞의 책.

9 Tim Besley, 'Property Rights and Investment Incentives: Theory and Evidence From Ghana', *Journal of Political Economy*, 103(5), October 1995, pp. 903-37.

10 World Bank, 앞의 책.

VII 바퀴를 발명하다

44. 종이

1 Mark Kurlansky, *Paper: Paging Through History*(New York: W.W. Norton, 2016), pp.

104-5.

2 Jonathan Bloom, *Paper Before Print*(New Haven: Yale University Press, 2001).

3 James Moseley, 'The Technologies of Print', in M.F. Suarez, S.J. and H.R. Woudhuysen, *The Book: A Global History*(Oxford: Oxford University Press, 2013).

4 Kurlansky, p. 82.

5 Mark Miodownik, *Stuff Matters*(London: Penguin, 2014), Chapter 2.

6 Kurlansky, p. 46.

7 앞의 책., pp. 78-82.

8 Miodownik, 앞의 책.

9 Kurlansky, p. 204.

10 앞의 책., p. 244.

11 Bloom, 앞의 책., Chapter 1.

12 Kurlansky, 앞의 책., p. 295.

13 'Cardboard', *Surprisingly Awesome 19*, Gimlet Media, August 2016, https://gimletmedia.com/episode/19-cardboard/.

14 Abigail Sellen and Richard Harper, *The Myth of the Paperless Office*(Cambridge, MA: MIT, 2001).

15 1996년 휴렛패커드는 그해 프린터와 복사기가 쏟아낸 사무실 종이가 미국 전체 영토의 18퍼센트를 덮을 정도였다고 보고했다(Bloom, Ch. 1). 사무실 종이 소비량은 그 이후로 몇 년 동안 꾸준한 증가세를 보였다.

16 'World wood production up for fourth year; paper stagnant as electronic publishing grows', UN Press Release 18 December 2014, http://www.un.org/apps/news/story.asp?NewsID=49643#V-T2S_ArKUn.

17 David Edgerton, *Shock Of The Old: Technology and Global History since 1900*(London: Profile, 2008).

45. 인덱스펀드

1 NPR Planet Money, 'Brilliant vs Boring', 4 May 2016, http://www.npr.org/sections/money/2016/03/04/469247400/episode-688-brilliant-vs-boring

2 Pierre-Cyrille Hautcoeur, 'The Early History of Stock Market Indices, with Special Reference to the French Case', Paris School of Economics working paper, http://www.parisschoolofeconomics.com/hautcoeur-pierre-cyrille/Indices_anciens.pdf.

3 Michael Weinstein, 'Paul Samuelson, Economist, Dies at 94', *New York Times*, 13 December 2009, http://www.nytimes.com/2009/12/14/business/economy/14samuelson.

html?pagewanted=all&_r=0.

4   John C. Bogle, 'How the Index Fund Was Born', *The Wall Street Journal*, 3 September 2011, http://www.wsj.com/articles/SB10001424053111904583204576544681577401622.

5   Robin Wigglesworth and Stephen Foley, 'Active asset managers knocked by shift to passive strategies', *Financial Times*, 11 April 2016, https://www.ft.com/content/2e975946-fdbf-11e5-b5f5-070dca6d0a0d.

6   Donald MacKenzie, 'Is Economics Performative? Option Theory and the Construction of Derivatives Markets', http://www.lse.ac.uk/accounting/CARR/pdf/MacKenzie.pdf.

7   Brian Wesbury and Robert Stein, 'Why mark-to-market accounting rules must die', *Forbes*, 23 February 2009, http://www.forbes.com/2009/02/23/mark-to-market-opinionscolumnists_recovery_stimulus.html.

8   Eric Balchunas, 'How the Vanguard Effect Adds Up to $1 Trillion', *Bloomberg* 30 August 2016, https://www.bloomberg.com/view/articles/2016-08-30/how-much-has-vanguard-saved-investors-try-1-trillion.

9   Paul Samuelson speech to Boston Security Analysts Society on 15 November 2005, cited in Bogle, ibid.

46. 곡선 파이프

1   http://www.thetimes.co.uk/tto/law/columnists/article2047259.ece.

2   G. C. Cook, 'Construction of London's Victorian sewers: the vital role of Joseph Bazalgette', *Postgraduate Medical Journal*, 2001.

3   Stephen Halliday, *The Great Stink of London: Sir Joseph Bazalgette and the Cleansing of the Victorian Metropolis* (Stroud: The History Press, 2013).

4   Laura Perdew, *How the Toilet Changed History* (Minneapolis: Abdo Publishing, 2015).

5   Johan Norberg, *Progress: Ten Reasons to Look Forward to the Future* (London: OneWorld, 2016) p. 33.

6   http://pubs.acs.org/doi/abs/10.1021/es304284f.

7   http://www.wsp.org/sites/wsp.org/files/publications/WSPESI-Flier.pdf; http://www.wsp.org/content/africa-economic-impacts-sanitation; http://www.wsp.org/content/south-asia-economic-impacts-sanitation.

8   'Tackling the Flying Toilets of Kibera', Al Jazeera, http://www.aljazeera.com/indepth/features/2013/01/201311810421796400.html 22 January 2013; Cyrus Kinyungu 'Kibera's Flying Toilets Flushed Out by PeePoo Bags' http://bhekisisa.org/article/2016-05-03-kiberas-flying-toilets-flushedout-by-peepoo-bags.

9 http://www.un.org/apps/news/story.asp?NewsID=44452#. VzCnKPmDFBc.

10 'World Toilet Day: Kibera Slum Hopes to Ground "Flying Toilets"', http://www.
   dw.com/en/world-toilet-day-kibera-slum-seeks-to-ground-flying-toilets/a-18072068.

11 http://www.bbc.co.uk/england/sevenwonders/london/sewers_mm/index.shtml.

12 G. R. K. Reddy, *Smart and Human: Building Cities of Wisdom*(HarperCollins
   Publishers India, 2015).

13 Halliday, 앞의 책.

47. 지폐

1 William N. Goetzmann, *Money Changes Everything: How Finance Made Civilization
   Possible*(Woodstock: Princeton University Press, 2016), Chapter 9.

2 William N. Goetzmann and K. Geert Rouwenhorst, *The Origins of Value*(Oxford:
   Oxford University Press, 2005), p. 67; 또한 Glyn Davies, *History of Money: From
   Ancient Times to the Present Day*(Cardiff: University of Wales Press, 2010), pp. 180-3.

3 하이퍼인플레이션에 관한 자세한 논의는 내 책을 참조하라. *The Undercover Economist
   Strikes Bank*(New York: Riverhead/London: Little Brown, 2013).

48. 콘크리트

1 M.D. Cattaneo, S. Galiani, P. J. Gertler, S. Martinez and R. Titiunik, 'Housing,
   health, and happiness', *American Economic Journal: Economic Policy*, 2009, pp.
   75-105; Charles Kenny, 'Paving Paradise', *Foreign Policy* 3 January 2012, http://
   foreignpolicy.com/2012/01/03/paving-paradise/.

2 Vaclav Smil, *Making the Modern World: Materials and Dematerialization*(Chichester:
   Wiley, 2013), pp. 54-7.

3 Adrian Forty, *Concrete and Culture*(London: Reaktion Books, 2012), p. 10.

4 Nick Gromicko and Kenton Shepard, 'The History of Concrete', https://www.nachi.
   org/history-of-concrete.htm#ixzz31V47Zuuj; Adam Davidson and Adam McKay,
   'Surprisingly Awesome: Concrete', 17 November 2015, https://gimletmedia.com/
   episode/3-concrete/; Amelia Sparavigna, 'Ancient Concrete Works', Working Paper,
   Department of Physics, Turin Polytechnic https://arxiv.org/pdf/1110.5230.

5 https://en.wikipedia.org/wiki/List_of_largest_domes-Brunelleschi's great dome in
   Florence is octagonal so the distance across varies.

6 Stewart Brand, *How Buildings Learn: What Happens After They're Built*(London:

Weidenfeld & Nicolson, 1997).

7 Forty, 앞의 책., pp. 150-5.

8 *Inventors and Inventions*(New York: Marshall Cavendish, 2008).

9 Mark Miodownik, *Stuff Matters*(Penguin, 2014), Chapter 3.

10 Miodownik, Chapter 3; Smil, pp. 54-7.

11 'Concrete Possibilities', *The Economist*, 21 September 2006, http://www.economist.
   com/node/7904224; Miodownik, p. 83; Jon Cartwright, 'The Concrete Answer to
   Pollution', *Horizon Magazine*, 18 December 2014, http://horizon-magazine.eu/article/
   concrete-answerpollution_en.html.

12 James Mitchell Crow, 'The Concrete Conundrum', *Chemistry World*, March 2008, p.
   62, http://www.rsc.org/images/Construction_tcm18-114530.pdf; 바츨라프 스밀(앞의 책.,
   p. 98)은 보고서를 통해 강철 1톤 생산에 필요한 에너지가 시멘트 1톤 생산의 네 배에 달
   한다고 주장했다. 1톤의 시멘트로 수 톤의 콘크리트를 생산할 수 있다. 또한 시멘트 생
   산 공정은 에너지 소비와 별개로 이산화탄소를 배출한다.

13 Shahidur Khandker, Zaid Bakht and Gayatri Koolwal, 'The Poverty Impact of Rural Roads:
   Evidence from Bangladesh', World Bank Policy Research Working Paper 3875, April
   2006, http://www-wds.worldbank.org/external/default/WDSContentServer/IW3P/IB/2
   006/03/29/000012009_20060329093100/Rendered/PDF/wps38750rev0pdf.pdf.

49. 보험

1 'Brahmajā-la Sutta: The All-embracing Net of Views', translated by Bhikkhu Bodhi,
   Section 2-14, http://www.accesstoinsight.org/tipitaka/dn/dn.01.0.bodh.html.

2 Peter Bernstein, *Against the Gods: The Remarkable Story of Risk*(Chichester: John
   Wiley & Sons, 1998), p. 92.

3 Swiss Re, *A History of Insurance in China*, http://media.150.swissre.com/documents/
   150Y_Markt_Broschuere_China_Inhalt.pdf.

4 Raymond Flower and Michael Wynn Jones, *Lloyd's of London*(London: David &
   Charles, 1974); also see Bernstein, pp. 88-91.

5 Michel Albert, *Capitalism against Capitalism*, translated by Paul Haviland(London:
   Whurr, 1993), Chapter 5; 또 다음을 보라. John Kay, *Other People's Money*(London:
   Profile, 2015), pp. 61-3.

6 James Poterba, 'Annuities in Early Modern Europe', in William N. Goetzmann and K.
   Geert Rouwenhorst, *The Origins of Value*(Oxford: Oxford University Press, 2005).

7 The study is nicely summarised by Robert Smith of NPR here: http://www.npr.

org/2016/09/09/493228710/what-keeps-poorfarmers-poor, and the original paper is Dean Karlan, Robert Osei, Isaac Osei-Akoto and Christopher Udry, 'Agricultural Decisions After Relaxing Credit and Risk Constraints', *Quarterly Journal of Economics*, 2014, pp. 597-652. doi:10.1093/qje/qju002.

8   Kay, p. 120.

결론: 미래를 내다보며

1   https://ourworldindata.org/grapher/life-expectancy-globallysince-1770.

2   http://charleskenny.blogs.com/weblog/2009/06/thesuccess-of-development.html.

3   https://ourworldindata.org/grapher/world-population-inextreme-poverty-absolute?%2Flatest=undefined&stackMode=relative.

4   Herman Kahn and Anthony J. Wiener, *The Year 2000. A Framework for Speculation on the Next Thirty-Three Years*(New York: Macmillan, 1967); Douglas Martin, 'Anthony J. Wiener, Forecaster of the Future, Is Dead at 81', *New York Times*, 26 June 2012, http://www.nytimes.com/2012/06/27/us/anthony-j-wiener-forecaster-of-the-future-is-dead-at-81.html.

5   다음 사례를 보라. http://news.mit.edu/2015/mit-report-benefitsinvestment-basic-research-0427; https://www.chemistryworld.com/news/randd-share-for-basic-research-in-china-dwindles/7726.article; http://www.sciencemag.org/news/2014/10/european-scientists-ask-governmentsboost-basic-research.

6   https://www.weforum.org/agenda/2016/12/how-dowe-stop-tech-being-turned-into-weapons.

7   Olivia Solon, 'Self-driving trucks: what's the future for America's 3.5 million truckers?', *The Guardian*, 17 June 2016, https://www.theguardian.com/technology/2016/jun/17/self-driving-trucks-impact-ondrivers-jobs-us.

8   http://mashable.com/2006/07/11/myspace-americasnumber-one/#nseApOVC85q9.

9   http://www.alexa.com/siteinfo/myspace.com, accessed 20 January 2017.

10 쿼티는 우수한 자판 배열 방식이며, 기술적 정체 상황을 보여주는 사례와는 거리가 멀다는 주장이 있다. 다음을 참조하라. Stan Liebowitz and Stephen Margolis, 'The Fable of the Keys', *The Journal of Law and Economics*, April 1990.

50. 전구

1   William D. Nordhaus, 'Do real-output and real-wage measures capture reality? The

history of lighting suggests not' in Timothy F. Bresnahan and Robert J. Gordon(eds), *The Economics of New Goods*(Chicago: University of Chicago Press, 1996), pp. 27–70; 노드하우스의 계산에 대한 다른 설명은 다음을 보라. Tim Harford, *The Logic of Life*(London: Little Brown, 2008), Steven Johnson, *How We Got To Now*(London: Particular Books, 2014) and David Kestenbaum, 'The History of Light, in 6 Minutes and 47 Seconds', NPR: *All Things Considered*, 2 May 2014, http://www.npr.org/2014/05/02/309040279/in-4-000-years-one-thing-hasnt-changed-it-takes-time-to-buy-light.

2 이러한 계산을 위한 훌륭한 출발점은 '측정 가치' 웹사이트인 www.measuringworth.com.이다. 티모시 테일러의 관점에서는 다음을 보라. NPR's Planet Money, 12 October 2010, http://www.npr.org/sections/money/2010/10/12/130512149/the-tuesday-podcastwould-you-rather-be-middle-class-now-or-rich-in-1900.

3 Marshall B. Davidson, 'Early American Lighting', *The Metropolitan Museum of Art Bulletin, New Series*, 3(1), Summer 1944, pp. 30–40.

4 Johnson, 앞의 책., p. 165. 그리고 Davidson, 앞의 책d.

5 Jane Brox, *Brilliant: The Evolution of Artificial Light*(London: Souvenir Press, 2011).

6 Haitz's law: https://en.wikipedia.org/wiki/Haitz%27s_law.

7 Brox, 앞의 책., p. 117; 또한 Robert J. Gordon, *The Rise and Fall of American Growth*(Oxford: Princeton University Press, 2016), Chapter 4.

팀 하포드의 경제학 팟캐스트

지은이   팀 하포드
옮긴이   박세연
펴낸이   박숙정
펴낸곳   세종서적(주)

주간   강훈
기획   노만수
책임편집   이진아
편집   김하얀
디자인   전성연 전아름
마케팅   안형태 김형진 이강희
경영지원   홍성우 윤희영

출판등록   1992년 3월 4일 제4-172호
주소   서울시 광진구 천호대로132길 15, 세종 SMS 빌딩 3층
전화   마케팅 (02)778-4179, 편집 (02)775-7011
팩스   (02)776-4013
홈페이지   www.sejongbooks.co.kr
블로그   sejongbook.blog.me
페이스북   www.facebook.com/sejongbooks
원고 모집   sejong.edit@gmail.com

초판 1쇄 발행 2018년 3월 28일
    3쇄 발행 2018년 6월 15일

ISBN 978-89-8407-693-8 03320

이 도서의 국립중앙도서관 출판시도서목록(CIP)은 서지정보유통지원시스템
홈페이지(http://seoji.nl.go.kr)와 국가자료공동목록시스템(http://www.nl.go.kr/kolisnet)에서
이용하실 수 있습니다.(CIP제어번호: CIP2018008095)

• 잘못 만들어진 책은 바꾸어드립니다.
• 값은 뒤표지에 있습니다.